新一代通信技术系列丛书

U0671132

基于5G的智能驾驶技术与应用

袁泉　罗贵阳　李静林　陶吉　胡星　蒋晓琳 / 著

网络与交换技术国家重点实验室 / 组编

电子工业出版社·

Publishing House of Electronics Industry

北京·BEIJING

内 容 简 介

人工智能技术的爆发式发展使自动驾驶从科幻走向现实，随着全球 5G 网络的规模化商用，5G/C-V2X 车联网与自动驾驶逐渐交叉融合形成车路/车车协同化智能驾驶的新范式，为开放道路环境下全场景自动驾驶与新型智能交通体系的出现打下基础。本书系统地对基于 5G 的智能驾驶技术进行论述，包括基于 5G/C-V2X 的车联网技术体系、智能驾驶核心技术体系和 5G 车路协同驱动的智能驾驶技术变革、5G 车路协同的安全体系、5G 车路协同的智能驾驶场景和智慧交通应用，以及未来交通智联网的研究挑战和趋势展望。

本书可供从事车联网、自动驾驶、智能交通的科研和工程技术人员参考，也可作为高等院校计算机科学与技术、人工智能、车辆工程、交通工程专业相关课程的教材和参考资料。

图书在版编目（CIP）数据

基于 5G 的智能驾驶技术与应用/袁泉等著. —北京：电子工业出版社，2021.8
ISBN 978-7-121-41903-4

Ⅰ. ①基⋯　Ⅱ. ①袁⋯　Ⅲ. ①汽车驾驶－自动驾驶系统　Ⅳ. ①U463.61

中国版本图书馆 CIP 数据核字（2021）第 178246 号

责任编辑：章海涛　　文字编辑：路　越
印　　刷：天津千鹤文化传播有限公司
装　　订：天津千鹤文化传播有限公司
出版发行：电子工业出版社
　　　　　北京市海淀区万寿路 173 信箱　　邮编：100036
开　　本：787×1092　1/16　印张：20.25　字数：512 千字
版　　次：2021 年 8 月第 1 版
印　　次：2021 年 8 月第 1 次印刷
定　　价：79.00 元

凡所购买电子工业出版社图书有缺损问题，请向购买书店调换。若书店售缺，请与本社发行部联系，联系及邮购电话：(010) 88254888，88258888。

质量投诉请发邮件至 zlts@phei.com.cn，盗版侵权举报请发邮件至 dbqq@phei.com.cn。

本书咨询联系方式：luy@phei.com.cn。

推荐序 1

从 20 世纪 80 年代后期至今，移动通信系统经历了从 1G 到 5G 大致每十年更新一代的快速发展，其业务形态从"只闻其声不见其人"扩展为"绘声绘影、身临其境"，服务对象从"人人互联"转变为"万物互联"，网络架构从"一成不变"转变为"灵活适变"，承载资源从"二维平面"走向"多维空间"。同时，行业应用中新业务、新需求、新场景的多样化也对 5G 网络的灵活性和智能化提出了更高的要求。当前，5G 已经通过与大数据、人工智能、云计算、边缘计算、区块链等不断融合创新，在"人-机-物"之间建立起泛在智能通信，并进一步向智简无线网络演进，终将推进互联网从消费互联网向产业互联网的飞跃。

自动驾驶和智能交通是产业互联网的重要领域，在 5G 技术赋能下正在向着自动化、网联化、协同化方向发展，其目标是通过 5G 支撑交通系统中"人-车-路"异构智能的大规模协同，最终实现"由智生简、以简促智"的交通领域智简网络，以支持智能交通系统的自演进、自优化、自平衡，从而真正解决交通安全、效率、绿色问题。5G 给交通行业带来了机遇，也带来了前所未有的挑战。首先，交通系统智能异构，其中车辆的自动驾驶等级不同、路侧基础设施的感知模态和智能水平不同，导致多车和车路之间难以交互和协同。其次，交通系统规模庞大，车辆和路侧基础设施等海量交通元素之间跨越时空的复杂关联产生巨量通信计算需求，导致网络多维资源存在严重供需失衡。最后，交通系统涉及信息空间和物理空间的全方位安全挑战，若遭受攻击，后果将极其严重，甚至会威胁用户的生命财产安全。针对这些根本问题，本书从"5G+群体智能"的新视角，对上述挑战进行了深入探讨和总结。

本书由来自北京邮电大学、百度公司的一批活跃在移动通信、人工智能、智能交通、自动驾驶等领域理论研究与技术应用一线的中青年优秀科研和技术人员执笔撰写，从 5G 与群体智能深度结合下的智能驾驶入手，重点阐述了智能驾驶所需的感知、通信、计算资源一体化技术，终端、边缘、云端分布式协同技术，意图、时间、空间跨维度适配技术，个体、群体、系统多领域安全技术，是跨学科融合的重要体现，也是作者团队及国内外相关学者最新科研成果的集中展现。本书内容丰富翔实，讲解深入浅出，将技术理论与场景应用有机结合，既可以为 5G 智能驾驶相关科学研究和工程技术人员提供良好的参考资料，也可以为高等院校相关专业学生提供基础概论，还可以作为对智能驾驶感兴趣的读者的科技读物。

中国工程院院士　张平

2021 年 8 月

推荐序 2

人工智能无疑将会是影响未来人类发展的变革力量，这个力量今天正在不断地积蓄，开始重塑各行各业的面貌。智能汽车是人工智能在汽车领域的重要应用与实践，以百度为代表的企业很早就投入到智能汽车的研究与探索中，随着自动驾驶研发测试投入的不断加大，智能汽车的产品化和商业化今天已取得长足进展。但总体来看，单车智能自动驾驶落地还面临着诸多挑战，感知和意图理解能力的不足都将影响自动驾驶的安全性和可靠性。5G 通信、C-V2X、云计算、大数据等关键技术突破为智能汽车的发展带来了新的机遇。"车-路-云-图"深度融合与协同的技术体系可以拓展单车智能在环境感知、计算决策和控制执行等方面的能力，提升自动驾驶安全、扩展自动驾驶 ODD 范围、提升自动驾驶经济性。车路协同就像今天的路灯，没有它单车智能可以驾驶，有了它则可以让驾驶更安全。5G 车路协同技术不仅可以服务于自动驾驶，还能有效提升道路交通安全水平、提高交通出行效率和用户体验，带来一系列全新产品和服务模式。在疫情加速数字化进程的大背景下，我们期待基于 5G 的车路协同以其划时代的技术能力、广泛的应用场景以及对多个行业巨大的带动作用，成为推动新一轮产业变革的关键支点。

百度集团资深副总裁、智能驾驶事业群总经理　李震宇

2021 年 8 月

前　言

人工智能技术经历了近十年的爆发式发展，在模式识别、规划决策等方面都有超强的性能表现，自动驾驶技术逐步从科幻走向现实。各国都将自动驾驶作为战略新兴产业，并发放自动驾驶路测牌照，通过大规模路测验证了自动驾驶在特定场景下的有效性。然而，单车感知计算能力的局限性与交通环境中多车驾驶规划决策行为的耦合性，导致单车自动驾驶在复杂开放道路环境应用过程中面临安全和效率的严峻挑战。依托车联网提供的"人−车−路"泛在连接，可以通过车车/车路智能协同为自动驾驶提供实时、准确的环境认知，从而增强自动驾驶的安全性和有效性。因此，业界普遍认为，车路协同计算将成为自动驾驶从 L4 级向未来 L5 级演进的关键途径。

传统车路协同、智能交通主要以 DSRC 为基础，但 DSRC 的演进路线受限，难以满足从辅助驾驶向自动驾驶的发展需求。2017 年，我国深度参与的 C-V2X 技术成为 3GPP R14 标准，并随着移动电信网国际规范从 4G 到 5G 逐步演进。特别是 2020 年 3GPP R16 版本 5G 新空口（NR-V2X）带来的大带宽、高可靠、低时延特性，使得 5G/C-V2X 技术成为车联网的首推标准。高性能的 5G/C-V2X 通信有助于实现大规模人工智能的泛在协同，既能保障安全可靠的自动驾驶，又能群智涌现出高效的交通态势，因此基于 5G/C-V2X 的协同化智能驾驶已成为学术界和产业界研究与开发的热点。智能驾驶的核心特征是利用车联网的泛在连接，通过大规模智能化异质交通元素（各种自动驾驶等级的汽车、各种智能化水平的路侧基础设施、交通指挥调度系统等）的主动协同，支持车辆个体微观规划决策、车路群体介观管控决策、交通系统宏观调控决策的多维跨层联合优化，实现"人−车−路−系统"的自主运行和自治管理，保证整个交通系统的安全、高效、绿色运行。

基于 5G 的智能驾驶技术属于通信、计算机、人工智能、网络安全、车辆、交通等交叉学科领域。在本书出版之前，相关著作通常只针对 5G、车路协同、自动驾驶、车联网安全等某一方面展开论述，难以为从业者呈现出 5G/C-V2X 与智能驾驶相结合的完整技术体系，因此市面急需一本针对 5G 智能驾驶技术的专门著作，全面论述其技术体系、学术前沿、产业应用和未来发展。我们围绕协同化智能驾驶这一领域的研究起始于 10 年前，研究经历了从车联网智能服务到大数据驱动的智能交通，从单车自动驾驶到车路群体协同智能驾驶。本书的主要内容即来自于这一历程中多位教师、博士、硕士的研究贡献和企业科研人员的实践积累。

本书在综述 5G 智能驾驶的基本概念和国内外研究现状的基础上，对作者团队的最新科研成果及最新应用实践进行了系统性的总结。本书可供从事车联网、自动驾驶、智能交通的科研和工程技术人员参考，也可作为高等院校计算机科学与技术、人工智能、车辆工程、交通工程专业相关课程的参考资料。

全书共 7 章。

第 1 章为基于 5G 的车联网技术。这一章对 5G 与 C-V2X 融合的车联网技术进行了全面综述，提出了群体智能背景下的车联网架构，探讨了 5G/C-V2X 的技术体系，具体分析了边缘计算技术、动态组网技术、网络切片技术对自动驾驶应用场景中车车/车路大规模协同的支撑作用。

第 2 章为支持 5G 的自动驾驶技术。这一章对车路协同自动驾驶所需的环境认知、高精定位、规划决策、软硬件平台等核心前沿关键技术进行了综述，深入分析了 5G/C-V2X 对这些核心技术的深刻影响，提出了自动驾驶所需的尺度自适应 3D 目标检测算法、基于时空图卷积的多目标追踪算法、基于异质图卷积的轨迹预测算法、基于众包机制的高精度地图生产机制和基于价值迭代网络的路径规划算法等。

第 3 章为基于 5G 的车路协同技术。这一章主要阐述如何利用 5G 实现智能驾驶所需的车载智能、路侧智能和系统智能的大规模协同，解决城市复杂交通环境中单车自动驾驶所面临的感知能力不强、计算资源不足、定位精度不准、规划决策不优的挑战。本章提出了基于车车/车路协同的感知数据高效共享算法、基于双重注意力机制的多车协同认知算法、基于演化博弈的车路协同路径规划算法、基于反斯坦伯格博弈/多智能体深度强化学习的无信号灯路口车辆调度算法，提出了智能驾驶服务平台数字孪生架构和多域资源联合编排方法。在此基础上，从智能化视角提出了 5G 智能驾驶驱动的智慧道路演进方案。

第 4 章为基于 5G 的车路协同安全技术。这一章全面综述了 5G 车路协同所涉及的 5G/C-V2X 通信安全、车内信息安全和自动驾驶系统功能安全，详细阐述了 5G/C-V2X 的信任、安全、隐私问题及防护策略，分析了车内 OBD、CAN、ECU、各类传感器面临的典型攻击及防护策略，阐述了自动驾驶汽车的功能安全和预期功能安全，并总结了自动驾驶机器学习的安全问题及应对策略。

第 5 章为基于 5G 的车路协同自动驾驶场景。这一章在现有车路协同典型场景基础上，结合作者团队的长期应用实践，从车路协同自动驾驶的视角重新分类归纳了 V2V、V2I、V2N 的应用体系、处理过程、对自动驾驶决策的影响和性能要求。解决了传统 V2X 应用实践过程中重场景差异、轻共性本质，大量重复场景并未解决自动驾驶和智能交通根本需求的问题。

第 6 章为基于 5G 车路协同技术的智慧交通应用。这一章分析了智能道路/高速、智能泊车、智能公交、智能出租车、智能货运、智慧园区等领域应用的主要功能，并详细介绍了作者团队在上述应用方向的实践探索和部署验证方案。

第 7 章为展望。这一章分析了当前自动驾驶和智能交通系统的局限性，提出了交通智联网这一面向未来智能驾驶的网络体系，阐述了交通智联网的概念和体系架构，从交通、智联、协同三个视角深入探讨了交通智联网的机遇与挑战，对未来 6G 与交通智联网的融合催生的交通行业重大变革进行了展望。

本书由北京邮电大学联合百度公司共同编写。其中，李静林负责全书内容的规划，罗贵阳负责第 1 章、第 2 章的编写，袁泉负责第 3 章、第 4 章、第 7 章的编写，李静林负责第 5 章、第 6 章的编写，陶吉、胡星、蒋晓琳负责全书百度自动驾驶技术、车路协同技术和应用实践部分的编写。本书在编写过程中得到了来自北京邮电大学和百度公司的多位专家、学者、研究生的支持，包括北京邮电大学网络与交换技术国家重点实验室的张平教授、杨放春教授，交换与智能控制研究中心的吴晓萍、孟兆昕、薛亚清、李冠略、莫浩杰、李梓延、陈汉璋、陈博、刘奕琳、吴迪、常远、王艳涛、刘世凡、王杰、潘泳妍、潘锐等，在此向他们致以诚挚的感谢。还要感谢交换与智能控制研究中心已经毕业的博士和硕士研究生，他们在相关科研项目中的贡献是本书能够出版的前提。另外，本书的编写参考了大量国内外的著作、论文和研究报告，由于篇幅限制仅在章节结束列举了主要文献，在此向所有被参考和引用论著的作者表示由衷的感谢。

特别感谢百度技术委员会理事长陈尚义先生，在本书的策划以及编撰过程中给予的支持和指导。

由于编写时间短，作者水平有限加之经验不足，本书难免有疏漏和不足之处，恳请各位同行和读者批评指正。

作 者
2021 年 8 月

目　录

第 1 章
基于 5G 的车联网技术

随着汽车行业电动化、智能化、网联化、共享化的不断推进，车联网技术蓬勃发展。5G 被认为是车联网落地的前提，5G 在传输速率、传输时延、连接设备数量、移动性、可靠性和安全性等方面都具有较大的提升，基于 5G 的 V2X（Vehicle-to-Everything）技术在性能上也优于 DSRC（Dedicated Short-Range Communications，专用短程无线通信技术）。同时，5G 车联网技术是网联化和智能化发展的关键技术，能够实现"网联化+智能化"的技术融合与产业促进，真正走进智能汽车时代。本章回顾了车联网发展历程，描述了车联网的定义和体系架构，对基于 5G 的车联网涉及的关键网络技术进行了详细阐述。

1.1 5G 车联网技术概述

伴随着 ICT（Information and Communications Technology，信息通信技术）产业与汽车产业、交通产业的深度融合，车联网逐渐被认为是近些年市场需求最明确、最有产业潜力的物联网领域之一。由于各方的行业背景和视角不同，对车联网的理解也不完全相同。当前，我国普遍采纳的车联网的定义为：借助新一代信息和通信技术，实现车内、车与车、车与路、车与人、车与服务平台的全方位网络连接，提升汽车的智能化水平和自动驾驶能力，构建汽车和交通服务新业态，从而提高交通效率，改善汽车驾乘感受，为用户提供智能、舒适、安全、节能、高效的综合服务。

车联网是信息化与工业化深度融合的重要领域，是 5G 垂直应用落地的重点方向，具有巨大的产业发展潜力、应用市场空间和可观的社会效益，对于带动汽车行业、交通行业和电子信息行业的产业转型升级、系统创新和融合发展具有重要意义。

车联网对传统汽车产业的影响表现为智能化与网联化水平的增长。传感器、操作系统、自动驾驶系统等厂商推动了汽车智能化程度的提升，而网络运营商、路侧单元设备商等加速了汽车网联化的进程。美国、欧洲、日本等车联网产业发展处于领先地位的国家和地区持续在政策层面支持车联网技术创新研发，并加快推进车联网、自动驾驶等领域立法修法，为产业发展积极创造适配条件。美国交通部发布的《智能交通系统战略规划2015—2019》，围绕实现车联网和推进车辆自动化两大目标，规划了安全、效率、环境、智能化和信息共享五大主题。欧洲重视车联网发展顶层设计和新技术研发，将车联网技术视为关系国家未来核心竞争力的重点技术，欧洲各国政府大力投入资金引导车联网产业发展，形成了三纵四横的发展战略。日本在汽车智能化、交通信息化领域的研究起步最早，政府直接参与车联网产业推动，支持汽车智能化新技术应用，在智能交通、自动驾驶等领域实施重点推进举措。日本政府于 2014 年实施"自动驾驶系统研发计划"，提出到 2030 年普及全自动驾驶汽车的目标。

在未来，网联化与智能化融合将成为车联网产业发展的主要趋势。美国和日本的车联网发展规划中纷纷提出网联化与智能化融合策略，欧盟则提出了"信息化+智能化"的发展目标。我国《中国制造 2025》行动纲领中提出车联网技术应搭载先进的车载传感器和芯片，融合先进的信息通信技术，要具备复杂环境感知、智能化决策与自动化控制功能，实现交通零伤亡、零拥堵，达到安全、高效、节能的下一代汽车发展要求。车联网是物联网体系中市场需求最明确的领域，业界预测 2020—2025 年，交叉路口+高速/快速路 C-V2X（Cellular V2X）改造投资合计将达 1200 亿元；前装市场规模将达 850 亿元；预计到 2025 年年底，我国汽车保有量将达到 3.6 亿辆，按渗透率 40% 计算，2025 年后装市场规模将达到 1440 亿元。

当前，车联网的技术发展和服务能力不断提升，形成车联网平台、车辆、路侧设施和行人之间的高效信息交互，催生了大量新的产品和业务。车联网已进入产业爆发前的战略机遇期，知识产权保护和运用能力已成为保障和促进车联网产业发展的重要推手。

● 1.1.1 车联网的发展历程

2005 年，欧盟委员会（European Commission）希望在欧洲范围内统一实施部署车载紧急呼叫服务系统，其依赖于车载紧急呼叫业务 eCall（emergency Call）。欧盟委员会将技术标准任务下达至 ETSI（European Telecommunications Standards Institute，欧洲电信标准化协会）和 3GPP（3rd Generation Partnership Project，第三代合作伙伴计划），对 eCall 技术通信标准体系进行开发建设；ETSI/3GPP 于 2008 年开始发布 eCall 通信模块技术系列标准；2011 年，欧洲 9 国共同成立 HeERO（泛欧洲车载紧急呼叫业务联盟）。HeERO 的主要任务包括技术标准的起草推动、技术试验测试、试商用推广、eCall 业务系统的模式设计和部署规划。同时，该联盟还召集汽车和通信行业的公司组织，对 eCall 的系统进行推广建设，其目的是建立一个在欧洲范围内可实现互操作的互联互通的车载应急通信大系统。

在车载紧急呼叫业务的基础上，利用电信网进行车载终端间的远程信息处理和通信，通过公众移动通信网向车辆服务者、驾驶员和乘客提供车载信息服务，诞生了 Telematics。它是远距离通信（Telecommunications）与信息科学（Informatics）的合成词，是融合无线通信技术、卫星导航系统、网络通信技术和车载电脑的综合系统，可以简单理解为车载移动无线互联网。Telematics 是 IVI（In-Vehicle Infotainment，车载信息娱乐系统）的子系统，是 IVI 中互联网服务的实现手段，也是车联网的重要组成部分。随着无线通信技术的日益发展和移动网络的覆盖，Telematics 可提供越来越多的服务。Telematics 技术给行车中的人们提供了全新的导航技术，包含紧急救援、远程诊断等安全服务，以及便利的话务员服务、在线多媒体信息等娱乐服务，使出行更加安心、有趣。Telematics 对智能交通也有重要作用，当用户数量增加到一定的规模后，Telematics 可用于收集交通管理信息，以协助进行交通状况分析，并作为处理后信息的发布渠道，帮助缓解交通压力。

NGTP（Next Generation Telematics Protocol，下一代 Telematics 协议）给整个 Telematics 产业链提供开放的接口。它是由宝马公司牵头，联合另外两家 Telematics 服务提供商联合开发而成的一个 Telematics 体系框架及开放的技术标准协议，它为 Telematis 产业应用提供了更大的灵活性及可扩展性。NGTP 是标准制定的一个典范，在车辆制造及相关服务行业，无论是前装市场还是后装市场，NGTP 基本上已经是参与方、实施方和车厂必须遵从的标准。

上述 Telematics 是基于云端服务的车联网应用，因此具有响应实时性低、服务的可持续性和服务能力受限的特点。同时，由于产业链限制，Telematics 系统具有封闭性，缺少跨域平台支撑，因此其体系的可扩展性较差。V2X 赋予车辆直接感知车辆周边环境信息的能力，提高车辆的行驶安全性和经济性。以 DSRC 为例，该技术支持所有的交通参与者以每秒 10 到 20 次的频率共享动态信息。V2X 所使用的无线电波，不受光照条件影响，并能轻易地穿透或绕过障碍物，从而在各类交通参与者之间分享有价值的交通信息。这些信息会在覆盖整个交通系统的巨大的数据网络中流通，使得信息的获取者能够了解到更大范围的交通情况。由此，人类司机或自动驾驶系统可以更早、更快地对周围的交通情况做出反应。更重要的是，V2X 使得各类交通参与者能够主动相互协作，让每一个人和物都能积极地为更安全、更高效的交通做出自己的贡献。

各类车辆和设备是由不同厂家生产的，为了让它们能有序地、高效地、公平地相互通信，需要建立通信标准来规范它们的信号发送和接收行为。目前，V2X 领域存在着两大通信标准，即 DSRC 和 C-V2X。其中，DSRC 是由 IEEE（Institute of Electrical and Electronics Engineers，电气与电子工程师协会）制定的，并且有主要车辆生产商支持的标准；而 C-V2X 是由 3GPP 通过拓展蜂窝网络制定的。DSRC 的标准化流程可以追溯至 2004 年，IEEE 在其 802.11WLAN（Wireless Local Area Networks，无线局域网）标准系列下，开始制定新的车载通信标准 IEEE 802.11p。在 2007 年左右，IEEE 802.11p 标准已经趋于稳定。于是，IEEE 又开始着手制定 1609.x 系列标准，以作为 V2X 的安全性框架。差不多同一时间，SAE（Society of Automotive Engineers，美国汽车工程师协会）从汽车工业的需求出发，也开始制定关于 V2V（Vehicle-to-Vehicle，车与车通信）应用的标准，并将其称为 DSRC，所采用的通信标准是 IEEE 802.11p 和 1609.x。作为 C-V2X 的第一阶段，LTE-V 最早是由中国信科（原大唐）陈山枝团队在 2013 年提出的[1]，联合相关企业在 3GPP 制定标准，是一组基于蜂窝通信网络的 V2I（Vehicle-to-Infrastructure，车与基础设施通信）和 V2V 的通信物理层协议。相较于 DSRC，LTE-V 拥有更低的时延、更高的可靠性和通信距离，因而能更好地支持基本道路安全应用；然而 LTE-V 的通信时延在 20 ms 级，阻碍了它在高级别自动驾驶相关场景（如自动编队行驶）中的应用，需要 NR-V2X 支持[2]。

5G 是目前信息基础设施的重要组成部分，具有"超大连接、超低时延、超高速率"的技术特点，不仅可以为移动终端提高传输速度，提升用户的网络体验，同时还将赋予万物在线连接的能力，实现万物互联。5G 的应用场景包括"移动宽带增强""低功率海量连接"和"低时延、高可靠"。"移动宽带增强"可以为 V2X 提供高速的数据传输率，满足大流量密度需求；"低功率海量连接"支持超千亿数据连接，还可以保证终端的超低成本和超低功耗；"低时延、高可靠"可以将端到端时延降至毫秒级，保证了信息的实时性。

● 1.1.2　车联网体系架构

车联网使人和车通过多手段协同紧密耦合在一起，车成为人的感知能力延伸，人成为车的智能扩展。在车联网中，人车融合对象不仅能被智能交通系统感知与控制，而且能作为参与者主动与环境元素协同，进而实现整体交通环境的最优化协调。因此，车联网的内涵不仅是一个车车通信或车载终端使用服务的网络，而应是一个人-车-环境紧密协同的高度交互、动态演化的复杂系统。在这一系统的人、车、环境协同过程中所依赖的社会网络化大数据关联和处理、车联社交网络等新概念和新应用形式，要求信息通信网络支撑普适计算、认知计算和社交计算等新型信息计算处理方式，对信息通信网络的体系结构和能力提供与交换方式都提出了新的需求。这就要求我们从相关对象的协同需求出发，通过层次化方法重新构建车联网的网络体系。

车联网体系架构模型如图 1-1 所示，主要理清车联网对象协同个体模型与群体模型、计算空间与物理空间的关系，分为感知执行层、泛在网络层、协同计算控制层、应用层。

1）感知执行层

感知执行层在底层，感知执行指人、车和道路基础设置对物理世界的感知、预测和控制能力。感知执行层通过感知技术实现人、车、环境的各种静态信息（标识、属性等）和动态信息（事件、服务请求等）的监测、提取，并通过接收和执行协同控制指令，反馈协同控制结果，进而实现多智能体协同感知和决策过程。

"感知"的目的是获取并初步处理环境信息，包括独立感知和协同感知两种形式。独立感知指车辆或路侧基础设施直接从环境传感器中收集数据，包括视觉传感器和雷达传感器；而协同感知需要人、车和基础设施交互感知。"执行"是指协同计算控制层的控制命令反馈到底层控制模块进行动作执行。车辆的动作执行有微观的驾驶动作和宏观的选路动作，基础设施的动作表现在红绿灯的相位调整、可变信息板的交通诱导等。

2）泛在网络层

泛在网络层位于感知执行层之上，基于通信网络技术实现各个元素之间的组网和信息交互，包括接入层和传控层。泛在网络即广泛存在的网络，具有"无所不在""无所不包""无所不能"的基本特征，以实现在任何时间、任何地点、任何人、任何物都能顺畅通信为目标。由于车辆的快速移动性，车路协同的信息传送网络面临复杂的接入网络环境，单纯地依赖接入层无法满足服务的可持续性，需要在接入层上叠加传控层。传控层基于虚拟化等技术建立传控网，根据协同计算控制层的需求综合调度接入资源，平衡信息通信需求、网络负载状况和接入资源局限，建立稳定的、有服务质量保障的信息通信传送通道。传控层屏蔽不同接入网技术差异和信息传输保障技术差异，同时向协同计算控制层开放通信协同管理能力，供协同计算控制层按需调配。

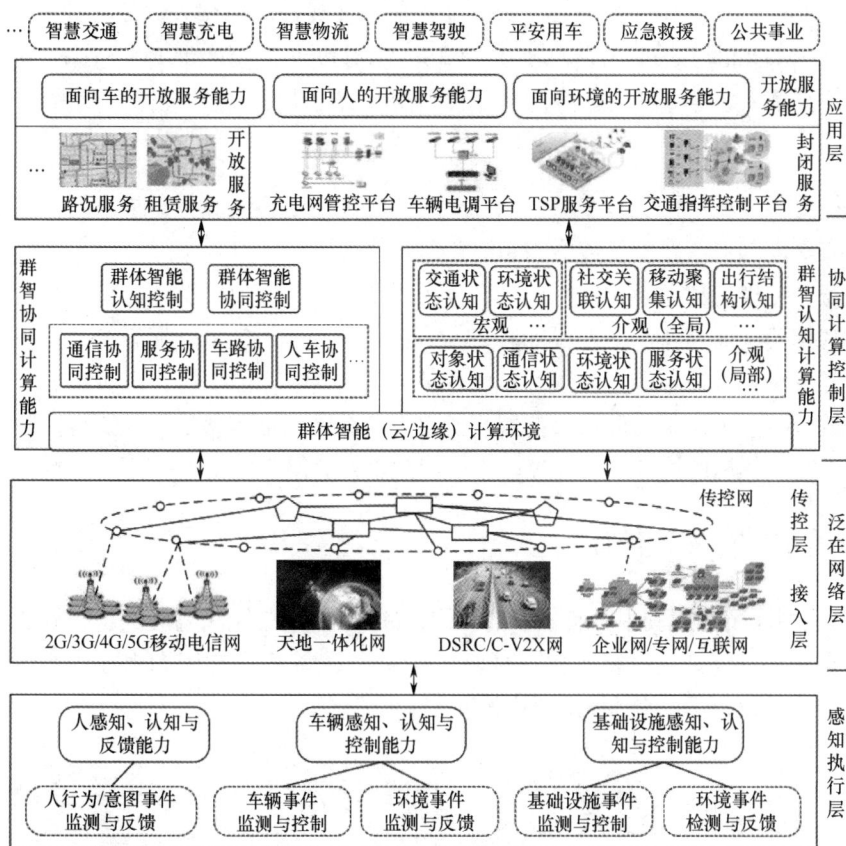

图 1-1 车联网体系架构模型

3）协同计算控制层

协同计算控制层用以实现全网范围内的"人–车–环境"协同计算与控制。

从车联网对象协同个体模型角度，协同计算控制层需提供人车协同控制能力，以支撑人车智能映像，通过对人车协同个体参与感知获得的各种静态、动态信息进行协同计算，实现对人车协同个体行为的感知、认知和控制。

从车联网对象协同群体模型角度，协同计算控制层需提供多人车协同个体的协同计算控制能力和服务协同管理能力，一方面支持多人车智能映像的群智计算，另一方面支持与各种或封闭或开放的服务系统协同，以实现对车联网全网状态的全面感知、正确认知。为满足协同控制要求，协同计算控制层还需提供通信协同管理能力，协调传控网实现按需通信资源调配，以满足服务的可持续性要求。这种人–车协同、服务协同、通信协同的协调与控制机制由协同计算控制层多维协同计算控制能力提供。

协同计算控制层还需提供公共支撑能力，用于支撑人–车协同控制和多维协同计算控制所需的大规模计算和信息感知、认知、控制处理。公共支撑能力包括计算支撑能力和共性服务支撑能力。计算支撑能力提供通用计算能力，如云计算服务能力、大数据处理能力等，以实现计算的弹性和可扩展性。公共支撑能力需提供应用相关服务的能力，如 M2M（Machine to Machine）控制、信息推送、GIS（Geographic Information System）服务能力等，以支持复杂人、车、环境元素的感知与控制。

4）应用层

应用层提供多种不同类型服务，以实现人、车、环境协同服务需求，同时还需支持能力开放与共享，以支持新型服务形态和商业运营模式。

针对行业应用的封闭现状，应用层可分为封闭服务和开放服务。封闭服务与具体的行业应用紧密相关，如 ITS（Intelligent Transportation System，智能交通系统）指挥控制平台等。开放服务涵盖当前各种开放服务，如各种互联网提供商的实时路况服务等。应用层还将提供开放服务能力，将协同计算控制层所整合的车联网全面感知、认知与控制能力封装为面向人、车、环境的开放服务支撑能力，并向第三方服务提供者开放。

1.1.3 5G 车联网体系

5G 车联网在智能驾驶中具有重要的作用。5G 车联网是无人驾驶汽车、智能汽车发展的重要配套基础设施，也是智能交通的必要前提。5G 车联网与无人驾驶二者互为促进、交互发展。基于 5G 的车联网体系架构如图 1-2 所示。

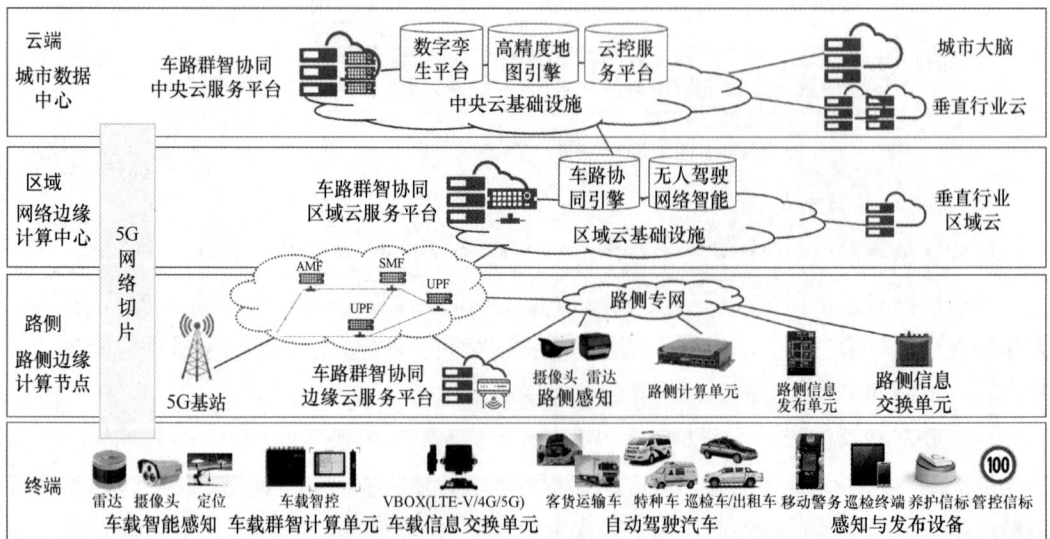

图 1-2 基于 5G 的车联网体系架构

这一体系分为四层，分别是终端、路侧、区域、云端。

终端包括智能交通系统中的各种车载感知设备、车载计算单元、通信设备、信息发布设备以及交通主体，实现对全时空交通的实时感知、诱导、管理和控制。

路侧作为连接终端和网络边缘的桥梁，包括感知设备、通信设备和计算单元，其不仅能够加强对实时交通态势的感知和管控，还具备局部信息的处理加工功能。路侧边缘计算节点通过收集、分析和处理车载终端生成的数据，提升车联网的数据驱动能力，初步为车载终端提供低时延、大带宽的业务，减少路侧专网的传输压力。

区域的网络边缘计算中心覆盖较大的范围，其将数据存储、计算与分析能力下沉，使得区域性的业务不必经过云端处理即可完成，有助于更多低时延、大带宽应用的出现。

云端通过实时汇集全时空交通信息，利用数字化、信息化、智能化等新技术手段，进行城市交通体系的预测、推演和验证，全面助力智慧交通的演进，赋能交通基础设施，使道路具备精准的感知、精确的分析、精细的管理和精心的服务，实现车、路、云之间的协同。

1.2　从 V2X 到 C–V2X

● 1.2.1　V2X 定义

V2X 是车对外界的信息交换通道，是未来智能交通系统的关键技术，可以实现车与车、车与路边基础设施、车与互联网之间的相互通信，从而获得实时路况、道路信息、行人信息等一系列交通信息，提高驾驶安全性、减少拥堵、提高交通效率。V2X 中的 V 代表车辆，X 代表任何与车交互信息的对象。V2X 包括 V2V（车与车通信）、V2I（车载设备与路侧基础设施之间的通信，如红绿灯、交通摄像头、路侧单元等）、V2P（车载设备和用户终端之间的通信）和 V2N（车载设备通过接入网/核心网与云平台之间的通信）。V2X 主要用于提高道路安全性、改善交通管理。利用 V2X 技术，"人、车、路、云"等交通参与要素可以被有机地联系在一起，不仅可以弥补单辆车感知的不足，促进自动驾驶技术创新和应用，还有利于构建一个智慧的交通体系，促进汽车和交通服务的新模式、新业态发展，对提高交通效率、节省资源、减少污染、降低事故发生率、改善交通管理具有重要意义。

目前，V2X 技术有两条不同的技术路线。

（1）DSRC 是以 IEEE 802.11p 为基础，提供短距离无线传输的技术，车车和车路通信为其主要应用方式。标准制定从 2004 年开始，由美国主导，2010 年完成发布。其主要承载基本交通安全业务，不能支持未来的自动驾驶。

（2）C-V2X 是基于蜂窝网通信技术演进形成的车用无线通信技术，通过 D2D（Device-to-Device，直连通信）和蜂窝通信两种方式，支持包括车车、车路、车人以及车网等各类车联网应用[3][4]。C-V2X 是 3GPP 全球标准，包含 LTE-V2X 和 NR-V2X。其中，

LTE-V2X 主要承载基本交通安全业务，标准制定从 2015 年开始，2017 年发布 3GPP R14 版本；NR-V2X 基于 5G NR（New Radio）技术，主要承载自动驾驶业务，于 2020 年发布 3GPP R16 版本。

1.2.2　DSRC 技术体系

DSRC 标准由 IEEE 基于 Wi-Fi 制定，其标准化流程始于 2004 年，主要基于三套标准：一是汽车相关的"专用短距离通信"物理标准（IEEE 802.11p）；二是 WAVE（Wireless Access in Vehicular Environment，车载环境无线接入）标准，即 IEEE 1609；三是消息字典 SAE J2735 和消息发送的系统技术要求 SAE J2945。

1995 年，欧洲标准化委员会 CEN 完成了欧洲 DSRC 标准的制定。1997 年，日本 TC204 委员会制定了日本的 DSRC 标准。2003 年，美国材料试验学会通过了 ASTM E2213-03 作为 DSRC 标准。为了加快 DSRC 的标准化进程，促进产业化发展，2004 年 IEEE 成立 WAVE 工作组，该工作组负责在现有 5.9 GHz 频段 DSRC 的基础上针对车联网中 V2V 和 V2I 对高数据速率和高速移动性的通信要求，设计一个全球范围内通用的标准 IEEE 802.11p（2010 年 7 月正式发布）。IEEE 802.11p 基于无线局域网 WLAN 标准 IEEE 802.11，但是其存在信号覆盖范围小、服务质量支持能力弱、无法对多媒体信息提供高质量的支持、难以适应车辆高速行驶过程中信道的频繁切换等缺点。针对这些问题，IEEE 802.11p 通过对 IEEE 802.11 标准的扩展和补充来适应车联网 V2V 和 V2I 的通信要求，如先进的信息传输机制、高速移动互联、增强的安全性和身份认证等。DSRC 协议栈结构如图 1-3 所示。

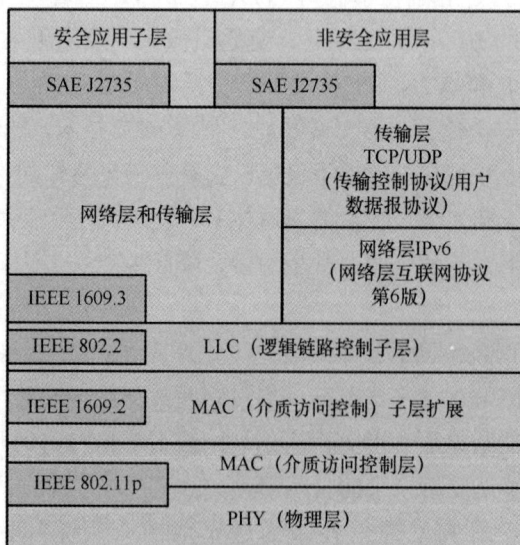

图 1-3　DSRC 协议栈结构

IEEE 802.11p 标准主要规定了 DSRC 协议的物理层（PHY）和介质访问控制层（MAC）标准，DSRC 协议中的上层功能由 IEEE 1609 协议栈实现。其中，IEEE 1609.1 主要用作资源管理，定义了在资源管理者和远程设备间的远程管理应用；IEEE 1609.2 负责制定安全机制；IEEE 1609.3 负责网络层和传输层的服务，定义了 WAVE 短消息协议 WSMP；IEEE 1609.4 负责 WAVE 协议栈的信道切换操作，它工作于 IEEE 802.11p MAC 子层之上，制定了信道资源分配和信道协调的方法，使上层应用能够简单地利用信道资源。

● 1.2.3　C-V2X 技术体系

C-V2X 由 3GPP 通过拓展通信 LTE 标准制定。根据 3GPP 的标准，C-V2X 包含了两种通信接口：一种是车、人、路之间的短距离直接通信接口（PC5，点对点直接通信），另一种是终端和基站之间的通信接口（Uu，设备与基站通信）。PC5 接口提供类似于 D2D 的直接通信，C-V2X 的终端设备无论是否处于蜂窝网络的覆盖范围内，均可以采用 PC5 接口进行 V2X 通信；当支持 C-V2X 的终端设备移动到蜂窝网络覆盖范围内时，可以在蜂窝网络的控制下使用 Uu 接口。C-V2X 使用 PC5 接口和 Uu 接口共同支持 V2X 业务，包含 LTE-V2X 和 NR-V2X，从技术演进角度讲，LTE-V2X 支持向 NR-V2X 平滑演进。C-V2X 的协议栈结构如图 1-4 所示，其总体框架与 3GPP 制定的移动通信网体系框架一致。

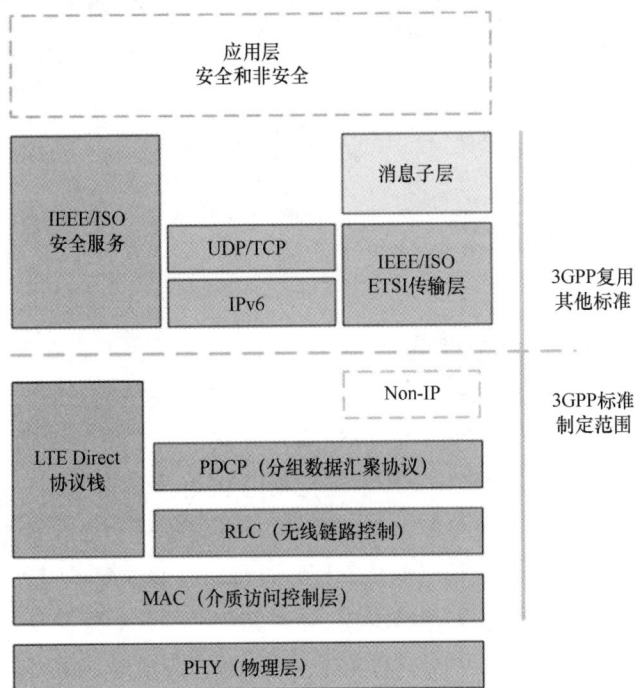

图 1-4　C-V2X 的协议栈结构

C-V2X 标准的制定工作始于 2015 年，各工作组主要从业务需求、系统架构、安全研究和空口技术 4 个方面开展工作。业务需求由 3GPP SA1 工作组负责，系统架构由 3GPP SA2 工作组负责，安全研究由 3GPP SA3 工作组负责，空口技术由 3GPP RAN 工作组负责。C-V2X 的标准化可以分成 3 个阶段：第一阶段（LTE-V2X）面向基本的道路安全业务通信需求，引入了工作在 5.9 GHz 频段的直通链路（PC5 接口）模式和公众移动蜂窝网（Uu 接口）模式，对应 LTE R14 版本；第二阶段（LTE-eV2X）基于 LTE 技术，满足部分 5G-V2X 增强业务需求，主要是在 PC5 接口引入了载波聚合、高阶调制等技术，以提升数据传输速率，还引入了可降低时延的部分技术，对应 LTE R15 版本；第三阶段（NR-V2X）基于 5G NR 技术，实现全部或大部分 NR-V2X 增强业务需求，对应 5G NR R16 和 R17 版本。C-V2X 的标准化进展如图 1-5 所示。

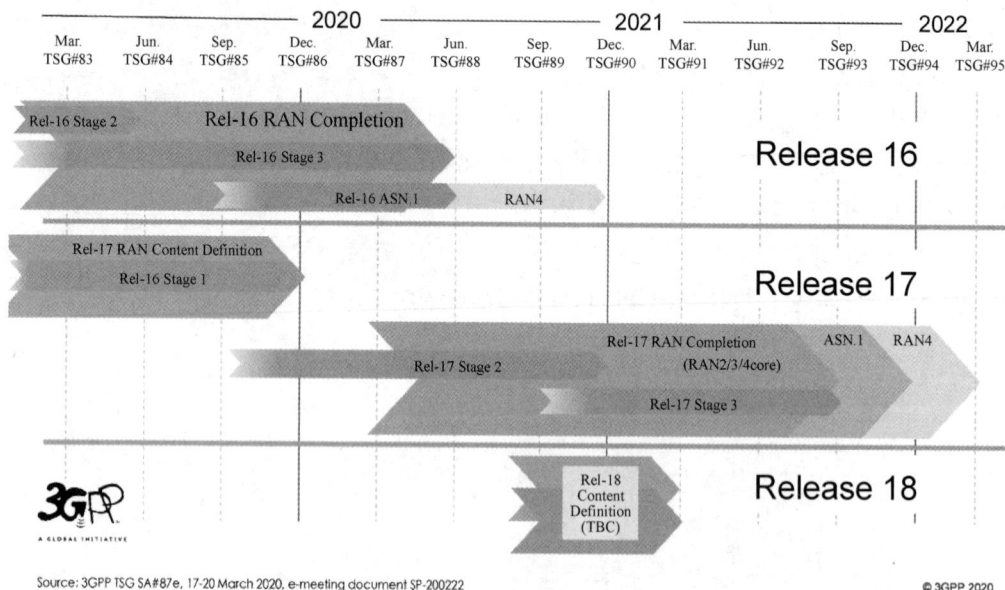

图 1-5 C-V2X 的标准化进展

支持 LTE-V2X 的 3GPP R14 版本标准已于 2017 年正式发布，在业务需求方面定义了 V2V、V2I、V2P、V2N、V2X 等 27 类场景，给出了 7 种典型场景的性能要求。在系统架构方面，目前已经确定了在 PC5 接口的 Prose 和 Uu 接口的 LTE 蜂窝通信的架构基础上增强支持 V2X 业务，并明确增强架构至少要支持采用 PC5 传输的 V2X 业务和采用 LTE-Uu 的 V2X 业务。3GPP R14 版本研究了如何通过增强 Uu 传输与 PC5 传输来支持基于 LTE 的 V2X 业务，明确了 PC5 接口的信道结构、同步过程、资源分配、同载波和相邻载波间的 PC5 和 Uu 接口共存、无线资源控制（RRC）信令和相关的射频指标及性能要求。

支持 LTE-V2X 增强（LTE-eV2X）的 3GPP R15 版本标准于 2018 年 6 月正式完成。在业务需求方面定义了 5 大类、25 个用例的增强 V2X 业务，包括基本需求、车辆编队行驶、半/全自动驾驶、传感器信息交互和远程驾驶。3GPP R15 版本明确了载波聚合、发送分集、高阶调制、资源池共享及减少时延、缩短传输间隔（TTI）的可行性及增益等增强技术。

支持 5G 新空口（NR-V2X）的 3GPP R16 版本于 2020 年 7 月完成，与 LTE-V2X/LTE-eV2X 形成互补关系，定义了 25 个用例，包括自动排队驾驶、半/全自动驾驶、支持扩展传感、远程驾驶和通用需求。在技术方面，PC5 接口支持单播、组播和广播三种模式，以提供支撑不同业务的能力，支持 In-Coverage、Partial-Coverage 和 Out-of-Coverage，基于通用的架构支持直通链路在中低频和毫米波频段工作。Uu 接口网络引入 V2X 通信切片、边缘计算、QoS（Quality of Service，服务质量）预测等特性，以满足车联网低时延、高可靠性、大带宽等需求。

我国 LTE-V2X 相关空口、网络层、消息层和安全等核心技术标准已制定完成，标准体系初步形成（见表 1-1）。2018 年 11 月，全国汽车标准化技术委员会、全国智能运输系统标准化技术委员会、全国通信标准化技术委员会、全国道路交通管理标准化技术委员会共同签署了《关于加强汽车、智能交通、通信及交通管理 C-V2X 标准合作的框架协议》，加快 LTE-V2X 标准在汽车、交通、公安行业的应用。工业和信息化部联合国家标准化委员会发布《国家车联网产业标准体系建设指南》，其中信息通信分册为 V2X 通信标准建设给出了体系参考。中国通信标准化协会 CCSA 主要承担 V2X 通信行业标准制定。

表 1-1 LTE-V2X 国家标准

分　类	标准名称	标准类别	标准组织	升国标建议组织
总体	基于 LTE 的车联网无线通信技术 总体技术要求	行标、国标	CCSA	通标委
接入层	基于 LTE 的车联网无线通信技术 空口技术要求	行标、国标	CCSA	通标委
网络层	基于 LTE 的车联网无线通信技术 网络层技术要求	团标、行标、国标	C-ITS、CCSA	通标委
消息层	基于 LTE 的车联网无线通信技术 消息层技术要求	团标、行标、国标	C-ITS、SAE-C、CCSA	通标委
安全	基于 LTE 的车联网无线通信技术 安全技术要求	行标、国标	CCSA	通标委
安全	基于 LTE 的车联网无线通信技术安全证书管理系统技术要求	行标、国标	CCSA	通标委
应用（系统）	基于 LTE-V2X 直连通信的车载信息交互系统技术要求	团标、国标	SAE-C、C-ITS、SAC/TC114	汽标委
应用（系统）	基于 LTE-V2X 直连通信的路侧单元系统技术要求	团标、国标	SAE-C、C-ITS	交通/公安
应用（系统）	面向 LTE-V2X 的多接入边缘计算 业务架构和总体需求	行标、国标	CCSA	通标委
应用（系统）	面向 LTE-V2X 的多接入边缘计算 服务能力开放和接口技术要求	行标、国标	CCSA	通标委
功能应用	十字交叉路口预警、车辆编队行驶等功能应用	行标、国标	汽标委/交通/公安	汽标委/交通/公安

● 1.2.4 DSRC 和 C-V2X 的对比

福特公司与大唐公司、高通公司对 DSRC 和 LTE-V2X 实际道路测试性能的测试结果显示，在 400～1200m 的通信距离内，LTE-V2X 系统的误码率明显低于 DSRC 系统，且 LTE-V2X 的可靠性和稳定性明显优于 DSRC。福特公司与高通公司在美国密歇根的试验场进行对比测试的结果表明，LTE-V2X 在通信距离（无遮挡及有遮挡两种环境）、抗干扰能力等方面的性能是 DSRC 的 2～3 倍[5]。

从持续演进角度看，C-V2X 包含 R14 LTE-V2X、R15 LTE-eV2X 和向后演进的 NR-V2X，具备未来可支持自动驾驶的演进路线的优势。工业和信息化部明确选择了 LTE-V2X 制式作为车联网的直连通信技术，并在 2018 年明确规定将 5.9 GHz（5.905～5.925 GHz）作为 C-V2X 工作频段。2019 年美国联邦通信委员会（FCC）批准重新分配 5.9 GHz 频段，把 5.895～5.925 GHz 频段分配给 C-V2X。

随着 5G 边缘计算和网络切片等技术的引入，未来智能路侧设备将随着"智慧道路"逐步落地，并与 C-V2X 相结合，实现人、车、路、系统的协同，与无人驾驶一起实现更丰富的安全、效率类业务。DSRC 和 LTE-V2X 对比如表 1-2 所示。

表 1-2 DSRC 和 LTE-V2X 对比

项 目		DSRC	LTE-V2X	技 术 对 比
物理层	信道编码	卷积码	Turbo 码	Turbo 码的编码增益可在相同传输距离下获得更高可靠性或在相同可靠性下获得更远传输距离
	重传	不考虑重传	通过 HARQ（Hybrid Automatic Repeat reQuest）机制进行多次重传	重传合并增益提高可靠性
	波形	OFDM（Orthogonal Frequency Division Multiplexing）	SC-FDMA（Single Carrier Frequency Division Multiple Access）	PAPR（Peak to Average Power Ratio）影响更小，在相同功放情况下有更大发射功率
	信道估计	不适合高速	4 列	4 列 DMRS 参考信号有效支持高速场景
	接收分集	不是必须的	两个接收天线考虑接收分集处理	充分利用接收分集增益
资源分配机制	资源复用	TDM	TDM/FDM	考虑了节点密度、业务量和最低时延高可靠传输需求
	资源选择	CSMA/CA	感知-SPS	考虑业务周期性，利用感知结果避免产生资源冲突
	资源感知	通过固定门限以及检测前导码来判断信道是否被占用	通过功率和能量测量感知资源占用情况	考虑业务优先级对资源选择的影响，通过资源感知结果进行资源选择

（续表）

项　　目		DSRC	LTE-V2X	技 术 对 比
同步	同步方式	非同步	同步	采用同步方式降低信道接入开销，提高频谱利用率
性能	时延	小于 100 ms	小于 100 ms（Uu） 小于 50 ms（PC5） 约 1 ms（5G）	更低的时延能够更好地支持车队、无人驾驶等
	速率	高于 12 Mbps	高于 12 Mbps（PC5） 高于 500 Mbps（Uu） 高于 1 Gbps（5G）	更高的传输速率能够更好地支持超视距认知、无人驾驶等
	传输范围	300～500 m	500～600 m（PC5） 大于 1 km（Uu）	更大的覆盖范围有利于降低路侧设备部署密度，扩大超视距认知范围
	速度	200 km/h	500 km/h	更高的相对速度有利于支持高速场景

1.3　5G / C–V2X 技术

C-V2X 是基于 3GPP 全球统一标准的通信技术，主要包含 LTE-V2X（LTE-eV2X）和 NR-V2X（5G eV2X）。从技术演进角度讲，LTE-V2X 支持向 NR-V2X 平滑演进。

● 1.3.1　LTE-V2X 通信技术

1.3.1.1　工作模式

基于 LTE 系统的 LTE-V 技术包括蜂窝方式（LTE-V-cell）和直通方式（LTE-V-direct）两种工作模式。

1）蜂窝方式

蜂窝方式主要使用 LTE-Uu 空口。LTE-Uu 是 eNodeB 和终端之间的传统空口，主要利用基站作为集中式的控制中心和数据信息转发中心，由基站完成集中式调度、拥塞控制和干扰协调等，可以显著提高 LTE-V2X 的接入和组网效率，保证业务的连续性和可靠性。

为了减少与 V2X 上行链路调度开销，LTE-V2X 的上行传输支持基于业务特性的多路半静态调度，即 eNodeB 不仅为下一次传输而且还为多个后续传输分配资源给终端。半静态调度既可以保证业务传输的高可靠性需求，又可以大幅降低上行调度时延，能够提升一些数据包大小固定、具有周期性流量的 V2X 应用的性能。对于 LTE-V2X 的下行传输，该方法针对 V2X 业务的局部通信特性，不仅支持小范围的广播，还支持低时延的单小区点到多点传输（SC-PTM）和多播/组播单频网络（MBSFN）。此外，LTE-V2X 支持核心网元本地化部署，并且为了保证业务传输性能，还针对 V2X 业务特性定义了专用服务质量（QoS）参数。

2）直通方式

针对直通方式，LTE-V2X 使用 PC5 接口上的侧行链路（Sidelink）实现车与车间的直接通信。直通方式主要针对道路安全业务的低时延高可靠传输要求、节点高速运动、隐藏终端等挑战，进行了资源分配机制增强。

基于 PC5 接口的 V2V 通信包括两种模式：管理模式（PC5 Mode 3）和非管理模式（PC5 Mode 4）。在管理模式下基站参与车辆调度，在非管理模式下车辆独立于网络。管理模式和非管理模式的区别：管理模式基于 LTE-Uu 接口进行集中调度，由基站通过 Uu 接口的控制信令辅助进行流量调度和干扰管理；而非管理模式基于 PC5 接口直通方式进行分布式调度，基于车辆间的分布式算法进行流量调度和干扰管理，如图 1-6 所示。

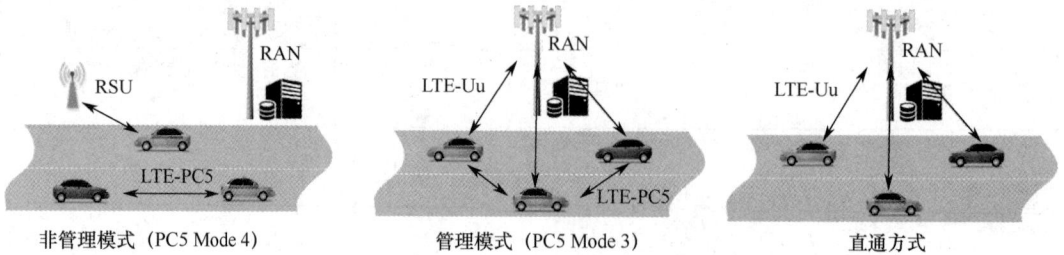

图 1-6　LTE-V2X 工作模式

1.3.1.2　关键技术

针对 V2X 通信中节点高速移动、低时延高可靠传输需求等问题，3GPP LTE-V2X 主要的技术增强包括以下几个方面[5]。

1）子帧结构增强设计

LTE-D2D 通常面向静止设备或低速移动设备，而在 LTE-V2X 中，车辆移动速度通常较高，且可能工作在更高的频段。因此，如果车辆相对移动速度为 280 km/h，工作中心频点为 6 GHz，信道的相干时间约为 0.277 ms。LTE-D2D 中 1 个子帧的时长为 1 ms，其中有 2 列参考信号，相隔为 0.5 ms。如果还采用以前的参考信号设计，那么高速移动和高频导致的多普勒效应频率偏移会对信道估计产生严重影响。因此 LTE-V2X 中重用 LTE-D2D 的 DMRS（Demodulation Reference Signal，解调参考信号）列结构设计，但是将 1 个子帧中的 2 列 DMRS 参考信号增加到 4 列，使得导频密度在时域上有所增加，这样 LTE-V2X 的 DMRS 参考信号时间间隔为 0.25 ms，能够有效处理车辆高速移动场景下高频段的信道检测、估计与补偿。LTE-V2X PC5 接口的控制信道及数据信道的子帧结构如图 1-7 所示。

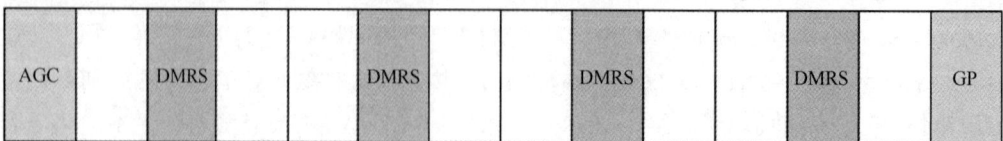

图 1-7　LTE-V2X PC5 接口的控制信道及数据信道的子帧结构

2）资源复用

由于 V2X 业务分组大小可能发生变化，LTE-V2X 仍重用 LTE-D2D 中的控制信息 SA （Scheduling Assignment）来指示数据分组大小。LTE-V2X 的 PC5 接口直通通信中设计 SA 指示的数据资源在同一个子帧进行传输，即同一子帧中的 SA 和数据的资源池进行 FDM （Frequency Division Multiplexing）方式的资源复用。同时，SA 和数据的资源池也可以采用 TDM（Time Division Multiplexing）方式进行复用。为进一步降低 SA 的信令开销，SA 指示的资源粒度在频域可以划分为相同大小的子信道，数据传输可以使用一个或多个子信道。LTE-V2X 资源池配置的频域指示方法如图 1-8 所示。

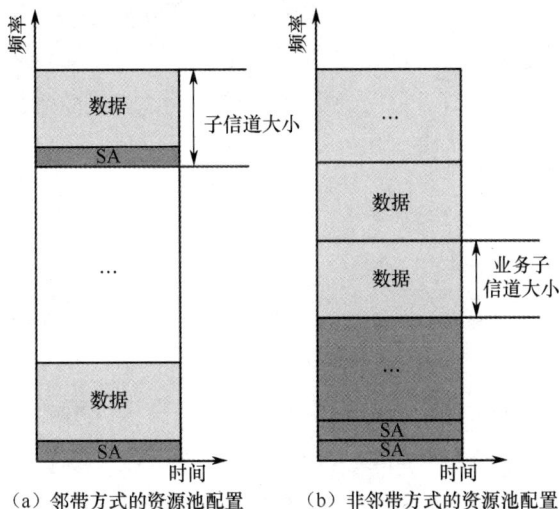

图 1-8　LTE-V2X 资源池配置的频域指示方法

3）资源分配机制

考虑到 V2X 业务的周期性，LTE-V2X 直通通信的 PC5 接口采用了一种全新的分布式资源分配方案：感知（Sensing）+预约的 SPS（Semi-Persistent Scheduling，半持续调度）。该方案能减少空口信令开销，如图 1-9 所示。该方案充分利用了 V2X 业务的周期性特点。一方面，发送节点预留周期性传输资源，承载周期性的 V2X 业务。另一方面，由于发送节点预留资源的周期性重复，因此有助于接收节点感知资源状态、避免冲突，提高资源利用率和传输可靠性。

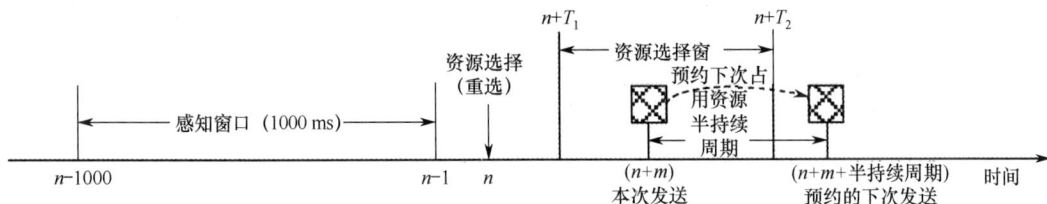

图 1-9　LTE-V2X PC5 接口的"感知+预约的 SPS"机制时序

4）同步机制

在 LTE-D2D 系统中，基站被用作同步源，并且蜂窝覆盖中的节点与基站同步。一些覆盖节点可以接收到蜂窝覆盖范围内节点转发的同步信号，因此一些覆盖节点将蜂窝覆盖范围内节点的同步信息转发给覆盖范围外的节点。在 LTE-V2X 系统中，由于 LTE-V2X 通信节点支持 GNSS（Global Navigation Satellite System，全球导航卫星系统）模块，因此可以直接获得可靠 GNSS 信号的节点。由于具有定时和频率精度较高的特点，因此它可直接作为同步源为周围节点提供同步信息。如果 LTE-V2X 与其他蜂窝系统共享载波，那么 LTE-V2X 直接通信的传输信号可能会对蜂窝网络的上行链路造成干扰，在这种情况下基站仍然被认为是同步源，基站可以通过广播的方式通知 UE（User Equipment，用户设备）基站与 GNSS 之间的时间偏差，以进行调整和补偿。因此，LTE-V2X 中有三种同步源：GNSS、UE 自同步和 eNode B，同步源和同步方式由基站配置，覆盖外采用预配置方式确定同步源，实现全网统一同步定时。

1.3.2　NR-V2X 通信技术

NR-V2X 的工作模式与 LTE-V2X 基本一致，主要体现在以下几个方面[6]。

1）NR-V2X 模式增强

NR-V2X 定义了 Mode-1 和 Mode-2 两种侧行链路模式。NR-V2X 侧行链路 Mode-1 模式定义了允许在 gNB 覆盖范围内与车辆通信的机制。在该模式中，gNB 将资源分配给 UE。另一方面，NR-V2X 侧行链路 Mode-2 模式支持在覆盖范围外的点对点通信。

在 Mode-1 模式下，基站调度 Sidelink 资源给 UE 进行 Sidelink 传输。在 Mode-2 模式下，终端确定由基站/网络（预）配置的 Sidelink 资源。NR-V2X 在 Mode-2 模式下支持资源感知和选择/重选过程，感知过程可以基于解调其他 UE 的 SCI 信息或者其他 Sidelink 测量结果，解调 SCI（Sidelink Control Information）信息至少反映出 Sidelink 上资源使用情况，其他测量有基于 Sidelink DMRS 的 L1 Sidelink RSRP 测量。资源选择/重选过程可以基于上述感知过程结果来决定用于 Sidelink 传输的资源。根据功能 Mode-2 模式又分为 4 种 sub-mode。

Mode-2(a)：UE 自主选择 Sidelink 资源用于 Sidelink 传输。在该 sub-mode 下，考虑感知和资源选择过程，包括在半静态场景下对多个传输过程的多个 TB 分配资源以及在动态场景下为每个 TB 分配资源。通过解调 Sidelink 控制信道信息，Sidelink 测量和检测 Sidelink 传输过程来对资源占用情况进行鉴定。

Mode-2(b)：UE 辅助其他 UE 选择用于传输的 Sidelink 资源。该 sub-mode 作为其他三种 sub-mode 的一部分不再进行单独讨论。

Mode-2(c)：通过 NR Configured Grant 对 Sidelink 传输进行配置。在该 sub-mode 下，对于资源池中的单个或多个 Sidelink 传输模式（传输模式由资源在时域和频域的大小和位置以及资源数量来定义），对于覆盖范围内 UE 假定这些传输模式是（预）配置的，对于覆盖范围外 UE 则假设是由 gNB 配置指示的。如果 UE 只配置了一种传输模式，则不需要进行感知过程，如果配置了多个模式，则考虑使用感知过程。

Mode-2(d)：UE 调度其他 UE 的 Sidelink 传输。该 sub-mode 用于 Group-Based Sidelink 通信方式，在该方式中，UE-A 向它的 serving gNB 上报组内成员（UE-B 和 UE-C），gNB 通过 UE-A 向组内成员提供资源池/资源配置，UE-A 不能对配置信息进行修改，其他成员与 gNB 间不需要建立直接连接，仅使用高层信令来提供配置，该功能取决于 UE 的能力。

2）NR-PC5 支持组播与单播通信

单播通信方式分为两种，一种是面向特定终端建立单播链路，另一种是面向特定业务建立单播链路。单播链路建立前，发起方终端和接收方终端会先进行地址信息交互、QoS 协商和安全连接建立。

LTE-PC5 接口仅支持广播模式，即发送端能够与其传输范围内的所有终端通信。NR-V2X 则支持组播，即当发送端希望与多于一个的附近特定终端子集进行通信时，使用组播模式。在组播通信方式下，V2X 应用层通过终端的 ID 和组播群组的大小来识别组播的对象。

3）增强的 QoS 控制

NR-Uu 接口增强了多等级 QoS 机制的支持。车联网业务可预先在 5G 网络中配置多等级 QoS，当基站由于资源受限无法满足当前 QoS 要求时，5G 网络将通过自动降低 QoS 等级的操作，尽可能地保持车联网业务的连续性，同时基站将新的 QoS 等级通知车联网业务和终端。

LTE-PC5 接口仅支持广播模式，因此也没有 QoS 控制。而 NR-PC5 接口支持组播，因此增加了 QoS 控制能力。NR-PC5 QoS 控制复用 5QI 参数，并定义了 PC5 QoS 模型。在终端层面 PC5 QoS 参数新增 UE PC5 AMBR 来指示每个终端 PC5 的最大聚合比特率，RANGE 限定了 PC5 组播通信时 QoS 参数的应用范围；在会话层面 PC5 Link AMBR 限制了每个 PC5 单播链路能提供的期望的聚合比特率。NR-PC5 支持 QoS 控制，使得 5G 网络可以满足更多高服务质量要求的 V2X 应用。

4）PSCCH 和 PSSCH 的复用

在空口方面，NR-V2X 对 LTE-V2X 的增强主要体现在直连链路（Sidelink，包括 Uplink 和 Downlink）方面。NR Sidelink 主要包括 PSBCH（Physical Sidelink Broadcast Channel，广播信道）、PSCCH（Physical Sidelink Control Channel，控制信道）、PSSCH（Physical Sidelink Shared Channel，共享信道）、PSFCH（Physical Sidelink Feedback Channel，反馈信道），其中前三种信道在 LTE-V2X 时已经存在，PSFCH 是在 NR-V2X 为了支持 HARQ 传输新引入的。

● 1.3.3　C-V2X 通信资源调度

3GPP 在 R14 中启动了基于 LTE 系统的 V2X 服务标准研究，提出了 PC5 Mode 3，即由基站进行流量调度和干扰管理。在此背景下，我们提出 sdnMAC 协议[7]，用于在基站①的协调下去分配资源，管理干扰，从而实现控制和转发的分离。sdnMAC 协议借鉴 SDN（Software Defined Network，软件定义网络）控制与传输分离的特性，由控制层面给节点分配时隙，调度时隙资源来避免时隙上的冲突，由转发层面在分配的时隙上去广播安全类消息，由此解决不可靠的时隙感知带来的时隙分配冲突问题。sdnMAC 协议分为三个部分。

1）基于控制与传输分离的时隙资源分配管理体系

随着 V2X 的普及以及 5G 物联网技术发展，越来越多的自动驾驶车辆会基于 5G V2X 实现信息的相互传播，同时，也会引导产生更多的车联网应用。大规模车辆和路侧基础设施对 5G 车联网的资源竞争将成为主要问题。为了解决资源竞争冲突问题，我们提出了基于软件定义网络的媒体接入层协议 sdnMAC，其借鉴控制层和数据转发层解耦的思想，利用 Uu 接口来收集车辆的位置等状态信息，来分配与管理 PC5 接口的资源。由于基站具有全局统一的视角，其能够确保最优的资源分配方式，确保较低的接入时延。同时，在基站之间利用软件定义网络技术，可以解决车辆的快速移动性带来的频繁切换问题。其中，软件定义网络支持基站之间根据交通态势来共享时隙信息，并根据预测的轨迹在车辆即将到达下一个基站之前分配资源，避免因大量车辆同时到达而引起的接入困难问题。sdnMAC 协议分为两层，底层是局部时隙资源调度，上层是全局的时隙信息共享，sdnMAC 系统架构图如图 1-10 所示。

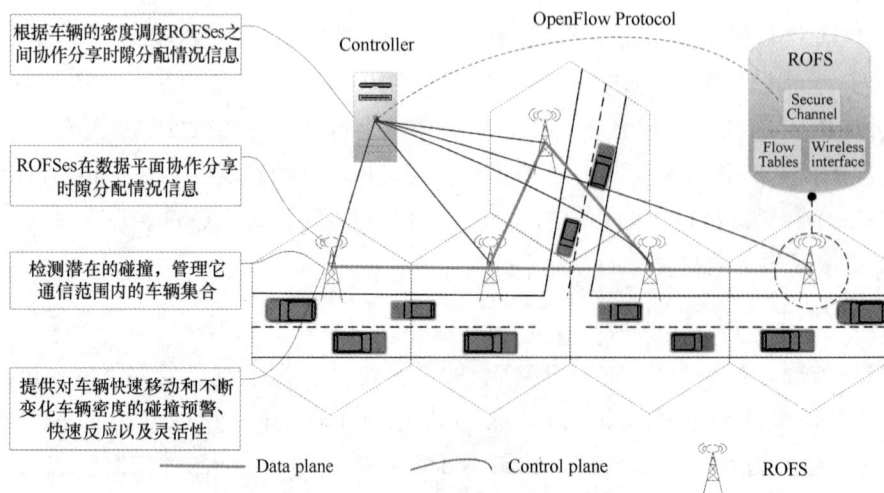

图 1-10　sdnMAC 系统架构图

---

① 这里的基站也可以是路侧基础设施，如 RSU（Roadside Unit，路边单元）。为了简洁，使用基站代指路边单元或者蜂窝通信里面的基站。

随着车辆密度和车辆通信范围的不同，影响车辆时隙的范围是不同的。车辆可能跨基站覆盖范围，需要多基站协作管理与调度时隙资源。为了实现可靠性广播，基站需保证节点和两跳范围内的其他节点使用不同的时隙。但是，随着车辆密度的增大，两跳范围内的车辆数目可能大于一帧的时隙数。此时，如果不采取其他措施，必然会产生干扰。为了确保算法的可扩展性，可以通过自适应调整节点通信范围来解决车辆密度变化问题，即可以降低车辆的通信范围，以提高网络容量。

在 sdnMAC 系统中，基站的传输范围是固定的，而车辆的通信范围则可以根据密度的不同而相应地改变。在车辆密度很大时，减小通信范围以容纳更多的车；而在车辆密度很小时，扩大通信范围以增加车辆的感知范围。基站首先根据覆盖范围内的车辆数确定通信范围，然后通过基站间的协作获取周围的时隙使用情况。

在确定车辆 α_0 的通信范围 $R_t(\alpha_0)$ 时，需要考虑两个因素：首先是每个车辆的广播数据包应该至少被一个基站接收；其次，为了支持可靠广播，不能有隐藏终端问题，即任何节点必须使用两跳范围内唯一的时隙。因此，$R_t(\alpha_0)$ 可以计算如下：

$$R_t(\alpha_0) = \max(R_{\min}, \min_{\alpha_0 \in \nu(\beta_0)} \underset{R}{\arg\min}\{|SR_2(\alpha_0, R)| \geqslant N_s\}) \tag{1-1}$$

其中，$R_{\min}$ 是最小的通信距离，$SR_2(\sigma, r)$ 是节点 σ 通信距离为 r 时两跳范围内的节点集合，$|\mathcal{C}|$ 是集合 $\mathcal{C}$ 的基数，N_s 是一帧内时隙的数量，β_0 是 α_0 接入的基站，$\nu(\beta_0)$ 为基站 β_0 覆盖范围内的车辆。

每个基站 β_0 需要距离为 $R_{ne}(\beta_0)$ 范围内的时隙信息。其中，$R_{ne}(\beta_0)$ 可以由如下公式计算：

$$R_{ne}(\beta_0) = R_{\min} + \max_{\alpha_1 \in \nu(\beta_0)}\{R_t(\alpha_1) + \max_{\alpha_2 \in \psi(\alpha_1, R_t(\alpha_1))} R_t(\alpha_2)\} \tag{1-2}$$

根据这个范围，可以确定和当前基站覆盖范围内的车辆相互影响的其他车辆集合，表示为 $\Omega(\beta_0)$，计算公式如下：

$$\Omega(\beta_0) = \{\beta \mid \|\boldsymbol{P}_\beta - \boldsymbol{P}_{\beta_0}\|_2 \leqslant R_{ne}(\beta_0), \beta \in \mathcal{B}\} \tag{1-3}$$

其中，$\boldsymbol{P}_\sigma$ 表示节点 σ 的位置，$\|\boldsymbol{a}\|_2$ 是向量 $\boldsymbol{a}$ 的 L_2 范数。

控制节点首先集中式地确定车辆的通信范围和相互影响范围 $\Omega(\beta)$，然后更新相应的流表，以便基站之间相互协作，实现时隙信息的共享。因此，每个基站在转发平面共享时隙信息后，会获得车辆集合 $\Omega(\beta)$ 的时隙使用情况。

2）路侧协调下的时隙资源调度

基站通过广播资源占用报文完成时隙资源的分配与管理，车辆接收基站广播，获取分配的时隙，完成安全类消息的广播。基站通过侦听覆盖范围内车辆的广播，可以获得车辆的密度，从而自适应地调整通信范围。其中车辆和基站发送的数据包格式是不相同的，如图 1-11 所示，车辆或者路边单元发送的消息格式为：标识（ID）、类型（Type，标记是车辆还是基站的广播）、位置（Position）、方向（Heading）、速度（Velocity）以及其他信息。而基站发送的信息包括：标识（ID）、类型（Type，标记是车辆还是基站的广播）、位置（Position）、传输范围（TR）、即将碰撞的车请求更换时隙信息（RESS）、可供接入使用的时隙数量

（FFS）、正在被接入的时隙（RESUS）以及其他信息。

| ID | Type | Position | TR | RESS | FFS | RESUS | ⋯ |

（a）基站广播数据包的格式

| ID | Type | Position | Heading | Velocity | ⋯ |

（b）车辆广播数据包的格式

图 1-11 车辆和基站的数据包格式

基站管理车辆的协议具体分为五步，以基站 β_0 为例，协议流程如下。

步骤一：检查距离基站 β_0 范围为 R_{min} 内的车是否即将要发生碰撞。其检测方法是，对其覆盖范围内任意车辆 α_1，计算潜在的干扰节点集合 $\mathrm{SRG}_2(\alpha_1, R_t(\alpha_1))$。如果存在 $\alpha_2 \in \mathrm{SRG}_2(\alpha_1, R_t(\alpha_1))$ 使用的时隙和 α_1 相同，那么，α_1 需要获取一个新的时隙。这个新的时隙记为 New_s，步骤二至步骤四会分配一个最合适的时隙给 New_s。

步骤二：检测 $\mathrm{SRG}_2(\alpha_1, R_t(\alpha_1))$ 中是否存在没有分配的时隙。$\mathrm{SRG}_2(\alpha_1, R_t(\alpha_1))$ 中使用的时隙集合为 $\{\chi(\sigma) \mid \sigma \in \mathrm{SRG}_2(\alpha_1, R_t(\alpha_1))\}$，其中 $\chi(\sigma)$ 表示节点 σ 所使用的时隙。因此未被分配的时隙为 $N_{total} - \{\chi(\sigma) \mid \sigma \in \mathrm{SRG}_2(\alpha_1, R_t(\alpha_1))\}$，其中 N_{total} 为一帧内所有时隙的集合。如果这个集合非空，那么随机分配一个时隙给 New_s，转到步骤一。否则，执行步骤三。最后，更新时隙使用状态，即更新 α_1 使用的时隙为 New_s。

步骤三：寻找最合适的时隙。此时，两跳范围内的车必须共享时隙，可能会产生潜在的干扰。分配资源的原则是，尽可能地让两个远离的车使用同一时隙。两个节点 α_1 和 α_2 有三种运动状态，记为 $Y(\sigma_1, \sigma_2)$。分别是：相反的方向，越来越远 $Y(\sigma_1, \sigma_2) = A$；相反的方向，越来越近 $Y(\sigma_1, \sigma_2) = B$；以及相同的方向 $Y(\sigma_1, \sigma_2) = C$。它们的计算公式如下：

$$Y(\sigma_1, \sigma_2) = \begin{cases} A, & \langle \boldsymbol{P}_{\sigma_1} - \boldsymbol{P}_{\sigma_2}, \boldsymbol{V}_{\sigma_1} \rangle \geqslant 0, \langle \boldsymbol{P}_{\sigma_2} - \boldsymbol{P}_{\sigma_1}, \boldsymbol{V}_{\sigma_2} \rangle \geqslant 0 \\ B, & \langle \boldsymbol{P}_{\sigma_1} - \boldsymbol{P}_{\sigma_2}, \boldsymbol{V}_{\sigma_1} \rangle < 0, \langle \boldsymbol{P}_{\sigma_2} - \boldsymbol{P}_{\sigma_1}, \boldsymbol{V}_{\sigma_2} \rangle < 0 \\ C, & \text{otherwise} \end{cases} \quad (1\text{-}4)$$

其中，$\langle \boldsymbol{a}, \boldsymbol{b} \rangle$ 是 $\boldsymbol{a}$ 和 $\boldsymbol{b}$ 的内积。两个车辆在不同的运动状态下，其相遇的概率是不同的，例如，如果两个车的方向相反，而且越来越远的话，它们相遇的概率很小，碰撞的概率也小。因此，首先让 α_1 和状态 A 的车共享时隙，其次再考虑状态为 B 和 C 的车。最后，把车辆 α_1 之前使用的时隙 $\chi(\alpha_1)$ 和新分配的时隙 New_s 加入 RESS 中。

步骤四：构建给新接入的车辆使用的时隙集合。一个刚启动的车需要获取新时隙来广播周期性的安全消息，而这个车有可能在任何位置。因此，优先使用空闲的时隙，如果空闲的时隙小于 N_{FFS}，那么，就使用如下排序准则来选取最大值，计算公式如下：

$$\mathrm{Mea}(i) = \begin{cases} \min_{\sigma \in \gamma(i, \beta_0)} \| \boldsymbol{P}_{\sigma} - \boldsymbol{P}_{\beta_0} \|_2, & \gamma(i, \beta_0) \neq \varnothing \\ +\infty, & \gamma(i, \beta_0) = \varnothing \end{cases} \quad (1\text{-}5)$$

步骤五：构建 RESUS。基站需要侦听信道一帧，去检测 FFS 的时隙是否被使用。如果在 FFS 时隙中侦听到数据传输，基站会把这些消息记录在 RESUS，以便告诉其他车辆，这个时隙即将被占用。刚接入的车在收到基站的广播后，发现 RESUS 字段有相应的记录，则表示接入成功。

3）基站间时隙资源调配最优化

每一个基站 β 依靠 $\Omega(\beta)$ 的信息去决策。因此，基站间必须实时同步时隙使用情况，否则会导致干扰。例如，如果两个相邻的基站 β_1 和 β_2，β_1 已经分配了时隙 $i \in N_s$，而基站 β_2 没有及时更新时隙使用情况，那么将可能把这个时隙分配给其他车，导致潜在的干扰，如图 1-12 所示。为了解决这个问题，基站之间需要实时同步时隙使用情况。

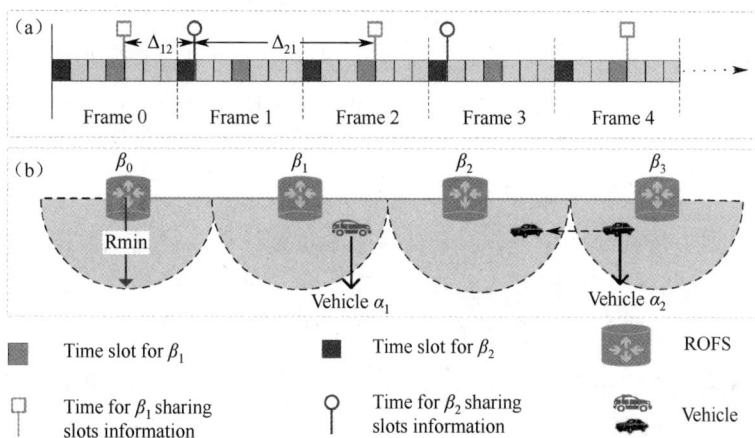

图 1-12　基站使用的时隙以及基站预分配资源

基站 $\beta_i \in \mathcal{B}$ 需要在时隙 $\chi(\beta_i)$ 上广播数据后立刻把信息传递给周围的基站。因此，基站 β_i 分享信息的时隙集合为 $\chi(\beta_i) + k_{i1} N_s \delta_t + k_{i2} N_s$，其中 $k_{i1} = 0,1,2,\cdots$，$k_{i2} \in \{0,1,\cdots, \delta_t - 1\}$。基站之间的数据传输通过有线链路进行，因此，其时延和丢包率可以忽略不计。假设有两个基站 β_1 和 β_2 需要实时同步信息，β_1 在 $\chi(\beta_1)$ 发送数据给 β_2，β_2 能迅速接收到数据。但是 β_2 进行资源调度是在 $\Delta_{21} = [\chi(\beta_2) + k_{21} N_s \delta_t + k_{22} N_s] - [\chi(\beta_1) + k_{11} N_s \delta_t + k_{12} N_s] = N_s + \chi(\beta_2) - \chi(\beta_1)$ 之后，$\chi(\beta_2) \leqslant \chi(\beta_1)$，如图 1-12（a）所示。同理，$\Delta_{12} = N_s + \chi(\beta_1) - \chi(\beta_2)$，其中，$\Delta_{12} + \Delta_{21} = N_s \delta_t, \delta_t = 2$。$\Delta_{12}$ 和 Δ_{21} 时间越长，可能会导致更多的碰撞。因此，给基站时隙分配时要最小化最大值，问题建模如下：

$$\min \sum_{\beta_i \in \mathcal{B}} \sum_{\beta_j \in \mathcal{B}, \beta_i \neq \beta_j} \max(x_1, x_2)$$

$$\text{s.t.} \begin{cases} x_1 = \big(\chi(\beta_i) - \chi(\beta_j) + (k_{i2} - k_{j2}) N_s \big) \bmod (N_s \delta_t) \\ x_1 + x_2 = N_s \delta_t \\ \| \boldsymbol{P}_{\beta_j} - \boldsymbol{P}_{\beta_i} \|_2 \leqslant 2 R_{\max} + R_{\min} \end{cases} \quad (1\text{-}6)$$

通过求解上述问题，可以获得基站的时隙最优分配。确定基站使用的资源后，再根据协议给每个车辆分配资源。

1.4 5G 边缘计算技术

在万物互联的背景下，边缘数据迎来了爆发式增长，为了解决数据传输、计算和存储过程中的计算负载和传输带宽等问题，研究者开始探索在靠近数据生产者的边缘增加数据处理能力，即边缘计算（Edge Computing）。

● 1.4.1 边缘计算概述

万物互联的到来和无线网络的普及，带来了网络边缘的设备数量和数据产量的快速增长，以云计算模型为核心的集中式处理模式将无法高效地处理边缘设备产生的数据。传统云计算有四个缺点。

（1）实时性不够。万物互联场景下应用对于实时性的要求极高。在传统云计算模型下，应用先将数据上传到云计算中心，云计算中心负责计算，再返回数据计算结果，这一系列操作会提高系统时延。以无人驾驶汽车应用为例，高速行驶的汽车需要毫秒级的反应时间，一旦由于网络问题而加大系统时延，将会造成严重后果。

（2）带宽不足。边缘设备会实时产生海量数据，如果将全部数据传输至云端会给网络带宽带来很大压力。

（3）能耗较大。数据中心消耗大量能源。在 2020 年，美国所有数据中心的能耗增长 4%，达到 730 亿千瓦时，中国数据中心的用电量已经超过匈牙利和希腊的总用电量。随着用户应用数量的增加和处理数据量的增加，能耗将成为制约云计算中心发展的瓶颈。

（4）不利于数据安全和隐私保护。万物互联中的数据与用户生活联系极为紧密，例如，许多家庭安装室内智能网络摄像头，将视频数据传输到云端，可能会泄露用户隐私。随着欧盟《通用数据保护条例》（GDPR）的生效，数据安全和隐私问题对于云计算公司来说变得更加重要。

为了解决上述问题，边缘计算模型应运而生。边缘计算是一种在网络边缘进行计算的新型计算模式，边缘是指从数据源到云计算中心的任何计算和网络资源，边缘计算操作的对象包括来自云服务的下行数据和来自物联网服务的上行数据。边缘计算模型具有 3 个明显的优点：①在网络边缘处理大量临时数据，不再将数据全部上传到云端，将会大幅度减轻网络带宽需求和数据中心功耗；②在数据生产者附近进行数据处理，将会显著降低系统时延，增强服务响应能力；③边缘计算将用户隐私数据存储在网络边缘设备上，不再上传至云端，这会降低用户隐私泄露的风险。

目前业界对边缘计算的定义和说法有很多种。ISO/IEC JTC1/SC38 对边缘计算的定义是"边缘计算是一种将主要处理和数据存储放在网络的边缘节点的分布式计算形式"。边缘计算产业联盟对边缘计算的定义是"指在靠近物或数据源头的网络边缘侧，融合网络、计算、存储、应用核心能力的开放平台，就近提供边缘智能服务，满足行业数字化在敏捷连接、实时业务、数据优化、应用智能、安全与隐私保护等方面的关键需求"。欧洲电信标准化协会（ETSI）对边缘计算的定义为"在移动网络边缘提供 IT 服务环境和计算能力，强调靠近移动用户，以减少网络操作和服务交付的时延，提高用户体验"。Gartner 认为"边缘计算描述了一种计算拓扑，在这种拓扑结构中，信息处理、内容采集和分发均被置于距离信息更近的源头处完成"。维基百科中定义"边缘计算是一种优化云计算系统的方法，在网络边缘执行数据处理，靠近数据的来源"。

2016 年，ETSI 把早期 MEC（Mobile Edge Computing，移动边缘计算）的概念扩展为 MAEC（Multi-Access Edge Computing，多接入边缘计算），将边缘计算从电信蜂窝网络进一步延伸至其他无线接入网络（如 Wi-Fi）。MEC 将云计算平台从移动核心网络内部迁移到移动接入网边缘，实现计算及存储资源的弹性利用，同时保障了超低时延和高带宽，能实现通过无线网络对应用程序中的信息进行实时访问。以边缘计算为基础的边缘云可以最大程度上与中心云采用统一架构、统一接口、统一管理，这样能够最大程度地降低用户开发和运维成本，真正实现将云计算的范畴拓展至距离数据源产生更近的地方，弥补传统架构的云计算在某些应用场景中的不足之处。

多接入边缘计算将业务平台（包含内容、服务、应用）下沉到移动网络边缘，通过处理、分析和存储在网络边缘生成的数据，降低了响应时间，保障了数据安全，为无人驾驶车辆和增强的自动化等超前应用奠定基础。

● 1.4.2　边缘计算系统架构

ETSI 将 MEC 系统结构划分为三个层面：系统层、主机层和网络层，并支持基于 NFV（Network Functions Virtualization，网络功能虚拟化）体系构建，如图 1-13 所示。

MEC 系统层由 MEC 系统级管理、用户和第三方实体组成。MEC 系统级管理的作用包括：①用于掌握已部署的 MEC 主机、可用资源、可用 MEC 服务和整个网络拓扑；②加载用户或第三方应用程序包，包括检查包的完整性和真实性，验证应用程序的规则和要求，并在必要时进行调整，以满足运营商的策略；③记录加载的数据包，并准备虚拟基础设施管理器进一步处理应用，使其能够根据应用处理的要求管理虚拟基础设施，如分配、管理和释放虚拟基础设施的虚拟资源；④根据时延、可用资源等，选择或重新选择适当的 MEC 主机应用程序。

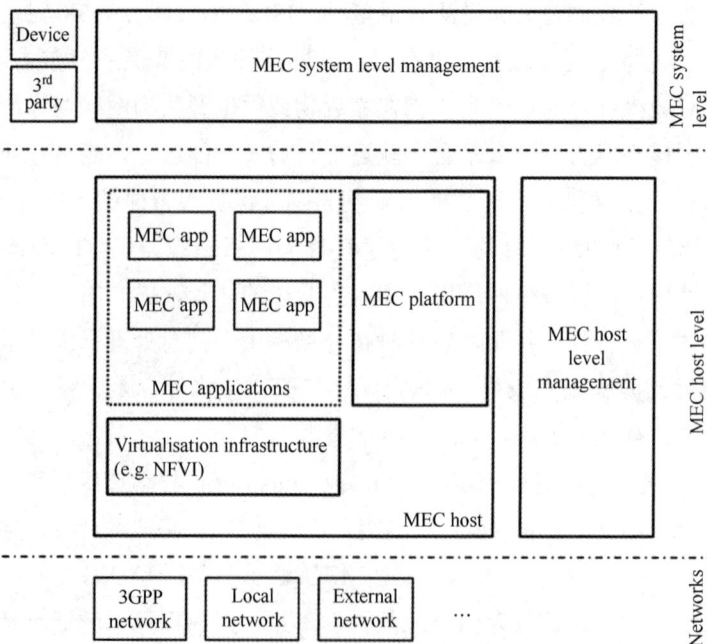

图 1-13　ETSI MEC 的参考架构[8]

　　MEC 主机层主要包括 MEC 主机级管理和 MEC 主机。MEC 主机级管理包括移动边缘平台管理器和虚拟化基础架构管理器。MEC 主机由三部分组成：移动边缘平台、移动边缘应用程序和虚拟化基础架构。MEC 主机级管理主要是移动边缘平台管理和虚拟化基础架构管理，移动边缘平台和移动边缘应用可以提供或使用彼此的服务，例如，移动边缘应用发现和使用移动边缘平台提供的无线网络信息、用户和其他相关的位置信息、带宽管理等服务，同时通知平台可以为用户提供服务。移动边缘平台为移动边缘应用提供操作环境，同时从管理者、应用或服务接收行业规则，然后对数据执行相应的指令进行业务路由。移动边缘平台还从其管理员的域名解析系统接收记录，并配置域名系统（DNS）代理/服务器来管理移动边缘服务。例如，可以在移动边缘平台上的服务列表中注册一个应用，使其成为平台提供的移动边缘服务之一。此外，可以通过移动边缘平台访问永久存储和时间信息。虚拟化基础设施使用通用硬件的计算、存储、网络资源和硬件虚拟化组件来运行多个移动边缘应用，从而降低处理成本，有限的资源可以得到灵活有效地重用和共享；移动边缘应用是基于虚拟化基础设施的虚拟应用，通过标准应用程序接口与第三方应用接口，为用户提供服务。

　　ETSI MEC 功能要素和每个功能要素之间的参考点如图 1-14 所示。

　　在具体实施过程中，通用 MEC 基础设施主要由硬件资源和基于网络功能虚拟化的虚拟化层组成，主要提供 IaaS 功能。其中，硬件资源主要提供底层的计算、存储和控制功能；硬件虚拟化组件（包括虚拟操作系统、容器等）主要完成计算处理、缓存、虚拟交换以及相应的管理功能。

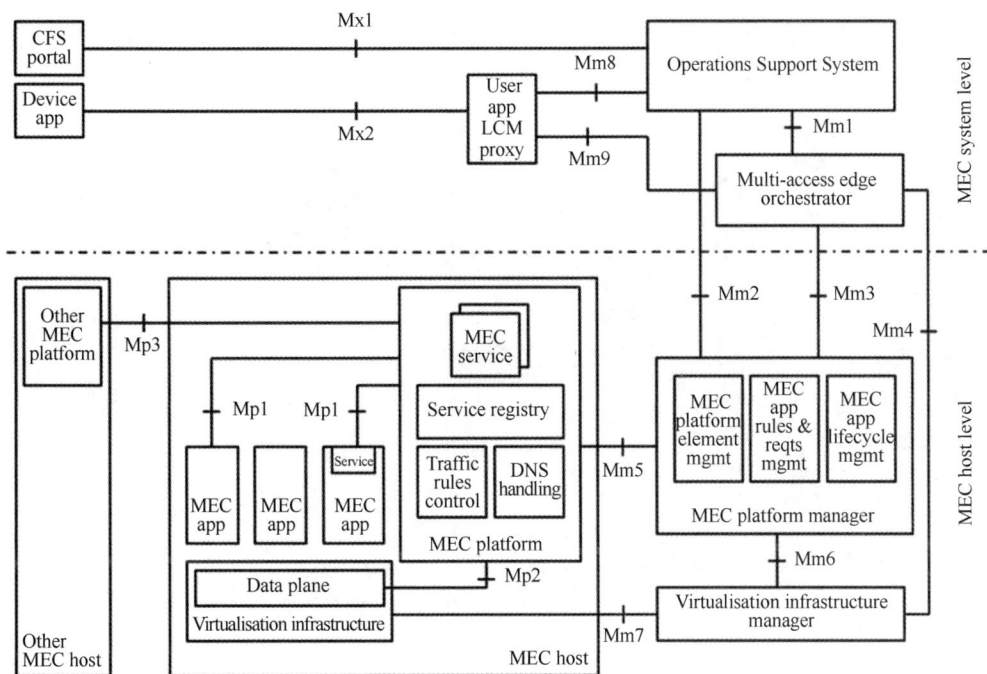

图 1-14　ETSI MEC 系统的参考点[8]

MEC 应用平台主要承载服务的外部接口适配，通过 API 完成与 eNodeB 和上层应用层的接口协议封装，主要提供流量卸载、无线网络信息服务、通信服务以及应用和服务注册等功能，具有底层数据包分析、内容路由选择、上层应用注册管理、无线信息交互等相应的基本功能。基于网络功能的虚拟化（虚拟机、容器等），将 MEC 功能组件层封装的基本功能进一步组合形成虚拟应用，包括无线缓存、本地内容转发、增强现实、业务优化等，通过 API 与第三方应用连接。

● 1.4.3　5G 边缘计算体系

在 4G 核心网中，典型的 MEC 部署方式是通过 SGi 接口部署在 PGW 位置的，此时无须修改 4G 核心网结构，可支持完整的会话管理、计费等操作。终端通过 DNS 解析 MEC 的地址，并自行与 MEC 进行数据交换，如图 1-15 所示。

这一部署模式虽然避免了数据传递到云计算所需的多级汇聚和传输，但 PGW 仍然距离终端太远，难以支持超低时延业务，主要用于部署 CDN 类的内容分流服务。

为了解决低时延问题，可以通过部署本地 SGW/PGW 方式接入 MEC。在这种部署方式下，基站使用终端附着的 TAC（Tracking Area Code，跟踪区编码）通过 DNS 过程来选择本地 SGW，以获取 MEC 的地址，并将数据卸载到 MEC 进行计算，如图 1-16 所示。在这种部署方式下，PGW 也部署在本地，保证了终端与 MEC 之间无须经过核心网，就可降低通信时延。但是这一部署方式要求运营商扩展 S5 接口，以支持对本地 PGW 的选择。

同时，由于终端与 MEC 之间通过 PGW 建立连接，运营商无法更细粒度地控制对何种数据进行转交。因此，这一模式只适合对专用终端的全量数据转交给 MEC 的场景。

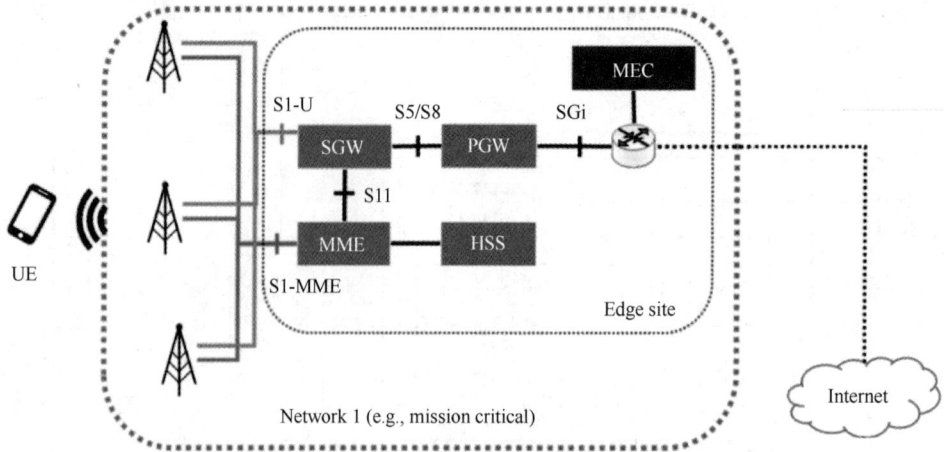

图 1-15　基于 4G 核心网的边缘计算部署

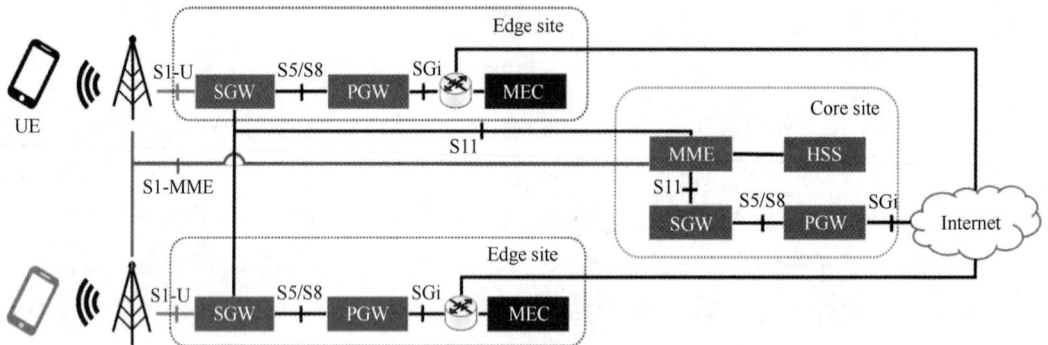

图 1-16　基于本地 SGW/PGW 的边缘计算部署

为了提高数据转交的可控性，在 4G 核心网中还可以使用一种 SGW-LBO（Local Breakout）的方式，即在本地部署一个 SGW，MEC 与 SGW 部署在一起，如图 1-17 所示。

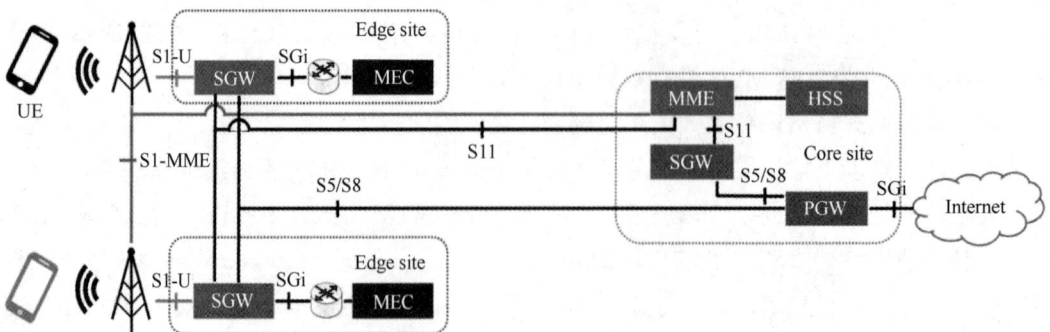

图 1-17　基于本地 SGW 的边缘计算部署

在这一方案中，MME 管理部署在本地的 SGW，并通过终端的地理位置（Tracking Area）进行 SGW 的选择，并通过预定的策略集（如用户标识符、APN、IP 包内容、DSCP 标记等）进行数据流量的分流。这一模式使得 MEC 能够部署在离终端比较近的地方，且满足终端同时访问 MEC 和云端服务，从而能够较好地支持超低时延业务。

基于 4G 核心网和本地 SGW/PGW 的边缘计算部署方式能够保持 3GPP 的 PGW 完成数据标定，从而保证了终端在移动过程中能够屏蔽 IP 地址的变化，能够支持应用层面的终端移动性管理。基于本地 SGW 的边缘计算部署需要扩展 SGW，支持特定数据流向MEC 转交，其通用性受到一定限制。

5G 网络体系与 4G 不同，5G 采用基于服务的体系架构（SBA）分离控制面与用户面，采用软件定义网络（SDN）体制，通过控制面的 PCF（Policy Control Function，策略控制功能）和 SMF（Session Management Function，会话管理功能）控制 UPF（User Plane Function，用户面功能）中的策略，执行数据的流量路由和转向，从而允许更灵活地部署数据平面。因此，MEC 架构可以很容易地集成到 5G 架构中，如图 1-18 所示。在 5G 网络中，边缘计算域将提供一个 UPF 和 AS 功能，并在 SMF 的控制下完成终端数据向位于边缘域中的 AS 进行分流。

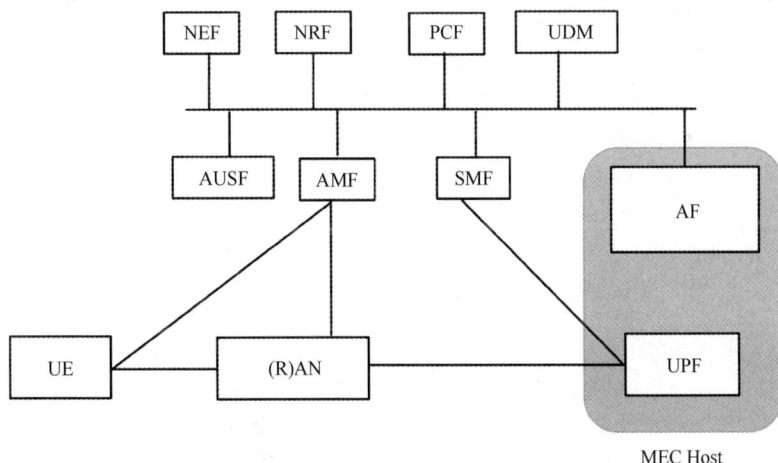

图 1-18　基于 5G UPF 的边缘计算部署[9]

除了运营商体系的 MEC，5G 也支持第三方专用 MEC 的部署。5G SBA 体系中的NEF（Network Exposure Function，网络暴露功能）可作为授权第三方在 5G 网络中的入口点。因此通过 NEF 可以配置如何在用户平面中将所需要的应用数据定向到本地数据网络（LDN）中的专用 MEC 应用，如图 1-19 所示。

5G SBA 体系对控制面和用户面的分离，保证了边缘计算能够使用通用的接口完成边缘服务的部署，无须进行专用接口或设备能力的扩展，能够有效地支持 MEC 在网络的不同位置进行部署，极大地提高了 MEC 的灵活性和有效性。

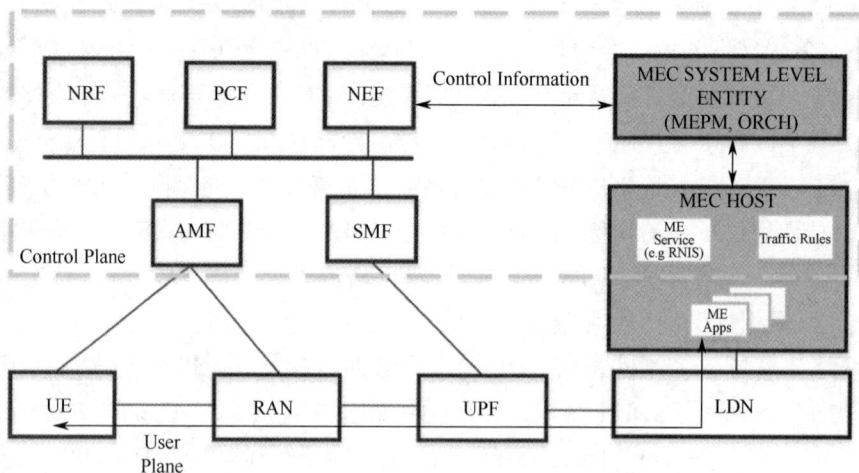

图 1-19　基于 5G UPF 的专用边缘计算部署[10]

1.4.4　支持自动驾驶的边缘计算

在 5G 网络体系支持下，面向无人驾驶的边缘计算可以部署在 5G 专网中，一方面接入路侧智慧道路基础设施，另一方面通过 5G UPF 接入 5G 无人驾驶车辆，从而通过部署在 5G 专网中的 MEC 提供高实时性的无人驾驶环境认知识别、驾驶决策、选路规划等服务，5GAA 提出的 5G 智能网联自动驾驶体系如图 1-20 所示。

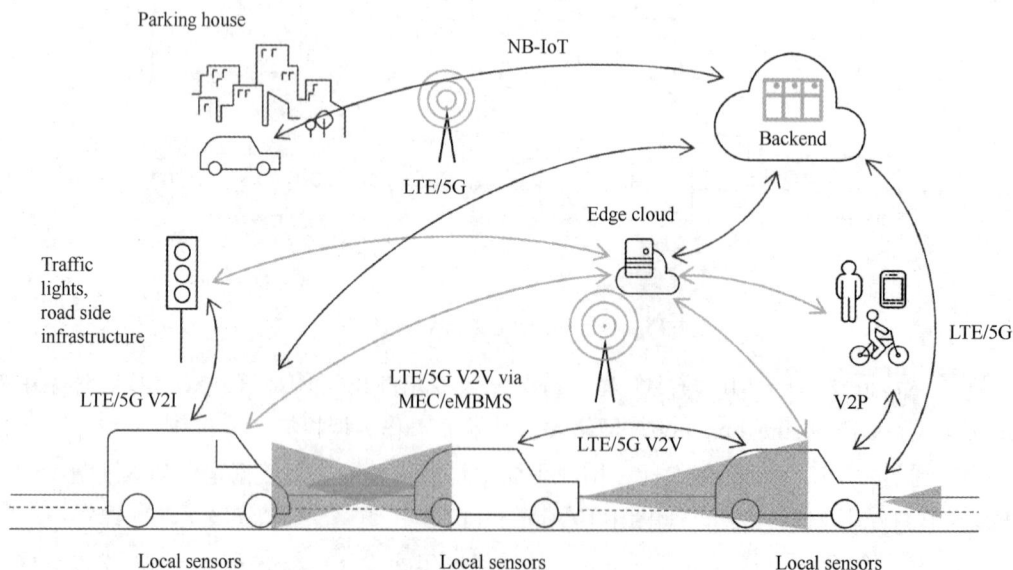

图 1-20　5GAA 提出的智能网联自动驾驶体系

通过边缘云，自动驾驶车辆可以在自动驾驶过程中，将实时感知结果卸载到边缘计算，进行道路状况、障碍物、周围车辆的行驶信息等的计算，并将决策策略反馈回车辆，从而降低车载计算设备的复杂度。

除了车辆主动向 MEC 进行计算卸载，MEC 自身也可根据终端的移动过程和业务需求，主动进行路侧感知、认知，并向车辆进行主动内容服务。在服务过程中，多个 MEC 之间可能需要协同，以进行通信资源或计算资源的均衡。例如，在智慧道路环境下，路侧部署的大量传感器可以感知交通环境的实时运行状态，并在 MEC 上对传感器数据进行处理和服务响应，以满足实时性要求。以自动驾驶所需的高精度地图（High Definition Map，HD Map）为例，高精度地图的基图由于其数据量较大，需要大带宽来传输，因此会对蜂窝网络带来较大压力。由于道路交通状况的动态变化，交通流量的分布具有时空不均匀性，不同基站覆盖范围内的车辆数量不同，会导致通信资源的利用率不同，因此，考虑车辆的未来移动轨迹，可以将车辆所需的高精度地图基图分发到负载低的基站去下载，而将高精度地图的实时状态图层（路侧认知结果）从车辆当前所在基站实时下载，从而确保当前基站对高实时性业务 QoS 的保障能力，实现全局均衡负载。

1.4.4.1　终端主动计算卸载

在计算卸载过程中，终端（UE）一般由代码解析器、系统解析器和决策引擎组成，计算卸载决策分为 3 个步骤：首先，代码解析器决定可以卸载什么，具体卸载内容取决于应用类型和代码数据分区；然后，系统解析器负责监控各种参数，如可用带宽、要卸载的数据大小或执行本地应用消耗的能量；最后，决策引擎决定是否卸载。

UE 卸载决策结果分为本地执行、完全卸载和部分卸载 3 种情况，如图 1-21 所示。具体决策结果由 UE 能耗和计算任务时延决定。卸载决策目标主要分为三个方面：降低时延、降低能耗以及权衡能耗和时延。目前的卸载决策方案研究进展如表 1-3 所示。

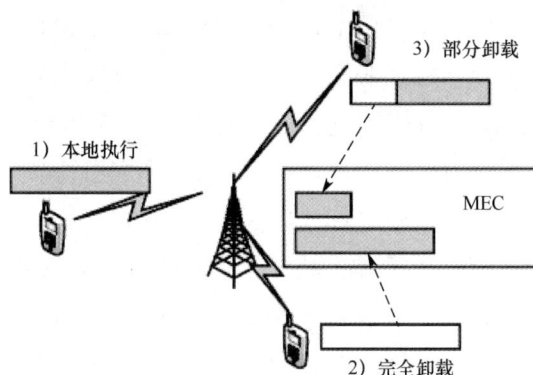

图 1-21　UE 卸载决策结果

表 1-3　卸载决策方案研究进展

优 化 目 标	卸 载 类 型	关键研究点
以降低时延为目标	全部卸载	• 以降低时延为目标的卸载决策方案 • 分析时延模型 • 多用户的计算卸载问题，建模为 NP-hard 问题 • 基于 Lyapunov 优化的动态卸载算法 • 联合优化通信资源和计算资源分配 • 采用 Stackelberg 博弈论的方法优化多用户卸载方案
	部分卸载	• 研究卸载内容之间的依赖关系 • 与计算任务全部卸载的时延相对比 • 采用启发式算法
以降低能量消耗为目标	全部卸载	• 在保证时延的要求下，以降低能耗为目标的卸载决策方案 • 能量模型的优化方案 • 相关参数的对比分析，如信道链路状况、CPU、系统容量等 • 在线学习方案和预先计算的离线策略 • 采用人工鱼群算法、约束性马尔可夫链方法
	部分卸载	• 研究卸载内容之间的依赖关系 • 与计算任务全部卸载的能耗相对比 • 基于阈值结构的最优卸载方案 • 采用凸优化的方法
以权衡能耗和时延为目标	全部卸载	• 以权衡能量和时延为目标的卸载决策方案 • 能量和时延的权衡模型建立 • 采用基于 Lyapunov 的优化算法、在线学习策略
	部分卸载	• 研究卸载内容之间的依赖关系 • 与计算任务全部卸载的时延和能耗均衡方案对比

　　以降低时延为目标的卸载决策：如果任务在本地执行，所花费的时间仅包含应用程序执行任务的时间；而如果任务卸载到 MEC，所花费的时间将涉及三个部分，即把要卸载的数据传输到 MEC 的时间、在 MEC 处理任务的时间以及接收从 MEC 返回数据的时间。因此，将计算任务卸载到 MEC 造成的时延直接影响用户的服务质量。为了保证服务质量，已经有很多研究以降低时延为目标，涉及不同的优化算法和应用场景。图 1-22 的计算卸载模型用于确定是否在每个时隙将缓冲任务卸载到 MEC 服务器。在该模型中，卸载决策主要由三个部分组成：缓冲队列状态、处理单元和传送单元。MEC 服务器向发送单元返回信道状态信息，包括缓冲队列的状态、用户设备和 MEC 之间的计算所消耗的能量以及用户设备和 MEC 之间的信道状态。最后，计算卸载策略根据优化目标决定是否卸载。可以使用马尔可夫决策过程（Markov Decision Process，MDP）对每个任务的平均时延和设备的平均功耗进行分析，并使用一维搜索算法找到最优随机计算卸载策略。

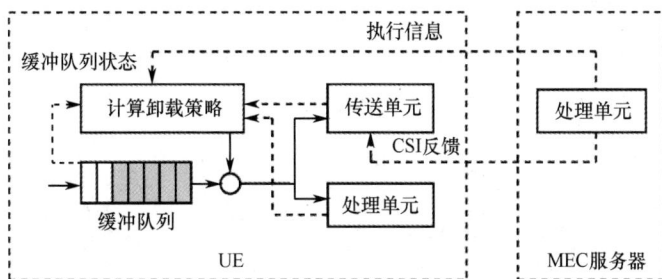

图 1-22　计算卸载模型

以降低能量消耗为目标的卸载决策：将计算卸载到 MEC 服务器所消耗的能量主要包括两个部分，即把卸载数据传输到 MEC 的传输能量和接收从 MEC 返回的数据所消耗的能量。能量优化模型中的能量优化是一个持续的优化过程，而不是某个时间点的优化过程。资源分配方案中不仅包括无线资源的分配，还包括计算资源的联合分配，主要取决于信道状态、来自终端的任务队列状态等。决策结果有三种：在 UE 中处理计算任务、将计算任务卸载到基站或无效状态。为了满足应用时延和优化用户设备的能量消耗，可使用两种资源分配方案：第一种策略基于在线学习，动态调整网络状态以满足 UE 的任务需求；第二种策略是预先计算的离线策略，需要每个时隙的数据速率和无线信道条件的信息支持。

以权衡能耗和时延为目标的卸载决策：在执行复杂计算任务时（如人脸识别系统、实时视频系统、车联网等），能耗和时延直接影响服务质量，因此在执行卸载任务时如何综合考虑能耗和时延是卸载决策的重要决定因素，需要对部分卸载决策的能耗和执行时延进行权衡分析。卸载过程需考虑以下参数：待处理的总数据量、UE 和 MEC 的计算能力、UE 和 SCeNB（连接 UE 和 MEC 的中间基站）之间的信道状态及 UE 的能耗。通过调用动态调度机制，允许用户根据任务的计算队列和无线信道状态做出卸载决策，最终通过凸优化方法解决优化问题。

1.4.4.2　MEC 主动计算卸载

高精度地图是自动驾驶的核心支撑能力。高精度地图除了需要提供道路基本形态（车道线、车道线曲率、坡度等数据）、道路交通设施以及路侧建筑（符号、收费站、交通灯、交通标志、斑马线、停止线、隧道、路缘石、防护栏、障碍物等）厘米精度的三维表征，还需要提供强实时性的动态数据（天气、交通事故状况、交通态势、非机动车状态等），以充分利用智慧道路部署的路侧系统，实现超视距认知或车路协同的自动驾驶。

为了保障自动驾驶的低时延、高可靠性服务要求，可以在边缘计算环境中部署路侧感知数据处理、超视距认知、高精度地图分发等不同的自动驾驶服务。但是由于车辆的时空分布具有不均匀性，在车辆密度较大时，会出现通信资源缺乏，通信连接的网络服务质量较差，车辆的通信需求无法得到满足；而在车辆密度较小的时候，通信资源会很富余，得不到充分的利用。目前，学术界提出了大量方法来均衡局部区域的负载，它们通常关注于局部范围内的负载均衡问题，无法解决上述描述的全局负载不均衡问题。

多 MEC 主动计算卸载体系如图 1-23 所示，包含群智感知、边缘预处理、交通流预测和负载均衡、边缘计算中心数据协作传输等过程。

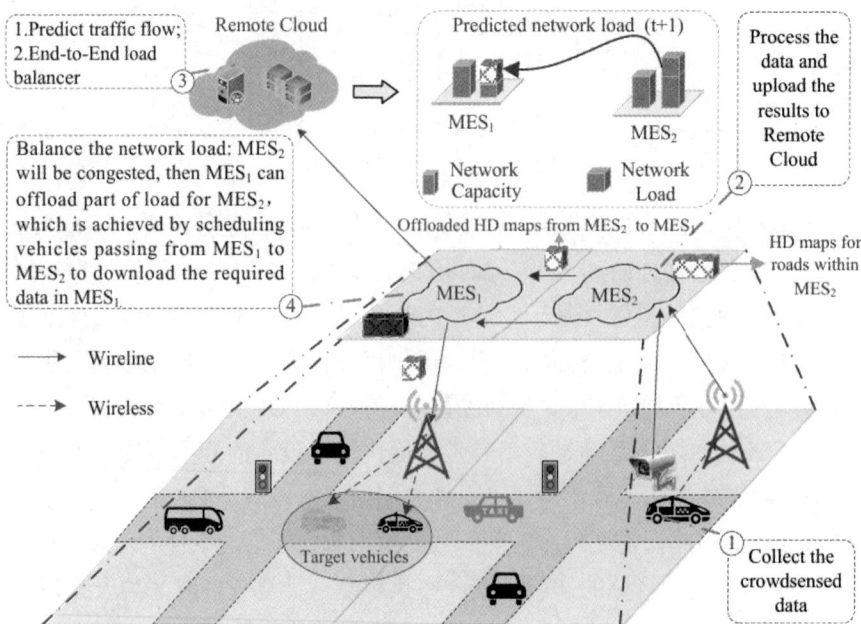

图 1-23　多 MEC 主动计算卸载体系

（1）群智感知。智能交通系统部署的大量路侧基础设施能够提供基于视频图像、毫米波图像、激光点云、轨迹识别结果、事件检测结果等丰富的交通状态内容。这些数据具有数据量大及时延敏感的特点，可以通过 5G 专网传输到边缘计算中心。

（2）边缘预处理。边缘计算中心在汇集覆盖范围内的数据后，会对数据进行预处理，只把处理结果上传到远程云计算中心。一方面降低了所需的网络回传带宽，另一方面也能从一定程度上保护数据的隐私安全。同时，可综合路侧认知识别结果，得到覆盖区域内车辆的轨迹和交通态势，并把挖掘或者处理的信息传递给远程云计算中心。

（3）交通流预测和负载均衡。远程云计算中心结合历史交通态势，通过挖掘交通数据中潜在的时间相关性和空间相关性，去预测每个区域未来的车流量。并考虑基站的覆盖范围与车辆的轨迹，引导在多个 MEC 之间进行高精度地图卸载，并调整自动驾驶车辆进行高精度地图获取的时机。

（4）边缘计算中心数据协作传输。边缘计算中心根据调度结果，实现在局部范围内数据协作传输。如图 1-23 所示，根据预测的交通流，MEC 之间会动态卸载和缓存高精度地图，从而实现在负载均衡条件下，自动驾驶车辆在进入目标区域范围之前能够及时获得高精度地图更新。

这种多车、多基站、多 MEC 负载均衡问题可以被建模为一个非线性规划问题，该优化问题是 NP 难的,很难寻找一个解析的最优解。为此我们提出一种基于深度学习的交通态势预测和负载均衡模型[11],如图 1-24 所示。其中,PCNN 模型用于根据道路交通的时空相关性进行交通流量预测,LCNN 模型用于根据基站/MEC 部署位置进行负载均衡预测。

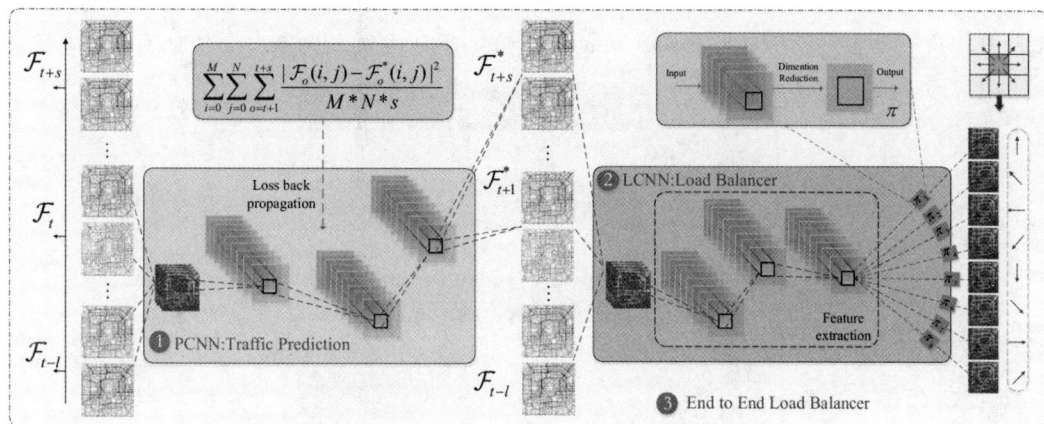

图 1-24　交通态势预测和负载均衡模型

针对交通流量预测,PCNN 首先把城市均匀地分成方格状,并处理车辆监测轨迹数据,获得每个网格在单位时间内流入和流出的车流量。由于卷积神经网络具有局部连接属性,很适合挖掘相邻网格之间的空间相关性,因此基于流入和流出的车流量,采用三维卷积神经网络来挖掘交通流量中的时空关联性。同时,通过输入多个历史时刻,使用三维卷积神经网络能够有效地挖掘时间相关性。进一步,通过堆叠多层神经网络,提取更加复杂、富含语义的特征,有效挖掘宏观范围内的时空关联性,从而实现对交通态势的预测。

基于挖掘的宏观交通态势,考虑车辆的运动轨迹,通过引导车辆从空闲的基站下载数据,在拥堵的基站充当数据源,以 V2V 的方式把热点内容传递给其他车辆,从而实现全局负载均衡。由于车流的方向性,存在不同方向的调度策略,例如,拥堵的基站可以通过其相邻的 8 个方格的区域对应的基站去卸载数据,从而减轻当前基站的数据传输压力。因此,负载均衡模型需要输出 8 个方向相应的卸载策略,这导致负载均衡策略的寻优存在 NP 难问题。针对这一问题,引入 LCNN 进行负载均衡策略的学习。首先通过多层卷积神经网络提取丰富的特征,然后利用 8 个独立的网络分支预测在相应方向上的调度结果。上述负载均衡方法能够取得较高的计算效率,虽然在离线训练阶段需要求解 NP 难问题,消耗较大的计算资源,但是在线上运行阶段时,数据通过固定的网络层就可以得到较优的调度结果,取得较高的计算效率。

1.4.4.3　智能路侧设备

Apollo 智能路侧设备 RSCU 是百度智能交通底座产品线的重要组成部分,是车路协同场景中路侧基础设施的设备核心组件,主要用于边缘感知融合计算,是路侧感知系统的大脑，如图 1-25 所示。RSCU 实现传感器采集的环境数据解析、融合及 V2X 报文编辑转发，包含采集传感、计算决策、通信汇聚、安全认证、状态检测等模块。RSCU 以一种边缘模式提供计算服务，与中心云计算资源协同构建边云计算架构，是对中心云计算能力的补充和优化，其低时延、分布式、高效率的特性使得其尤其适用于自动驾驶和车路协同应用场景。该方式通过自动化的边缘计算远程控制，降低后期自动驾驶运维过程中的人工成本，从而进一步提升运营的高效性，并降低运维的整体成本，加速自动驾驶的落地实施。

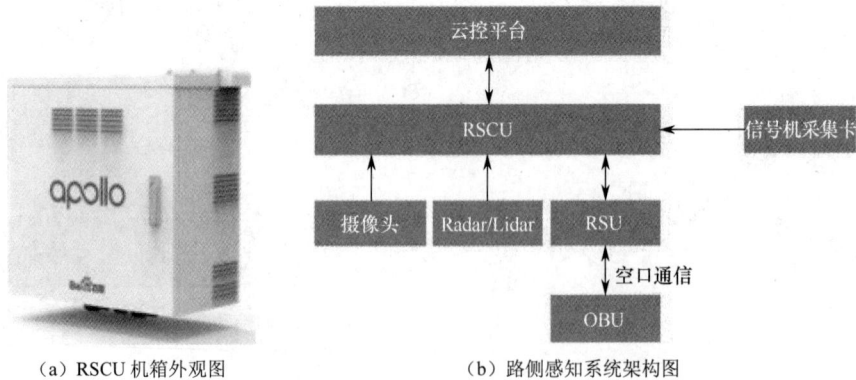

（a）RSCU 机箱外观图　　　　　（b）路侧感知系统架构图

图 1-25　智能路侧设备外观图和路侧感知系统架构图

部署在路侧的传感器组合（多组摄像头、毫米波雷达）可采集道路环境视频码流及点云数据，结合 RSCU 上的 AI 感知算法对视频码流及点云数据中的车辆、非机动车、行人等交通目标进行检测，形成全量感知对象的 3D 位置、朝向、类别、速度、轨迹等实时信息，可提供给智能网联汽车做超视距和盲区障碍物的预警提示，延伸智能网联汽车的感知能力，为驾驶安全性服务，降低出行的道路风险。然后，RSCU 基于深度学习技术对全量感知数据进行解析，可有效地检测交通参与者的危险行为、道路交通动态变化等突发事件。交通事件信息可供自动驾驶汽车、网联车、云控平台等应用实现危险行为预警、突发事件提示、交通态势掌握，帮助交通参与者做出安全决策。此外，利用信号采集卡接入或视觉感知方式可对路口信号灯进行精确感知，为自动驾驶车、网联车提供闯红灯预警、绿波车速引导等应用所需的信号灯动态数据。

1.5　5G / C-V2X 组网技术

1.5.1　从 4G 到 5G 组网

整个 4G TD-LTE 系统由 3 个部分组成：EPC（Evolved Packet Core，核心网）、接入网（E-UTRAN）、用户设备（UE），4G 组网架构如图 1-26 所示。UE 是用户设备，包括所有接入 LTE 的设备。接入网的核心设备是 eNB（eNodeB），即基站，为用户提供空中接口，实现用户设备的无线接入。核心网用于完成终端接入过程中的接入控制、资源分配调

度，以及终端在不同基站之间移动过程中的移动性管理等。4G 核心网符合控制与承载分
离的思想，划分为用户面和控制面。

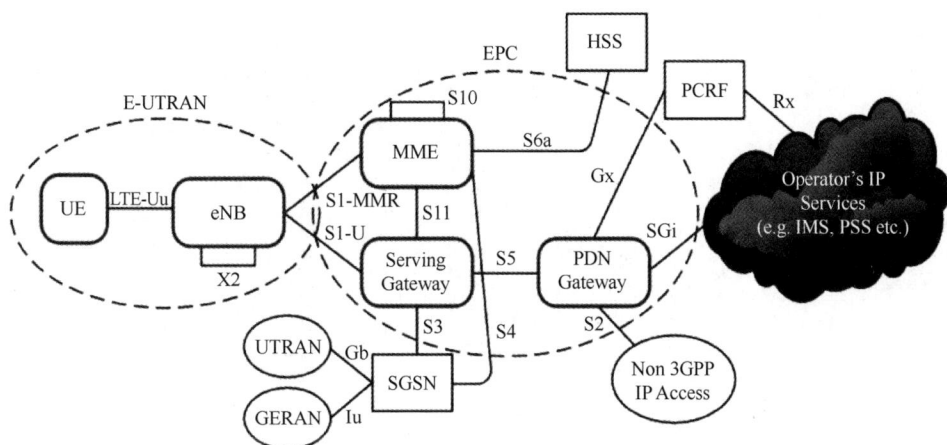

图 1-26　4G 组网架构

控制面完成核心设备的组织控制，主要包括 MME（Mobility Management Entity），
用于完成接入用户鉴权、用户漫游管理、用户移动性管理（主要包括寻呼、TAI 管理、
切换管理等）、EPS 承载管理；HSS（Home Subscriber Server），主要用于存储所有属于
该核心网的用户数据信息，包括用户的开户数据、鉴权数据、业务签约数据等。其他关
键设备还包括 PCRF（Policy and Charging Rules Function），用于存储计费策略与计费规
则等。

用户面主要完成端到端数据的转交，核心设备主要包括 SGW，主要完成本地网络用
户数据处理；PGW 负责用户数据包与其他网络的交互处理，核心功能是为终端分配 IP 地
址、提供 IP 路由和转发功能，同时提供数据包过滤，以支持不同服务数据流（Service
Data Flow，SDF）过滤，从而映射到不同的承载上去。

5G 网络同样包括 3 个部分：核心网（5G Core，5GC）、接入网（RAN）、用户设备
（UE）。

在 5G 时代，接入网根据控制与承载分离的思想，将接入网的核心设备 gNB 进一步拆
分为 CU 和 DU，分别完成接入承载控制和具体接入承载能力。其中，每个逻辑 gNB 由一
个 gNB-CU 和若干个 gNB-DU 组成，并作为一个整体逻辑 gNB 对外接入 5GC。5G 接入
网架构如图 1-27 所示。

5G 核心网进一步借鉴微服务体系，开始构建基于服务的网络架构（Service-Based
Architecture，SBA），将 4G 网络架构中的 IMS（IP Multimedia Subsystem）网元和回传
网网元抽象为多个微服务，5G 核心网组网架构如图 1-28 所示。网元的微服务化有利
于使用虚拟化网络基础设施进行网络能力的重组，有利于根据用户需求构建高弹性的
网络服务。

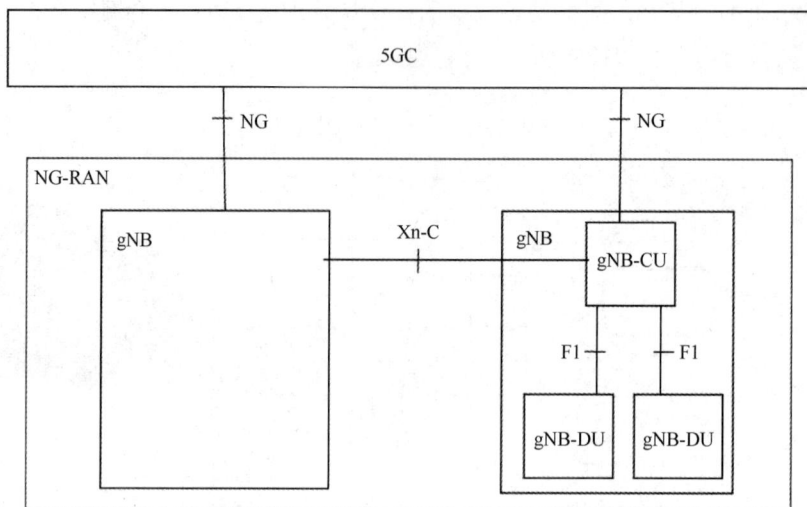

图 1-27　5G 接入网架构[12]

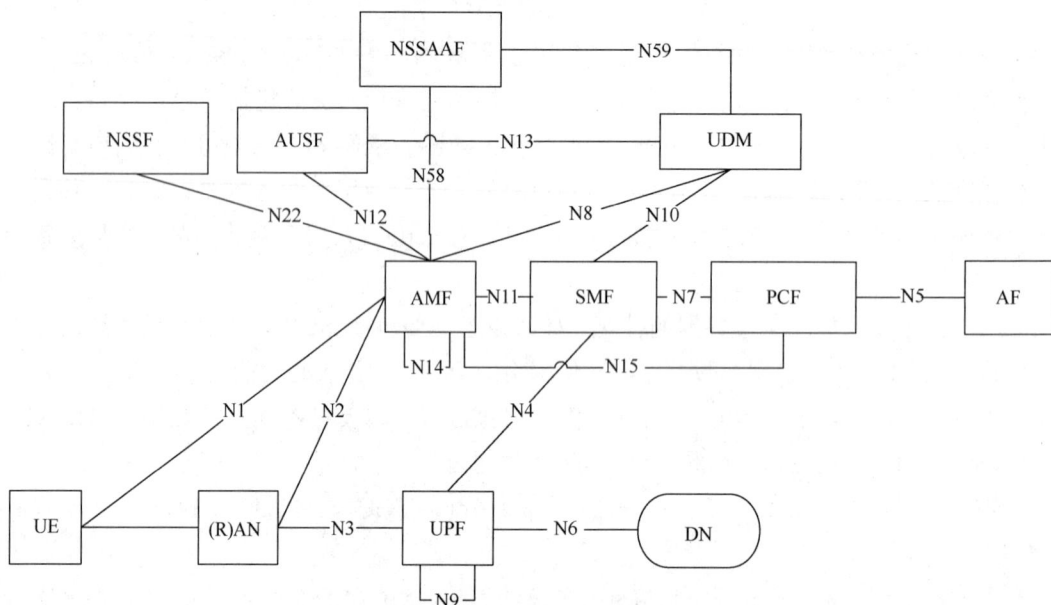

图 1-28　5G 核心网组网架构[13]

　　5G 核心网的控制面主要包括负责终端的移动性和接入管理的 AMF，负责对话管理功能的 SMF，以及执行用户数据管理的 UDM、鉴权的 AUSF、策略控制的 PCF 等。5G 核心网的用户面以 UPF（用户面功能）为核心，用以实现路由和转发功能。

● 1.5.2　支持 LTE-V2X 的组网

　　针对 V2X 能力与 4G 网络的融合，3GPP 给出了一个标准参考架构，LTE-V2X 组网架构如图 1-29 所示。这一参考架构定义了三种不同终端类型：行人（UE Pedestrain）、车辆（UE Vehicle）、路侧设施（UE Stationary），定义了三种不同的功能实体：V2X 应用（V2X Application）、V2X 控制功能（V2X Control Function）、V2X 应用服务（V2X Application Server）。V2X 应用部署在不同类型的终端上，用以实现 V2X 的具体应用。V2X 控制功能和 V2X 应用服务部署在网络侧，用于实现 V2X 网络和应用的协调控制。

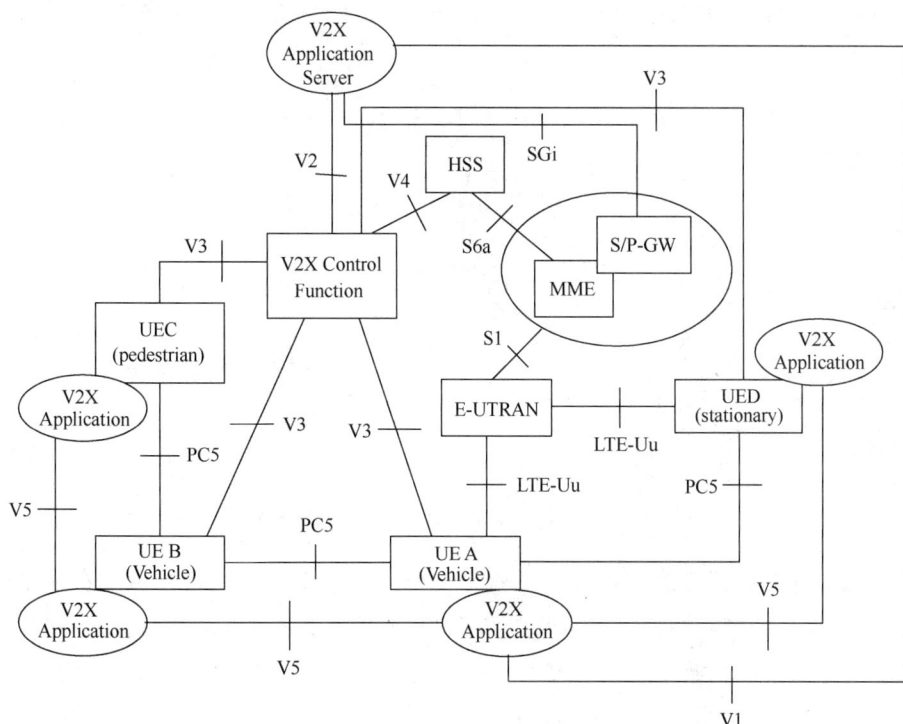

图 1-29　LTE-V2X 组网架构[14]

1）V2X 控制功能

V2X 控制功能是一个逻辑功能实体，主要抽象对 V2X 网络的相关操作，包括为终端提供使用 V2X 通信所需的参数，并通过 V2X 应用服务器获取用户属性，并通过获得的 V2X USDs（User Service Descriptions）支持终端接收基于 MBMS（Multimedia Broadcast Multicast Service）体制的 V2X 流量等。

2）V2X 应用服务器

V2X 应用服务器部署在 S/PGW 后端（根据需要可部署在边缘计算平台或云计算平台），使用 SGi 接口接入 4G 核心网，使用 V1 参考点基于 Uu 接口获得终端单播上行数据，并支持基于单播和/或 MBMS 机制的下行数据传播，包括向广播区域内的终端下发地理位置数据、MBMS 广播数据等。同时，使用 V2 参考点与 V2X 控制功能连接，完成对 V2X 控制功能的设置，如 MBMS 数据配置。

在实践过程中，由于 MBMS 体系过于复杂，因此面向网络特定区域的广播主要采用 PC5 接口进行，而不是在 LTE-Uu 口上进行多播的。这种基于 PC5 接口的路侧基础设施被称为 RSU，其将部署 V2X 控制功能和 V2X 应用，并通过 PC5 接口完成路面车辆 PC5 广播信息的接收，以及向路面车辆进行 PC5 内容广播。

在这一模式下，RSU 可以通过 LTE-Uu 或固定网络与 V2X 应用服务器进行通信，实现路侧信息的传播，或 PC5 直连通信范围以外的 V2X 信息的传播，如图 1-30 所示。

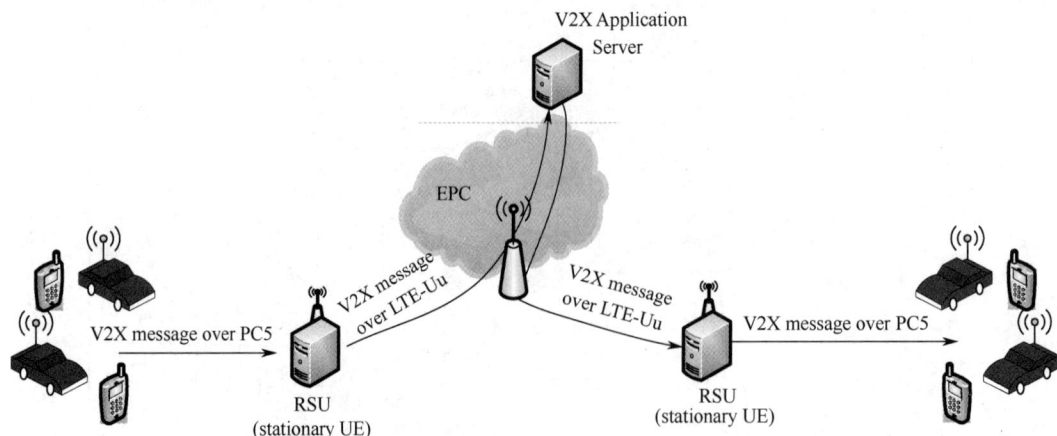

图 1-30　基于 RSU 的 LTE-V2X 信息传播架构[14]

RSU 通过 PC5 接口接收来自其他终端的 V2X 信息，RSU 的 V2X 应用决定是否需要通过 LTE-Uu 接口或固定网络将信息路由到 V2X 应用服务器，V2X 应用服务器决定需要分发 V2X 信息的目标区域和区域的大小，并通过 LTE-Uu 接口或其他 RSU，通过 RSU 的 PC5 接口将数据广播到其他的终端。

🌐 1.5.3　支持 NR-V2X 的组网

虽然在 5G 中引入了一个新的参考体系结构，但其总体框架与 4G 核心网基本一致，因此理论上可以重用 LTE-V2X 的组网架构，如图 1-31 所示。

在这一体系结构中，V2X 应用服务通过 UPF 接入核心网，V2X 控制功能通过 UDM 获取用户属性信息。其他组网和工作方式与 LTE-V2X 基本一致。

考虑到 V2X 控制功能主要用于配置 PC5 参数和策略、终端应用参数等功能，在 5G 核心网中，可以使用 PCF 作为 eV2X 的策略/参数的发布功能实体。这样，5G NR-V2X 组网架构就如图 1-32 所示。这一框架将能够充分发挥 5G 核心网微服务风格的体系架构，能够更好地支持网络虚拟化。

如果进一步考虑保留 V2X 控制功能，并同时融合到 5G 核心网的总体框架中，那么可以将 V2X 控制功能构建为一个支持微服务框架的核心网功能（V2X CF），并部署在核心网中，如图 1-33 所示。

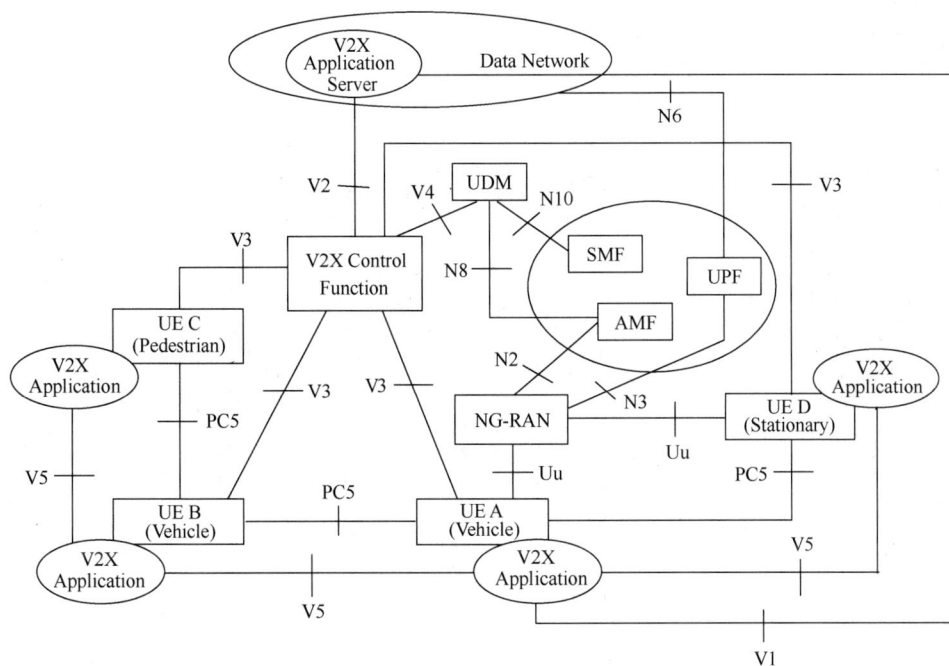

图 1-31　继承 LTE-V2X 的 NR-V2X 组网架构[15]

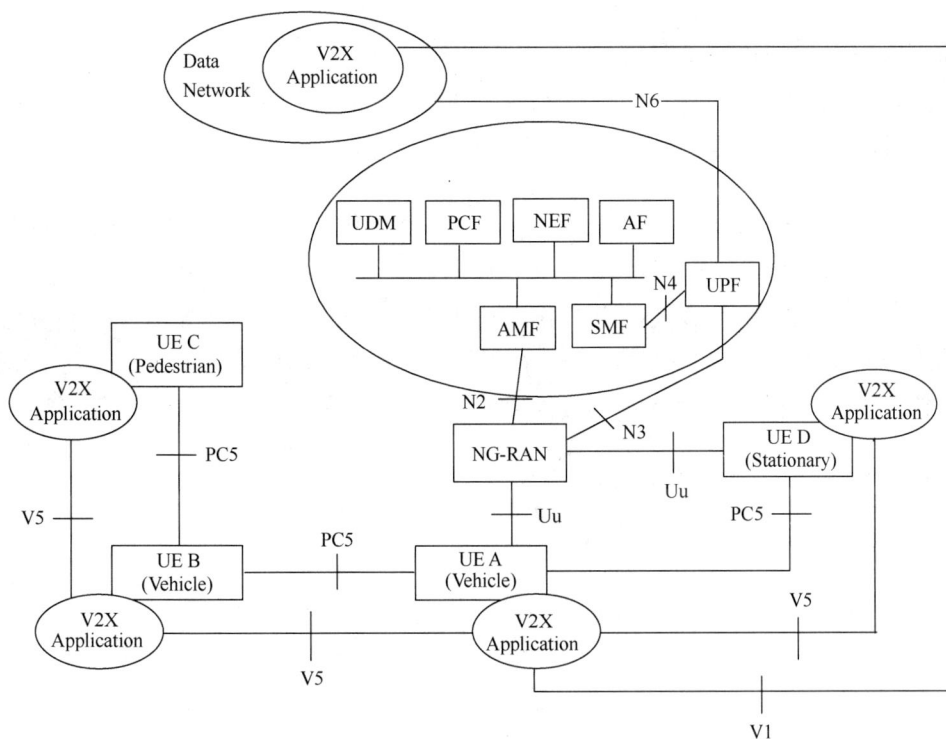

图 1-32　5G NR-V2X 组网架构[15]

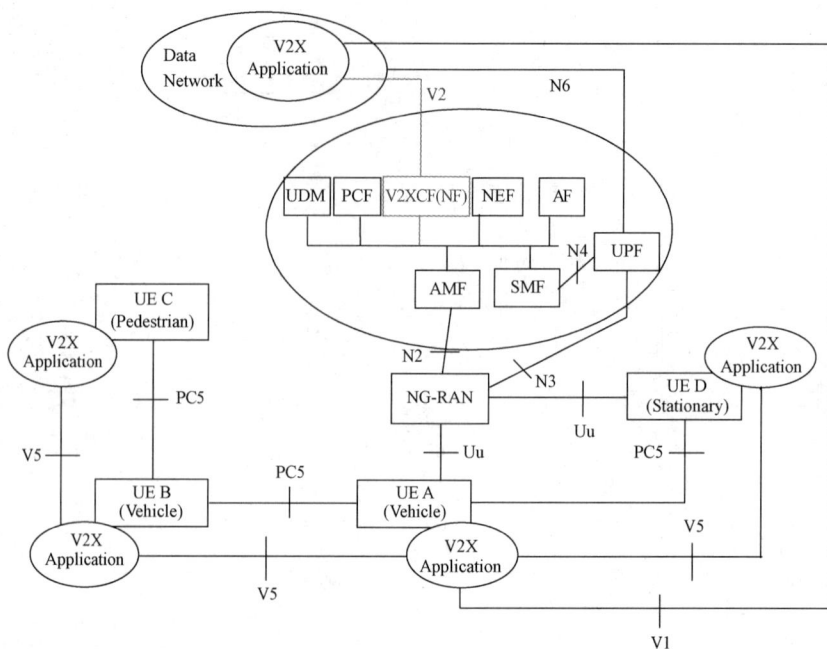

图 1-33　支持 V2X 独立控制的 5G NR-V2X 组网架构[15]

1.6　5G 网络切片技术

1.6.1　网络切片概述

网络切片（Network Slice）本质上就是将运营商的物理网络划分为多个虚拟网络，每一个虚拟网络根据不同的服务需求来划分，以灵活地应对不同的网络应用场景。所以 5G 网络切片就是一组网络功能，运行这些网络功能的资源，以及这些网络功能的具体配置。这些网络功能及其相应的配置形成了一个完整的逻辑网络，其中包含了满足特定服务所需的网络特性，并为这种特定的业务场景提供了相应的网络服务，如图 1-34 所示。

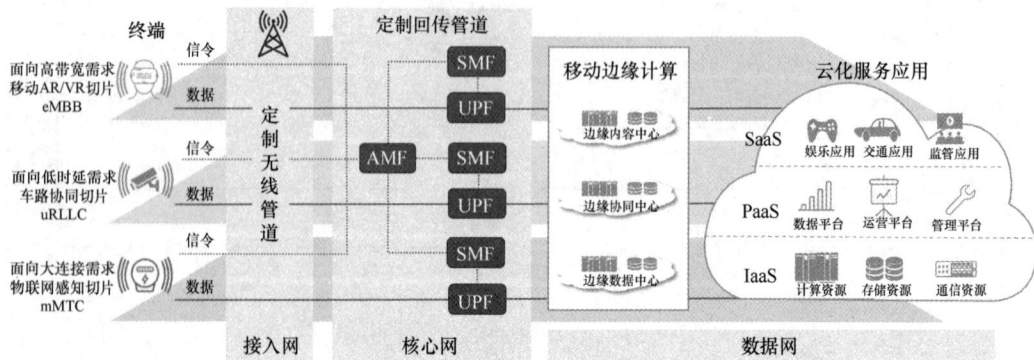

图 1-34　5G 网络切片示意图

网络切片基于云计算、边缘计算、软件定义网络/网络虚拟化、面向服务的体系架构等几大技术群而实现，通过上层统一的编排让网络具备管理、协同的能力，从而实现基于一个通用的物理网络基础架构平台，能够同时支持多个逻辑网络的功能。

5G 网络切片技术通过在同一网络基础架构上构建虚拟独立的逻辑网络，为不同的应用场景提供相互隔离的网络环境，从而使不同的应用场景根据各自的需要而定制网络功能和特性。网络切片技术允许运营商在单个硬件基础架构中划分多个虚拟的端到端网络。每个网络切片从设备到接入网、传输网、核心网在逻辑上隔离，以满足不同类型服务的不同需求。虚拟服务器、网络带宽、服务质量等专用资源对每个网络切片都有充分的保证。由于切片之间是逻辑隔离的，因此一个切片的错误或故障不会影响其他切片的正常通信。5G 网络切片将终端设备、接入网资源、核心网资源、网络运维与管理系统等有机组合，提供一个可以独立运维的、不同业务场景和业务类型相互隔离的完整网络。网络运营商可结合自身业务特点，采取差异化的切片策略构建相互隔离的逻辑网络，实现对业务的定制化承载。

目前，业界主流的方式是基于业务场景进行切片划分。典型的业务场景可以分为大带宽的移动接入场景、大规模物联网接入场景，以及低时延、高可靠性业务接入场景，不同场景对各项性能指标的需求如图 1-35 所示。

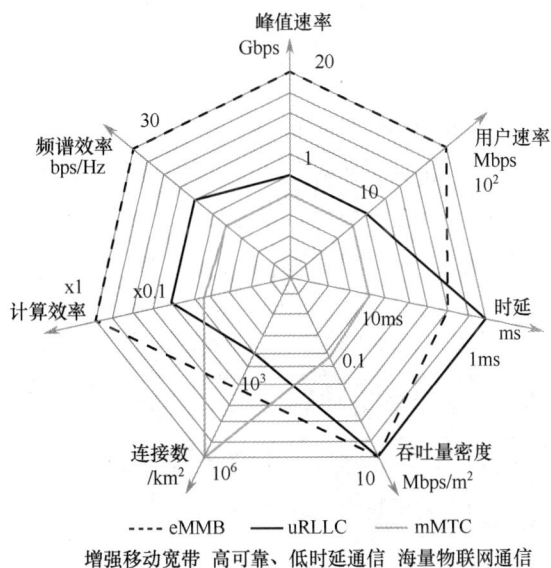

图 1-35　5G 三大应用场景及对各项性能指标的需求

eMBB（enhance Mobile Broadband，增强移动宽带）旨在显著提高移动宽带接入的数据速率、用户密度、容量和覆盖范围，并且能降低时延，即使在智能高速公路等较为拥挤的环境中，也能够实现 AR/VR 应用的实时数据流传输。增强移动带宽主要以人为中心，侧重于关注多媒体类应用场景，此类使用情景需要在用户密度大的区域增强通信能力，实现无缝的用户体验，如超高清视频传输和高速移动目标通信。在高速行驶的列车中，eMBB 能够确保信号的稳定快速链接和基站之间的无缝衔接，通过提高网络传输速度，增

强通信能力，最终提高用户体验

mMTC（massive Machine Type Communication，海量物联网通信）是典型的物联网场景，如智能井盖、智能路灯、智能水电表等，在单位面积内有大量的终端，需要网络能够支持这些终端同时接入，在这种场景下终端到网络的连接数量将急剧增长。然而与庞大的连接数量不同，物联网终端传输的数据却十分有限，并且物联网终端的通信行为常常有规律，同时物联网终端通常位置固定、无法移动。因此，大连接物联网场景下的网络切片可以没有用户面连接，其控制面的部署位置也可以相对较高。

uRLLC（ultra Reliable & Low Latency Communication，低时延、高可靠通信）主要是服务于物联网场景，如车联网、无人机、工业互联网等。在这类场景下，对网络的时延和可靠性要求很高。uRLLC 主要应用领域之一是车联网，它需要车辆在高速行驶时，不仅要具有带宽和时延保障，还要具有可靠的传输能力，因此在低时延、高可靠场景下，网络切片的控制面和用户面应分开部署，其中控制面的部署位置不应该过高，用户面的部署位置则必须很低，应尽量靠近车辆侧，以减少车辆访问服务器的时延。

每种切片将其所分配的网络资源和运维管理资源整合在一起，构成一个完整的逻辑网络，从而独立承担某类业务端到端的网络功能。

1.6.2　5G 网络切片方案

根据网络现有能力，在不同切片等级内组合无线、传输、核心网和安全及运营等能力，匹配网络最有可能的部署策略，共形成 5 种切片能力等级，满足 5G 三大类需求。2020 年中国移动研究院发布的《网络切片分级白皮书》中将网络切片的能力分级划分为 L0～L4 级，如图 1-36 所示。针对公众网、行业网不同的需求，围绕网络资源隔离性、运营运维、安全和定制化服务四个维度，来区分每种能力的不同服务质量保障等级，如图 1-37 所示。

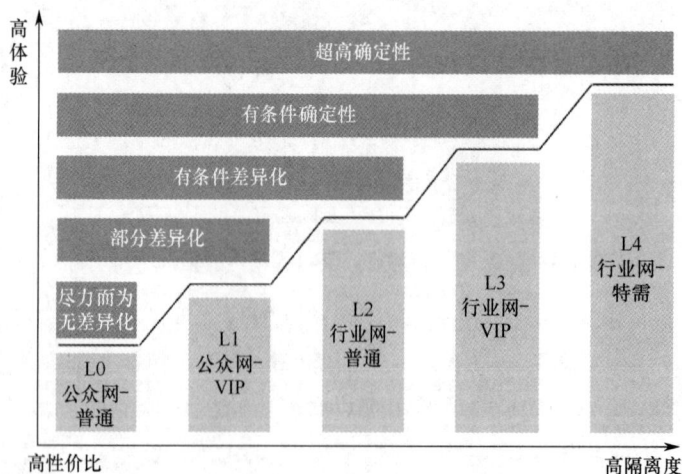

图 1-36　5G 网络切片能力等级[16]

切片等级	网络类型	等级划分	定义	资源定制		业务体验		
				资源隔离性	安全	运营运维	定制化服务	
L0	公众网	普通	基于5G公众网基础设施构建,无特殊需求	完全共享	基本安全	无	默认	
L1		VIP	基于5G公众网基础设施构建,叠加定制化需求	完全共享(或部分独占)	eMBB增强安全	无	定制化	
L2	行业网	普通	基于5G行业网基础设施构建,提供增值服务	完全共享(或部分独占)	业务特性安全	可视	定制化	
L3		VIP	基于5G行业网基础设施构建,提供部分资源独占及高级服务	部分独占	业务特性高阶安全	可管	定制化	
L4		特需	基于5G行业专网设施构建,提供全部资源独占能力及可靠性服务	完全独占	全面高阶安全	可管	定制化	

图 1-37　5G 网络切片能力等级对比分析[16]

围绕这些不同的切片能力,5G 网络可以从无线域(回传网)、传输网域、核心网域三方面进行切片的划分和保障。

1.6.2.1　无线切片方案

无线切片包括无线基站的切片化和无线资源分配的切片化管理两方面。

RAN 切片可以基于 Cloud RAN 架构实现,通过在每个切片上提供公共共享功能和切片特定功能,实现 RAN 切片上的隔离和共享。如图 1-38 所示,NR 和 E-UTRAN 分别具有共享 RRC(Radio Resource Control)和专用 RRC。

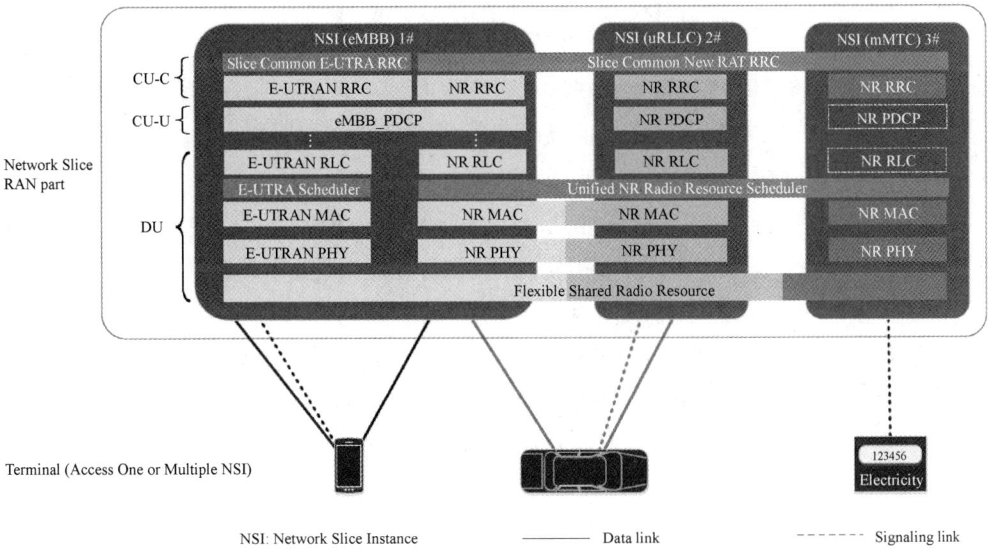

图 1-38　支持网络切片的 RAN 网络架构

在无线资源分配和管理方面，无线空中接口资源及其调度策略以空间切片（时频资源切片）的形式定义，既保证资源和数据切片后的良好隔离，又提高了其复用效率。资源分配方式主要有两种：静态分配（硬切）和动态分配（软切）。在静态分配方案中，频率和时间资源以固定的方式分配给每个特定的切片，用户可以使用这些静态无线资源访问切片网络，如图 1-39（a）所示。在动态分配方案中，网络切片的调度管理服务根据切片服务请求的实时到达来分配时频资源，保证切片间资源的均衡分配，如图 1-39（b）所示。

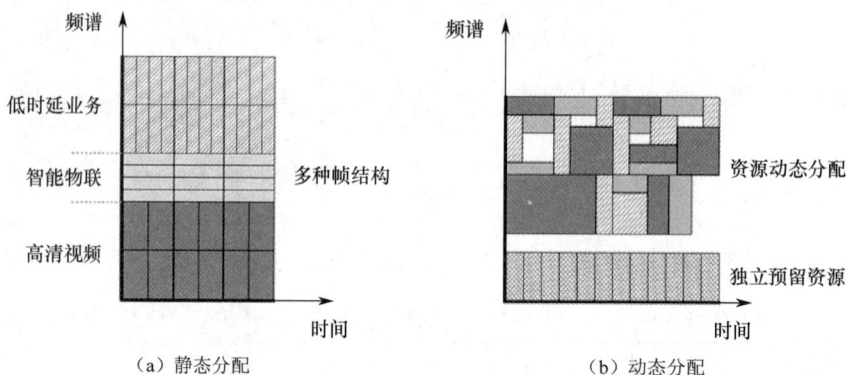

图 1-39 无线资源切片方式

基于虚拟化 RAN 切片和无线资源分配管理，无线空口保障可以通过差异化 QoS 优先级方式进行业务保障，以提升频谱这类稀缺资源的使用效率。无线空口资源调度可能的方式包括基于 QoS 的调度、RB 资源预留和载波隔离。

无线切片根据业务的时延、可靠性和隔离要求，可以分为切片级 QoS 保障、空口动态预留、静态预留。

（1）基于 QoS 的调度：可以确保在资源有限的情况下，不同业务"按需定制"，为业务提供差异化服务质量的网络服务，包括业务调度权重、接纳门限、队列管理门限等，在抢占资源时，高优先级业务能够优先调度空口的资源，在资源拥塞时，高优先级业务也可能受影响。

（2）RB 资源预留：允许多个切片共用同一个小区的 RB 资源。根据各切片的资源需求，为特定切片预留分配一定量 RB 资源。RB 预留分为静态预留和动态共享。动态共享方式为指定切片预留的资源允许一定程度上和其他切片复用，在该切片不需要使用预留的 RB 资源时，该切片预留的 RB 资源可以部分或全部用于其他切片。静态预留方式为指定切片预留的资源在任何时刻都不能分配给其他切片用户使用，以确保任何时刻有充足资源随时可用。

（3）载波隔离：不同切片使用不同的载波小区，每个切片仅使用本小区的空口资源，切片间严格区分，以确保使用各自资源。

1.6.2.2 传输切片方案

通过对网络的传输承载资源（如节点、链路、端口和其他内部资源）进行虚拟化，可以在传输硬件设施中划分出多个逻辑虚拟传输子网，从而在物理网络层构建虚拟子网层。由切片生成的虚拟子网是对物理网络资源的抽象，支持业务场景的端到端实现，包括完整的网络资源，如虚拟控制平面和转发平面。对于控制平面，5G 传输承载网利用基于 SDN/NFV 的虚拟化架构，通过定义传输切片控制器来统一收集底层传输资源信息，负责将逻辑切片策略映射到物理资源。在切片子网中，网络资源的分配和管理（拓扑信息、物理资源的分配协调、协议等）由切片控制器统一处理，逻辑业务不需要意识到与物理网络的连接。传输承载网切片架构如图 1-40 所示。

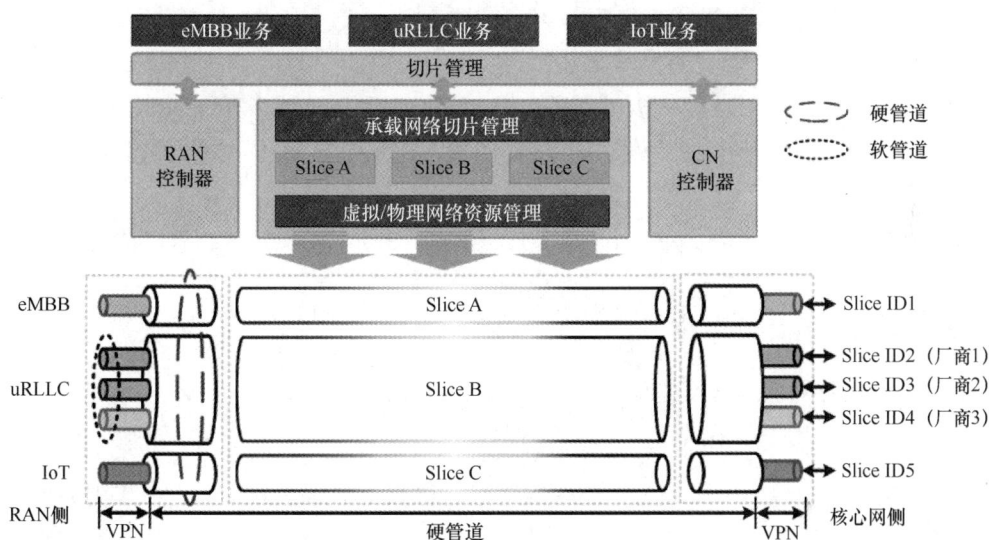

图 1-40　传输承载网切片架构

根据对切片安全和可靠性的不同隔离度、时延和可靠性诉求，可将切片分为硬切片和软切片。

硬切片是基于物理管道的刚性切片技术，主要针对物理底层（光层）管道资源，代表技术有 OTN（Optical Transport Network）、FlexE（Flexible Ethernet）和 ODUk（Optical Data Unit of a particular level k）等。

（1）FlexE 接口隔离：FlexE/MTN（Metro Transport Network）通过在 MAC 层和 PHY 层之间添加 FlexEShim 层，将 MAC 层和 PHY 层分离。基于时隙调度将一个物理以太网端口分成几个以太网弹性硬管道，在网络接口层面基于时隙进行业务接入，在设备层面基于以太网进行统计复用。以太网端口在时域上被分成多个独立的子信道，每个子信道具有独立的时隙和 MAC，提供以太网层的端到端物理隔离。

（2）MTN 交叉隔离：基于以太网 64/66B 码块的交叉技术，在接口及设备内部实现 TDM（时分复用）时隙隔离，从而实现极低的转发时延和隔离效果。单跳设备转发时延最低 5～10 μs，较传统分组交换设备有较大提升。

FlexE/MTN 接口隔离技术可以组合 MTN 交叉隔离技术或分组转发技术进行报文传输。

软切片是指基于统计复用的切片技术，主要针对二层以上传输端口带宽资源进行逻辑隔离。它采用不同的逻辑通道承载不同的 5G 网络切片，同时通过 QoS 控制策略满足不同网络切片的带宽、时延和丢包率等性能需求，如基于 IP/MPLS 伪线技术、VPN 及 VLAN 技术等。VPN+QoS 隔离根据切片等级划分原则进行映射，包括以下几种。

（1）VPN 共享+QoS 调度：组合 VPN 共享+QoS 调度技术，转发基于 IP 包转发，流量参与 QoS 调度。

（2）VPN 共享+FlexE/MTN 接口隔离：组合 FlexE/MTN 接口+QoS 调度，业务接入基于时隙隔离，转发基于 IP 包转发，VPN 共享，流量参与 QoS 调度，较传统分组交换设备隔离效果有所提升，但弱于 MTN 通道转发。

（3）VPN 隔离+FlexE/MTN 接口隔离：组合 FlexE/MTN 接口隔离+QoS 调度，业务接入基于时隙隔离，转发基于 IP 包转发，VPN 隔离，流量参与 QoS 调度，较传统分组交换设备隔离效果有所提升，但弱于 MTN 通道转发。

（4）端到端 MTN 通道：组合 MTN 接口和 MTN 交叉隔离技术，业务接入基于时隙隔离，转发基于 MTN 交叉技术，业务为物理隔离，单跳设备转发时延最低 5～10 μs，较传统分组交换设备有较大提升。

1.6.2.3　核心网切片方案

从 3G 时代开始，电信网的核心网开始进行控制面与用户面的分离，并从 4G 时代通过 IMS 系统真正实现了以用户为中心的网络服务体系，网络的控制面进一步围绕用户进行组织和管理，彻底将核心网改造成为"平面化"网络，从而实现网络组织和服务组织的扁平化。

核心网作为直接承接业务的网络层级，核心网切片方案主要实现 5G 核心网部分的资源和组网隔离与 SLA（Service-Level Agreement）保障，具备可根据业务场景灵活调配并自动化部署网络功能/服务的机制。核心网络切片目标主要包括以下几点。

（1）动态管理：运营商可以动态创建和管理（如扩大/缩小、删除、修改）针对不同市场场景定制的网络切片。

（2）支持网络切片的选择：网络可以为特定的 UE、设备、服务和用户选择合适的网络切片，也可以改变 UE 连接的网络切片。

（3）同时访问：UE 可以同时访问一个或多个网络切片。

（4）隔离：隔离不同的网络切片。一个切片中的服务不会影响其他切片提供的服务。

面向核心网切片管控，可以基于网络功能虚拟化基础设施（Network Functions Virtualization Infrastructure，NFVI），通过虚拟机、容器等虚拟化技术，在通用性硬件上承载传统通信设备功能的软件处理，从而实现新业务的快速开发、部署和弹性缩扩容。

虚拟资源池可支持"共享"和"独占"两种方式，因此核心网网络切片可以根据需求划分为三种模式。

（1）完全共享模式：用户面共享同一个网络，提供"尽力而为"的服务，通常适用于公众网的普通消费者业务，对于安全隔离、QoS 保障等无特殊需求。

（2）部分独占模式：结合行业实际需求，通过共享大部分网元功能和少量网元功能独占专享的方式，在安全隔离、QoS 保障、成本之间做到平衡，从而能够满足大多数通用行业的网络切片分级需求。

（3）完全独占模式：在虚拟化基础设施上虚拟出一个行业专用核心网，保障行业用户的安全隔离、QoS 需求。

核心网网络切片的参考架构如图 1-41 所示。

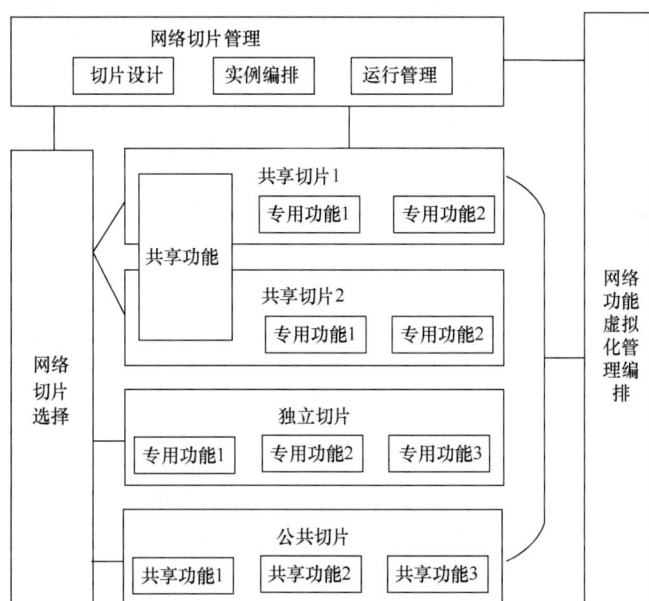

图 1-41 核心网网络切片的参考架构

网络切片管理主要负责网络切片的管理与监控，包括切片设计、实例编排和运行管理功能。网络功能虚拟化管理和编排负责管理网络基础资源，从物理资源的虚拟化到逻辑资源的组合与连接，直至形成网络功能并将其编排成为网络切片实例。网络切片选择用于处理用户附着请求，其功能是综合业务签约和功能特性等多种因素，为用户选择合适的网络切片实例进行接入，实现用户终端与网络切片间的接入映射。特定网络切片与特定的网络应用相关，按照需求可以划分为完全共享模式的公共切片、完全独占模式的独立切片、部分独占模式的共享切片。

5G 核心网在实现网络切片时，每个网络切片由 S-NSSAI（Single Network Slice Selection Assistance Information）唯一标识，运营商可根据服务等级协议 SLA 管理每个用户有资格使用的切片类型和业务。同时，每个切片可以由 AMF 负责统一的用户接入与管理，并根据用户的不同对话通过 SMF 对 UPF 进行有区分的流量控制，从而实现根据每个用户的请求进行差异化处理，如图 1-42 所示。

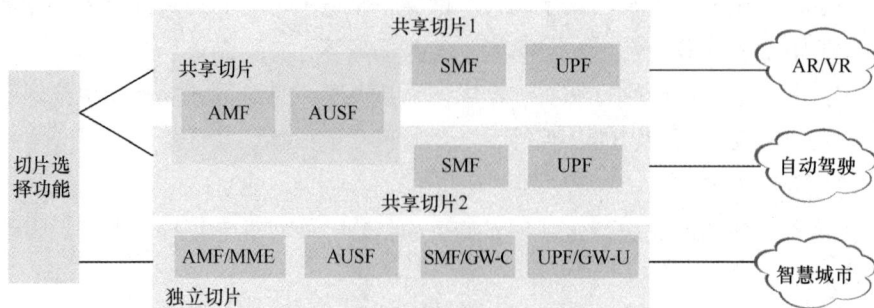

图 1-42　5G 核心网切片

1.6.3　支持自动驾驶的网络切片

网络切片是 5G 网络重要的技术之一，得到了 3GPP 的高度重视。3GPP R15 阶段正式把网络切片的相关概念、方案写入了规范。自动驾驶由于其高带宽、低时延网络的需求，因此对网络切片有强烈的应用诉求。自动驾驶对网络切片的诉求包括以下三方面。

1）大带宽 Telematics 服务

自动驾驶车辆需要连接云端后台，提交自动驾驶车辆运行状态、执行远程控制指令、路线规划推荐等传统 Telematics 服务，同时还需要进行高精度地图的基图下载，获取高精度地图的动态更新等自动驾驶特有的服务。传统的 Telematics 服务属于对带宽和时延要求不太敏感且对安全较为敏感的服务，与公众移动互联网服务需求一致。但自动驾驶特有的高精度地图下载、更新类服务，对带宽和时延具有一定的要求，需通过边缘计算进行内容卸载。

因此对大带宽的 Telematics 需求，可以通过共享网络切片实现，在无线侧使用动态共享方式保障无线数据传输带宽需求，在传输网侧使用软切片保障带宽、QoS 和数据安全，在核心网使用共享切片保障端到端（车到云端）连接的可用性和服务质量。

2）低时延、高可靠的车车/车路协同服务

自动驾驶车辆需要通过 C-V2X 技术实现车辆之间和车辆与边缘计算平台之间的大带宽、低时延、高可靠的数据交互，以支持超视距认知、协同决策等需求。这一需求中，自动驾驶车辆和边缘计算之间需要保障带宽和低时延，且 LTE Uu/NR Uu 接口的资源调度体制与公众移动互联网资源调度体制不同，Uu 接口需要较高的调度效率以降低调度时延，公网需要较高的资源利用率，对调度时延不敏感。

因此对车车/车路协同服务需求，在无线侧一方面提供独立载波方式（5.9GHz 专用频段）保障其超低时延需求业务的质量，同时使用静态预留方式为 Uu 接口提供充足的资源。由于车路协同主要依赖边缘计算，且边缘计算将部署在基站临近的本地网位置，而边缘计算与云端之间并无大带宽低时延通信需求，因此在边缘计算平台与云端平台之间，只需传输网使用软切片保障数据安全，核心网使用共享切片保障边缘计算和云计算之间的服务质量即可。

3）综合大带宽、低时延的远程驾驶服务

自动驾驶车在面临困境或需要停车辅助等场景时，需要提供远程驾驶辅助服务。远程驾驶服务的核心是实时感知和反馈控制，包括车辆的驾驶数据采集，包括车端前方、左侧、右侧、全景、车内等各路视频同步回传，实时呈现给远程驾驶员，供其及时判断车况、路况等，同时将驾驶员的各种操作通过网络实时下发到车端，完成对远程车辆的控制。因此远程驾驶需要提供三方面支持：一是车辆感知数据，包括车辆状态与车载传感器采集信息的大带宽实时回传；二是路侧数据，包括环境状态数据与路侧传感器采集信息的大带宽实时回传；三是远程驾驶控制指令的高可靠实时下发。

车辆感知数据和路侧数据回传包括车载/路侧视频数据、雷达数据和车辆状态数据，为了保证远程驾驶控制仓对车辆状态和环境状态的实时认知，这类数据对带宽要求和传输时延要求较高。远程驾驶控制指令是远程驾驶的驾驶舱向车辆下达的控制指令，其带宽要求不高，但要求具有极高的可靠性和较低的时延。

因此，对远程驾驶服务需求，在无线侧通过静态预留方式为 Uu 接口提供充足的无线资源，在传输网使用硬切片保障终端到云端和边缘计算到云端大带宽低时延的安全数据传输，在核心网使用独立切片保障终端到云端和边缘计算到云端的会话级持续性服务质量。

围绕自动驾驶的三种不同业务需求，5G 网络需要采用不同的网络切片策略，按照不同服务能力等级进行服务质量保障，如图 1-43 所示。其中，逻辑基站切片提供逼近与物理专网一样的独立的生命周期管理和安全隔离，可以屏蔽运营商公网业务和网络维护的影响；传输网络切片采用硬切片屏蔽运营商公网不确定性的数据和信令流量峰值对专网的冲击；核心网则使用专用切片保障端到端服务的可靠性。

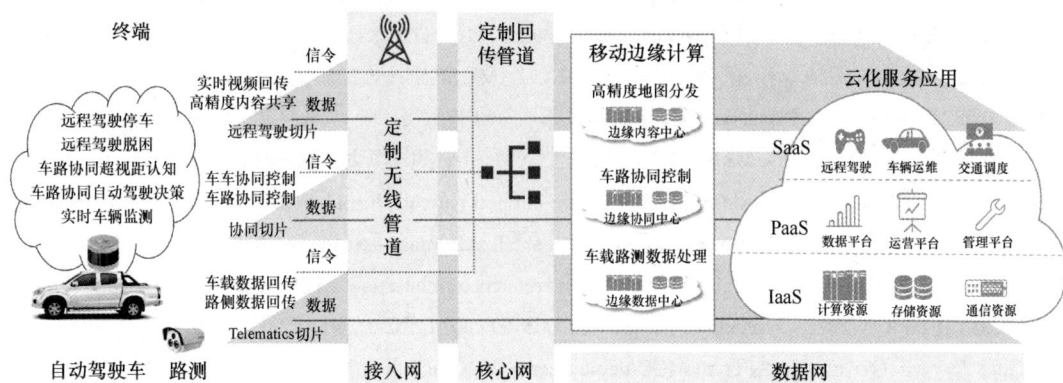

图 1-43　支持自动驾驶的网络切片体系

1.7 本章小结

车联网是实现自动驾驶的关键支撑技术，从 LTE 时代开始，C-V2X 技术与公众移动通信网开始深度融合。与 DSRC 相比，C-V2X 存在网络性能优越、网络部署成本低、技术演进路线明确的优点，使之成为多个国家主推的 V2X 国际标准。在 2017 年 3GPP 发布的 Rel-14 版本中，明确了 C-V2X 的技术规范，并在 Rel-16 版本中形成了支持 5G 新空口的 C-V2X 标准。C-V2X 作为有机结合蜂窝通信和直通通信的系统技术，从根源上就具有解决低时延和高可靠性车车通信、车路通信的技术优势，具有更大数据吞吐量、更低时延、更高安全性和更海量连接等特性，极大地促进了智能驾驶和智慧交通发展。

本章从车联网技术概述、NR-V2X 技术、5G 边缘计算技术、5G 和 V2X 组网技术、5G 网络切片技术等几个方面，对 5G 与 V2X 融合的 5G 车联网技术进行了全面的阐述，提出了 5G 车联网体系结构模型，对 5G C-V2X 技术发展与技术体系、C-V2X 空口关键技术、5G 边缘计算技术、5G 组网与 C-V2X 组网技术、网络切片技术进行了全面介绍和深入探讨，解决了 C-V2X 资源调度方法、在边缘计算支持下的协同资源调度方法、支持自动驾驶的网络切片方法等关键技术问题，为 5G 与自动驾驶的融合提供了有益的借鉴。

参 考 文 献

[1] Chen S, Hu J, Shi Y, et al. LTE-V: A TD-LTE based V2X solution for future vehicular network [J]. IEEE Internet of Things Journal, 2016, 3(6): 997-1005.

[2] Chen S, Hu J, Shi Y, et al. Vehicle-to-Everything (V2X) services supported by LTE-based systems and 5G [J]. IEEE Communications Standards Magazine, 2017, 1(2): 70-76.

[3] Chen S, Hu J, Shi Y, et al. A vision of C-V2X: Technologies, field testing, and challenges with chinese development [J]. IEEE Internet of Things Journal, 2020, 7(5): 3872-3881.

[4] 陈山枝, 胡金玲, 赵丽, 等. 蜂窝车联网（C-V2X）[M]. 北京：人民邮电出版社, 2020.

[5] 陈山枝, 胡金玲, 时岩, 等. LTE-V2X 车联网技术、标准与应用 [J]. 电信科学, 2018, 34(4): 7-17.

[6] 任晓涛, 马腾, 刘天心, 等. 5G NR Rel-16 V2X 车联网标准 [J]. 移动通信, 2020, 44(11): 33-41.

[7] Luo G, Li J, Zhang L, et al. sdnMAC: A software-defined network inspired MAC protocol for cooperative safety in VANETs [J]. IEEE Transactions on Intelligent Transportation Systems, 2018, 19(6): 2011-2024.

[8] Multi-access edge computing (MEC); Framework and reference architecture: ETSI GS MEC 003 (V2.2.1) [S/OL]. [2020-12]. https://www.etsi.org/deliver/etsi_gs/MEC/001_099/003/02.02.01_60/gs_MEC003v020201p.pdf.

[9] Giust F, Verin G, Antevski K, et al. MEC deployments in 4G and evolution towards 5G [R/OL]. [2018-02]. http://www.etsi.org/images/files/ETSIWhitePapers/etsi_wp24_MEC_deployment_in_4G_5G_FINAL.pdf.

[10] Kekki S, Featherstone W, Fang Y, et al. MEC in 5G networks [R/OL]. [2018-06]. http://www.etsi.org/

images/files/ETSIWhitePapers/etsi_wp28_MEC_in_5G_FINAL.pdf.

[11] Li J, Luo G, Cheng N, et al. An end-to-end load balancer based on deep learning for vehicular network traffic control [J]. IEEE Internet of Things Journal, 2018: 6(1): 953-966.

[12] 5G; NG-RAN; Architecture description: 3GPP TS 38.401 Release 15 [S/OL]. [2019-07]. https://www.etsi.org/deliver/etsi_ts/138400_138499/138401/15.06.00_60/ts_138401v150600p.pdf.

[13] 5G; System architecture for the 5G system: 3GPP TS 23.501 Release 15 [S/OL]. [2018-09]. https://www.etsi.org/deliver/etsi_ts/123500_123599/123501/15.03.00_60/ts_123501v150300p.pdf.

[14] Universal mobile telecommunications system (UMTS); LTE; Architecture enhancements for V2X services: 3GPP TS 23.285 Release 15) [S/OL]. [2019-04]. https://www.etsi.org/deliver/etsi_TS/123200_123299/123285/15.03.00_60/ts_123285v150300p.pdf.

[15] Study on architecture enhancements for the Evolved Packet System (EPS) and the 5G System (5GS) to support advanced V2X services: 3GPP TR 23.786 Release 16 [R]. [2019-06].

[16] 中国移动研究院. 网络切片分级白皮书 [R/OL]. [2020-03]. https://www-file.huawei.com/-/media/corporate/pdf/news/categories-slice--white-paper-cn.pdf?la=zh.

第2章
支持 5G 的自动驾驶技术

2.1 自动驾驶汽车架构

近年来随着经济社会的发展，民用汽车保有量不断攀升，据公安部统计，截至 2020 年 6 月，全国机动车保有量达 3.6 亿辆，其中汽车有 2.7 亿辆；机动车驾驶人达 4.4 亿人，其中汽车驾驶人有 4 亿人，69 个城市汽车保有量超过 100 万辆，北京、成都等 12 个城市的汽车保有量超过 300 万辆[1]。大规模的汽车保有量导致严重的交通安全、效率和环境污染问题。多数交通事故是驾驶员疲劳、误判等原因导致的，因此将人工智能技术用于汽车的自动驾驶，能够有效降低酒驾、疲劳驾驶、不遵守交通规则等人为引起的交通事故，减少驾驶员失误，提高安全性。同时，通过 C-V2X 技术进行多车和多车路协同，能够大幅度提高交通效率，并在一定程度上减少能源消耗。

将传统汽车升级为自动驾驶汽车需要重点解决车辆的高精度定位、周边环境认知、运动控制、驾驶决策、行驶规划等多种问题，自动驾驶汽车整体架构如图 2-1 所示。

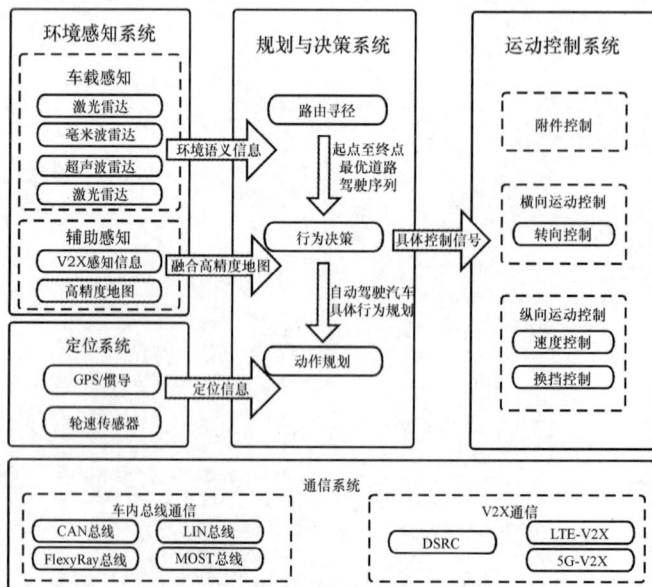

图 2-1 自动驾驶汽车的整体架构

自动驾驶汽车的整体架构包含五个子系统，分别是环境感知系统、定位系统、通信系统、规划与决策系统、运动控制系统。

1）环境感知系统

自动驾驶的首要任务是对周边环境进行感知，因此该系统依赖于自动驾驶汽车上配置的大量传感器与辅助技术提供的感知信息，进而通过人工智能技术实现对车辆运动、周边环境，以及驾驶员状态行为的感知和监测。

该系统所用到的传感器类型很多，包括摄像头、毫米波雷达、激光雷达、超声波雷达、红外夜视等。对于这些传感器捕捉到的数据，技术人员需要使用现有的计算机技术来实时处理多种异构、不同步数据，从而获得自动驾驶汽车对周边环境的主动感知，因此需要计算机领域的交叉知识来解决该问题。

而辅助系统包括高精度地图、V2X 车联网系统等，这些辅助系统不是来自自动驾驶汽车自身，而是其他服务提供者为其提供的环境信息，这种信息相对于自动驾驶汽车来说是全局的环境信息，可以解决汽车由于视野有限、前向遮挡等造成的环境认知局限性问题。

由于每种传感器和辅助技术都有其适用的场景，因此对各种信息进行充分的融合可以为自动驾驶汽车提供更加全面可靠的感知数据。

2）定位系统

实时稳定地输出足够高精度的位置信息、速度信息是自动驾驶汽车可以持续安全运行的前提，而定位系统正是可以解决该问题。其所需要输出的信息包括车辆的经纬度信息、航向角、速度、加速度、俯仰角等，一旦这些信息无法实时精确获取，车辆就无法确定自身位置，从而可能导致十分严重的后果。

定位信息获取的方式多种多样，全球导航卫星系统（Global Navigation Satellite System，GNSS）、惯性导航系统（Inertial Navigation System，INS）、高精度地图定位技术、多传感器融合定位技术、无线通信辅助定位技术。各融合定位技术均可达到定位的目的，但优缺点各不相同，因此自动驾驶汽车通常使用多种技术来实现定位，以高精度地图（High Definition Map，HD Map）为依托，通过 INS 和 GNSS 结合来实现定位是当前主流方案。

高精度地图相对于传统的电子地图，包含了更多的驾驶辅助信息，如道路网的精确三维表征、信号灯颜色定义、道路限速信息、车辆转弯开始位置等，且其精度相较于传统电子地图更高，可达到厘米级精度，这对于确保自动驾驶安全性至关重要。

而在定位过程中，全球导航卫星系统起主要作用。GNSS 是比较成熟的常用技术，使用三角定位法，通过 3 颗以上的卫星来实现对地球表面任一位置的定位。自动驾驶通常使用 RTK（Real-Time Kinematic，实时动态技术）估计信号传播误差，从而修正 GNSS 由于云层、天气等对信号传输的影响，来获得更高精度的定位信息。GNSS 严重依赖于卫星信号，然而对于一些位置，由于多路径效应、卫星信号被遮挡等原因，会使得可使用的卫星不足三颗，从而无法实现 GNSS 定位和测速。而 INS 是借助惯性传感器来获得每一时刻的加速度和角速度，通过时间积分和空间累加推算实时位置信息，因此不依赖于外部信号，且不受外部环境的影响。但是由于 INS 是通过累计获取实时位置信息，因此不可避免存在累计误差，数据的长期精度较低，而且无法获取时间信息，且惯性导航系统在每次使用前需要较长时间初始化，因此一般不单独使用。故当前主流解决方案结合了 GNSS 和 INS 来进行联合定位，在卫星信号不好时使用 INS 来进行短距离实时定位，而长时间的准确度则依赖于 GNSS 来保证。

3）规划与决策系统

自动驾驶汽车的最终目的是通过获知的感知信息来控制汽车安全到达使用者指定的目的地，因此自动驾驶汽车的规划与决策系统依赖于环境感知系统和规划与决策系统，是这两个子系统的上层系统。在获得准确、全面的环境信息和定位信息后，自动驾驶汽车依靠该系统对汽车进行控制，以使其能够安全、快速、节省能源地到达使用者指定的目的地。该系统广义上可分为路由寻径、行为决策模块、动作规划模块。

路由寻径（Route Planning）作为自动驾驶汽车内部导航模块，需要根据使用者的目的地和高精度地图，对于自动驾驶汽车的宏观路线进行规划，从而指导自动驾驶汽车宏观上的运动[2]。其输入是划分路网的高精度地图，通过使用一定的最优策略，输出从起点到终点的最佳道路行驶序列。

行为决策模块（Behavioral Module）的作用是在接收到路由寻径模块的全局规划后，结合感知子系统得到环境信息，如其他车辆、行人、障碍物，做出具体的行为决策，从而能够避开周边障碍物并沿着宏观路径到达终点。行为决策模块的难点在于，不仅静态障碍物会影响决策，同等级智能体的未来行为也会影响自动驾驶汽车自身决策，因此需要考虑在多智能体环境下如何进行协同决策，从而在复杂的环境中保证驾驶行为的安全性和高效性；其次，环境感知模块提供的环境信息难以保证真正的全面，因此行为决策模块对于未知障碍物应当具有可容错性，并能够及时做出行为反应以保证最基本的驾驶安全。目前的行为决策技术，可以分为四类：有限状态机模型、决策树模型、基于知识的推理决策模型、基于价值的决策模型[3]。

动作规划模块（Motion Planning Module），需要根据具体的行为决策，来规划生成一条满足特定约束条件的轨迹，该约束条件可能为车辆本身动力学约束，也可能是避免碰撞、乘客舒适性、能源消耗等约束，从而作为后续反馈控制模块的输入，以产生对车辆的一系列具体控制信号，从而控制车辆运动。该模块常见的算法包括基于搜素的规划算法、基于采样的规划算法、直接优化算法、参数化曲线构造算法和人工势场法，这些方法最佳适用场景和优点不尽相同，因此结合多种算法可能会实现更好的决策。

4）运动控制系统

运动控制系统是实现高度自动化和无人驾驶的关键部件，需要根据动作规划模块产生的控制信号，来控制车辆本身的部件参数以实现车速调节、车距保持、换道、转向、超车等操作，从而安全可靠地到达预定目的地。从车辆本身来讲，运动控制需要实现纵向控制（驱动与制动）和横向控制（方向盘角度），实现了这两个方向的智能控制，就可以按照给定控制信号完成对车辆的控制。

其中纵向控制是驾驶速度方向上的控制，包括速度控制和换挡控制系统。这类控制问题可归结为对汽车电机驱动、发动机、传动和制动系统的控制。各种电机-发动机-传动模型、汽车运行模型和刹车过程模型与不同的控制器算法结合，构成了各种各样的纵向控制模式。常用的控制策略包括模糊控制、神经网络控制等。

而横向控制指垂直于运动方向上的控制，主要包括转向控制系统。目标是控制汽车自动保持期望的行车路线，并在不同的车速、载荷、风阻、路况下有很好的乘坐舒适性和稳定性。车辆横向控制主要有两种基本设计方法，一种是基于驾驶员模拟的方法；另一种是给予汽车横向运动力学模型的控制方法[4]。其中基于驾驶员模拟的方法，一种较为简单的策略是使用运动力学模型和驾驶员操纵规则来对控制器进行设计；而另一个策略则是用驾驶员操纵过程的数据来训练控制器，从而得到合适的控制器。

5）通信系统

自动驾驶汽车由功能各不相同但相互依赖的系统组成，整体架构十分复杂，因此必须设计合理的通信系统来确保各系统间实时、稳定的通信。目前车辆的通信系统由车内网、车际网和车载移动互联网"三网"构成。车内网是车载终端与车内的传感器和电子控制装置通过汽车总线连接形成的车内通信网络，是实现车联网的基础。车际网即 VANET（Vehicular Ad-hoc Network，车载自组织网络），是车-X 之间基于 DSRC 和 C-V2X 等通信技术的动态网络。最后，车载移动互联网指车辆作为移动终端通过 LTE/5G 等广域无线通信技术接入互联网，实现车辆与云端应用服务平台连通。蜂窝移动网络的广覆盖特性使得车辆可以"实时在线"地访问云端的车联网服务。

车内网是指汽车内部导线采用总线控制的一种技术，通常称为汽车总线或汽车总线技术。车内网作用于车载的各个感知设备、中央处理器、控制器等模块之间，由于自动驾驶实时反馈需求，以及所需传递数据量的规模较大，因此车内通信需要具有高性能、高可靠性、高实时性的通信机制。目前常用的车内通信方式包括 CAN 总线方式、LIN 总线方式、FlexRay 总线方式和 MOST 总线方式。

CAN（Controller Area Network，控制器局域网络）作为 ISO 国际标准化的串行通信协议，其实时性和可靠性使得其成为自动驾驶汽车领域应用广泛的一种总线技术，CAN总线技术使用双绞线来传递信息，包括完整的串行数据通信、提供实时支持、传输速率高达 1 Mb/s、同时具有 11 位的寻址以及检错能力；且其实时性强，传输距离较远，抗电磁干扰能力强，成本低。VCU（Vehicle Control Unit，整车控制器）、雷达等传感器、汽车空调、电子指示、故障检测通常采用该方式进行信息传递。

LIN（Local Interconnect Network，本地互联网络）总线是基于 UART/SCI（通用异步收发器/串行接口）的低成本串行通信协议。其工作原理是采用单个主控制器和多个主从设备的模式，主从设备之间只需一根电压为 12V 的信号线。其目标定位于车身网络模块节点间的低端通信，主要用于智能传感器和执行器的串行通信，传输具有确定性且传播时间可以提前计算。在不需要 CAN 总线的带宽和多功能的场合中使用，例如，自动驾驶汽车大灯、灯光、门锁、电动座椅与控制中心的通信，从而降低通信成本。

高速容错网络协议（FlexRay）是专为车内局域网设计的一种具备故障容错的高速可确定性车载总线系统，将时间触发和事件触发方式相结合，具有高带宽、容错性好等特点，在实时性、可靠性及灵活性方面都有很大的优势，适用于安全性要求较高的线控场合及带宽要求高的场合。发动机控制、防抱死制动系统 ABS、悬挂控制、线控转向通常使用该方式进行通信。

MOST（Media Oriented Systems Transport，多媒体传输系统），以光纤为载体，通常是环状拓扑结构，是主要面向多媒体设备、高速数据流传输的高性能网络，速率一般在 10 Mb/s 以上，常用于汽车导航系统、多媒体娱乐等，且可以与多种网络进行连接。

车际网主要有 DSRC 与 C-V2X 两种方式，已经在第 1 章详细介绍。

目前常见的车载互联网解决方案，主要将手机上的应用与汽车连接，用户可以通过车载屏幕、按键、语音、手势功能来操作系统，减少司机直接控制手机、分散注意力的情形；此外，通过集成手机 App，可以借助智能手机端已发展成熟的各种技术，从而直接为用户带来阶跃性的体验；随着深度学习的发展，人机交互接口也更加人性化，语音识别技术、手势交互技术将彻底改变繁琐的人机交互方式，最终以低成本极大地提升用户体验感。

2.2　环境认知技术

自动驾驶的核心不在车而在人，是物化驾驶员在长期驾驶实践中，对"环境感知-决策规划-控制执行"过程的理解、学习和记忆。环境感知系统作为基础，是自动驾驶汽车与外界环境进行信息交互的关键，也是规划与决策系统的前提，其关键在于利用传感器技术对外部环境进行感知，并对传感器传来的感知信息应用计算机技术进行分析处理，转换为场景理解所需的语义信息，从而帮助自动驾驶汽车感知周围环境和周边智能体的运动态势，获得等价甚至超越人类驾驶员的信息感知能力，准确感知、理解周边环境。

对于自动驾驶汽车来说，感知信息的获取不仅包括车载传感器所感知的环境信息，还包括一些辅助系统，如高精度地图和 V2X 网联通信所传递的信息；不同感知信息源，其感知范围、适用情况、可靠度均不相同，因此可以为自动驾驶汽车提供丰富的语义信息，以保证其可以安全驾驶。

2.2.1　车载感知与目标检测技术

传感器是自动驾驶汽车的"五官"，不同传感器会采集汽车周边环境中的不同信息，从而帮助汽车建立对于周边环境的立体感知。目前应用于自动驾驶汽车的传感器主要有摄像头、激光雷达、毫米波雷达、超声波雷达。

自动驾驶汽车对于外界和自身的感知依赖于传感器，然而任何传感器要精确捕获感知信息，必须在制造、装配完毕后通过实验进行标定，给出自身的内参数使得量值可以准确传递；而在传感器使用过程中，由于震动等原因，会导致传感器位置与原位置产生偏离，因此需要每隔一定时间对传感器进行校准，避免累计误差导致的安全隐患。同时，各传感器适用场景、感知视角和捕获的信息不尽相同，对于复杂的环境感知任务，单一的传感器难以达到准确感知的目的，需要不同特定视角的传感器配合工作，才可以更准确地捕获环境信息；且为避免某传感器由于某些原因失效，必须配备冗余传感器，保证自动驾驶汽车严格的安全性要求，故需要对于不同安装位置、不同种类的传感器进行标定，故不同传感器之间的标定也是传感器标定的重要内容。

2.2.1.1　车载传感器

1）图像传感器

摄像头可以采集汽车周边图像信息，与人类视觉最为接近，其拥有较广的垂直视场角和较高的纵向分辨率，而且可以提供颜色和纹理等信息。采集到的这些信息经过计算机的处理分析，能够识别丰富的环境语义信息，如行人、自行车、机动车、道路轨道线、路牙、交通标志、信号灯等，同时还可以进一步实现对象轨迹追踪、车距测量、道路循迹等更高的视觉任务，从而实现前车碰撞预警（FCW）和车道偏离预警（LDW）。依据不同的图像检测原理，摄像头可分为单目摄像头和双目摄像头，根据芯片类型，摄像头又可分为 CCD 摄像头和 CMOS 摄像头。

视觉传感系统的大致原理如下：图像处理，将摄像头采集的原始数据转化为二维数据；模式识别，使用计算机视觉算法，对二维图像数据进行识别和追踪，检测兴趣对象，如车辆、行人、车道线、交通标志等；距离测量，利用物体运动模式或双目定位，估算目标物体与车的相对距离和相对速度，实现测距，在距离测量方面，双目摄像头相对于单目摄像头结果更为准确。

摄像头的优点十分明显，计算机视觉发展迅速，识别、追踪、测距算法均较为成熟；且摄像头成本低，分辨率高，所采集到的信息十分丰富。而其缺点主要在于三方面，首先是其对于光照变化和天气状况较为敏感，在逆光、光影复杂、夜间、雨雪、大雾能见度低的情况下难以使用；其次摄像头对象识别受限于训练样本，样本未覆盖的物体将无法辨别，例如，在中国道路上应用 Mobileye，识别超载运货车的成功率不超过 80%；最后车载摄像头缺乏精确的三维信息，尽管计算机视觉三维测距算法已经有了很好的发展，但是自动驾驶场景由于安全性的限制，对于距离测量的要求较高，为厘米级精度，而当前的算法难以达到该要求。

2）激光雷达

LiDAR（Light Detection and Ranging，激光雷达），工作在红外和可见光波段，以激光为工作光束，探测目标的位置、速度等特征量，一般由激光发射器、接收器、时间计数器、微计算机等组成。激光测距精确程度高，可达厘米级。而随着商用 GPS 和 IMU 的发展，通过激光雷达从移动平台上获得高精度的数据已被广泛应用。目前，许多自动驾驶汽车的激光雷达安装在车顶，通过高速旋转对周围进行 360°扫描，获得周围空间的点云数据，实时绘制出车辆周边的三维空间地图，为下一步的车辆操控建立决策依据。

激光雷达的工作原理如下：周期地向目标发射探测信号（激光束）；由接收透镜接收目标反射信号（目标回波），产生接收信号；信息处理，利用稳定的石英时钟计算发射与接收时间差，内部微处理测量结果，显示或存储、输出距离和角度等特征量，并与距离传感器获取的数据进行比对，最后经过相应的系统软件，获取目标三维坐标数据，从而建立目标的立体模型，如距离、方位、高度、速度，甚至形状等模型参数，从而对障碍物、移动目标进行探测、追踪和识别。

与普通微波雷达相比，激光雷达由于使用的是激光束，工作频率较微波高了许多，因此有很多优点，首先是其可以获得极高的角度、距离分辨率（角分辨率可以达到 0.1°，距离分辨率可达 0.1 m），这是微波雷达无法实现的，并可同时跟踪多个目标；同时，由于其使用的是激光束，具有抗有源干扰能力强的特点，自然界中能对激光雷达起干扰作用的信号源不多；且获取的信息量丰富，可直接获得目标的距离、角度、反射强度、速度等信息从而生成目标的多维图像。但是，激光雷达也有明显的缺点。由于激光本身的特性，对于光线、天气状况敏感，因此工作时受天气状况影响大，晴朗的天气里衰减较小，传播距离较远，而在大雨、浓雾等恶劣天气里，衰减加大，传播距离受到影响。同时，由于激光雷达接收的是光信号，因此也容易受太阳光、其他车辆的激光雷达等光线影响。其次激光雷达相比于摄像机，难以获取颜色、纹理信息，导致分辨交通标志的含义和红绿灯颜色等任务必须由其他传感器来完成。

3）毫米波雷达

毫米波雷达是工作在毫米波波段（Millimeter Wave）的雷达，与普通雷达相似，通过发射无线电信号并接收反射信号来测定与物体间的距离。毫米波频率通常在 30 Hz～300 GHz（波长为 1～10 mm），波长介于厘米波和光波之间，因此毫米波雷达兼有微波雷达和光电雷达的一些优点，非常适合于自动驾驶汽车领域的应用。因为毫米波雷达具有较强的穿透性，能够轻松地穿透保险杠上的塑料，所以常被安装在汽车的保险杠内。毫米波雷达的优点使其能够准确地测量自动驾驶汽车与周边车辆之间的距离，从而提供变道辅助、自主控制车速、碰撞预警等帮助，实现自适应巡航功能，提高驾驶舒适度，降低事故发生率。与激光雷达相比，毫米波雷达成本很低，是一种相对容易大范围应用的传感器。

毫米波雷达的工作原理如下：在汽车雷达领域，常应用调频连续波（FMCW），工作时振荡器会产生一个频率随时间增加的信号（Chirp），这个信号遇到障碍物反弹，来回的时延就为 2 倍的距离除以光速。来回波形之间有频率差，这个频率差呈线性，物体越远，回波收到的时间越晚，它与入射波的频率差就越大。将这两个频率相减，得到二者频率的差拍频率，通过差拍频率高低就可以计算障碍物的距离。基于 Chirp 间的多普勒效应，可以快速准确地得到汽车周围的物理环境信息（如汽车与其他物体的相对距离、相对速度、角度、运动方向等），然后根据所探知的物体信息可以进行追踪，识别和分类，进而与车身动态信息融合，最终通过电子控制单元（ECU）进行智能处理。值得注意的一点是，毫米波雷达采集的原始数据是基于极坐标系的。

毫米波雷达的天线和其他微波元器件的尺寸与频率有关，因此天线和微波元器件较小，可获得较窄的波束；与红外、激光、电视等光学导引头相比，毫米波导引头穿透烟尘雾的能力强，精度受天气和环境因素影响较小，可以基本保证在各种日常天气正常运行。毫米波雷达缺点如下，首先相比微波雷达，毫米波雷达发射机功率低，波导器件的损耗大，同时由于行人的后向散射截面较弱，如果需要探测行人，雷达的探测阈值需要设低，其负面效应可能会有更多虚报物体出现，而且毫米波器件昂贵，现阶段不能大批量生产装备。

4）超声波雷达

超声波雷达是通过发射并接收 40 kHz 的超声波，根据时间差算出障碍物距离的，其测距精度大约是 1～3 cm。超声波的指向性强，能量消耗缓慢，遇到障碍物后反射效率高，是测距的良好载体。其构造一般分为等方性传感器和异方性传感器，其中等方性传感器为水平角度与垂直角度相同，而异方性传感器水平角度与垂直角度不同。等方性传感器的缺点在于垂直照射角度过大，容易探测到地，无法侦测较远的距离。异方性超声波的缺点在于其探头产生的超声波波形强弱较不稳定，而容易产生误报警的情况。常见的超声波雷达有两种：第一种是安装在汽车前后保险杠上的倒车雷达，称为 UPA（Ultrasonic Parking Assistant，超声波驻车辅助传感器）；第二种是安装在汽车侧面的超声波雷达，用于测量侧方障碍物距离，称为 APA（Automatic Parking Assistant，自动泊车辅助传感器）。

超声波雷达工作原理如下：由发射器向特定方向发射超声波，同时启动计时器；接受反射波，当接收器收到反射波后，记录下往返传播经历的时间；计算距离，由于常温下超声波在空气中的传播速度约 340 m/s，通过超声波往返时间测算发射点和障碍物之间的距离。

超声波雷达主要有以下优点，适用场景广泛，在实际使用中，超声波能量消耗较为缓慢，防水、防尘，即使有少量的泥沙遮挡也不影响，在介质中的传播距离较远，穿透性强，测距方法简单，成本低，且不受光线条件的影响，有着众多的优点，在短距离测量中，超声波雷达测距有着非常大的优势。但是，超声波是一种机械波，使得超声波雷达有着以下几种局限性。首先是由于超声波波速受温度影响，因此其对温度较为敏感，测量的精度也与温度直接相关。对于超声波测距精度要求达到 1 mm 时，就必须把超声波传播的环境温度考虑进去。其次超声波收射角大，方向性较差，无法精确描述障碍物位置。在测量较远距离的目标时，其回波信号较弱，影响测量精度。

2.2.1.2　车载传感器标定

1）摄像头标定

在图像测量过程以及机器视觉应用中，需要建立摄像头成像的几何模型来确定空间物体某点的三维几何位置与其在图像中对应点之间的关系；同时由于每个镜头的畸变程度各不相同，通过摄像头标定可以校正镜头畸变，生成矫正后的图像，因此摄像头的参数标定十分关键，其标定结果的精度及算法的稳定性直接影响摄像机结果的准确性。而对于自动驾驶汽车来说，通常会有多个车载摄像机以一定角度和位置安装在车辆上，为了将不同摄像头捕获的数据与真实场景联合对应起来，还必须对多个摄像机进行外参数的标定。摄像头的标定方法分为内参标定和外参数标定。

在计算机视觉中，常使用摄像头成像模型建立三维空间点与二维像素点的关联，摄像头成像模型包括线性模型与非线性模型。其中线性模型基于光的直线传播特性，利用小孔成像原理得到；然而在实际的成像过程中，考虑到镜头失真，一般都存在非线性畸变，因此线性模型不能准确描述成像几何模型，因此通常使用非线性模型来进一步标定。在关联建立的过程中，与摄像机的焦距、主点以及传感器等设计技术指标有关，而与外部因素（如周边环境、摄像机位置）无关，因此称为摄像头的内参。内参在摄像头出厂时就是确定的，然而由于制作工艺等问题，即使是同一生产线生产的摄像头，内参都有着些许差别，因此往往需要通过实验的方式来确定摄像头的内参。

自动驾驶汽车为减少视野盲区，通常会采用多摄像头捕捉各视角的视觉信息，为了综合多视角信息，需要确定它们之间的相对位置关系，这个过程即摄像机的外参标定。两个摄像头之间相对位姿(R,t)有六个自由度，即空间位置(x,y,z)与旋转关系(a,p,y)，理论上只要两个摄像头同时获取空间中 3 个点即可恢复二者之间的相对姿态。从 3 对对应点恢复摄像头之间的相对姿态的问题，称为 P3P（Perspective 3 Point Problem，透视三点问题）。在现实中，常常使用 3 个以上的点来恢复相对姿态以提高健壮性，P3P 问题被推广为 PnP 问题。最初研究者使用直接线性法（Direct Linear Transform，DLT）解决 PnP 问题，之后为了提升精度，研究者们提出了健壮线性化的重投影误差，开始采用迭代的方法求解 PnP 问题，并由此提出了著名的 BA（Bundle Adjustment，光束平差法）以估计姿态。

在自动驾驶汽车中，典型的外参标定有双目摄像头的外参标定、长焦摄像头与广角摄像头的外参标定。其中双目立体视觉（Binocular Stereo Vision）是机器视觉中的一个重要分支，自 20 世纪 60 年代中期开创以来，经过几十年的发展，如今在机器人视觉、航空测绘、军事应及医学成像、工业检测上应用极其广泛。双目立体视觉基于视差原理，并利用成像设备从不同的位置获取被测物体的左右两幅图像，然后根据三角测量原理计算空间点在二维图像的位置偏差，最后再利用位置偏差进行三维重建来获取被测物体的三维几何信息。

2）激光雷达标定

激光雷达与摄像机同样作为自动驾驶汽车的感知传感器，拥有高于摄像机的深度信息，因此也是自动驾驶汽车不可或缺的传感器。激光雷达在使用之前也需要对其内外参数进行标定，即内部激光发射器坐标系与雷达自身坐标系的转换关系，这通常在生产厂商交付产品时已经标定完成，可以直接使用。而自动驾驶汽车系统需要的是外参的标定，即激光雷达自身坐标系与车辆坐标系的转换关系，以及多个激光雷达之间的转换关系。激光雷达与车辆坐标系间是刚性连接，因此仅需在激光雷达安装时进行标定，使激光雷达数据正确从激光雷达坐标系统转换至车辆坐标系上；而多个激光雷达的联合标定通常会通过各激光雷达与车辆坐标系标定结果推导得到，下面就激光雷达与车辆坐标系标定过程进行介绍。

以 Velodyne VLP 16 激光雷达为例，该激光雷达以正上方为 z 轴，电缆线接口方向为 y 轴的负方向，通过右手法则来确定 x 轴方向，激光雷达坐标系如图 2-2 所示。车辆后轴中心为车体坐标系的坐标原点。垂直地面向上为 z 轴、朝前为 y 轴，按照右手法则确定 x 轴方向。两个三维空间直角坐标系之间的转换关系可以用旋转矩阵 $\boldsymbol{R}$ 加平移向量 $\boldsymbol{t}$ 来表示，通过实验采集同一点在两个坐标系下的真实坐标，即可建立一系列方程组求得这两个矩阵，从而实现外参数标定。

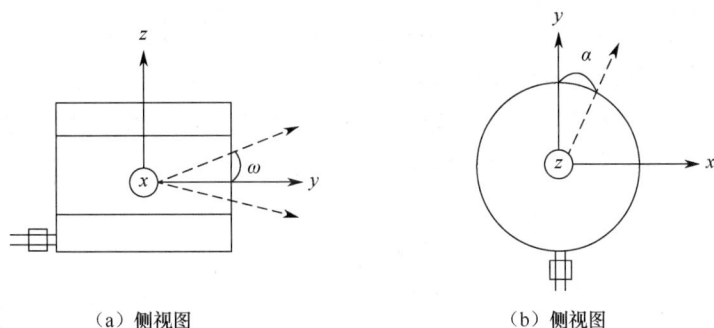

（a）侧视图　　　　　　　　　　　（b）侧视图

图 2-2　激光雷达坐标系

如图 2-3 所示，P 点在 $Oxyz$ 坐标系下的坐标为 $P(x,y,z)$，在 $O'x'y'z'$ 坐标系下的坐标为 $P'(x',y',z')$。P' 点和 P 点的坐标转换关系可以表示为

$$\begin{pmatrix} x \\ y \\ z \end{pmatrix} = \boldsymbol{R} \begin{pmatrix} x' \\ y' \\ z' \end{pmatrix} + \boldsymbol{t} \qquad\qquad (2\text{-}1)$$

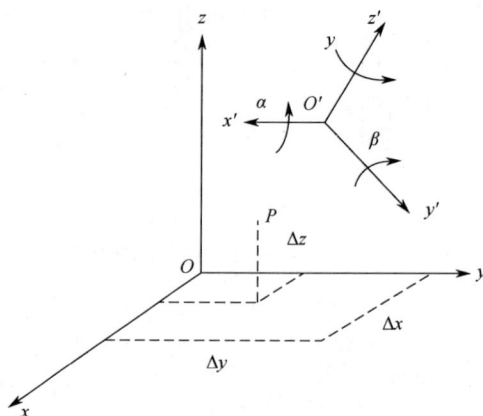

图 2-3　车体坐标系与激光雷达坐标系

3）联合标定

在自动驾驶汽车上，激光雷达与无人驾驶汽车间是刚性连接，相对姿态和位移固定不变，激光雷达扫描的数据点在环境坐标系中有唯一的位置坐标与之对应。同样，在环境坐标系中，摄像机也有一个固定的位置坐标，因此激光雷达与摄像机之间存在着固定的坐标变换。激光雷达与摄像机联合标定是通过提取标定对象在单线激光雷达和图像上的对应特征点，实现单线激光雷达坐标、摄像机坐标、图像像素坐标等多个传感器坐标的统一，实现激光雷达与摄像机的空间校准。对摄像机外参标定、激光雷达外参标定后，可以完全确定二者之间的关系，并将激光雷达扫描点投影到图像像素坐标系中。

环境感知与识别的信息来源主要通过自动驾驶汽车上的各种传感器捕捉，而传感器捕获的原始数据并不具有显而易见的语义信息，规划与决策系统难以直接使用，因此通常采用计算机视觉的方法，对传感器捕获的原始信息进行分析处理，得到该系统可以使用的语义信息。自动驾驶汽车的环境感知对象主要包括道路、周边物体及交通标志。其中道路分为结构化道路和非结构化道路两种，结构化道路包括车道线、道路边缘、道路隔离物、不良路况标识，非结构化道路包括可行路径识别和道路环境识别。周边物体主要包括车辆、行人、以及地面上其他可能影响车辆行驶的障碍物。交通标志识别的对象包括红绿灯检测、限速标志等的检测。下面主要介绍现有的感知算法。

自动驾驶汽车行驶在道路上，必须具有识别障碍物目标并避开障碍物的能力才能保证行驶过程的安全性。因此目标检测是自动驾驶汽车环境感知中非常重要的部分，其目的是判断输入信息帧（图像帧或激光雷达帧）中存在的物体类别、位置及其尺寸，高精度的检测结果是安全性驾驶的必然要求，会影响到自动驾驶汽车能否快速落地。而自动驾驶汽车上搭载的摄像头和激光雷达是这部分感知的重要来源，根据信息来源目前大致分为基于图像的目标检测方法、基于激光雷达的目标检测方法和图像与激光雷达联合目标检测方法。

2.2.1.3　基于图像的目标检测方法

近年来，基于图像的目标检测算法有很大的突破。目前流行的算法可以分为两类：一类是基于候选框的 R-CNN 系列算法，它们首先产生目标候选框，然后对目标候选框做分类与回归；另一类是基于 YOLO、SSD 等其他算法，这类方法可以仅使用一个卷积网络预测不同目标的类别和位置，而不使用两阶段的方法。两种方法相比，第一类方法对目标候选框提取了精细特征，具有更高的精度和较慢的速度。该类方法主要包括 R-CNN、Fast R-CNN、Faster R-CNN、YOLO、SSD 等，下面对这些算法进行简要介绍。

（1）R-CNN：在图像分类 AlexNet[6]网络结构的基础上，R-CNN[5]将滑动窗口的思想用于解决目标定位问题，同时提出了利用预训练与微调来解决标注数据缺乏的问题，最终在 Pascal Voc 数据集上表现很好。该算法分为三个部分（见图 2-4），第一个部分采用选择搜索（Selective Search）算法生成了类别独立的候选区域，这些候选区域中包含了最终定位的结果；第二个部分目的是提取候选区域的特征，其利用在大型目标分类数据集 ImageNet 上预训练的 AlexNet 网络，在 Pascal Voc 数据集进行了微调，从而解决了标注数据缺乏的问题；第三个部分利用一系列 SVM 分类器对候选区域进行分类识别，并产生置信度分数，由于候选区域很多，因此针对每个类，通过计算 IoU（Intersection over Union）指标，采取非极大性抑制，以最高分的区域为基础，剔除掉那些重叠位置的区域，从而减少了分类识别的开销，同时用边框回归进行目标框的修正。

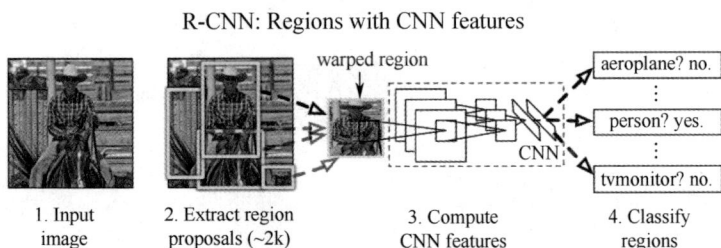

图 2-4　R-CNN 算法框架[5]

（2）Fast R-CNN：R-CNN 颠覆了传统的目标检测方案，使得检测精度得到了大幅度提升，但是依然存在一些缺点：得到目标候选框后，需要对每一个目标候选框剪切出相应区域的图片，然后输入 AlexNet 网络中提取特征，其中涉及大量的硬盘读写问题，同时这些目标候选框通常有大幅度的重叠，独立抽取特征会导致大量的重复计算，大大增加了检测时间。针对该问题，Fast R-CNN[7]将整张图像输入特征提取网络，增加了一个 RoI（Region of Interest，兴趣区域）池化层，将特征提取网络的输出和兴趣区域作为输入，输出连接后的各个兴趣区域抽取的特征，避免重复的特征计算过程。同时，Fast R-CNN 使用 softmax 去代替 SVM 进行多分类的预测，从而实现了端到端的训练。该网络的整体框架如图 2-5 所示。

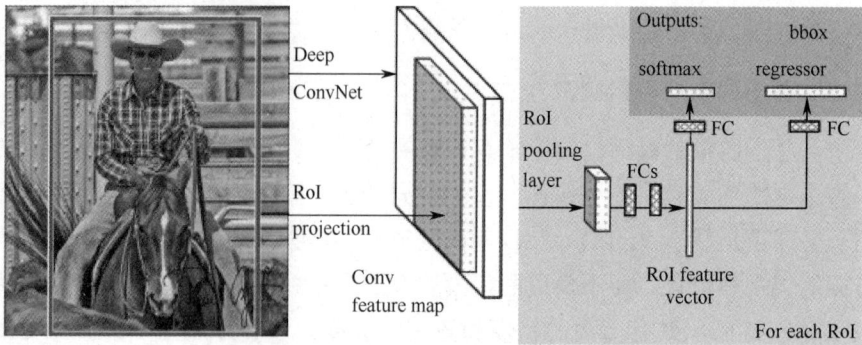

图 2-5   Fast R-CNN 的网络结构示意图[7]

（3）Faster R-CNN：尽管 Fast R-CNN 对于 R-CNN 的性能瓶颈——特征提取部分已经做了改进，但是使用选择搜索方法产生兴趣区域建议阶段只能在 CPU 上运行，难以满足目标检测的实时性要求，因此 Faster R-CNN[8]在 Fast R-CNN 的基础上，提出了使用卷积神经网络来生成兴趣区域建议，从而提升目标检测的效率，该网络的整体框架如图 2-6 所示。

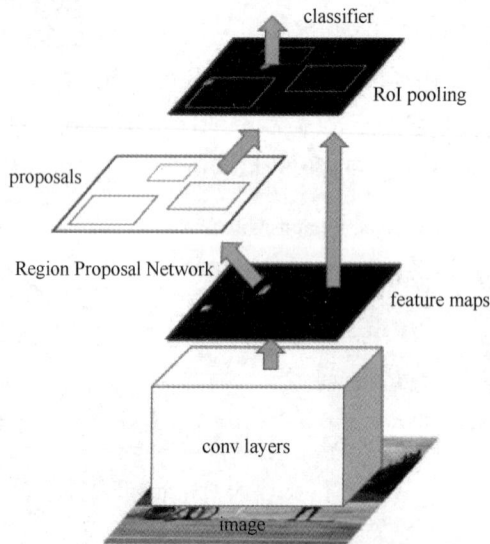

图 2-6   Faster R-CNN 整体框架[8]

（4）YOLO：YOLO（You Only Look Once）是一种基于深度神经网络的对象识别和定位算法，其最大的特点是运行速度快，可以支持实时系统。现在 YOLO 已经发展到了第五个版本 YOLOv5。

YOLOv1[9]是将整张图片作为特征提取网络的输入，但是不同于 Fast R-CNN，其将特征提取网络的输出层划分为网格，在每个网格内执行 BBox（物体的二维检测框，通常使用中心点二维坐标、物体长宽参数来表示）回归预测和物体分类任务，从而实现了一阶段的目标检测。YOLOv1 由于其一阶段性，执行的速度较快，且通用性强。

　　YOLOv2[10]相对 YOLOv1，在保持处理速度的基础上，从预测更准确、速度更快、识别对象更多这三个方面进行了改进。首先其借鉴了 VGG 网络中使用多个小卷积核替代大卷积核的思想，并且使用 1×1 卷积核代替全连接层，使得特征图每个位置共享参数，参数数量更少，计算速度更快；同时，YOLOv2 将 dropout 替换成了效果更好的批标准化（Batch Normalization），在每个卷积层计算之前利用批标准化进行批归一化；为了使网络可以适应输入分辨率差异，其在训练过程每经过 10 个 batch 就会随机选择一种分辨率输入，利用图像插值对图像进行缩放，从而达到适应不同分辨率的效果；最后，其在进行 BBox 预测时摒弃了锚点（Anchor）的概念，从直接预测目标相对网格区域的偏移量到预测 Anchor Box 的修正量，有了先验长宽比的约束，可以减少很多不规则的目标定位。

　　YOLOv3[11]首先在基础的特征提取网络上进行了改进，在加深网络的同时引入了 ResNet 中的残差思想，从而使得特征提取能力更强，在此基础上还提取了多尺度的特征使得网络可以适应不同尺寸物体的特征提取；在损失函数上，取消了对于分类概率的联合分布 softmax，而是采用了 logistic 函数，因为有一些数据集中的目标存在多标签，而 softmax 函数会让各个标签相互抑制。

　　YOLOv4[12]使用了多种数据增强技术的组合，对于单一图片，除经典的几何畸变与光照畸变外，还使用了图像遮挡（Random Erase、Cutout、Hide and Seek、Grid Mask、MixUp）技术。对于多图组合，混合使用了 CutMix 与 Mosaic 技术。除此之外，还使用了 SAT（Self-Adversarial Training，自对抗训练）来增强训练样本的多样性，其整体框架如图 2-7 所示。

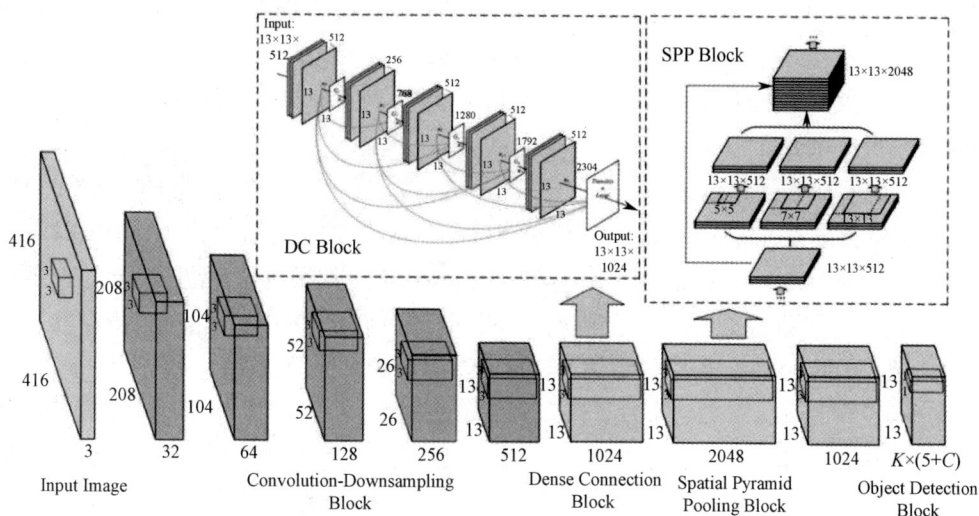

图 2-7　YOLOv4 整体框架[12]

　　（5）SSD：SSD[13]提出了一种针对多个类别的单阶段检测器，比先前的单阶段检测器（YOLO）更快，检测精度与两阶段 Faster R-CNN 相同。其核心是使用应用于要素图的小卷积滤波器来预测固定的一组默认边界框的类别得分和框偏移。为了达到较高的检测精度，根据不同尺度的特征映射生成不同尺度的预测，并通过纵横比明确地分开预测。这些特征使得即使在低分辨率输入图像上也能实现简单的端到端训练和高精度，从而进一步提高速度与精度之间的权衡，SSD 整体框架如图 2-8 所示。

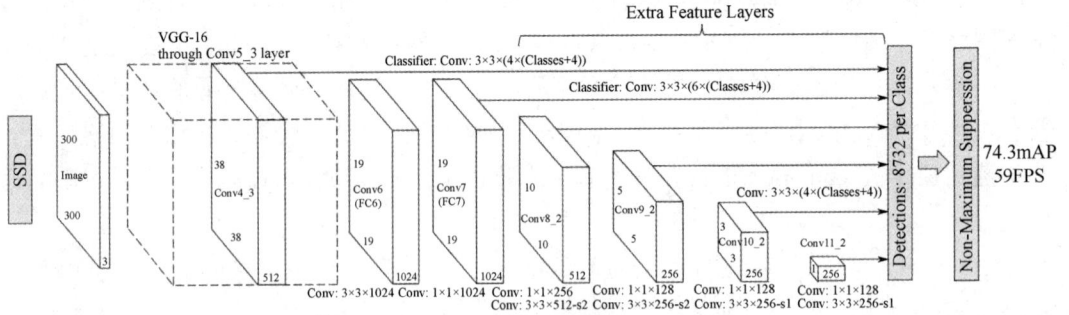

图 2-8　SSD 整体框架[13]

上述目标检测方法的检测结果均为 2D 的，即仅标识出物体在图像上的二维位置和尺寸。然而现实场景是三维空间，且安全的驾驶不仅需要知道二维信息，还需要获得障碍物与自身较为精确的距离信息、长宽高尺寸信息、朝向信息、偏向角等指标，这对后续路径规划和控制至关重要。3D 图像目标检测算法主要包括 RGB-D、Deep Sliding Shapes、Stereo R-CNN，下面将分别进行简单介绍。

（1）RGB-D：RGB-D[14]在 R-CNN 的基础上通过对每个像素点计算水平视差、高度、相对于中立倾斜角计算得到深度信息，并将深度信息编码为具有三个通道的 2D 彩色图像。在特征提取阶段，其利用预训练好的 2D 卷积神经网络进行特征提取，即分别利用 Depth CNN 和 RGB CNN 来学习特征，最后使用 SVM 进行分类，从而生成了 2.5D 的目标建议框（包含每个像素的视差、高度、倾斜角）。

（2）Deep Sliding Shapes：Deep Sliding Shapes[15]生成深度信息的方式是 TSDF（Truncated Signed Distance Function，截断有符号距离函数）方法，与 RGB-D 相比，其能够在 3D 中自然地编码几何形状，从而保留空间局部性，使得卷积神经网络能够从原始数据中学习到具有辨别力的特征。在检测模块设计了 Deep Sliding Shapes 检测器，它将 RGB-D 图像中的 3D 体积场景作为输入，以 3D 的形式运行滑动窗口，直接对每个 3D 窗口进行分类并输出 3D 对象边界框。其次，我们提出了第一个从几何形状中学习物体性的 3D 区域提议网络（RPN），以及第一个联合的对象识别网络（ORN）以提取 3D 的几何特征和 2D 的颜色特征。为检测尺度不同的目标物体，RPN 网络设计成为多尺度 3D RPN，以提取不同尺度的 3D 区域建议。

（3）Stereo R-CNN：不同于一般的基于 RGB-D 的 3D 目标检测算法，Stereo R-CNN[16]将左右目 RGB 图像直接作为输入，而不显式地生成深度图（Depth Map），极大地缩短了目标检测的时延。在目标检测模块，该方法充分利用了立体图像中的稀疏、密集、语义和几何信息，并扩展了 Faster R-CNN 以用于立体图像输入，同时检测和关联左右图像中的对象。其在立体声区域提议网络之后添加额外的分支来预测稀疏关键点、视点和对象维度，这些关键点与 2D 左右框组合以计算粗略的 3D 对象边界框。然后，通过使用左、右 RoI 的基于区域的光度对准来恢复精确的 3D 边界框。

2.2.1.4　基于激光雷达的目标检测方法

激光雷达相较于图像来说，能够提供更加准确的三维信息，因此基于激光雷达进行目标检测的方法多数工作在 3D 场景下。尽管在图像领域可以利用双目视觉来重建三维场景，从而为基于图像的 3D 目标检测方法提供深度信息，但是所提供的深度信息本身具有一定的损失，因此为获得更加精确的三维信息，激光雷达传感器还是不可或缺的。目前基于激光雷达进行 3D 目标检测的方法，根据其数据表示方法可以分为基于体素的表示方法和基于原始点云的表示方法。

基于体素的表示方法的动机是将不规则点云转换为类似于图像的规则形式，以便利用 3D 卷积神经网络进行特征提取。体素化 3D 目标检测方法包括以下几种。

（1）PointPillar：基于立体柱（Pillar）形式的目标检测方法以 PointPillar[17] 为代表，其将点云以立体柱的形式体素化，每个 Pillar 中随机保留固定数量的点云，并使用 PointNet 网络提取 Pillar 中点云全局特征，作为 Pillar 的特征。该体素化方式将整个三维点云空间压缩到了二维，并且使用二维的卷积神经网络实现了端到端的 3D 点云学习。

（2）VoxelNet：基于体素（Voxel）形式的目标检测方法以 VoxelNet[18] 为代表，其将点云 3D 空间等间距分割成多个 Voxel，经过点的随机采样以及归一化后，对每一个非空 Voxel 使用若干 VFE（Voxel Feature Encoding，体素特征编码）层进行局部特征提取，得到体素级特征，然后经过 3D 卷积神经网络层进一步抽象得到全局的特征，最后使用 RPN 对物体进行分类检测与位置回归。其中 VFE 层，对于 Voxel 中 N 个采样点使用全连接网络抽象点级特征，再使用最大池化方式得到布局特征，这与 PointNet 的处理方式类似。此外，由于点云具有高度的稀疏性以及密度不均匀性，我们利用哈希表查询的方式，可以做到快速找到每一个 Voxel 中的点在三维点云中的具体位置。

（3）SECOND：SECOND[19] 同样使用了 Voxel 的表示形式，相比于 VoxelNet 来说，其创新点在于使用了 3D 稀疏卷积和子流形稀疏卷积来提升目标检测的速度。由于点云的稀疏性，其生成的体素网格同样具有很强的稀疏性，因此使用稀疏卷积极大地提高了检测的效率。此外，该方法在数据增强时使用了数据库采样操作，该操作将训练数据集中的所有的正样本的点云保存到数据库中，在训练过程中从数据库中随机选择对应类的正样本，加入到该帧训练数据中，从而增强了数据的多样性。

为了避免体素化过程中由于丢失精确的三维信息而导致识别结果不准确，可以基于原始点云进行表示。但是由于原始点云本身不规则，难以利用现有的神经网络方式进行特征提取，因此一直将不规则点云转换为类似于图像的规则形式，2017 年 Garcia-Garcia 等人提出了 PointNet[20]，该方法通过解决特征提取过程中点云的无序性和变换不变性，奠定了基于原始点云进行特征提取的基础。基于原始点云进行 3D 目标检测的方法包括 PointNet、PointNet++、PV-RCNN，我们在 PV-RCNN 的基础上提出了 SAPV-RCNN，下面对这些算法进行介绍。

（1）PointNet：PointNet[20]是基于原始点云进行目标检测的开创性方法。在该方法之前，由于原始点云的无序性和不规则问题，传统的卷积神经网络算法难以在原始点云上进行特征提取。但是要在原始点云提取特征，必须解决点云的无序性和旋转不变性问题。原始点云的无序性即对于一个特定点集，其不会随点输入顺序改变而改变，因此模型需要对不同输入顺序的相同点集有相同的分类或语义分割结果。针对该问题，PointNet 使用对称函数保证序列不变，这里用到了最大池化来做对称函数。原始点云的变换不变性，即旋转和平移不改变点云含义，因此模型需要对经过旋转或平移的相同点级有同样结果。我们增加了不依赖于数据的空间变化网络 T-net 来处理刚体或仿射变换，在输入网络前对点云数据进行规范化（Canonicalize）处理，消除旋转等变换带来的影响，其中空间变化网络是简化的 PointNet，同样满足无序性。

（2）PointNet++：原始点云之间每个点都不是孤立的，因此模型需要可以提取点与相邻点的局部特征能力，PointNet++[21]主要针对 PointNet 中无法提取局部点云特征做出了改进。我们在 PointNet 中利用多层感知机对每个点分别提取特征，然后使用对称性函数 Max-Pooling 来提取全局点云特征，没有考虑到局部特征。而在 PointNet++中，我们设计了 Set Abstraction 模块来实现局部点云特征提取。该模块包含两个步骤，首先使用采样方法，选取全局关键点；然后使用 Grouping 聚合方法，使得每个关键点能够聚合本邻域内点的特征，从而使用这些关键点特征来表征点云全局特征，同时保留了各关键点所在区域的局部特征。

（3）PV-RCNN：PV-RCNN[22]结合了体素化的表示形式和原始点云表示形式的优点，是一个两阶段的网络，从而在可控的内存消耗下提高了 3D 对象检测的性能。第一阶段是在基于体素化表示形式下，生成初步的 3D 检测框建议；由于第一阶段产生的检测框是由体素化特征得到的，因此其三维坐标准确度不足，因此在第二阶段对于每一个检测框提取了基于原始点云的特征，经过提议求精（Proposal Refinement）模块生成修正的目标检测结果。其中第二阶段巧妙地将 PointNet++中 Set Abstraction 模块进行了改进，使其作为原始点云与体素化形式之间的桥梁连接了两阶段的网络。

（4）SAPV-RCNN：无论是体素法还是原始点云法，更多地都是关注单个类别目标检测效果的提升，尽管网络可以迁移到不同目标类别上完成不同目标检测任务，但是难以训练出统一的网络来对尺度差异较大的多类目标同时完成检测，因此这种方案的扩展性差，必须通过仔细调整模型设计、尝试不同的超参数才能完成新模型的训练，实现多类别高精度检测。因此，我们提出 SAPV-RCNN（Shape-Adaptive PV-RCNN）方法，在模型构建时加入尺度自适应模块，通过自适应地学习潜在目标的尺度信息，来指导特征提取范围，从而保证小尺度的物体不会因为特征提取范围过大造成信息完全损失；同时，大尺度的物体不会由于特征提取范围过小导致无法提取物体整体信息，从而实现尺度自适应的三维目标检测。

考虑到我们提出的尺度自适应模块同时利用了基于原始点云的特点和基于体素化网络提取特征的特点，因此将 PV-RCNN 网络作为基线网络。如图 2-9 所示，SAPV-RCNN 网络首先将原始点云空间 Ω_p 划分为体素，利用 PointNet 网络来提取每一个体素内部特征，从而得到初始的体素化输入 $\Omega_V = \{V_1, V_2, V_3, \cdots, V_n\}$。随后将 Ω_V 输入到 3D 稀疏卷积模块（3D Sparse Convolution Module）中提取点云的高层特征，并沿高度压缩映射至 BEV（Bird's Eye View，鸟瞰图）平面，通过区域提议网络获取初始的检测框。第二阶段通过偏移产生模块（Shift Generation Module）提取自适应的尺度信息，并将该信息传递至特征聚合模块（SA-Voxel Set Abstraction）提取尺度自适应的特征，从而为第二阶段的 RoI Pooling 提供了丰富的信息，以提高多类别检测的准确度。

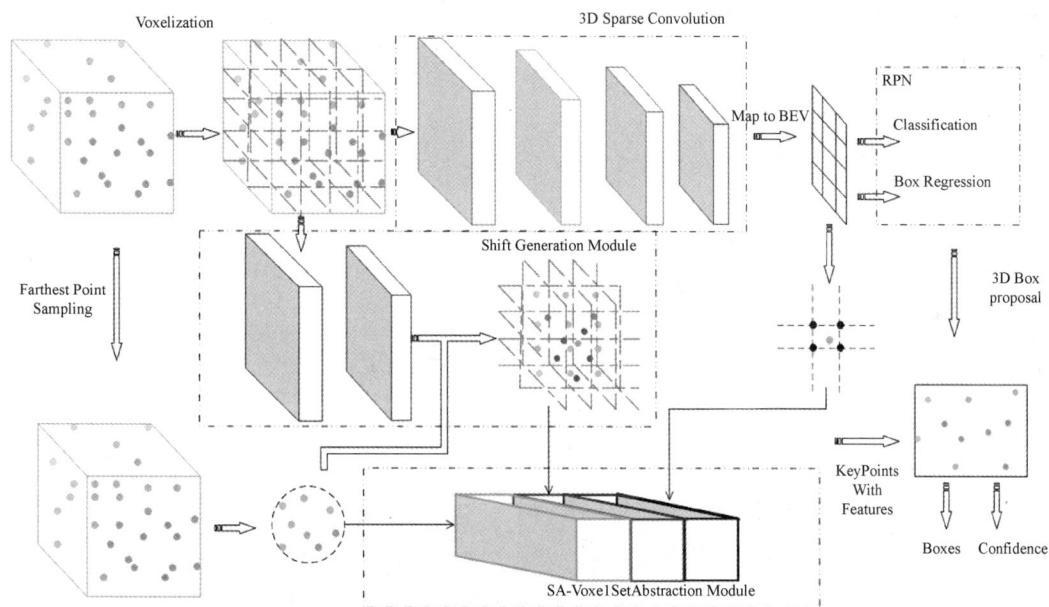

图 2-9　SAPV-RCNN 整体框架图

3D 稀疏卷积模块

该模块接收体素化的点云信息，并通过四组稀疏卷积提取点云的高层特征。由于点云本身十分稀疏，故在产生的体素化三维网格中，多数网格并没有有效的特征信息，为降低存储资源消耗，我们采用稀疏矩阵的方式存储体素化后的点云信息，即将三维体素网格表示为 $\{V_1, V_2, V_3, \cdots, V_n\}$，其中 V_i 表示第 i 个非空体素，该体素以稀疏矩阵形式表示，即 $V_i = \{L_{V_i}, F_{V_i}\}$，其中 $L_{V_i} = \{x, y, z\}$ 为非空体素 V_i 的体素中心位置坐标，F_{V_i} 为非空体素 V_i 经过 PointNet 提取的特征值。图 2-9 显示了 3D 稀疏卷积模块的整体框架。我们使用了四组 SparseConvNet 提取点云三维特征，其中每组 SparseConvNet 都由一个步长为 2 的卷积层和两个步长为 1 的稀疏卷积构成，以减少特征图大小并提取足够抽象的特征信息。

偏移产生模块

为了指导特征聚合模块，我们加入偏移产生模块来感知体素点处潜在的目标尺度信息。该模块包含偏移产生模块和基于偏移的轮廓监督模块。偏移产生模块是采用类似于 3D 稀疏卷积模块中的特征提取方式来产生偏移量。不同的是为避免尺度信息的损失，我们仅采用两组稀疏卷积网络来提取体素处潜在目标尺度信息相关特征，并修改最后一组的输出参数数量为 16，来直接产生邻域点相对于体素中心位置的偏移量。最终，对于体素 V_i，将产生 16 个偏移值 Shifting $= \{s_1, s_2, s_3, ..., s_{16}\}$，其中 $s_j = \{\Delta x_j, \Delta y_j, \Delta z_j\}$；其邻域点可以表示为 $\Omega_{V_j} = \{S_1, S_2, S_3, ..., S_{16}\}$，其中邻域点 S_i 位置可以表示为 $L_{S_i} = L_{V_i} + s_i$。

为了加快邻域点位置偏移量的学习速度，我们额外增加了对偏移轮廓的监督任务 $L_{\text{shifting-box}}$。对于体素 V_i，偏移轮廓定义为体素 16 个邻域点的最小外接立方体，即 $C_{S_i} = \{x_{S_i}, y_{S_i}, z_{S_i}, l_{S_i}, w_{S_i}, h_{S_i}\}$。其中

$$
\begin{aligned}
x_{S_i} &= \frac{1}{16}\sum_{n=1}^{16} s_{i\_x} + L_{V_i\_x} \\
y_{S_i} &= \frac{1}{16}\sum_{n=1}^{16} s_{i\_y} + L_{V_i\_y} \\
z_{S_i} &= \frac{1}{16}\sum_{n=1}^{16} s_{i\_z} + L_{V_i\_z} \\
l_{S_i} &= \max(s_{1\_x}, s_{2\_x}, s_{3\_x}, ..., s_{16\_x}) - \min(s_{1\_x}, s_{2\_x}, s_{3\_x}, ..., s_{16\_x}) \\
w_{S_i} &= \max(s_{1\_y}, s_{2\_y}, s_{3\_y}, ..., s_{16\_y}) - \min(s_{1\_y}, s_{2\_y}, s_{3\_y}, ..., s_{16\_y}) \\
h_{S_i} &= \max(s_{1\_z}, s_{2\_z}, s_{3\_z}, ..., s_{16\_z}) - \min(s_{1\_z}, s_{2\_z}, s_{3\_z}, ..., s_{16\_z})
\end{aligned}
\tag{2-2}
$$

监督任务 $L_{\text{shifting-box}}$ 使用 smooth L1 损失进行计算，如式（2-3）所示，其中 $C_{gt} = \{x_{gt}, y_{gt}, z_{gt}, l_{gt}, w_{gt}, h_{gt}\}$ 为真实框值，

$$
\begin{aligned}
L_{\text{shifting-box}} = &L_{\text{smooth}}(x_{S_i} - x_{gt}) + L_{\text{smooth}}(y_{S_i} - y_{gt}) + L_{\text{smooth}}(z_{S_i} - z_{gt}) + \\
&L_{\text{smooth}}(l_{S_i} - l_{gt}) + L_{\text{smooth}}(w_{S_i} - w_{gt}) + L_{\text{smooth}}(h_{S_i} - h_{gt})
\end{aligned}
\tag{2-3}
$$

特征聚合模块

注意到 PointNet++ 的 Set Abstraction 模块是通过关键点采样和邻域点特征聚合来抽象点云特征，其所使用的邻域查询方法为球邻域查询，自适应的球邻域半径即可达到尺度自适应的目的。然而由于球邻域在进行领域点筛选时仅仅作为阈值而并未真正参与到位置计算过程中，因此无法通过反向传播的方式对其进行学习。因此这里利用偏移产生模块生成的邻域点位置来自适应聚合邻域点特征，并通过三线性插值方法确定邻域点特征，并由此对邻域点偏移量进行反向传播进行迭代更新，如图 2-10 所示。

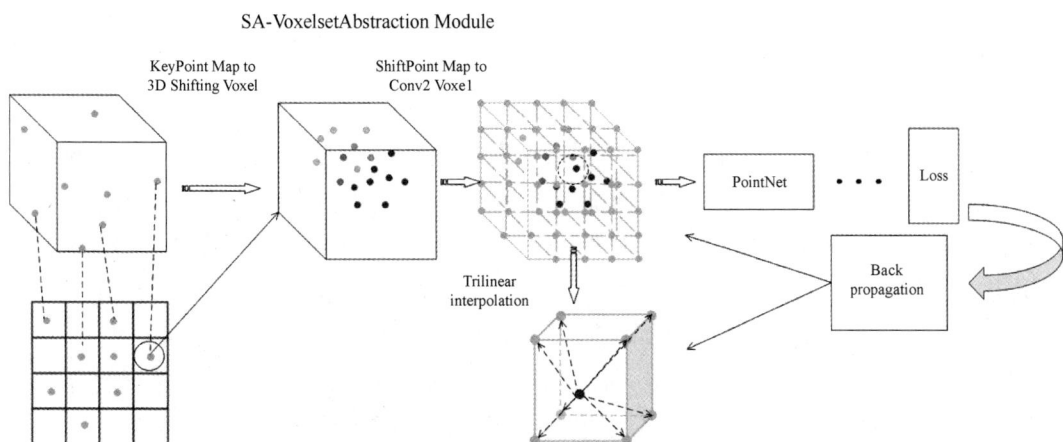

图 2-10　特征聚合模块

由偏移量生成的邻域点并不一定存在于原始点云处，因此我们使用三线性插值方法获取其特征值，为避免高层特征信息丢失，插值特征直接使用了第一阶段网络中第二组稀疏卷积网络所产生的特征。首先，根据体素化规则将邻域点 S 映射至对应的网格 V_i 中。网格 V_i 周围的八个插值点用 $P_1, P_2, P_3, \cdots, P_8$ 表示，$f(\cdot)$ 表示相应体素点的特征值。根据公式可计算出邻域点 S 处对应特征值：

$$
\begin{aligned}
f(S) = &\ \alpha_x \alpha_y \alpha_z f(P_2) + (1-\alpha_x)\alpha_y \alpha_z f(P_1) + \\
&\ \alpha_x(1-\alpha_y)\alpha_z f(P_4) + (1-\alpha_x)(1-\alpha_y)\alpha_z f(P_3) + \\
&\ \alpha_x \alpha_y (1-\alpha_z) f(P_6) + (1-\alpha_x)\alpha_y(1-\alpha_z) f(P_5) + \\
&\ \alpha_x(1-\alpha_y)(1-\alpha_z) f(P_8) + (1-\alpha_x)(1-\alpha_y)(1-\alpha_z) f(P_7)
\end{aligned}
\tag{2-4}
$$

其中，α_x、α_y、α_z 分别表示邻域点 S 处 x、y、z 坐标与其下取整值的差值。

根据邻域点 S 处特征计算公式，可以得到反向传播式（2-5）。通过最终损失函数的反向传播，可以对于偏移量进行更好的学习。此处由于实际参与运算的为偏移量的下取整差值，因此每次只能对偏移量在 $[0,1]$ 之间更新，因此我们设置固定步长以使得收敛更加快速。

$$
dN = \frac{d\text{Loss}}{df(S)} \times \frac{f(S)}{\alpha x}, N = \{x, y, z\}
$$

$$
\begin{aligned}
\frac{f(S)}{\alpha x} = &\ \alpha_y \alpha_z (f(P_2) - f(P_1)) + (1-\alpha_y)\alpha_z (f(P_4) - f(P_3)) + \\
&\ \alpha_y(1-\alpha_z)(f(P_6) - f(P_5)) + (1-\alpha_y)(1-\alpha_z)(f(P_8) - f(P_7))
\end{aligned}
$$

$$
\begin{aligned}
\frac{f(S)}{\alpha y} = &\ \alpha_x \alpha_z (f(P_2) - f(P_4)) + (1-\alpha_x)\alpha_z (f(P_1) - f(P_3)) + \\
&\ \alpha_x(1-\alpha_z)(f(P_6) - f(P_8)) + (1-\alpha_x)(1-\alpha_z)(f(P_5) - f(P_7))
\end{aligned}
\tag{2-5}
$$

$$
\begin{aligned}
\frac{f(S)}{\alpha z} = &\ \alpha_x \alpha_y (f(P_2) - f(P_6)) + (1-\alpha_x)\alpha_y (f(P_1) - f(P_5)) + \\
&\ \alpha_x(1-\alpha_y)(f(P_4) - f(P_8)) + (1-\alpha_x)(1-\alpha_y)(f(P_3) - f(P_7))
\end{aligned}
$$

2.2.1.5　图像与激光雷达联合目标检测方法

随着低成本相机和高精度 LiDAR 的普及，利用具有互补特性的多种类型传感器融合目标检测方法来增强感知能力并降低成本，已经成为了热门研究方向，目前主要的方法集中于图像与激光雷达联合目标检测。但图像与激光雷达联合目标检测方法存在一些难点，其数据结构和类型不同，点云是不规则且无序的，图像是规则有序且离散的。已经有研究人员提出了多种方法来尝试进行联合检测，目前存在的一些方法可以主要分为前-中期融合和后期融合，其中大多数方法都使用前-中期融合的策略。

前-中期融合也可以称为特征级融合，是一种在数据层级或者特征层级进行融合交互的策略，常见的融合方式为对激光雷达和图像都采用各自的特征提取模块，然后在后续的网络中进行融合，达到特征融合的效果。

（1）3D-CVF[23]是一种基于体素的融合方式，其对于激光雷达点云采用体素的方法做特征提取，然后将相机的像素转化到点云的 BEV 视图下，其中转化的大小是激光雷达特征图的两倍，包含了更多的细节信息。其设计了专门的转化模块，来完成将图像转化到 BEV 的过程。其主要过程可以描述为：投影过程得到一个相机平面，该平面是图像特征到 BEV 视图的稠密体素表达。将激光雷达划分的体素中心投影到相机平面上。采用近邻插值（以距离为权重），将最近的 4 个像素的图像特征插值 LiDAR 的体素。

（2）MV3D[24]即多视点三维网络，是一个以激光雷达点云和 RGB 图像为输入，预测定向三维边界框的传感器融合框架。其使用紧凑的多视图表示对稀疏的 3D 点云进行编码。该网络由两个子网络组成：一个用于生成三维目标建议，另一个用于多视图特征融合。建议网络从三维点云的鸟瞰图中有效地生成三维候选框。该方法设计了一种深度融合方案结合来自多个视图的区域级特性，并支持不同路径的中间层之间的交互。

（3）PointPainting[25]是一种基于点的融合方式，其融合过程是采用二维语义分割信息通过 LiDAR 信息和图像信息的变换矩阵融合到点上，再采用常见的 3D 目标检测方法进行检测。实际上该方法可以理解为对于语义分割出的物体多了一些信息作为引导，得到更好的检测精度。

（4）EPNet[26]也是基于点的融合方式，其融合过程由三部分组成：Grid Generator、Image Sampler 和 LI-Fusion Layer。根据三维激光与图像的外参，Grid Generator 将三维激光的每一个点投影到原始图像上。Image Sampler 再利用图像特征图与原始图像的比例关系以及双线性插值得到对应的图像特征图特征。为了减少图像的遮挡以及深度不确定性对融合造成的影响，LI-Fusion Layer 利用点云特征估计对应图像特征的重要程度并筛选，具体是将点云特征与图像特征经过若干操作学习得到权重值，权重值与图像特征相乘再与点云特征串联作为最后的融合特征。

后期融合是在决策层面的特征融合，这样融合的好处在于两种模态的网络结构之间互不干扰，可以独自训练和组合；但是也存在一定的缺点，在决策层做融合对原始数据信息融合最少。下面以 CLOCs[27] 为例分析后期融合方法。

CLOCs 经历了三个主要的阶段：第一阶段，2D 和 3D 的目标检测器分别提出区域提议；第二阶段，将两种模态的区域提议编码成稀疏张量；第三阶段，对于非空的元素采用二维卷积做对应的特征融合。对于二维图像检测出来的二维检测结果，我们采用混合表示的方式表示两种模态的检测结果，其中第一项表示在图像中的第 i 个检测结果和点云中的第 j 个结果之间的几何一致性，第二项内容是二维检测的第 i 个检测到的物体的置信度分数，第三个为在点云场景下的置信度分数，最后一项表示在点云场景下检测到的第 j 个物体到地面的归一化距离。这样就可以把该结果表示为一个系数的四维张量。

鉴于上述分析前-中期融合的优势，我们提出了一种基于元学习的前期融合算法，该算法可自适应地估计图像和点云特征融合的程度，可以避免直接将图像和点云特征简单拼接在一起导致的问题。该方法首先使用图像流模块从图像中提取高级特征图，该特征图对基于图像的语义进行编码。然后，使用标定矩阵，将每个 3D 点投影到图像上，此时我们可以获取到一组对应的三维点云特征和二维图像特征。每个点云特征将会与二维图像特征经过元学习模块，本方法使用二维图像特征学习得到一组 1×1 卷积的参数，并将其点云特征进行交互。在这个过程中，点云特征可以间接融合图像领域的知识和信息。

对于 3D 检测，本方法的主干网络为点云流模块。就点云表示而言，现在有两种常见的方法，即基于点的方法和基于体素的方法。在这项工作中，我们选择基于体素的方法，该方法将点云变为易于处理的规则形状，并且基于体素的方法具有更高的计算效率。但是大多数原始的基于体素的方法在其体素特征编码层中都使用硬体素化。在本方法中，使用动态体素化来避免信息丢失。我们的点云流模块主要包括三个模块：体素特征编码层、稀疏卷积编码层、区域提议网络。

体素特征编码层的主要目的是以体素方式对原始点云进行编码。体素化将点云划分为体素网格，并建立点云和体素之间的对应关系。在常见的硬体素化方法中，$P = \{p_1, p_2, ..., p_N\}$ 中的每个点将被以 $K \times M$ 大小划分为体素，其中 K 是体素数，而 M 是每个体素中的最大点数。如果与体素相对应的点数没有达到最大数 M，则剩余部分将补零。否则，超出 M 的点数将对体素重新采样。硬体素化操作会对原始点进行丢弃或者重新采样，会带来信息损失。本方法使用动态体素化来解决此问题，消除了对体素数量和最大点数的限制，并建立了点和体素的完整投影。此外，动态体素化在每个点和体素之间建立直接对应关系，对后续的点层级多模态融合也有帮助。在体素化后，每个点将通过堆叠的体素特征编码层进行编码，该层由线性层、批处理规范化层和 ReLU 层组成。

由体素特征编码层提取的三维体素特征将作为稀疏卷积编码层的输入。稀疏卷积编码层将稀疏的 3D 数据转换为 2D 数据以供以后处理。其主要的作用是在 z 轴上汇总卷积信息，它由卷积层和稀疏卷积层组成，特征图被下采样到 1 层或 2 层。然后，将类似图像的特征图输入区域提议网络以生成 3D 建议。区域提议网络包含一个降采样的卷积层以及卷积层、BatchNorm 层和 ReLU 层的几种组合。最后，我们将每个区域提议网络块的输出连接为最终特征图,用来预测类别并回归偏移和方向。

2.2.2 复杂场景语义理解技术

2.2.2.1 交通标识检测技术

交通标识检测是智能汽车辅助驾驶必不可少的环节,包括标牌、红绿灯、车道线等。

车道线是用来管制和引导交通的一种标线,包括标化于路面上的线条、箭头、文字、标记和轮廓标识。车道线识别能够使车辆正确地行驶在车道内,遵守车道的交通规则,并辅助车道偏离或轨迹规划决策。目前常用的车道线检测方案主要基于传统的特征检测方法,而近几年逐渐出现了基于深度学习的特征检测方法。传统基于计算机视觉的车道线检测方法依赖于高度定义化的手工特征提取和启发式的方法,目前主要分为基于道路特征和基于道路模型两种特征设计的方法。基于道路特征的检测方法,通常依据道路与车道线不同的物理特征的区别来设计特征计算方式,突出道路特征来实现车道线检测。基于道路模型的检测方法,即根据不同的道路几何模型(直线模型或曲线模型)实现道路的检测。传统的车道线检测方法由于需要人工进行特征提取和模型建立,难以适应繁多的车道线种类和复杂的道路结构,随着深度学习的兴起,CNN 将计算机视觉推向了一个新的高度。当前基于深度学习的车道线检测方法,通常将车道线检测视为分割或分类问题,利用神经网络代替人工设计的特征。

(1)基于图像的检测方法:基于图像的检测方法有 LaneNet[28]和 H-NET[29],它们将车道检测问题转换为实例分割问题,即每个车道线均形成一个属于车道线类别的实例。对于一张输入的图片,LaneNet 负责输出实例分割的结果,每条车道线一个标识 ID,H-NET 输出一个转换矩阵对车道线像素点进行修正,并对修正后的结果拟合出一个三阶多项式作为预测的车道线。尽管 CNN 具有强大的特征提取能力,但没有充分地探索图像行、列空间关系的能力,而这些关系对于学习强先验形状的对象尤为重要。针对这一问题,Spatial CNN(SCNN)[29]将传统卷积的逐层(Layer-by-Layer)连接形式转换为特征图中的逐片(Slice-by-Slice)卷积形式,使图像中像素行列之间可以传递信息,这使得它对于长距离连续形状的目标有很好的检测效果。

(2)基于激光雷达的检测方法:基于图像的检测方法存在对光照敏感、依赖完整且较为统一的车道线标识、有效采样点不足以及车道线被水覆盖检测失效问题,因此越来越多的研究者开始思考如何使用激光雷达传感器做车道线检测。相对于传统的视觉传感器,激光雷达有效距离更远,且可以穿透水面,有效采样点多,基本解决了传统视觉中的大部分问题。基于激光雷达进行车道线检测的方法,通过提取激光雷达的集合或物理特征,利用离散数据拟合形成车道线。其中,Ibeo 激光雷达具有三次回波技术,每个激光返回三个回波,返回的信息可以可靠地还原被检测的物体,同时能够精确分析相关物体的数据,由于路面和车道线材质不同,因此通过分析激光雷达数据能够将路面和车道线区分开来;其次还可以通过激光雷达反射强度值来做车道线的检测，从而分离出路面区域与车道线。最后，通过最小类内方差算法找到路面区域与车道线的分割阈值，利用误差分析原理剔除车道线集合范围内的离群值，提取车道线特征种子点，再通过最小二乘法等拟合算法，拟合车道线。

红绿灯控制交通路口的通信效率和安全，是一种极其特殊及重要的交通标识。红绿灯检测即获取红绿灯在图像中的坐标以及类别，这是自动驾驶中的一个关键问题，关系到自动驾驶汽车当前的决策。目前大多数检测方法都是基于 Faster RCNN、YOLO 和 SSD 算法的，但是由于红绿灯这种小目标在图像中占有少量像素，对于标准神经网络来说，小物体经过多层特征提取层可能仅表现为一个点，细节丢失严重；而删除某些层则会衰弱特征的语义信息，因此它们对于小目标检测效果均不理想。因此，针对红绿灯的检测，通常分为两阶段，首先定位出红绿灯的大概位置，然后采用一定技术对相关区域进行二次的识别。目前针对小目标检测算法的改进，主要是从特征提取网络入手，使特征提取网络更适合小目标检测，大致有如下几种方法。

（1）图像金字塔：针对训练图片进行上采样得到多尺度特征，从而增强小目标的细粒度特征，在理论上能够优化小目标检测的定位和识别效果。但是基于图像金字塔的方法对于计算机计算能力和内存都有很高的要求。

（2）逐层检测：对于卷积神经网络的每一层输出进行一次预测，最后综合考虑得到结果。但是该方法在浅层神经网络的效果并不好，因为浅层特征并没有充分的语义信息。

（3）特征金字塔：参考多尺度特征图的特征信息，同时兼顾了较强的语义特征和位置特征。较大的特征图负责较小物体的检测，而较小的特征图负责较大物体的检测。

（4）空洞卷积：利用空洞卷积代替传统卷积，在提升感受野的同时，不增加参数数量且不减小特征图大小，保留了更多的细节信息。

上述方法只是通过图像获取红绿灯在图像中的位置，而获取红绿灯坐标，并将红绿灯信号与车道对应起来则需要结合高精度地图。高精度地图是指高精度、精细化定义的地图，需要分米级的精度来区分各个车道。如今随着定位技术的发展，高精度定位已经成为可能，而精细化定义则需要格式化存储交通场景中的各种交通要素，包括传统地图的道路网数据、车路网数据、车道线和交通标志等。利用高精度地图获取到红绿灯位置后，红绿灯检测的准确度会有一定程度的提高。然而由于大气条件下的色调漂移和光环干扰、其他物体遮挡、不完整形状、其他灯源虚警等问题，红绿灯检测问题仍然存在挑战性。目前解决该问题的思路是通过 V2X 的方案获取红绿灯信号，而无须车辆进行检测，仅需车辆与红绿灯之间建立通信即可。这种方案能够使自动驾驶汽车更早、更准确地获取到红绿灯的信息，细节参考第 3 章中基于 5G 车路协同技术。

2.2.2.2　可行驶区域检测

车辆可行驶区域包括结构化路面、半结构化路面和非结构化路面。结构化路面往往有道路边缘线，且路面结构单一，如城市主干道、高速、国道、省道等。半结构化路面是指一般的非标准化的路面，路面的颜色和材质差异较大，如停车场、广场等，还有一些分支道路。对于自动驾驶汽车来说，可行驶区域检测是后续路径规划中不可缺少的辅助信息，其目的主要是实现道路路径规划和障碍物躲避，可以实现整个路面检测，也可以只提取出部分的道路信息。目前主要分为基于传统计算机视觉的可行驶区域检测方法和基于深度学习的可行驶区域检测方法。

基于传统计算机视觉的可行驶区域检测方法根据特征可以分为基于颜色、纹理和边缘的可行驶区域检测。对于结构化或半结构化路面，其颜色特征非常明显，因此在 RGB 空间利用颜色特征分离路面和非路面相对而言比较简单。常用的方法包括基于高斯模型分离背景路面与前景物体，除此之外，还可以通过手动标注数据以及利用监督学习方式学习区域分割。由于道路路面的连续性，纹理特征在同一路面上能够保持基本一致，利用该特点，可以实现可行驶区域的检测。纹理特征提取的最基本方法就是使用 Gabor 滤波器，Gabor 特征对边缘信息比较敏感，可以提取出边缘的方向，且受光照影响较小。对于结构化和半结构路面，均有较明显的道路边缘分界，提取出这些道路的边缘分界，就可以实现可行驶区域检测。常用的边缘检测算子有 Sobel、Prewitt 等算子，使用算子来进行边缘检测的核心思想就是将一个待检测的像素与周围的像素关联起来，通过设定算子的水平、竖直方向的权重，计算待检测像素的左右、上下的像素差值的和，判断待检测像素的水平与竖直的像素差异性，判断该像素点是否为边缘点。Canny 边缘检测算法结合了图像像素点与周围点的一阶导数和高斯二阶导数，得到更准确的边缘点信息。提取到边缘后，对道路边缘内部的噪点进行去除，提取出更加准确的路面区域。

除上述介绍的颜色、纹理和边缘的方法外，还有众多的可行驶区域检测方法，如 Voronoi 图法、占用栅格法、状态网格法，以及驾驶通道法，它们的优缺点对比总结如表 2-1 所示。

表 2-1　基于传统计算机视觉的可行驶区域检测方法对比

方　法	优　点	缺　点
Voronoi 图法	完整性 与障碍物距离最大化	受限于静态环境 不连续边缘
占用栅格法	快速离散化 计算资源消耗少	难以保证符合汽车动力学要求 障碍物表示不准确
状态网格法	计算高效	曲率不连续 运动受限
驾驶通道法	为汽车提供连续无碰撞移动空间	计算资源消耗大 运动存在约束

近年来，语义分割已引起越来越多的关注，而可行驶区域检测可以抽象为对路面图像的语义分割任务，实际上已经有很多学者将语义分割思想应用到可行驶区域检测上。Long

等[30]提出了全卷积网络（FCN）方法，这是将深度卷积神经网络（DCNN）应用于语义分割任务的开创性工作，FCN 用卷积层替换了 DCNN 的最后一个全连接层，以获取任意大小的输入。DeepLab[31]将空洞（Atrous）卷积引入语义分割中，可以有效地扩展网络的接受域，而无须增加参数的总数和计算量。为了在多个尺度上分割对象，DeepLabv2[32]进一步提出了 Atrous 空间金字塔池，利用具有不同采样率的过滤器的多个并行多孔原子卷积层，以多尺度捕获对象和上下文。

2.2.2.3　多目标追踪

城市交通场景下的动态目标跟踪对于自动驾驶技术的研究至关重要。尽管多目标检测可以完成对目标尺度及位置信息、类别信息的检测，但是在实际检测过程中，外界环境比较复杂，光照、遮挡、相机抖动等多种因素都会导致检测框的不稳定性；而通过目标追踪信息，可以弥补目标检测的不足，有效去除错误的检测，增加遗漏的检测。除此之外，通过跟踪系统识别同一目标，可以得到连续平滑的轨迹并预测目标的运动趋势。高智能化的驾驶决策（如避障、超车、跟车等）都依赖于对运动目标的识别与跟踪，对周围道路参与者的认知也是自动驾驶汽车友好融入交通环境的前提。目前，人们已使用各类传感器来实现动态场景下的多目标检测与跟踪，作为计算机视觉领域的一大核心分支，目标追踪技术一直是研究的热点和重点。其中，MOT（Multiple Object Tracking，多目标追踪）又因其技术的复杂性以及应用的广泛性成为重中之重，其在自动驾驶领域发挥着重要的作用。

1）传统多目标检测算法

多目标检测算法的输入通常为给定视频的原始帧，通过运行目标检测器来获得对象的边界框，然后对于每个检测到的物体，计算出不同的特征，通常是视觉和运动特征，之后，使用相似度计算步骤计算两个对象属于同一目标的概率；最后，关联步骤为每个对象分配对象唯一标识的 ID。

SORT（Simple Online and Realtime Tracking）[33]算法使用简单的卡尔曼滤波处理逐帧数据的关联性以及使用匈牙利指派算法进行关联度量，这种简单的算法在高帧速率下获得了良好的性能。利用卡尔曼滤波来估计随时间推移观测到的测量值，生成状态的估计值。使用匈牙利指派算法进行数据关联，使用的代价矩阵为原有目标在当前帧中的预测位置和当前帧目标检测框之间的 IOU，小于指定 IOU 阈值的指派结果是无效的。我们发现使用 IOU 能够解决目标的短时被遮挡问题。这是因为目标被遮挡时，检测到了遮挡物，没有检测到原有目标，假设把遮挡物和原有目标进行了关联。那么在遮挡结束后，因为在相近大小的目标中 IOU 往往较大，因此很快就可以恢复正确的关联。

由于 SORT 忽略了被检测物体的表面特征，因此只有在物体状态估计不确定性较低时才会准确，DeepSORT[34]中采用了一个简单的卷积神经网络来提取被检测物体的外观特征，并在每帧检测后分别计算其与前一帧目标的运动特征（由马氏距离计算获得）相似性和表观特征相似性，同时使用匈牙利指派算法进行目标的匹配。在每次检测及追踪后，需要对本次检测的物体外观特征进行保存。通过增加表观特征，大大减少了 SORT 中的 ID 切换，经实验证明减少了大约 45%，在高速率视频流中也达到了很好的水准。

上述方法均通过检测器检测出物体所在的检测框，然后根据物体检测框中的运动特征和检测框中物体的外观特征来进行前后帧同一物体的匹配，从而实现多目标追踪。由于该方法是将物体检测和物体特征提取任务分开进行，因此检测速度较慢。

2）多目标特征提取与检测联合算法

考虑到该问题，文献[35]提出了 JDE（Jointly Learns the Detector and Embedding Model）范式，即通过一个网络同时得到目标检测结果与物体特征提取结果，从而加速目标追踪任务。我们在进行目标检测任务时，加入了特征提取分支，并通过全连接层将特征信息转化为追踪 ID 的分类信息，从而确定该特征属于哪个物体；其次，我们采用多任务学习的方式同时对目标检测结果、特征提取结果、前背景点进行监督，从而实现了其所提出的 JDE 范式。

尽管上面提出的 JDE 范式在一定程度上加速了目标追踪速度，但目标检测任务和匹配任务本质上还是分开进行的。而 CenterTrack[36]在一阶段的网络中合并了目标检测和匹配任务，从而进一步加快了目标追踪系统整体的速度，且追踪和检测精度均达到了当前的先进水平。该方法的输入是前一帧图像、当前帧图像以及根据前一帧图像的检测结果渲染出热力特征图 Heatmap；前一帧图像中的对象用单个点来表示，其信息包含在输入的 Heatmap 中，从而可以方便地提取对象的相关信息；同时该模型输出一个从当前对象中心到前一帧对象中心的偏移向量，并且这个偏移向量将作为中心点的一个附加属性来进行学习，从而只增加了很少的额外计算量。在有了中心点及偏移量以后，仅靠贪婪匹配策略即可将当前帧的对象与前一帧的相应对象建立起联系，从而简化了传统的追踪方案，实现了简单、在线、实时的目标追踪。

3）多目标拓扑特征提取与追踪算法

上述的多目标追踪模型仅基于目标物体之间的距离完成数据关联，虽然考虑到了时间和空间信息的数据关联，但是这些模型只使用了诸如加权平均的简单方法完成特征的聚合和数据的关联。这些方法无法充分聚合时间和空间维度的信息，无法提取丰富的特征信息。因此，我们提出一种新的多目标追踪算法，利用图卷积网络来聚合时间维度和空间维度的信息，以获得丰富鲁棒的特征，进行更好的数据关联，得到更完整的轨迹信息。

多目标追踪任务的目标是预测多个目标物体的轨迹，可以用 $\mathcal{T} = \{\mathcal{T}_i\}_{i=1}^{T}$ 表示，其中第 i 个目标物体的轨迹可以用一系列边界框表示，因此每条轨迹可以用 $\mathcal{T}_i = \{b_i^t\}_{t=1}^{T}$ 和 $b_i^t = [x_i^t, y_i^t, w_i^t, h_i^t]$ 来表示，其中 x_i^t 和 y_i^t 分别表示第 t 帧的第 i 个目标物体的中心点位置，w_i^t 和 h_i^t 分别表示目标物体 i 的宽度和高度。多目标追踪的主要目的是计算上一帧得到的轨迹和当前帧得到的目标物体之间的相似度分数，第 $t-1$ 帧的第 i 条轨迹可以用 $\mathcal{T}_i^{t-1} = [b_i^1, b_i^2, ..., b_i^{t-1}]$ 来表示，当前帧 t 的所有目标物体可以用 $D_t = \{b_j^t\}_{j=1}^{N_t}$ 来表示，我们会

对每个 (T_i^{t-1}, b_j^t) 计算其相似度分数 s_{ij}^t。

表观特征获取网络： 给定第 t 帧的第 i 个目标物体 b_i^t 或者第 $t-t_i$ 帧的第 j 个目标物体 $b_j^{t-t_i}$，需要得到其相应的表观特征 $f_{b_i^t}$ 和 $f_{b_j^{t-t_i}}$。在表观特征获取的过程中，先将目标检测器的识别结果从完整的图像上抠除出来，然后再将这些小的图像切片作为表观特征获取器的输入来得到最终的表观特征。我们使用经典的特征提取网络，如 VGGNet[37]或 ResNet[38]提取表观特征，最终得到每个目标物体的表观特征 $f_{b_i^t}$ 和 $f_{b_j^{t-t_i}}$ 作为时空图卷积模型的输入节点特征。

图的构建： 获取到目标物体的表观特征之后，可以得到第 t 帧的第 i 个目标物体 b_i^t 的表观特征 $f_{b_i^t}$ 和第 $t-t_i$ 帧的第 j 个目标物体 $b_j^{t-t_i}$ 的表观特征 $f_{b_j^{t-t_i}}$，然后将这些目标物体作为图的节点，将这些特征作为最基本的节点特征。下一步是构建节点之间的关联关系，最简单的方式是将所有的 $i+j$ 个目标物体全部互相连接起来，但是先验知识表明，只在当前帧和上一帧之间存在关联关系，且只在同类目标之间存在关联关系。考虑到这一前提，可以减少很多不必要的连边，提高追踪效率。除此之外，在关联过程中还充分考虑了时间和空间维度的信息，分别搭建了时间图卷积模型和空间图卷积模型（也称为时空图卷积模型），如图 2-11 所示。

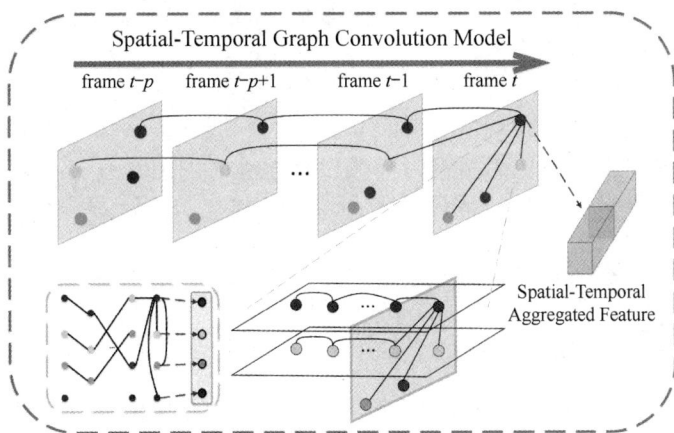

图 2-11　时空图卷积模型

空间图卷积模型： 空间图卷积模型主要利用目标物体之间的拓扑关系进行信息聚合，因为这些拓扑关系可以提供额外的空间信息，有助于缓解关联过程中由于遮挡等原因导致的漏检和误检问题。我们提出的空间图卷积模型的基本思想是：对每个目标物体，聚合本帧的其他目标物体的信息，信息聚合的过程是通过图卷积神经网络 GCN 来完成的。给定第 t 帧的所有目标物体 $D_t = \{b_i^t\}_{i=1}^{N_t}$，对第 i 个目标物体 b_i^t，首先使用 ResNet 获取其表观特征作为节点的特征 n_i^t。然后将 b_i^t 和当前帧每个目标物体 $D_t = \{b_i^t\}_{i=1}^{N_t}$ 连边，然后再经过 GCN 网络得到经过空间聚合后的表观特征。聚合后的目标物体特征表示为 $n_{SP}^{i,t}$，聚合过程

可表示为

$$n_{\mathrm{SP}}^{i,t'} = \sum_{j \in N(i)} \sigma(\boldsymbol{F}_{\mathrm{edge}}^{i,j}(n_j^t, n_i^t)) \tag{2-6}$$

其中，$N(i)$ 表示第 i 个目标物体的所有邻居节点，σ 表示 GCN 的线性层，不同的线性层有不同的权重。权重 $\boldsymbol{F}_{\mathrm{edge}}^{i,j}$ 是一个相似性矩阵，代表每一条连边之间的相似性，该矩阵由每条连边的表观特征相似性组成，输入特征为每个节点的表观特征，通过一个简单的多层全连接网络 MLP 网络训练得到，其计算过程如下：

$$\boldsymbol{F}_{\mathrm{edge}}^{i,j} = \mathrm{ReLU}(\mathrm{MLP}(n_j^t, n_i^t)) \tag{2-7}$$

以上过程完成后就可以得到具有空间特征信息的节点特征 $n_{\mathrm{SP}}^{i,t'}$。

时间图卷积模型：时间图卷积模型主要根据已得到的轨迹之间的连接关系进行信息聚合。该维度的特征聚合是按照时间顺序聚合相邻帧之间有连接关系的目标物体的特征。时间维度的信息可以帮助推测当前轨迹在下一时刻是否存在，因此时间上的聚合也有助于缓解数据关联过程中由于遮挡等原因导致的漏检和误检问题。出于内存和时间成本的考虑，这里提出的时间关联模型只聚合最近 5 帧的时间信息。时间图卷积模型的基本思想是按时间顺序依次聚合每相邻两帧的特征，与空间维度信息聚合一样，时间维度信息聚合的过程也是通过图卷积神经网络 GCN 来完成的。给定第 $t - \tau_t(t = 1, 2, \cdots, 5)$ 帧的所有目标物体 $D_{t-\tau_i} = \{b_i^{t-\tau_i}\}_{i=1}^{N_{t-\tau_i}}$ 以及第 $t - \tau_{t+1}(t = 1, 2, \cdots, 5)$ 帧的所有目标物体 $D_{t-\tau_{t+1}} = \{b_j^{t-\tau_{t+1}}\}_{j=1}^{N_{t-\tau_{t+1}}}$，对第 $t - \tau_t$ 帧的目标物体 b_i^t 和第 $t - \tau_{t+1}$ 帧的目标物体 b_j^t，首先使用 ResNet 获取其表观特征作为节点的特征 $n_i^{t-\tau_t}$ 和 $n_j^{t-\tau_{t+1}}$。然后根据追踪得到的轨迹 ID，将第 $t - \tau_t$ 帧与第 $t - \tau_{t+1}$ 帧中追踪 ID 相同的目标物体关联起来。对每相邻的两帧图像都构建一个这样的二部图，总共可以得到 $\tau - 1$ 张二部图。然后根据时间顺序让这些二部图经过 GCN 网络，最终得到包括丰富时间维度信息的目标特征作为轨迹特征。聚合后的轨迹特征表示为 $n_{\mathrm{TE}}^{j,t'}$，聚合过程可表示为

$$n_{\mathrm{TE}}^{j,t'} = \sum_{j \in N(i)} \sigma(\boldsymbol{F}_{\mathrm{edge}}^{i,j}(n_j^t, n_i^t)) \tag{2-8}$$

其中，$N(i)$ 表示第 $t - \tau_{t+1}$ 帧中与第 $t - \tau_t$ 帧中第 i 个目标物体相关联的目标物体，该集合要么为空，要么只有一个元素，σ 表示 GCN 的线性层，不同的线性层有不同的权重。权重 $\boldsymbol{F}_{\mathrm{edge}}^{i,j}$ 是一个相似性矩阵，代表每一条连边之间的相似性，该矩阵由每条连边的表观特征相似性组成，输入特征为每个节点的表观特征，通过一个简单的 MLP 网络训练得到，其计算过程如下：

$$\boldsymbol{F}_{\mathrm{edge}}^{i,j} = \mathrm{ReLU}(\mathrm{MLP}(n_j^t, n_i^t)) \tag{2-9}$$

以上过程完成后就可以得到具有时间特征信息的轨迹特征 $n_{\mathrm{TE}}^{j,t-1}$。接下来构建当前帧与上一帧的时间关联矩阵，即第 t 帧和第 $t-1$ 帧的关联矩阵。由于此时没有历史轨迹作为参考信息，无法得到确定的关联关系，因此这里设定了一个阈值，将两帧之间距离不大于该阈值的目标物体进行关联以聚合时间维度的信息。在聚合过程中，将 $n_{\mathrm{TE}}^{j,t'}$ 作为历史轨迹

特征，ResNet 获取的特征作为当前帧目标的表观特征，并将其节点特征经过与上述相同的 MLP 网络得到边的特征，再送入 GCN 中进行最终的特征聚合。在这里出于对运行时间的考虑，将这一步与上一节空间图卷积模型放到一起执行，最终得到的是具有丰富的时间和空间信息的表观特征 $n_{\text{final}}^{i,t}$。

数据关联：数据关联通过一个 MLP 网络计算上一步得到 $n_{\text{final}}^{i,t}$ 和 $n_{\text{TE}}^{j,t-1}$ 的相似性得到相似度矩阵，计算过程如下：

$$\textbf{Similary}_{i,j} = \text{ReLU}(\text{MLP}(n_{\text{final}}^{i,t}, n_{\text{TE}}^{j,t-1})) \tag{2-10}$$

然后将这一矩阵作为匈牙利指派算法的相似度完成数据关联，得到最终的追踪结果。

2.2.2.4　路径预测

为了在道路上安全高效地运行，自动驾驶汽车不仅应该了解其周围道路使用者的现有状态，同时需要了解道路共同使用者的未来行为，从而避免多道路使用者在未来时刻发生碰撞。而轨迹追踪是轨迹预测的前提，通过将物体之前的运动轨迹保存起来，然后进行分析预测，就能够大大提高路径预测的准确性。基于使用的预测模型将现有研究分为三类，即递归神经网络、卷积神经网络、图神经网络。

Vanilla RNN（Vanilla Recurrent Neural Network）可以视为对隐藏层具有反馈的两层全连接神经网络的扩展。在每个序列步骤中，Vanilla RNN 都会处理来自当前步骤的输入数据以及过去步骤的存储数据，这些数据将存储在先前的隐藏神经元中。原则上，具有足够数量隐藏单元的 Vanilla RNN 可以学习将任何序列近似为序列映射[35]。然而，由于梯度消失或爆炸，实际上很难训练该网络学习长序列，这就是引入门控 RNN 的原因。在门控 RNN 的每个单元中，部署了门控体系结构，而不是简单的完全连接的隐藏层。LSTM（Long Short-Term Memory，长短期记忆）是最常用的门控 RNN[39]。在车辆行为预测中，LSTM 是最常用的深度模型，可以使用 LSTM 作为序列分类器。在此任务中，一系列特征被馈送到 LSTM 的连续单元，然后将序列中最后一个单元格的隐藏状态映射到输出维度（即已定义类的数量）。文献[40]提出了 Social-LSTM 模型，该模型用于解决拥挤空间中的人体轨迹预测的问题。尽管 LSTM 具有学习和复制长序列的能力，但它们不捕获多个相关序列之间的相关性，而该模型引入了一个"社会"池化层，使得空间上最接近的序列的 LSTM 可以彼此共享它们的隐藏状态，从而自动学习在时间上一致的轨迹之间发生的典型交互。

卷积神经网络在车辆行为预测中很有价值，因为它们具有获取像图像一样的数据，生成像图像一样的输出以及在处理输入数据时保持其空间关系的功能。这些功能可以对车辆的交互和驾驶场景进行建模，并生成占用地图输出。但是，二维 CNN 缺乏一种对数据序列进行建模的机制，而在车辆行为预测中就需要使用这种机制对车辆状态随时间的时间依赖性进行建模。在文献[41]中，对体素化激光雷达数据 4D 表示的时间维度执行 3D 卷积以捕获时间特征，然后应用一系列 2D 卷积提取空间特征。最后，添加卷积层的两个分支，以针对当前帧和将来帧预测检测到的对象上的边界框，并分别估算出检测到的对象成为车辆的可能性。在文献[42]中，使用两个主干 CNN 分别处理 BEV 激光雷达输入数据和栅格化地图。所提取的特征被串联并馈送到三个不同的网络，以检测车辆、估计车辆的意图并预测其轨迹。

在多智能体交互场景中，不同个体之间会存在多种多样的关系，并且这些关系也会随着时间不断地演变。周围个体的状态会对当前智能体未来动作产生重要影响，因此忽略关系推理的传统轨迹预测方法难以在如此复杂系统之上取得很好的效果。而图神经网络，本身可以表示不同智能体之间的空间关系，因此有研究者将图神经网络应用于轨迹预测来增强不同智能体空间交互特征。文献[42]中提出了一种基于图神经网络的模型对关系进行推断，并基于这种推断进行对未来轨迹的预测。但该算法难以应对不断演变的关系，尤其是关系突然改变的情况，同时也无法处理智能体行为存在多模态的情况，然而上述两点在诸如自动驾驶等问题中十分关键。文献[43]提出了一种名为 EvolveGraph 动态演化关系图的算法，能够有效地捕捉和预测多个智能体之间关系的变化，并且根据此关系预测未来的运动轨迹，同时能有效体现物体轨迹的多模态特点，其在物理系统、自动驾驶场景、篮球运动员及行人数据集的结果证明了动态关系演进对于物体未来轨迹预测具有重要作用。

上述基于图卷积神经网络的方法虽然能够在一定程度上对交互关系进行推理学习，但是它无法捕捉异质多智能体的复杂交互关系以及环境对多智能体运动的影响。以交通路口为例，不仅有各种车辆，还有行人、非机动车等，这些目标在运动速度、运动意图以及可行驶区域方面差异巨大，呈现复杂的相互影响关系。为了解决这些问题，我们提出了基于异质图神经网络的多目标轨迹预测方法，通过将真实的交通场景建模为包含多种元素和关系的异质图结构，通过多头自注意力机制和自适应感受野学习运动物体间的空间交互和时间交互，从而进行轨迹预测。

1）交通场景异质图构建模型

在交通场景中，多群体目标中运动行为具有异质性和复杂耦合性。交通参与者，包括车辆、行人、自行车等，表现出异质行为，不同个体的运动属性、区域、意图都不相同，而不同群体之间呈现社交行为。同时，为躲避障碍物以及避免对可行驶区域的影响，交通参与者的轨迹受到环境的影响。为了充分建模上述问题，运动目标以及场景语义都被建模为节点，其关系建模为异质图 $G_t = (V_t, E_t, A, R)$，如图 2-12 所示。其中，V_t 表示节点集合，其包括运动物体以及场景语义。场景语义指将场景分割为多个类型的语义单元，如图 2-12 中所示的车道、人行道、斑马线、障碍物等。A 表示节点的类型 $\{C_p, C_b, C_c, C_s\}$，分别表示行人、自行车、车辆以及场景。R 表示节点之间的连接关系，例如，节点 C_p 到节点 C_c 的有向边表示行人对车辆的连接（影响）关系。图 G_t 上的节点和连接关系都是异质的，节点和其类型的映射可以表示为 $\tau_t(v): V_t \rightarrow A$，边和其类型的映射关系可以表示为 $\phi_t(e): E_t \to R$。

同时，节点之间的影响关系具有局部连接性质，节点对相邻节点的影响关系较强，对相隔比较远的节点影响关系较小。因此，每个目标只与距离 d_0 范围内的节点具有连接关系。构建的异质图需建模运动目标之间的相互影响，例如，在车行道上车辆对前后方向和左右方向车辆的关注程度不同，对自身的轨迹影响也不同；车辆需要关注前方道路上行人的运动趋势，提前做出反应。异质图也要建模运动目标和场景语义的影响关系，例如，行人更有可能走人行道和斑马线，车辆更有可能沿着车道行进，并在斑马线前减速。

图 2-12　交通场景构建为异质图

多目标的轨迹预测是通过历史观测到的轨迹序列预测未来的运动序列，可以被形式化表示为：

$$[G_{t-p-1}, G_{t-p}, \cdots, G_t] \xrightarrow{f_\theta} [G_{t+1}, G_{t+2}, \cdots, G_{t+q}] \tag{2-11}$$

其中，p 和 q 分别表示历史和未来的序列长度，f_θ 表示神经网络的模型，θ 是网络的可学习参数。

运动物体节点特征包括空间特征（当前时刻所处的位置）和时间特征（轨迹的相对时序编码）及运动物体的类型 one-hot 编码（行人、车辆、自行车）。对运动物体的特征进行编码，其中空间特征编码通过多层感知机 MLP 将二维坐标变换为向量。因此，节点 i 在 t 时刻的位置编码 Sp_i^t 表示为：

$$Sp_i^t = \mathrm{MLP}_s(x_i^t, y_i^t) \tag{2-12}$$

时序编码 $\mathbb{N} \to \mathbb{R}^d$ 基于 Transformer[44] 中的位置编码：

$$\mathrm{Te}^t[j] = \begin{cases} \sin(w_k \cdot t), & \text{if } i = 2k \\ \cos(w_k \cdot t), & \text{if } i = 2k+1 \end{cases} \tag{2-13}$$

其中，频率 w_k 定义为：

$$w_k = \frac{1}{M^{2k/d}} \qquad (2\text{-}14)$$

其中，d 是时序编码的长度，k 是一个任意整数。位置编码的每个维度会根据频率从 2π 到 $2M\pi$ 的正弦波在时间上变化，从而确保最多 M 元素的序列具有唯一的时间戳。对运动物体的属性进行编码，我们采用 one-hot 编码运动物体的类型，然后通过线性层映射得到 Fe_i。最终，运动物体的节点特征为空间特征、时间特征及属性特征的编码的拼接，表示如下：

$$H_i^t = [Sp_i^t, Te^t, Fe_i] \qquad (2\text{-}15)$$

场景语义节点特征包括语义的类型及区域的轮廓，其通过一个多层感知机映射到和运动目标节点相同的维度。每个不同节点的编码网络是不同的，从而可以捕捉节点的异质性。

2）基于多头注意力机制的空间信息聚合

在构建的图中存在两类异质关系，即节点的异质性和连接关系的异质性。同时，存在两种相关性，即时间上的相关性和空间上的相关性。为了提高多目标轨迹预测的准确性，必须有效地学习异质关系和相关性。基于多头注意力机制的信息聚合能够有效建模图中的异质关系。具体分为两步，首先计算当前节点与邻居节点的影响程度，然后将邻居节点的信息汇聚到目标节点。

第一步是计算目标节点 v_d 对所有邻居节点集合 $\Omega(V_d)$ 的影响程度。由于邻居节点 $v_a \in \Omega(V_d)$ 属于不同的类型，针对每一种连接关系 $<\tau_t(v_a), \phi_t(e_{a,d}), \tau_t(v_d)>$，在计算它们的影响程度时，设置不同网络来学习连接关系的异质性。采用多头注意力机制进行注意力的计算。首先将目标节点 v_d 的特征通过线性变换映射到查询向量 $Q(v_d)$，将邻居节点 v_a 的特征通过线性变换映射到关键字向量 $K(v_a)$ 和值向量 $V(v_a)$。将目标节点的查询向量和邻居节点的关键字向量点积相乘，计算两个向量之间的相似性，点积越大相似性越强。再通过 Softmax 归一化得到邻居节点 v_a 对目标节点 v_d 的关注程度。

通过多头注意力机制提取多重影响关系，第 h 组的注意力可以表示为

$$\text{head}^h(v_a, e_{a,d}, v_d) = \text{softmax}\left(\frac{W_e^Q H_{v_a}^t \cdot W_e^K H_{v_d}^t}{\sqrt{d}}\right) W_e^V H_{v_d}^t \qquad (2\text{-}16)$$

其中，d 为向量的维度，W_e^Q、W_e^K、W_e^V 为可学习的变量，它们是与连接关系 $<\tau_t(v_a), \phi_t(e_{a,d}), \tau_t(v_d)>$ 相关的，即每一种连接关系采取相同的可学习变量，从而捕捉连接关系的异构性。

由于使用多头注意力机制，因此邻居节点 v_a 对目标节点 v_d 处的特征影响表示为：

$$\hat{H}_{v_a \to v_d}^t = [\text{head}^1(v_a, e_{a,d}, v_d), \text{head}^2(v_a, e_{a,d}, v_d), \cdots, \text{head}^h(v_a, e_{a,d}, v_d)] \cdot W_e \qquad (2\text{-}17)$$

同时，目标节点 v_d 聚合所有邻居 $v_a \in \Omega(V_d)$ 的特征影响，其聚合的空间特征表示为：

$$\hat{H}_{v_d}^t = H_{v_d}^t + \sum_{v_a \in \Omega(V_d)} \hat{H}_{v_a \to v_d}^t \qquad (2\text{-}18)$$

3）图神经网络与 Transformer 结合的轨迹预测

Transformer 结构可以处理序列数据，通过堆叠的注意力机制来决定关注序列的哪一部分。在经过异质图信息传递后，将运动物体每一帧的特征输入到 Transfomer 中可以预测未来的轨迹序列。Transformer 模型主要分为两大部分，即编码器和解码器，编码器负责把异质图学习到的特征映射成为隐藏层，然后解码器把隐藏层再映射为轨迹序列。

算法总体结构如图 2-13 所示，首先将交通场景建模为异质图结构，通过图神经网络进行信息的聚合，使运动物体学习到周围运动物体和场景的特征，之后通过 Transformer 结构将时序特征通过编码器和解码器解码为未来轨迹序列。

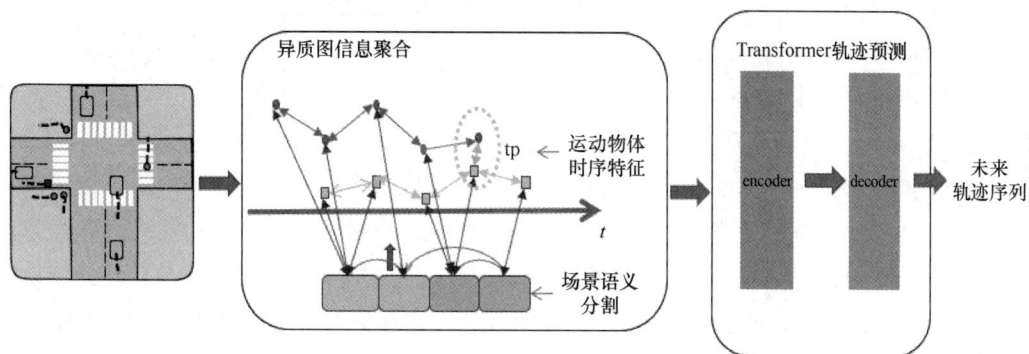

图 2-13　基于异质图神经网络的多目标轨迹预测方法

2.2.2.5　行人意图检测

安全的自动驾驶汽车不仅要准确识别周围静态、动态的障碍物，同时还需要对行人的意图进行预判，通过预估行人下一步的动向，可以确保自动驾驶汽车下一步的决策不会导致事故发生。而对于人群场景中行人的可靠轨迹预测，依赖于对他们社会行为的深刻了解，包括行人的意图、存在、属性、动作、周围环境里其他代理的社会关系和社会规范，以及环境的几何和语义信息等。尽管对这些行为已经有了大量的研究，但仍然难以完全通过手工规则来表达。目前常用的解决方案根据其网络结构可以分为基于 RNN 的行人意图预测、基于 LSTM 的行人意图预测、基于 GAN 的行人意图预测。

循环神经网络 RNN 是一类以序列数据为输入，在序列的演进方向进行递归且所有节点按链式连接的递归神经网络，其具有记忆性、参数共享并且图灵完备，因此在对序列的非线性特征进行学习时具有一定优势，因此很多研究者将 RNN 作为行人意图预测的基础网络。其中文献[45]提出了一种用于短期预测车辆前方行人行为的基于变分递归神经网络的模型，该模型用于特定目标跟踪和短期路径预测的框架，包含与动态的状态空间模型相对应的潜变量。

长短期记忆网络 LSTM 相对于 RNN 以及 HMM（Hidden Markov Model，隐马尔可夫模型），更适合于处理和预测时间序列中间隔和时延比较长的重要事件，因此在行人意图预测领域也有广泛的应用。文献[46]认为人体导航行为主要受周围行人及其附近的静态障碍物的影响，提出基于 LSTM 神经网络模型从示范数据中学习人类的动作行为。文献[47]认为在拥挤环境中行人轨迹受场景中其他行人的运动和静态结构的影响，这种人与人、人与空间的交互导致轨迹的非线性特性，因此提出了一个基于时空图的 LSTM 网络以预测拥挤环境的行人轨迹，同时考虑了与场景中静态（物理目标）和动态元素（其他行人）的交互。文献[48]针对将上下文信息合并到轨迹预测中会增大计算开销，并会减少不同场景预测模型的泛化问题，提出了基于联合位置–速度注意力（Location-Velocity Attention）的 LSTM 方法预测轨迹，其设计一个模块来调整 LSTM 网络，并训练了注意力机制学习在预测过程中最佳地组合行人的位置和速度信息。针对通常的 LSTM 方法忽略邻居隐状态重要程度的问题，文献[49]提出了 SR-LSTM（Data-Driven State Refinement Module for LSTM，LSTM 网络数据驱动状态细化模块），该模块利用邻居当前意图并通过消息传递（Message Passing）机制联合地迭代细化人群所有参与者的当前状态。

GAN（Generative Adversarial Networks，生成对抗网络）中包含两个模块：生成模型（Generative Model）和判别模型（Discriminative Model），通过两个模块的互相博弈学习产生使判别器难以分辨的数据。在行人意图预测方向，预测的行人轨迹与历史轨迹达到难以区分的程度，即可获得较优的意图预测结果，因此 GAN 在预测领域应用较为广泛。文献[50]提出了一个结合序列预测和生成对抗网络的模型，该模型具有一个递归的序列到序列模型来观察运动历史并预测未来行为，使用一种池化机制来汇总行人的信息，并通过对抗性训练去对抗一个递归鉴别器，并以类型损失鼓励多样化的预测。为了预测行人意图，必须充分利用物理和社会信息，文献[51]提出了路径预测模型 SoPhie，它是一个基于生成对抗网络的可解释框架，该框架从场景图像得到两个信息源，即场景中所有代理的历史路径和场景上下文信息，同时结合了社会注意力机制和物理注意力机制，帮助模型学习并提取与路径相关的最明显的图像部分。社会注意力组件汇总了不同代理的交互信息，并从周围的邻居提取了最重要的轨迹信息。SoPhie 还利用 GAN 生成更真实的样本，并对其分布建模捕获未来路径的不确定性。

2.2.2.6　事故检测

拥堵检测也是智慧城市交通场景中一个非常重要的问题，及时的拥堵检测可以避免拥塞情况加重，并且能为驾驶员提供更加良好的驾驶体验，使其提前绕过拥堵路段。而目前常用的拥堵检测方法均是基于视频进行的，通过利用城市中已经较为完善的视频监控系统，可以方便地建立起全局的交通拥塞情况认识，并通过 V2X 等通信手段告知道路使用者，下面介绍两种相关方法。

文献[52]提出了一种基于图像纹理分析的道路交通拥堵检测算法。该算法以图像块为基本处理单元，通过分析块内图像纹理的空域和时域变化，计算出道路的空间及时间占有率，并综合二者的变化特性实现道路交通拥堵的自动和快速检测。直接将该方法利用于现场交通场景中进行分析，可以避免交通参数检测和交通建模的过程，具有计算效率高和检测延时小的优点。

文献[53]中针对城市道路的复杂情况，选取了基于非参数核密度的背景建模方法并提出了基于概率比较的目标去噪方法实现车辆目标的提取，然后通过卡尔曼滤波跟踪与虚拟检测线法获取交通特征参数。与传统的背景建模方法相比，基于非参数核密度的背景建模方法具有更好的建模效果，更适应复杂场景的建模。提出的基于概率比较的目标去噪方法能有效去除路边树叶抖动造成的干扰，较好地实现了车辆目标的检测提取，进而提高了车辆识别的精度。而在交通拥堵判别算法方面，改进了传统的基于模糊综合判别的交通拥堵判别模型，在分析交通特征参数变化特征的基础上，提出先根据速度进行道路交通拥堵预判别，建立不同预判别等级下的参数权重值集合，然后结合预判别结果、实际判别结果和历史数据获得最终的交通拥堵判别结果。该方法能较准确地提取交通特征参数，改进的拥堵判别模型比直接用模糊综合判别算法二级跳变率更低，能实时、高效地实现城市道路交通拥堵判别，具有较好的准确性及可行性。

除了感知拥堵时间，还需对道路上的事故进行实时的检测。通过建立一个实时的事故检测系统，可以降低由于救援不及时带来的人员伤亡和财产损失；同时可以在发生事故时引导车辆避开事故区域，降低由于事故导致的交通拥堵可能性。目前事故检测通常依赖于现有的道路监控系统，采样基于计算机视觉的方式来实现，下面介绍两种相关方法。

文献[54]提出了一种基于监控视频的事故检测框架，该框架直接从输入的监控视频中学习到事故的时空特征，而不是人工提取的特征（如速度变化，轨迹异常等）。同时考虑到事故的视频较少，而非事故的视频数量却要远超于事故视频的数量。该框架使用了一种时空自编码器（Auto-encoders）来进行事故特征的提取。并结合自编码器的重建损失以及视频段在浅层空间的向量异常得分（使用单分类 SVM 实现）进行事故/异常检测。作者在大量正常的监控视频中进行训练，并在大量事故视频的测试中验证了模型的有效性。而文献[55]所提出的框架利用 Mask R-CNN 进行精确的目标检测，然后设计基于有效质心的监控镜头目标跟踪算法，并根据与其他车辆重叠后车辆中的速度和轨迹异常确定事故发生的时间。所提出的框架提供了一种鲁棒的方法，可以在一般道路交通监控录像上实现高检测率和低虚警率。我们在各种条件下（例如，日光充足、能见度低、下雨、冰雹和下雪）对该框架进行了评估，为开发通用车辆事故检测算法铺平了道路。

2.3 高精度地图技术

● 2.3.1 高精度地图概述

电子地图作为导航工具，为道路使用者提供道路状态、导航指示和建议，对人们日常生活提供了极大便利。传统电子地图对复杂场景表达不清晰，相关交通元素信息简单，但由于其主要面向人的驾驶需求，一些问题可以通过人类的感知和决策能力来弥补。高精度地图的主要应用场景则完全不同，其主要为自动驾驶车辆的行驶提供指引。因此高精度地图需要获取精准的车道线信息、交通标志信息、交通信号信息等丰富的道路元素信息等先验知识，来辅助车辆进行自动驾驶，是自动驾驶技术的一个重点模块[56]。高精度地图的主要内容包括以下几部分。

1）车道级导航信息

传统导航地图只能提供道路级（Road）的导航信息。而高精度地图能够提供车道级（Lane）的导航信息，这种导航信息能够精确到车道的连接关系。

2）道路先验信息

先验信息是指一些可以提前采集的信息，并且在短时间内不会发生变化。仅凭传感器提供的信息是很难判断车辆的一些信息，例如，车辆现在是处在高速公路还是普通城市道路上；无限速的路段，车速最高能为多少；前方道路的曲率；所处路段的 GPS 信号情况。这些信息是传感器在遇到性能瓶颈时无法实时获得的。但这些信息是客观存在的，不会随外界的变化而变化，因此，可以预先将其收集并作为先验信息传输给自动驾驶汽车进行决策。

3）兴趣点

在交通场景中能成为 POI（Point Of Interest，兴趣点）的东西有很多，例如，用中心点和多个外包络点描述的交通标志牌、地面标志、灯杆、红绿灯、收费站等；用一系列连续点所组成的链状信息描述的路沿、护栏、隧道、龙门架、桥等。高精度地图精确记录了这些 POI 的经纬度和高度，只要给定自动驾驶汽车的精确位置（经纬度和高度），即可将各个 POI 相对于车的位置计算出来，从而将这些 POI 信息的相对位置逆向投影到车载前视图像上。

高精度地图的关键特点如下。

（1）精度高。传统电子地图对精度的要求不高，一般绝对定位精度达到米级即可。高精度地图的精度虽然现在尚无明确标准来规定，但其精度普遍为厘米级，在 5～20cm。这种级别的精度才能够满足自动驾驶的应用需求。

（2）数据种类丰富。传统电子地图只会记录 2D 的道路级别的数据，如道路级别，道路方向等；高精度地图在传统电子地图的基础上，增加了更多种类的数据，并且将数据级别延伸到了车道级，完整记录了道路信息以及周围环境的 3D 关系。详细来说，高精度地图记录了车道线类型、车道宽度、车道限制等车道具体属性，以及交通标志、交通信号灯、防护栏、路灯、人行横道等各种静态交通元素的具体 3D 位置和语义信息。

（3）及时性。高精度地图由于包含的信息较多，且变化较快，需要及时更新，来保证数据的准确性。根据博世提出的地图定义，可以按照更新频率将高精度地图中的数据划分为如下四类：持续静态数据、瞬间静态数据、瞬间动态数据、高度动态数据。其中，持续静态数据指道路信息、车道信息等，更新频率一般在 1 个月左右；瞬间静态数据指基础设施和交通元素的信息，如路标等，更新频率在 1 天左右；瞬间动态数据指具体的交通信号灯信息以及路况信息；高度动态数据指具体的交通参与者，如车辆、行人等的实时信息。其中后两者由于是动态获取，需要的更新频率更高。

高精度地图作为自动驾驶必不可少的组件，能够提供以下功能。

（1）辅助定位功能。由于定位设备都存在一定的定位误差，当自动驾驶汽车在道路上行驶时，确认车辆在地图中以及和周围环境的正确关系并不是一件理所当然的事。在行驶过程中，利用地图信息进行匹配来协助定位，可以帮助车辆更快地定位其在道路上的具体位置，从而辅助定位功能[57]。具体来看，与依赖 GNSS 的传统地图相比，高精度地图对于道路的几何信息、车道线、路侧标志物等都有详细并同步更新的结构化数据，可以提供丰富的先验知识。当自动驾驶汽车通过车载传感器感知到数据后，可以通过一些数据处理和匹配算法，来辅助更高精度的定位[58]。

（2）辅助感知功能。高精度地图在自动驾驶中还可以辅助环境感知。自动驾驶汽车所使用的传感器，如激光雷达和摄像头等，都会不同程度地受到恶劣天气的影响[59, 60]，而高精度地图可以对传感器的探测结果进行补充，让自动驾驶汽车在恶劣天气或者经过隧道等特殊场景时依旧保持良好的感知能力，精准获取当前的交通状况。所以高精度地图增加了系统的冗余度，实际上为感知结果提供了一个新的数据来源。并且高精度地图给传感器提供的先验知识，能够通过 RoI 来缩小传感器的监测范围，提升感知的速度以及精度，节省计算所需的资源。

（3）辅助规划功能。相比传统电子地图提供的路径规划，高精度地图可以将其规划精度提升到车道级别。这样可以辅助规划系统更精细地保证车辆的行驶路线，让车辆在车道中心行驶，找到最合理的行驶区域，并且还可以结合高精度地图及运动物体的历史数据一起进行规划和预测。在一些特殊场景下，如人行横道，甚至道路事故、施工等场景下，高精度地图可以协助车辆缩小路径的选择范围，为规划提供有力的支持。

（4）辅助决策功能。由于高精度地图精准还原了物理环境道路信息，可以在复杂场景下对汽车加减速、转向等关键决策提供道路信息。高精度地图可以提供车载传感器捕捉不到的信息，减小了车载的计算压力，让控制系统可以更多关注突发事件，而非高精度地图中包含的道路信息，从而辅助系统进行车辆决策。

● 2.3.2 高精度地图感知处理技术

为了满足自动驾驶汽车的感知和后续规划决策需求，制作高精度地图时需要运用一定的图像处理技术来识别传感器采集的道路图像中的各种道路元素，完成道路元素识别、车道线检测等任务，从而在地图上进行语义信息标注。其中道路元素通常包括交通信号灯、交通标志、护栏、绿化带、车道信息等。与一般的图像处理流程类似，高精度地图的图像在采集过程中可能会受到环境因素，如光照、恶劣天气影响，从而导致图像中包含噪声，因此首先需要对图像进行降噪[61]和图像增强等预处理，使其达到后续流程对输入图像质量的基本要求。然后基于图像中的各种道路元素信息，如颜色、大小等提取对应的特征，在这些特征的基础上进行目标检测任务，来完成对道路元素的语义信息标注。在当前的自动驾驶高精度地图产生过程中，用深度学习进行检测的方法基本成为了主流方法。深度学习方法在计算机视觉和图像处理领域已经得到了广泛认可，同时也得到了深入研究。

除图像数据外，激光雷达也是采集高精度地图的重要感知设备。激光雷达可以精确地反映出位置信息，如路面的宽度、红绿灯的高度等信息。针对激光雷达的数据处理的主要步骤如下。

1）激光点云特征提取

激光雷达的稀疏点云成像与稠密像素点的图像成像不同，点云都是连续的，图像是离散的；点云可以反映真实世界目标的形状、姿态信息，但是缺少纹理信息；图像是对真实世界的目标离散化后的表达，缺少目标的真实尺寸；图像可以直接作为卷积神经网络的输入，而稀疏点云则需要做一些预处理。

一般来说，激光点云的原始点数据会包含表 2-2 中介绍的属性，并以此作为后续感知模块的原始输入。

表 2-2　激光点云属性

激光点云属性	描　　述
强度	生成激光雷达点的激光脉冲的回波强度
扫描角度等级	发射的一个激光脉冲最多可以有五个回波，这取决于反射激光脉冲的要素以及用来采集数据的激光扫描仪的功能。第一个回波将标记为一号回波，第二个回波将标记为二号回波，以此类推
回波数	回波数是某个给定脉冲的回波总数。例如，某个激光数据点可能是总共五个回波中的二号回波（回波编号）
点分类	每个经过后处理的激光雷达点可拥有定义反射激光雷达脉冲的对象的类型的分类，可将激光雷达点分成很多个类别，包括地面、裸露地表、冠层顶部和水域

（续表）

激光点云属性	描　述
扫描角度	扫描角度是−90 度到+90 度之间的值
扫描方向	扫描方向是激光脉冲向外发射时激光扫描镜的行进方向。值 1 代表正扫描方向，值 0 代表负扫描方向
GPS 时间	发射激光点的 GPS 时间戳

从表 2-2 可以看出，激光点云包含的主要是位置信息、强度信息等基本信息，但缺少其他几何信息和特征信息。并且，由于传感器本身的限制，以及可能存在的天气的影响，采集到的激光点云数据往往包含噪声信息，同样也需要预处理去除掉。

常见的特征提取流程主要分为两个步骤，即区域分割和特征提取。其中区域分割主要完成特征模式的分类及识别确定，如直线、圆弧等，并确定属于该特征模式的区域及区域内的激光数据点集。特征提取主要完成各类特征模式参数的确定以及特征点的提取。

具体来说，区域分割是对于每一帧距离数据，首先把激光扫描点分割成不同的区块。如果连续两个扫描点的距离小于一个阈值，则这两个扫描点属于同一个区块；否则，数据帧就从这个地方分割开。最后，将一帧距离数据分割成若干区块。对于激光点云数据，几个比较重要的特征有撕裂点（break point）、角点（corner）、直线、圆弧等，在完成区域分割后，实际上就已经找到了数据中的撕裂点。

特征提取更侧重于检测直线和角点，对于角点的检测任务，假设有一条只有单个角点的折线，则可以通过多边形拟合方法确定角点的位置。首先将区域内的点拟合成一条直线，然后求出离直线最远的点，如果这个距离大于某个阈值，则认为是折线，该点为折线的分割点，否则为直线。当一个区域含有多个角点时，就需要迭代或递归地不断寻找角点，然后将其分成两段，循环到每个区域都没有角点为止。

2）激光点云法向量

目前，现有的激光点云法向量估计法可以分为三类：基于局部表面拟合的方法、基于 Delaunay/Voronoi 的方法和基于鲁棒统计的方法[62]。其中基于局部表面拟合的方法[63]是对点云模型中的每个点的 k-邻域计算最小二乘意义上的局部拟合平面，并将该平面的法向作为该点的近似法向。基于 Delaunay/Voronoi 的方法[64]在为点云构建 Voronoi 图并进行 Delauney 三角划分后，对点云的每个点 p，如果点 p 处于整个点云的凸壳（Convex Hull）内，将经过点 p 及点 p 所在的 Voronoi 晶格中离点 p 最远的 Voronoi 顶点（称为极点，Pole）的连线作为点 p 的法向量；如果点 p 正好处于凸壳上，则将与点 p 邻接的凸壳面片的平均法向量方向上位于凸壳外侧无限远处的点作为极点，这种方法只适用于无噪声的点云模型。基于鲁棒统计的方法主要借鉴鲁棒统计学中的技术，但由于其需要给每个点的邻域进行分类，以计算开销很大的表面重建为前提，无法直接应用到大规模的点云中。激光点云法向量如图 2-14 所示。

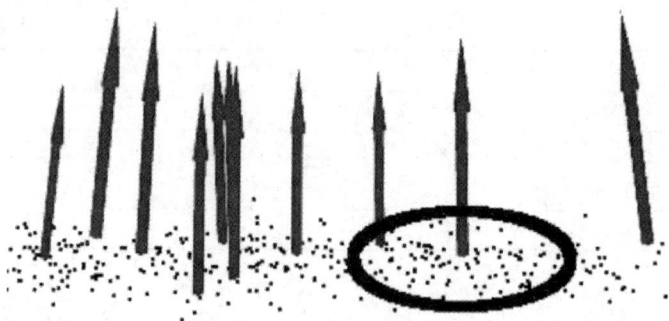

图 2-14　激光点云法向量

3）激光点云配准

高精度地图需要从采集并经过特征提取好的激光点云中来提取各种交通元素的坐标和几何参数。在采集过程中，由于一次能采集的数据有限，可能需要从道路的多个角度、多个方向进行多次采集，以此来保证数据的完整性。因此，需要激光点云配准来消除不同视角采集到的激光点云的误差，并将其统一到一个坐标系下。总体来说，点云配准分为粗配准（Coarse Registration）和精配准（Fine Registration）两个阶段。精配准的目的在于，在粗配准的基础上最小化点云之间的空间位置差异。最常用的精配准算法是 ICP 及其变体。粗配准是指在点云相对位置和姿态完全未知时的配准，一般用来为精配准提供一个良好的初始值。比较常见的点云自动粗配准算法包括基于穷举搜索的配准算法和基于特征匹配的配准算法。其中基于穷举搜索的配准算法主要为遍历整个变换空间，以选取使误差函数最小化的变换关系或者列举出使最多点对满足的变换关系，如 RANSAC 配准算法、4PCS（4-Point Congruent Set，四点一致集配准算法）、Super4PCS 算法等。而基于特征匹配的配准算法则通过被测物体本身所具备的形态特性构建点云间的匹配对应，然后采用相关算法对变换关系进行估计，如基于点 FPFH 特征的 SAC-IA、FGR 等算法，以及基于点 SHOT 特征的 AO 算法和基于线特征的 ICL 等。

进入深度学习时代后，基于深度学习的激光点云自定位技术也被研究人员提出。百度在 CVPR 2019 上提出了 L3-Net[65]，整个算法的输入包括实时在线激光点云、定位地图以及来自惯性传感器的初始预测的定位位置和姿态，最后的输出则是定位算法优化之后的位置和姿态结果，该算法将传统方法中的各个流程使用不同类型的网络结构进行改造，实现了开创性的基于深度学习技术的无人车激光自定位技术。传统激光点云配准算法和深度学习配准算法对比如图 2-15 所示。

4）激光点云分割

在制作高精度地图时，为了将道路中常见的交通元素从杂乱的激光点云中区分出来，需要根据前面步骤中提取出的激光点云特征来进行识别和进一步分割，为道路元素点云添加语义信息。

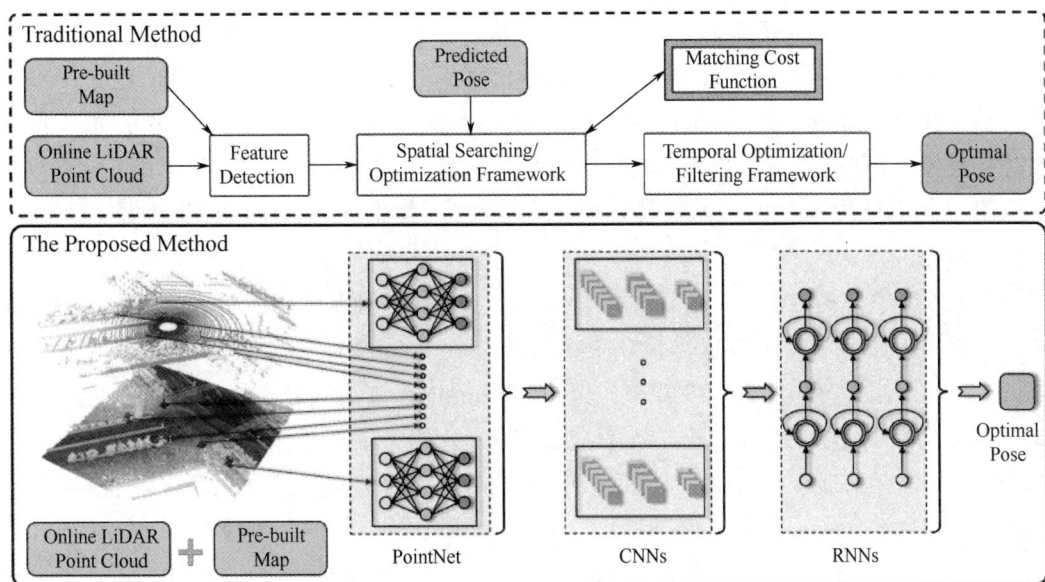

图 2-15　传统激光点云配准算法和深度学习配准算法对比[65]

一般认为激光点云分割算法应该具有以下三种重要的属性：当点云数据的特征数量增加时，激光点云分割算法应该具有一定的鲁棒性；其次分割应该能够根据其相邻的信息推断出稀疏点云中这些点的属性或者判定出属于哪个标签；激光点云分割算法应该能适用于不同的扫描仪，即便是相同的场景在不同的扫描仪生成出的点云也是具有不同属性的，并且产生点云的质量以及稀疏性的也是不一样的。

针对激光点云分割任务，常见的激光点云分割算法主要有基于边缘的方法、基于区域的方法、基于属性的方法、基于模型的方法、基于图优化的方法和基于深度学习的方法。

基于边缘的方法：边缘是描述点云物体形状的基本特征，这种方法通过检测点云一些区域的边界来获取分割区域，这种方法的原理是定位出边缘点的强度变化，例如，有研究人员提出了一种边缘检测技术[67]，通过计算梯度，检测表面上单位法向量方向的变化来拟合线段。

基于区域的方法：基于区域的方法使用邻域信息来将具有相似属性的附近点归类，以得到分割区域，并区分出不同区域之间的差异性。基于区域的方法比基于边缘的方法更准确。

基于属性的方法：该方法是基于点云数据属性的一种鲁棒性较好的分割方法，这种方法一般包括了两个单独的步骤。第一步为基于属性的计算，第二步为根据计算点云的属性进行聚类。这种聚类方法一般能适应空间关系和点云的各种属性。最终将不同的属性的点云分割出来，但是这种方法的局限性在于高度依赖派生属性的质量，所以要求第一步能够精确地计算点云数据的属性，这样才会在第二步中根据属性的类别分割出最佳的效果。

基于模型的方法：该方法是基于几何的形状，如球形、圆锥、平面和圆柱形，来对点云进行分组，根据这几个形状，具有相同的数学表示的点云将会被分割为同一组。

基于图优化的方法：常见的基于图优化的方法是 FH 算法[68]，该方法简单且高效，并且像 Kruskal 算法一样可以用于在图中查找最小生成树。许多基于图优化的方法被应用到概率推理模型中，如条件随机场（CRF），使用 CRF 可以标记出具有不同几何表面基元的点云。

基于深度学习的方法：随着深度学习方法的演进，各种基于深度学习的激光点云分割算法也被提出，并取得了超越传统方法的效果，如 PointNet 系列[20, 21]、3DMV[69]、3D-MiniNet[66]等方法。在 CVPR 2020 中提出的 3D-MiniNet 方法，是一种新颖的、高效的 3D 激光点云语义分割方法。3D-MiniNet 首先直接在 3D 点云上执行基于点的操作以学习丰富的 2D 表示，然后通过快速 2D 全卷积神经网络计算进行分割，最后再将语义标签重新投影回 3D 点，完成激光点云分割，取得了如图 2-16 所示的良好的分割效果。

图 2-16　激光点云（上）及激光点云分割结果（下）示例[66]

● 2.3.3　同步定位与地图构建技术

SLAM（Simultaneous Localization and Mapping，同步定位与地图构建）指在位置不确定的情况下，在完全未知环境下构建地图，并进行自主定位和导航。概率 SLAM 问题起源于 1986 年的 IEEE 机器人与自动化大会上，研究人员希望能将估计理论方法（Estimation-Theoretic Methods）应用在构图和定位问题中。SLAM 最早被应用在机器人领域，其目标是在没有任何先验知识的情况下，根据传感器数据实时构建周围环境地图，同时根据这个地图推测自身的定位。在高精度地图中，SLAM 主要被应用在当 GNSS 信号无法获取到时，无法通过常规方法进行高精度地图的构建以及自动驾驶汽车的定位的情况，SLAM 可以在这种情况下辅助高精度地图的构建工作。

1）SLAM 的分类

随着 SLAM 技术的发展，接入 SLAM 的传感器越来越丰富，配备激光雷达、摄像头、IMU 和其他传感器的 SLAM 技术都有研究人员进行了探索。SLAM 通过处理这些传感器的数据进行定位和环境地图的构建。总的来说，SLAM 目前有两种主要技术形式：一种是激光 SLAM，另一种是视觉 SLAM。

激光 SLAM 通过激光雷达获取周围环境的点云数据，并进行定位和构建。激光 SLAM 比视觉 SLAM 起步早，在理论、技术和产品落地上都相对成熟。对于激光雷达来说，其优势在于它可以提供 3D 信息，并且不受夜晚光线变化的影响。另外，激光雷达的视角比较大，可以达到 360 度。但是激光雷达的技术门槛很高，导致开发周期长、成本高昂。未来小型化、合理的成本以及实现高可靠性和适应性是趋势。而视觉 SLAM 则通过摄像头获取视觉信息来完成任务，其结构简单、安装方式多元化、成本低，且可提取语义信息。

总体来说，激光 SLAM 研究透彻且技术成熟比较早，其框架已经基本确定，是目前最稳定的定位导航方法。而视觉 SLAM 目前尚处于进一步研发和应用场景拓展的落地阶段。目前的激光 SLAM 主要应用场景在室内和范围较小的环境。视觉 SLAM 在室内外均能开展工作，但是对光的依赖度高，在暗处或者无纹理区域难以正常工作。激光 SLAM 构建的地图精度高，不存在累计误差，且能直接用于定位导航。而视觉 SLAM 构建的地图精度较低，存在一定的累计误差，且不能直接用于地图定位导航。两者各有长处和短处，激光 SLAM 与视觉 SLAM 必将在相互竞争和融合中发展，多传感器融合必然是未来发展方向。

2）SLAM 的框架

对于机器人领域的 SLAM，假设机器人携带传感器在未知环境中运动，为方便起见，把一段连续时间的运动变成离散时刻 $t=1,2,\cdots,k$，而在这些时刻，用 x 表示机器人的自身位置，则各时刻的位置就记为 $x_1,x_2,\cdots,x_k$。而在地图方面，假设地图由许多个路标点组成，而每个时刻传感器会测量到一部分路标点，获得它们的观测数据。设路标点共有 n 个，用 $y_1,y_2,\cdots,y_n$ 表示。定位问题（估计 x）和建图问题（估计 y）可以通过运动测量和传感器读数来求解。

整体来看，视觉 SLAM 的框架如图 2-17 所示。前端视觉里程计（Visual Odometry）是一种仅使用视觉输入的姿态估计方法；后端优化（Optimization）是指后端接受前端视觉里程计测量不同时刻的相机位姿和闭环检测信息，对其进行优化，得到全局一致的轨迹和地图；闭环检测（Loop Closing）是在地图构建过程中，机器人通过视觉等传感器检测轨迹是否闭环，即判断自身是否到达历史位置；构图（Mapping）是根据估计的轨迹建立与任务需求相对应的地图。

```
┌──────────┐    ┌──────────┐    ┌──────────┐    ┌──────────┐
│  传感器  │───▶│ 前端视觉 │───▶│ 后端优化 │───▶│   构图   │
│   数据   │    │  里程计  │    │          │    │          │
└──────────┘    └──────────┘    └──────────┘    └──────────┘
         ╲                              ╱
          ╲        ┌──────────┐        ╱
           ╲──────▶│ 闭环检测 │───────╱
                   └──────────┘
```

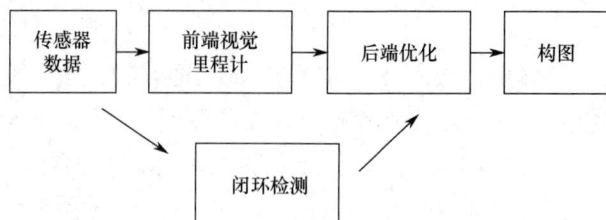

图 2-17　视觉 SLAM 的框架

根据生成方法的不同，SLAM 可以分成两大类：间接法和直接法。

间接法首先对测量数据进行预处理来产生中间层，通过稀疏的特征点提取和匹配来实现，也可以采用稠密规则的光流，或者提取直线或曲线特征来实现，然后计算出地图点坐标或光流向量等几何量。常见的使用间接法的 SLAM 系统有 MonoSLAM、PTAM 等。MonoSLAM 是第一个实时的单目视觉 SLAM 系统，其以 EKF（扩展卡尔曼滤波）为后端，实现前端稀疏的特征点跟踪，以相机的当前状态和所有路标点为状态量，更新其均值和协方差。在 EKF 中，每个特征点的位置服从高斯分布，可以用一个椭球表示它的均值和不确定性，它们在某个方向上越长，说明在该方向上越不稳定。而 PTAM 提出并实现了跟踪和建图的并行化，首次区分出前端和后端（跟踪需要实时响应图像数据，地图优化放在后端进行），后续许多视觉 SLAM 系统设计也采取了类似的方法。PTAM 是第一个使用非线性优化（而不是滤波器）作为后端的方案，提出了关键帧机制，即不用精细处理每一幅图像，而是把几个关键图像串起来优化其轨迹和地图。

直接法跳过预处理步骤直接使用实际传感器测量值，例如，在特定时间内从某个方向接收的光，在被动视觉的情况下，由于相机提供光度测量，因此直接法优化的是光度误差。常见使用直接法的 SLAM 系统有 DTAM、LSD-SLAM、SVO 等。DTAM 是单目 VSLAM 系统，是一种直接稠密的方法，通过最小化全局空间规范能量函数来计算关键帧构建稠密深度图，通过深度图和直接图像匹配来计算摄像机的位置和姿态（位姿）。对特征缺失、图像模糊有很好的鲁棒性。LSD-SLAM 构建了一个大尺度直接单目 SLAM 的框架，提出了一种用来直接估计关键帧之间相似变换、尺度感知的图像匹配算法，在 CPU 上实现了半稠密场景的重建。SVO（Semi-direct Visual Odoemtry）是一种半直接法的视觉里程计，它是特征点和直接法的混合使用：跟踪了一些角点，然后像直接法那样，根据关键点周围信息估计相机运动及位置。由于不需要计算大量描述字，因此速度极快，在消费级笔记本电脑上可以达到每秒 300 帧，在无人机上可以达到每秒 55 帧。

传统的视觉 SLAM 在环境适应性方面依然存在瓶颈，深度学习有望在这方面发挥较大的作用。目前，深度学习已经在语义地图、重定位、回环检测、特征点提取与匹配以及端到端的视觉里程计等问题上有了相关研究。UnDeepVO[70]通过使用深度神经网络估计单目相机的 6 自由度位姿及其视野内的深度，其有两个显著的特点：一个是采用了无监督深度学习机制，另一个是能够恢复绝对尺度。UnDeepVO 在训练过程中使用双目图像恢复尺度，但是在测试过程中只使用连续的单目图像。UnDeepVO 由位姿估计和深度估计构成，两个估计系统均把单目连续图像作为输入，分别以带有尺度的 6 自由度位姿和深度作为输出。位姿估计器基于 VGG 的 CNN 架构。它把两个连续的单目图像作为输入，并预测它们之间的 6 自由度变换。为了使用无监督深度学习机制更好地训练旋转，该方法在最后一个卷积层之后用两组独立的全连接层解耦平移和旋转，这使得其能够引入一个权重来标准化旋转和平移的预测，以获得更好的性能。深度估计器基于 Encoder-Decoder 结构来生成稠密的深度图。与其他深度估计方法不同的是，该方法从网络中产生视差图像（深度的倒数），UnDeepVO 的深度估计器可以直接预测深度图，以这种方式训练整个系统更容易收敛。图 2-18 为 UnDeepVO 的系统框架图。

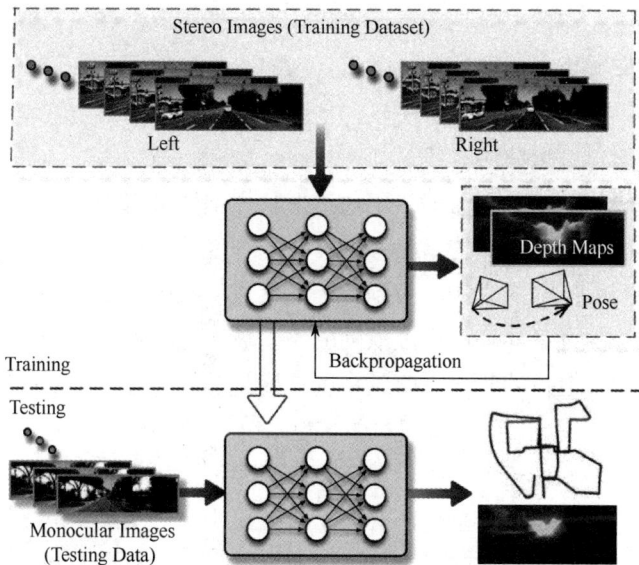

图 2-18　UnDeepVO 的系统框架图[70]

2.3.4　高精度地图生产流程

高精度地图的采集是一个庞大的任务，需要投入大量的采集车辆负责收集高精度地图的数据，而且道路环境在不断变化，为了让高精度地图保持精度，需要在道路环境改变时，高精度地图均要得到快速更新来保证自动驾驶汽车的安全性。

采集车是数据采集的核心载体，其搭载全球导航卫星系统、惯性导航系统、激光雷达、摄像头等系统和传感器等设备，其示意图如图 2-19 所示。需要采集的数据包括行车轨迹、图像、激光点云等数据，拥有车道线、护栏、路灯、交通标志等各种信息。在采集过程中，采集员需要测试监控采集状况，保证采集设备工作正常，并且需要依据天气和环境情况选择不同的摄像头参数。

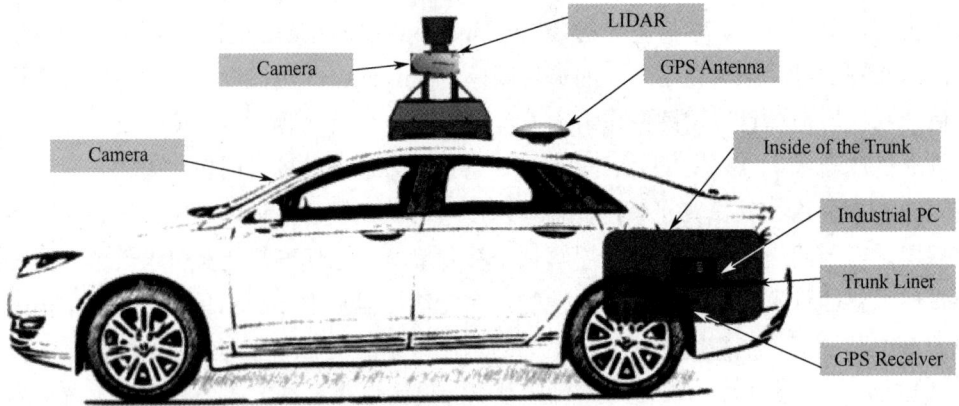

图 2-19　采集车示意图

目前高精度地图主流的采集设备是激光雷达、摄像头、GNSS、IMU 等。其中激光雷达和摄像头用于获取采集车周围的环境数据，IMU、GNSS 用于获取采集车的位置信息。采集车需要采集的数据模型包括道路模型、车道模型、道路标记模型以及基本对象模型。

道路模型的要素包含道路中心线、几何形状、曲率、坡度等。道路几何形状指制作数据时，形状点连接成的道路的几何形状。通过形状点描述道路的几何形状时，形状点以坐标形式进行描述。曲率表示道路的弯曲程度，弯曲程度越大曲率越大，弯曲程度越小曲率越小。计算时采取曲线拟合的方法，得到各个形状点所在的曲率半径的倒数，根据道路的几何形状，进行曲线拟合后计算出离散点的曲率。坡度是指道路的起伏程度，道路的起伏程度越大则坡度越大，道路的起伏程度越小则坡度越小。计算时，对形状点高程差与水平距离取正反切计算得到坡度。车道模型的要素包含车道类型、车道边界、车道线颜色等信息。车道类型主要包括普通车道、入口车道、出口车道、进入匝道等。其中普通车道指没有特殊属性的车道，一般为主行车道，普通车道按照实际的车道形态进行制作表达，并在右侧车道线上赋值主路属性。道路标记模型主要指车道线的样式，包括无属性、单实线、长虚线、双实线、左实右虚线等。道路标线会赋值在对应的车道线上。高精度地图中对象的类型包括杆、牌、龙门架等。其中杆类型中包括灯杆、基站杆、摄像头杆、交通标志牌杆等。而地面标线可以细分为多个子类型，如地面箭头、地面文字等。对象表达为一个能够容纳整个对象的包围盒，该包围盒按对象的外切线将对象完全包围，一个对象对应一个包围盒，且包围盒的属性与对象的属性对应。

采集车采集到符合要求的数据并保存后，首先进行数据处理，将各传感器数据进行融合以进行各种对象的识别和标注，针对其中的误差及错误进行人工检查并更正，之后编译成可供自动驾驶应用的高精度地图。数据处理指的是对收集到的数据进行整理，分类以获得初始地图模板，其中不包含任何语义信息或注释，之后通过激光点云配准、激光点云识别和图像识别等技术，把不同传感器采集的数据进行融合，再进行道路元素的识别和分类。

在以往的传统导航电子地图数据制作过程中，地图公司各自都定义了自己的专属数据格式。起初也仅是满足自有导航引擎的数据检索、路径规划等原始需求，并未过多的考虑第三方的兼容和扩展。随着道路信息的快速变化，这种封闭、结构紧凑的格式在数据存储及增量更新方面的弊端日益突显。如今，自动驾驶所需的高精度地图不仅是供导航引擎使用，还需要满足不同传感器直接访问地图数据的需求，另外自动驾驶对高精度地图的实时更新还有强依赖性，这势必需要有统一的、支持增量更新的格式。为应对上述问题，国内外专家在早些年就已启动了新一代可以支持增量更新的导航电子地图存储标准的研究，目前在世界范围内比较通用的格式规范有：欧洲的 NDS（导航数据标准）、Opendrive 等。

高精度地图的数据质量基于 ISO 19157/19158 和 IATF 16949 等质量标准，质量保障贯穿整个高精度地图的生产流程。在高精度地图的标准上，业内现有六大事实标准。不同级别的自动驾驶对于高精度地图的精度、数据内容等的要求不同，但较为公认的事实标准包括相对精度、逻辑一致性、数据正确性、点云属性、存储方式以及元素完备性六个方面。

相对精度：不同于测绘中的基于绝对坐标（长时间观察取的平均值）建立的绝对精度，自动驾驶并不要求知道某个位置的经纬度，更多的是要求知道相对位置（如车辆与建筑物的距离），因此衡量标准为相对精度。

逻辑一致性：逻辑一致性要求同一个地点在地图上对应的点是唯一的，不会产生重影。

数据正确性：数据正确性考虑的是要求高精地图能够去除短期静态物体（临时停靠车辆、非固定障碍物等），保证路面是干净的。

点云属性：高精度地图要求点云属性不能过于简单，以便进一步读取文字内容信息等来保证地图的准确性。

存储方式：在存储方式方面，鉴于自动驾驶的运用范围是有限的车载空间，因此高精地图的压缩比例越高越先进，车能够行驶得更远，有更好的主动规划能力。

元素完备性：元素完备性要求高精地图具有足够多满足自动驾驶需要的矢量元素信息。

同时，全国智能运输系统标准化技术委员会（SAC/TC 268）也发布了自动驾驶电子地图数据模型与交换格式的相关国家标准征求意见稿。在标准文件中，规定了自动驾驶汽车电子地图中高速道路数据模型与交换格式的产品要求，包括术语和定义、精度、坐标系统、数据内容和基本属性，以及电子地图数据的模型、不同类型的数据在使用环境中的主要作用等。其用于以智能汽车电子地图为主要应用内容的智能导航定位产品，如自动驾驶汽车、高级辅助自动驾驶汽车、高精度车辆监控和调度等的生产和应用，中国地图厂商可以依据此标准向用户提供满足智能电子地图交换格式数据的统一数据产品说明。

高精度地图具有数据量大等特点，如果直接将高精度地图导入自动驾驶汽车，将会占用大量资源。为了灵活调度高精度地图的资源，通常高精度地图供应商会提供一个称为地图引擎的软件，其提供了读写高精度地图数据的应用程序编程接口（API）。从应用层来看，其提供了一套驱动和管理地理数据，实现渲染、查询等功能的函数库。所有应用层软件只需要调度地图引擎提供的 API 就能实现读取、增添、删除、修改高精度地图的功能。同时，其可以基于车端数据互传优势，结合 5G 的应用，采集车端状态和道路数据，通过地图更新，数据回传形成云端到车端的数据闭环，持续优化高精度地图。

● 2.3.5 5G/C-V2X 众包地图生产方法

用众包的方法构建城市地图，地图供应商可以借助道路上众多的移动终端进行数据采集，再在服务器端进行数据加工以构建或更新地图，从而降低了对自营测绘车设备的要求。特别是对地图动态数据的收集和生产，众包架构比常规数据挖掘的系统具有更高的生产效率。

例如，基于众包方法获得城市停车地图[71]，如图 2-20 所示，感应车辆采用摄像头和超声波等传感器获得路边车位数据，每次感应车辆经过一条街道时，它都可以在每个位置收集并报告测距仪传感器的测量结果。在获得了该街道停车位的多个快照后，云端服务器可以通过加权占用率阈值算法来汇总不同感应车辆上报的信息，考虑 GPS 定位精度，可以为不同数据计算不同权重，再对停车位位置进行加权平均，最终获得较为精确的停车地图。

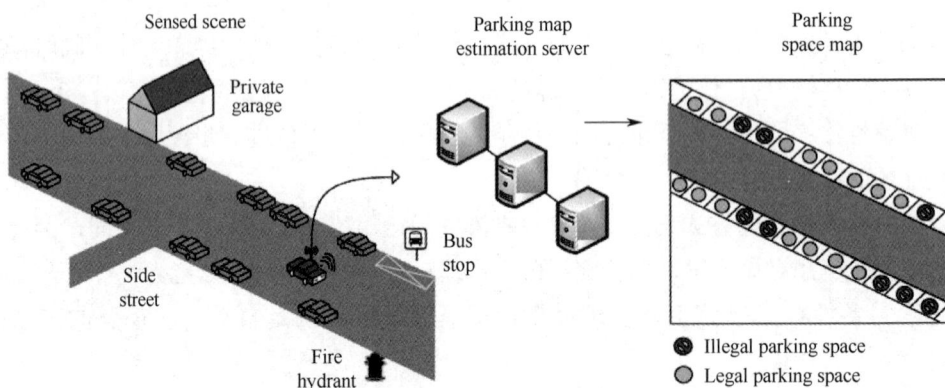

图 2-20　基于众包方法获得城市停车地图[71]

高精度地图的众包任务具有传输数据量大以及传输频次高的需求，对参与车辆的感知范围和感知速度提出了新的挑战，其需求呈现局部性和动态性。已有的众包方法多使用分布式决策算法进行局部协同，其决策算法没有考虑驾驶员的决策影响，只适用于机械的、行车安全相关的简单协同；另外，高移动性和高可扩展性需求使得网络优化变得困难，传统众包任务调度方法难以对涉及多跳的服务可持续性进行保障。5G C-V2X 带来的大带宽 V2X 通信能力为高精度众包地图的生产提供了可能性，基于 5G C-V2X 体系的众包地图生产框架如图 2-21 所示。

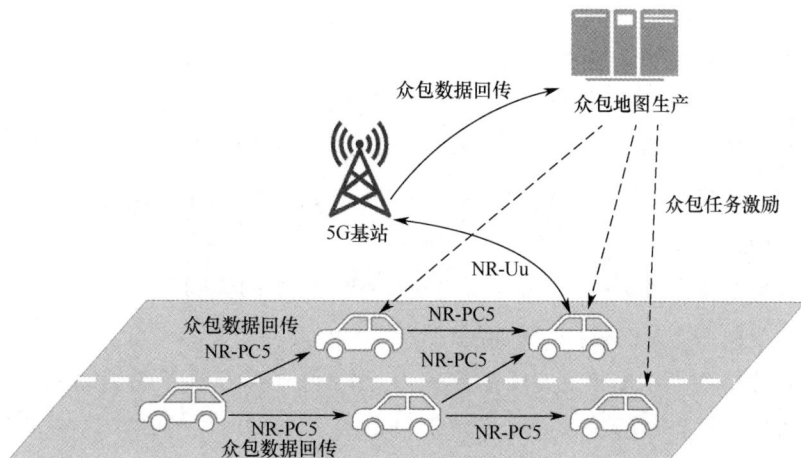

图 2-21 基于 5G C-V2X 体系的众包地图生产框架

众包地图生产商在发出众包任务激励后，参与的车辆能够通过 NR-PC5 接口的大带宽、组播技术自行完成众包采集任务的组织，并选取特定车辆通过 NR-Uu 接口回传众包采集数据结果，从而避免了多车大规模数据回传导致的数据冗余、通信拥塞等问题。

为了解决车辆在高精度地图众包任务中的任务分发、参与激励等问题，我们提出了一种基于信息传播与参与激励的局部协同方法[72]。该方法通过车辆之间的时空关联形成感知群组，再通过协同决策生成参与者，充分发挥局部多车协同的动态性和实时性，完成对订制区域的协同感知。

1）消息传播方式

在完成众包任务过程中，NR-PC5 接口之间的信息传播可以有不同的方式，例如，基于竞争的转发方法只允许竞争的胜者转发消息，该方法在一定程度上可以减少信息碰撞；基于簇的转发方法则首先构建簇，稳定的簇头作为通信基础设施，负责簇间转发和簇内通信协调，以有效减少传输量并提高通信效率，如图 2-22 所示。

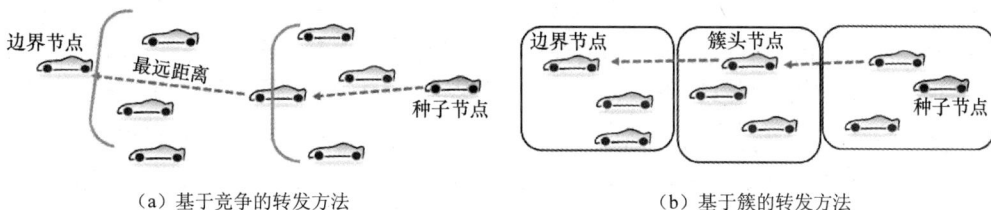

（a）基于竞争的转发方法　　　　　　　　（b）基于簇的转发方法

图 2-22 消息传播方式

2）参与激励方式

车辆与众包任务有关的决策激励可以划分为集中式决策和分布式决策，集中式决策是系统集中决策选择成员，分布式决策是自行选择成员。

（1）分布式决策

在分布式决策过程中，任务包通过 NR-PC5 接口从种子节点进行传播，传播到边界后，任务包被边界守卫（Border Guard）修改为协同包（Collaboation Message），并向种子节点回传。在回传过程中，任务包经过的车辆节点决策是否参与感知群落。这种分布式决策过程是一个群体博弈过程。在理想情况下，每个车辆可以自主做出选择，但群体中的所有车辆拥有两种均衡点。

无协同的均衡点：如果 $R < n_0\mu$，那么种子节点给予的奖励尚不能满足所有车辆的期望，因此没有车辆会加入群落进行协同感知。

混合策略的均衡点：如果 $n_0\mu \leqslant R \leqslant N\mu$，那么种子节点给予的奖励足以激励部分车辆参与局部协同，根据博弈论，每个车辆将以概率 p^* 参与协同感知。其中 p^* 是下面方程的唯一解：

$$E_m\left(\left(\frac{R}{m+1} - \mu\right)\text{Pos}\{m+1 \geqslant n_0\}\right) = 0 \tag{2-19}$$

其中，E_m 代表期望函数；m 代表实际群落的车辆数量，服从二项分布 $B(N-1, p)$；p 代表每个车辆参与群落的概率。该方程中解 p^* 代表了所有博弈者的均衡点，在该均衡点每一个体的期望收益是 0 且没有动机做出单边改变。类似地，我们还可以考虑上述问题的变种，即博弈的车辆拥有更多私有信息的情况下个体的选择。考虑每个博弈者不仅知道群体代价 μ 还知道自身的代价 C_i，这相当于对式（2-19）施加了更强的约束，即每个车辆会在 $C_i \leqslant \gamma^*(R)$ 情况下参与群落。$\gamma^*(R)$ 是以下方程的唯一解：

$$E_m\left(\left(\frac{R}{m+1} - \gamma\right)\text{Pos}\{m+1 \geqslant n_0\}\right) = 0 \tag{2-20}$$

其中，m 代表实际群落的车辆数量，服从二项分布 $B(N-1, F(\gamma))$，$F(\gamma) = \text{Prob}(C_i \leqslant \gamma)$。与式（2-19）一样，式（2-20）中所有群体成员对其他成员的估计是一样的；不同在于，式（2-20）中每个车辆拥有的私有信息 C_i 会影响个体的决策，从而改变均衡点。

（2）集中式决策

集中式决策是由一个中心点（如边缘计算）进行集中决策，该中心点拥有所有愿意参与群落的车辆的代价集 $C = \{C_{i_1}, C_{i_2}, ..., C_{i_n}\}$。将代价集按升序排列生成新的代价集 $C' = \{C_1, C_2, ..., C_n\}$，不妨假设 C' 中没有完全相同的代价值，那么种子节点可以选择拥有第 1 小到第 n_0 小代价的车辆作为感知群落的成员。每个 $C_i \leqslant C_{n_0}$ 的车辆将被选择参与协同感知，每个车辆相应获得 C_{n_0} 的奖励，其余 $N - n_0$ 个车辆没有奖励。因为具有近似相同的感知时间和空间约束，我们为每个参与群落的车辆分配同样的奖励 C_{n_0}。

根据众包车辆的协作转发方式和协作激励方式的不同组合，可以将众包生产划分为不同的协同感知方案，如图 2-23 所示。

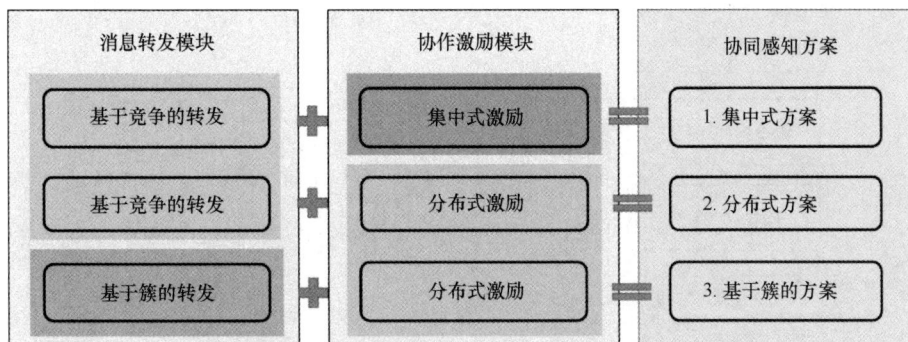

图 2-23　众包生产的不同的协同感知方案

① 集中式方案：使用基于竞争的消息转发和集中式决策结合方法生成最终参与感知的车辆。任务的消息包首先通过获得竞争胜利的车辆进行转发；其余车辆通过转发车辆的广播获得任务信息；车辆返回的协作消息包各自独立地通过竞争转发回到种子车辆；种子车辆获得局部群体的消息，并做出最优决策。

② 分布式方案：使用基于竞争的消息转发和分布式决策结合方法生成最终参与感知的车辆。任务的消息包首先通过获得竞争胜利的车辆进行转发；其余车辆通过转发的车辆的广播获得任务信息；车辆根据任务包中的信息自主决策是否参与协同感知，决策结果通过协作包转发到种子车辆；种子车辆获得所有车辆的分布式决策结果，无须做局部决策。

③ 基于簇的方案：使用基于簇的消息转发方法和分布式决策结合方法生成最终参与感知的车辆。任务包首先通过簇头进行簇间转发，簇内由簇头共享；车辆根据任务包中的信息进行分布式决策，无须种子车辆做局部决策。

2.4　高精度定位技术

高精度定位是自动驾驶的基础，自动驾驶决策对定位系统的准确性、实时性、精确度、可靠性和安全性提出了非常高的要求。目前主要的定位方法包括基于 RTK 差分系统的 GNSS 定位、无线电（如蜂窝网、局域网等）定位、惯性测量单元 IMU、传感器以及高精度地图。

根据场景以及定位性能的需求不同，同时考虑到环境（遮挡、光线、天气）、成本以及稳定性等因素，单纯采用一种定位技术难以满足自动驾驶汽车定位需求，因此结合多种感知技术与定位技术的融合定位成为自动驾驶定位技术的发展趋势。

● 2.4.1　惯性导航技术

惯性导航系统是一种不依赖于外部信息，也不向外部辐射能量的自主式导航系统，其主要由惯性测量单元、信号处理和机械力学编排 3 个模块组成，如图 2-24 所示。

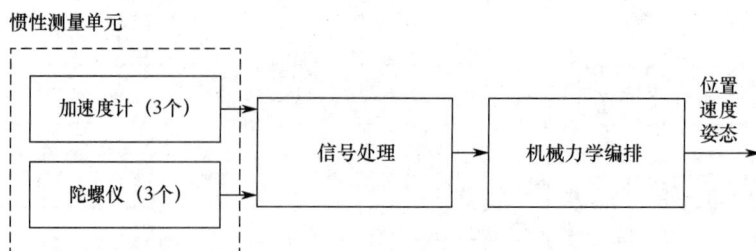

图 2-24　惯性导航系统的主要模块

　　一个惯性测量单元包括 3 个相互正交的单轴加速度计（Accelerometer）和 3 个相互正交的单轴陀螺仪（Gyroscopes），其结构如图 2-25 所示。信号处理部分对惯性测量单元输出信号进行信号调理、误差补偿并检查输出量范围等，以确保惯性测量单元正常工作。

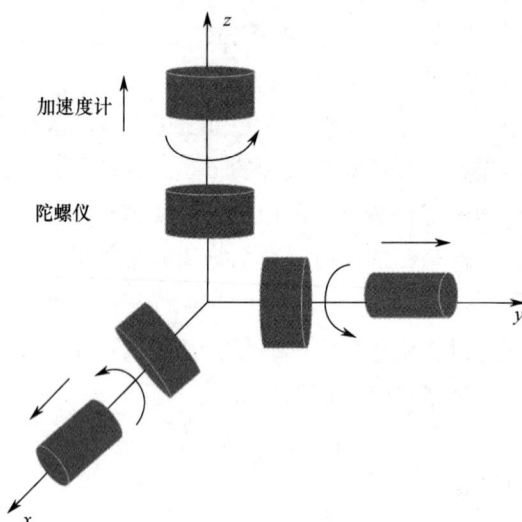

图 2-25　惯性测量单元结构

　　惯性导航系统根据机械力学编排形式的不同，可分为 GINS（Gimbaled Inertial Navigation System，平台式惯性导航系统）和 SINS（Strap-down Inertial Navigation System，捷联式惯性导航系统）。GINS 是将陀螺仪和加速度计等惯性测量单元通过支架平台与载体固连的惯性导航系统。该系统给惯性测量单元提供了较好的工作环境，使得系统的精度较高，但平台台体也直接导致了系统结构复杂、体积大、制造成本高等不足。SINS 是把惯性测量单元直接固连在载体上，用计算机来完成导航平台功能的惯性导航系统，基于成本控制考虑，当前自动驾驶领域常用捷联式惯性导航系统。

● 2.4.2　地图匹配定位技术

　　无论是 GNSS 定位还是惯性导航定位，自动驾驶汽车定位系统的误差都是不可避免的，定位结果通常偏离实际位置。地图匹配（Map Matching）定位技术将定位模块输出的位置估计与地图数据库提供的道路位置信息进行比较，并采用适当的算法校正定位误差，使车辆不会因为定位误差而在地图显示时偏离道路[73]。同时，引入地图匹配可以有效消除系统随机误差，校正传感器参数，弥补在城市高楼区、林荫道、立交桥、隧道中长时间GNSS定位失效而惯性导航系统误差急剧增大时的定位真空期。

地图匹配定位是在已知汽车位姿信息的条件下进行电子地图局部搜索的过程。首先，利用汽车装载的 GNSS 和 INS 做出初始位置判断，确定电子地图局部搜索范围。然后，将激光雷达实时数据与预先制作好的电子地图数据变换到同一个坐标系内进行匹配，匹配成功后即可确认汽车定位信息。地图匹配定位流程如图 2-26 所示。

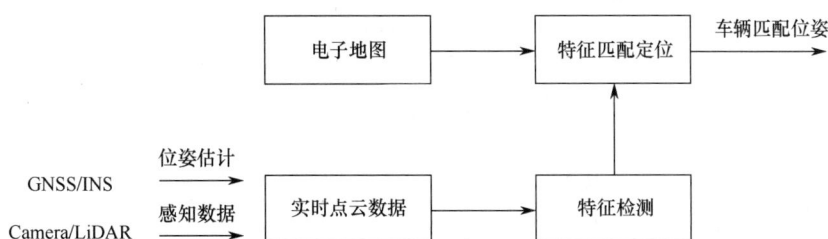

图 2-26　地图匹配定位流程

地图匹配算法主要用于获取当前汽车所在道路和道路上的位置，因此，地图匹配算法的形式化描述为：

$$\hat{X}_n = f((X_0, X_1, X_2, \cdots, X_n)^{\mathrm{T}}, G(R, N)) \tag{2-21}$$

式中，X_n 表示 n 时刻汽车的原始状态信息，如定位数据、速度、行驶方向等；G 表示道路网络，由道路路段集 R 以及道路节点集 N 构成。根据不同的地图匹配特点，地图匹配算法可以分为几何匹配算法、概率统计算法和其他高级算法。

高精度地图相较于普通导航地图精度更高，可达到厘米级，数据维度更广，含有语义信息的车道模型、道路部件、道路属性等矢量信息，以及含有可用于多传感器定位的特征图层，高精度地图可用于判断可行驶区域、目标类型、行驶方向、前车相对位置、感知红绿灯状态及行驶车道等信息，辅助汽车预先感知坡度、曲率、航向等复杂路面信息。

考虑到高精度地图所蕴含的丰富的语义信息，可以通过与传感器所感知的语义信息关联，实现语义级高精度地图的匹配定位，具体流程如图 2-27 所示[74]。

首先采用惯性递推或航位推算获取定位预测值，再通过地图匹配定位与 GNSS 高精定位进行滤波融合，对预测结果进行校正，获得精确定位信息。

（1）车身各类传感器（激光雷达、毫米波雷达、相机）通过标定与授时进行时间同步与空间同步。

（2）使用 GNSS 高精定位及惯导提供初始位置、速度、姿态。

（3）在上一历元的状态下，通过惯导惯性递推/车辆里程计/视觉里程计递推，获得下一历元的预测状态（通常情况下取惯导输出时间间隔为一历元）。

（4）根据当前预测位置，由高精度地图提取车身周围的高精度地图语义信息，包括车道线、栅栏、交通标牌、交通灯、电线杆、龙门架等对象信息，并按目标类别进行分类。

（5）各传感器结合车辆预测状态，进行车道线/目标识别，并同样进行对象分类。

（6）通过分类对象进行对象匹配。

（7）匹配完成后，根据高精度地图中存储的对象位置、姿态信息，结合传感器测距、测姿结果，反向计算车辆位置、姿态信息，获得匹配定位结果。

（8）将 RTK 定位结果/匹配定位结果及车辆预测状态进行融合滤波，获得最终定位状态，并进行状态更新。

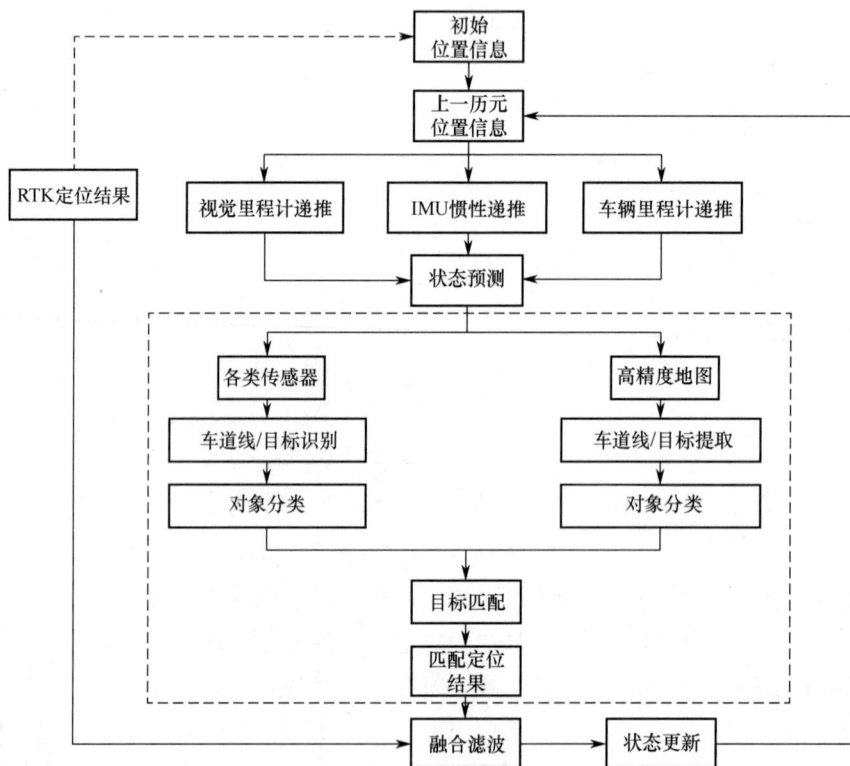

图 2-27　基于语义级的高精度地图匹配定位流程[74]

2.4.3　通信辅助定位技术

除使用前面所述的基于高精度地图和多传感器融合的定位技术外，基于通信辅助定位技术进行车辆定位也是实现自动驾驶高精度定位不可或缺的部分。其中公众移动通信网作为最大的无线覆盖网络，成为除 GNSS 之外最为重要的辅助定位手段。而在室内环境下，除了使用公众移动通信网，还可以使用 Wi-Fi、超宽带、可见光等多种定位方式。

1）公众移动通信网辅助定位

公众移动通信网使用一系列基站进行蜂窝无线覆盖，终端在使用公众移动通信网时总会链接到至少一个基站，从而能够知道终端的大致位置。公众移动通信网辅助定位原理可以分为以下三种。

单站辅助定位主要包括基于基站标识的 COO（Cell Of Origin）定位、RTT（Round Trip Time，信号往返时间）定位、AOA（Angle of Arrival，到达角）定位。COO 定位通过识别终端连接的基站扇区（Cell），并由基站的高精度位置大致推断出 Cell ID 覆盖范围并完成定位，定位精度为 200～500 m。RTT 定位通过 TA（Time Advance，时间提前量）测得信号在终端与基站之间往返的时间，从而可以将位置在 COO 定位范围基础上，进一步缩小到扇区特定半径距离边界上。AOA 定位则利用终端信号传送至基站的入射角度来进一步将 RTT 定位缩小到特定扇区的特定范围边界与特定角度的交叉点。虽然 COO+RTT+AOA 联合定位能够确定终端的位置，但由于 2G～3G 时代对入射角度计算困难，且终端与基站之间的时间难以精确同步，导致其定位精度并不太高。

为了保障公众移动通信网的无缝覆盖和通信质量，通常需多个无线基站进行交叉覆盖，即一个终端可能会在多个基站的覆盖范围中。根据这一特点，多站辅助定位主要包括基于三基站信号到达时间的 TOA（Time Of Arrival）定位和基于信号到达时间差的 TDOA（Time Difference Of Arrival）定位。TOA 定位会测量多个基站发送的参考信号到达终端的时间，根据到达时间来计算基站与终端之间的距离，并计算三个不同基站检测半径之间的交点，来估算终端位置。为了避免终端与基站之间时间同步误差导致的定位误差，可以进一步将终端与基站之间的传递时间改进为信号传递时间差，即 TDOA 定位。在 TDOA 定位中，终端一定会位于以基站为半径，以出发时间和抵达时间的时间差为误差半径的环形区域内，获得三个基站的误差半径，即可获得一个交叉区域范围，即终端位置。在 4G 时代，基站部署较为密集，TDOA 定位具有较为稳定的定位性能，定位精度为 50～200 m。

在 5G 时代，为了支持更大的终端密度，获得更大的传输带宽，基站部署密度比 4G 更大，为 5G 辅助定位提供了基础。5G R16 版本中利用 MIMO 多波束特性，能够更好地支持 gND 对终端所在的波束进行上行到达角度测量（UL-AOA），并提供了离开角测量法（AoD），支持测量每波束的下行链路参考信号接收功率（DL-RSRP），以计算下行离开角（DL-AOD）。同时，5G R16 版本增强了信道探测参考信号（SRS），允许每个基站测量上行链路相对到达时间（UL-RTOA）；引入了新的参考信号定位参考信号（PRS），允许终端测量下行链路相对到达时间差（DL-RSTD）。在 5G R16 版本中，可以获得终端上报的 DL-RSRP、DL-RSTD、终端转发时间（RX-TX）；可以获得 gNB 上报的 UL-AoA、UL-RSRP、UL-RTOA、gNB 转发时间（RX-TX）；从而能够更为精确地进行位置测量。5G R16 版本的水平定位精度优于 50m，垂直定位精度优于 5 m（80%置信区间）。针对高精度定位，5G R16 版本可以做到水平定位精度优于 3 m（室内）和 10 m（室外），垂直定位精度优于 3 m（室内和室外）（80%置信区间）。未来的 5G R17 版本将可实现亚米级（0.3 m

以内）的绝对精度要求。

2）Wi-Fi 辅助定位

Wi-Fi 在室内具有广泛的分布，Wi-Fi 辅助定位手段主要包括以下几种。

RSSI（Received Signal Strength Indication）定位方法是通过接收到的信号强弱测定室内空间的信号图谱（RSSI 指纹），并根据图谱特征计算当前位置与各个 Wi-Fi 接收点的距离，从而通过信号强度图谱进行定位计算。虽然室内固定环境中的信号图谱相对稳定，但在室内人员、设备频繁移动条件下会导致信号的复杂多径传输，测距定位性能会急剧下降。

FTM（Fine Timing Measurement，精准测时机制）用于支持精确时间测量，测时粒度单位为 0.1 ns。这一机制与 TOA 机制类似，可以利用其精准测量使测距精度达到 3 厘米。

CSI（Channel State Information，信道状态测量）能够在子载波的粒度上提供无线信号经历空间传播后的幅度和相位变化信息，从而能够更好地绘制空间信号图谱（CSI 指纹）。

使用 30～300 GHz 的毫米波已经成为下一代 Wi-Fi 和 6G 技术的共识，毫米波波束窄，角度分辨率高，超高带宽能够保证更高的测时分辨粒度，使得 Wi-Fi 进行高精度厘米级定位也成为可能。

3）UWB 辅助定位

UWB（Ultra Wideband）是一种纳秒至微微秒级的非正弦波窄脉冲通信技术，其不采用正弦载波，所占频谱范围很宽。UWB 有穿透力强、功耗低、抗多径效果好、安全性高、系统复杂度低、能提供精确定位精度等诸多优势，能提供十分精确的定位精度。UWB 辅助定位同样可采用类似于 TDOA 的方式进行多点差分定位，以获得测定目标的准确位置数据。

● 2.4.4 支持自动驾驶的融合定位

由于自动驾驶过程中所面临的场景复杂，单一定位技术都不能满足自动驾驶的复杂需求。

惯性导航（INS）中配备高频传感器，一定时间内可以提供连续的较高精度的汽车位置、速度和航向信息，但其定位误差会随着系统运行时间累积而剧增。卫星定位技术（GNSS）虽然能够提供高精度定位，但其更新频率低，且会因隧道、建筑群等障碍物的遮挡而中断。而通信辅助定位会遇到无线覆盖差异导致的定位精度不足。因此，自动驾驶需要采用多定位技术融合的定位技术。

多传感器融合定位的目标是根据不同传感器的特征，将各种传感器在空间和时间上的互补与冗余信息进行优化组合，提高整个定位系统的有效性。其基本思想是利用 GNSS 提供的高精度定位来纠正 INS 的累积定位误差，利用通信辅助定位解决在室内等无 GNSS 信号的地域的定位问题，利用 INS 解决短时隧道、GNSS 和通信辅助定位的定位间隔期间的连续不间断的定位。同时再与地图匹配技术相结合，利用高精度地图提供的信息，进一步提高定位精度。多传感器数据融合定位流程示意图如图 2-28 所示。

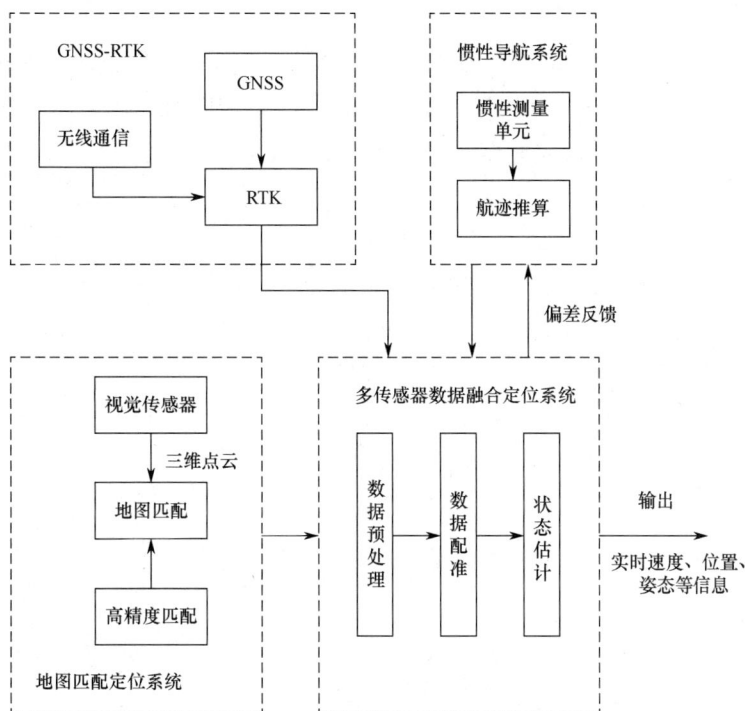

图 2-28　多传感器数据融合定位流程示意图

数据预处理分为传感器初始化及校准，传感器初始化指相对于系统坐标独立地校准每一个传感器。一旦完成了传感器初始化，就可以利用各传感器对共同目标采集得到的数据进行数据配准。

数据配准就是把来自一个或多个传感器的观测和点迹数据与已知或已经确认的事件进行合并，保证每个事件集合所包含的观测和点迹数据来自同一个实体的概率较大。在数据配准过程中，需要收集足够多的数据点来计算系统偏差，计算得到的系统偏差用来调整随后得到的传感器数据。其中，传感器的配准主要包括时间配准和空间配准两个方面。

（1）时间配准是将关于同目标的各传感器不同步的测量信息同步到同一时刻。由于各传感器对目标的测量是相互独立进行的，且采样周期（如惯性测量单元和激光雷达的采样周期）往往不同。另外，由于通信网络的不同时延，各传感器和融合处理中心之间传送信息所需的时间也各不相同，因此，各传感器上数据的发送时间有可能存在时间差，所以融合处理前需将不同步的信息配准到相同的时刻。时间配准的一般做法是将各传感器数据统一到扫描周期较长的一个传感器数据上，目前，常用的方法包括最小二乘法和内插外推法。

（2）空间配准是借助于多传感器对空间共同目标的测量结果与传感器的偏差进行估计

和补偿。对于同一系统内采用不同坐标系的各传感器的测量定位时，必须将它们转换成同一坐标系中的数据，对于多个不同子系统，各子系统采用的坐标系是不同的，所以在融合处理各子系统间的信息前，也需要将它们转换到相同测量坐标系中，而处理后还需将结果转换成各子系统坐标系的数据，再传送给各个子系统。常用的与目标运动航迹无关的偏差估计方法主要有 RTQC（Real Time Quality Control，实时质量控制法）、最小二乘法、ML（Maximum Likelihood，极大似然法）和基于卡尔曼滤波器的空间配准算法等。在给出的几种算法中，实时质量控制法和最小二乘法完全忽略了传感器测量噪声的影响，认为公共坐标系中的误差来源于传感器配准误差。GLS（Generalized Least Square，广义最小二乘法）和基于卡尔曼滤波器的方法虽然考虑了传感器测量噪声的影响，但只有在测量噪声相对小时，才会产生好的性能。为了克服前两种局限性，提出了 EML（Exact Maximum Likelihood，精确极大似然）空间配准算法。

状态估计算法用于最终实现高精度定位轨迹的预测，主要包括综合估计法、贝叶斯估计法、DS 证据推理、最大似然估计、贝叶斯估计、最优估计、卡尔曼滤波算法及鲁棒估计等。目前自动驾驶领域使用最多的是卡尔曼滤波算法。

2.5 规划与决策技术

2.5.1 规划与决策系统概述

自动驾驶汽车从端到端的行驶过程依赖于规划与决策系统的输出控制。根据规划与决策的阶段和目的，可以将规划与决策过程划分为路由规划（长期全局路径规划）、行为决策、运动规划（短期运动路径规划）、运动决策四部分，如图 2-29 所示。

1）路由规划

路由规划是一种长期规划，即从起点到终点

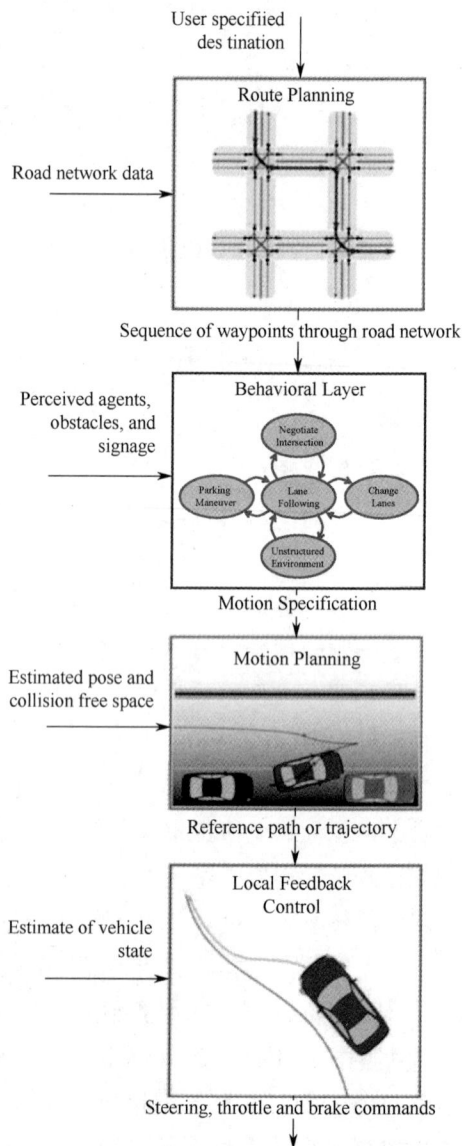

图 2-29　自动驾驶系统中的决策规划系统分层结构[75]

的全局路径规划。面向自动驾驶的路由规划需要精确到某一条路的某一条车道，以支持匹配高精度地图。通常可以把自动驾驶车辆的车道级规划问题，抽象成一个在有向带权图上的最短路径搜索问题。考虑到交通环境中存在的拥堵、交通事件等，空间最短路径并不一定是最优线路。因此全局路径寻优往往需要叠加更复杂的环境影响因素进行路由规划。

2）行为决策

行为决策主要面向特定的交通场景，产生满足安全驾驶或高效驾驶的驾驶行为决策，以满足车辆安全性能、遵守交通法规等为原则。典型的行为决策方法主要是基于规则的行为决策和基于学习的行为决策。

基于规则的行为决策主要是将自动驾驶汽车的运动行为进行划分，根据当前任务路线、交通环境、交通法规以及驾驶规则知识库等建立行为规则库，对不同的环境状态进行行为决策逻辑推理，对驾驶员的行为进行输出，同时接受运动规划层对当前执行情况的反馈情况，进行实时动态调整。有限状态机主要用于描述有限状态以及状态之间的转移规则，具有实用性强、可靠性高和逻辑推理清晰等特点，是基于规则的行为决策的常用方法。但是由于自动驾驶面临的环境太过复杂，有限状态机的有限状态集合、输入集合和状态转移规则集合三部分难以人工制定。

为了解决状态和状态迁移条件的选取问题，可以通过人工智能学习的方式来解决，如决策树和强化学习。决策树与状态机类似，区别在于决策树是一个预测模型，其建立的是感知数据与目标状态的映射。这意味着决策树本身的决策结果并不依赖于上一个状态，所有的状态依赖关系都隐含在当前感知数据中。强化学习类似于有限状态机，通常使用马尔可夫决策过程（MDP）进行抽象，但其状态迁移的决策策略是通过强化学习算法自动化学习获得。基于强化学习的行为决策方法近年来发展迅速，主要有马尔可夫决策、Q 学习算法、深度 Q 学习算法等。决策树和强化学习都是数据驱动的学习方法，优点是能够根据选定的数据进行自动化学习，无须人工进行策略选择。但是其缺点也在于，环境的不确定性因素会对预训练的决策策略带来影响。虽然可以通过增强数据训练集来改善，但何种数据集才能"完整"覆盖全部情况及场景却难以评价。同时，由于决策树和强化学习得到的决策策略对人来讲是"黑盒"，难以理解，也就难以评价其对情况和场景的决策准确程度。

3）运动规划

运动规划是一种短期局部路径规划，主要以自动驾驶汽车局部坐标系为基准，产生自动驾驶车辆在未来短时间内的局部参考路径，可以为跟车、超车、倒车、交叉口左转、交叉口右转等不同场景提供导向信息。

运动规划可以规划自动驾驶汽车未来一段时间内的期望行驶路线，要求路径的每一点都可以表示汽车状态的信息，相当于是自动驾驶未来行驶状态的集合，每个路径点的坐标和切向方向就是汽车位置和航向，路径点的曲率半径就是汽车运动半径。

运动规划需要考虑车辆的运动特征，避免碰撞，同时由于车辆及其周边环境都是持续动态变化的，给出的运动规划并不是在行驶过程中一直有效的解，因此需进行运动路径的持续优化。

在自动驾驶的实际场景中，车辆的运动规划不但受行为决策影响，还将受感知和地图定位模块的结果影响，以保证在行为决策过程中出现的新感知物体不会被忽略，能够通过运动规划实现最基本的避让，避免给自动驾驶汽车带来安全隐患，提高自动驾驶汽车的安全性。

4）运动决策

运动决策是根据运动规划输出的参考路径，对车辆进行运动控制，使车辆的真实运动轨迹能够尽可能地接近短期运动规划路径。

● 2.5.2　路由规划

路由规划是根据自动驾驶汽车起始点和目标点，按照交通环境状况规划出的一条有效行驶路径。由于自动驾驶车辆往往需要在大范围区域内行驶，因此路由规划可以划分为全局路径规划和局部路径规划。

1）全局路径规划

全局路径规划与传统导航类似，主要是在环境地图中选择合适的路径搜索算法，快速实时地搜索能够抵达目标位置的可行驶路径。这条可行驶路径决定了车辆在行驶期间将经过的道路。

由于交通拥堵、事故、限行等环境因素的存在，以及长距离行驶的时间与交通环境变化的影响，全局最优的可行使路径并不一定是距离最短或时间最短路径，单纯地使用图搜索算法并不一定能得到最佳路线。

在选择出全局规划最佳路径后，可根据这条道路中的每一个路段和路段之间的关系，进一步使用局部路径规划选择具体的通行车道。

2）局部路径规划

局部路径规划是根据具体的、细粒度的环境信息，如障碍区域、自由区域等路面静态及动态环境信息进行综合判断，建立满足自动驾驶汽车所需的"车道级"行驶路线规划。

由于交通环境的易变性，局部路径规划并不需要超前计算，但是需要与全局路径规划协同，进行迭代式的动态计算，以避免局部路径规划找不到正确路径或完整路径。

同时，局部路径规划还需与行为决策进行紧密协同，以保证行为决策结果能够及时反映到局部路径规划，否则可能会导致全局路径重新规划。例如，行为层面针对行人、异物、紧急车辆等的避让决策，以及交叉路口的通行决策等，可能导致自动驾驶车辆偏离预先规划好的行驶路径，这就需要局部路径规划根据环境状态实时进行重新规划。

3）路径规划算法

常用的路径规划算法大致可分为三类：传统算法（Dijkstra 算法、A*算法等）、智能算法（粒子群 PSO 算法、遗传算法、强化学习等）、传统与智能相结合的算法。常用的 5 种路径规划算法对比如表 2-3 所示，包括搜索方向、是否启发式、是否增量式、适用范围等。

表 2-3　常用的路径规划算法对比

算法	搜索方向	启发式	增量式	适用范围
Dijkstra 算法	正向搜索	否	否	全局信息已知，静态规划
A*算法	正向搜索	是	否	全局信息已知，静态规划
D*算法	反向搜索	否	是	部分信息已知，动态规划
LPA*算法	正向搜索	否	是	部分信息已知，假设其余为自由通路，动态规划
D* lite 算法	反向搜索	是	是	部分信息已知，假设其余为自由通路，动态规划

由于交通环境状态的多变性，导致传统路径规划算法存在环境适应性差、最优解求解困难等问题。为此，我们提出了一种基于价值迭代和组合优化的全局路径协同规划算法[76]。该算法的基本过程如下。

（1）城市交通态势建模

最优路径受城市交通态势影响，因此首先构建一个以栅格为基本移动单位的城市交通图。该交通图基于大量车辆速度和轨迹数据，构建了代表车辆驾驶穿越该栅格的"穿越时间代价"（Traverse Time Map，TTM，后简称态势图），以及在该态势下车辆移动行为关联，从而建立起"态势图-移动行为"数据库。这些数据中包含了丰富的路线决策信息，可用于对神经网络的训练。

整个市区地图被分割为栅格图 $G = (V, E)$ ，其中栅格单元用顶点 V 表示，$V = \{v_{0,0}, v_{0,1}, ..., v_{x,y-1}, v_{x,y}, ...\}$，其中下标 x 和 y 代表某一栅格在二维地图上的位置坐标；一个栅格与相邻 8 个栅格通过边 E 相连，某一条边的权值 e_{x_1,y_1,x_2,y_2} 代表驾驶车辆从栅格 v_{x_1,y_1} 到 v_{x_2,y_2} 所消耗的时间。

（2）路径规划框架

由于规划问题的复杂性，从态势图到移动行为的策略函数难以用一般结构的神经网络学习。我们使用 VIN（Value Iteration Network，价值迭代网络）学习跨网格的决策规划函数，如图 2-30 所示。

一般地，在一个策略函数 π 下，某一个状态的值 $V^\pi(s)$ 是从该状态出发的所经历一系列状态值的衰减求和，即

$$V^\pi(s) = E^\pi \left[\sum_{t=0}^{\infty} \gamma^t r(s, a) \mid s_0 = s \right] \tag{2-22}$$

其中 $\gamma \in (0,1)$ 是衰减因子，E^{π} 表示状态轨迹 $(s_0,a_0,s_1,a_1,...)$ 的总奖励的期望值，状态轨迹中的行为是根据策略函数 π 进行选择，状态轨迹中的状态则由状态转移函数 $P(s'|s,a)$ 决定。

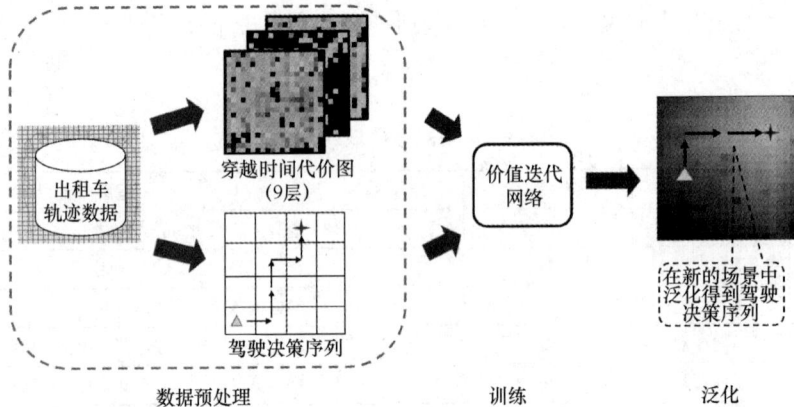

图 2-30　路径规划框架

最优价值函数 $V^*(s) = \max_{\pi} V^{\pi}(s)$ 是从长期来看可能获得的最大化奖励。如果对任何状态 s，存在 $V^{\pi}(s) = V^*(s)$，则这个策略 π^* 被称为最优策略。通常来说，计算最优价值 V^* 和最优策略 π^* 的算法是价值迭代：

$$V_{n+1}(s) = \max_a Q_n(s,a) \ \forall s$$
$$Q_n(s,a) = R(s,a) + \gamma \sum_{s'} P(s'|s,a) V_n(s') \tag{2-23}$$

当 $n \to \infty$，价值函数 V_n 收敛至 V^*，得到最优策略 $\pi^*(s) = \arg\max_a Q_{\infty}(s,a)$。

（3）基于价值迭代网络的路线规划学习

考虑到车辆从栅格 $v_{x,y}$ 可以直接行驶到相邻 8 个栅格或者仍然停留在原栅格，态势图需要包含车辆在每个栅格实施上述 9 种行为的代价。因此我们设计态势图 $\varepsilon = \{E^0, \cdots, E^1, \cdots, E^8\}$，任何一条态势图的边权重 $e_{x,y}^l \in E^l$ 代表了从 $v_{x,y}$ 到下一个栅格 $v_{x+dx(l),y+dy(l)}$ 的驾驶时间，其中 l 表示了驾驶的方向。

最后将具有相同时间戳的态势图和驾驶行为合并为训练数据对，就构建好了城市驾驶导航的马尔可夫决策过程：该马尔可夫决策过程包含的地理状态为栅格 $s=v$，行为 a 有 9 种，奖励函数 $R(s,a) = R(v,a) = e_v^a$，状态转移函数 $P(s'|s,a) = P(v'|v,a)$ 编码了在给定状态和行为情况下转移至一系列状态的概率分布函数。

价值迭代算法的每一次迭代计算都可以被分解为两步计算：卷积计算将前次价值函数 V_n 和奖励函数 R 输入一个卷积层，并输出卷积结果；池化将卷积层的计算结果得到本次迭代的价值函数 V_{n+1}。综上，价值迭代网络通过重复地使用卷积和池化 K 次，进行了 K 次迭代计算。当 K 足够大时，价值函数 V_k 近似于收敛，即可用于计算最优策略 π^*。

面向全局路线规划的价值迭代网络如图 2-31 所示。通过端到端训练将可得到一个栅格序列，通过对穿过栅格序列的道路进行选择，即可获得车辆通行的最佳路线规划。

2.5.3　行为决策

行为决策将汇集车辆自身与周边环境状态信息，并根据这些信息制定行驶策略。

2.5.3.1　状态信息

车辆自身与周边环境状态信息主要包括以下三个方面。

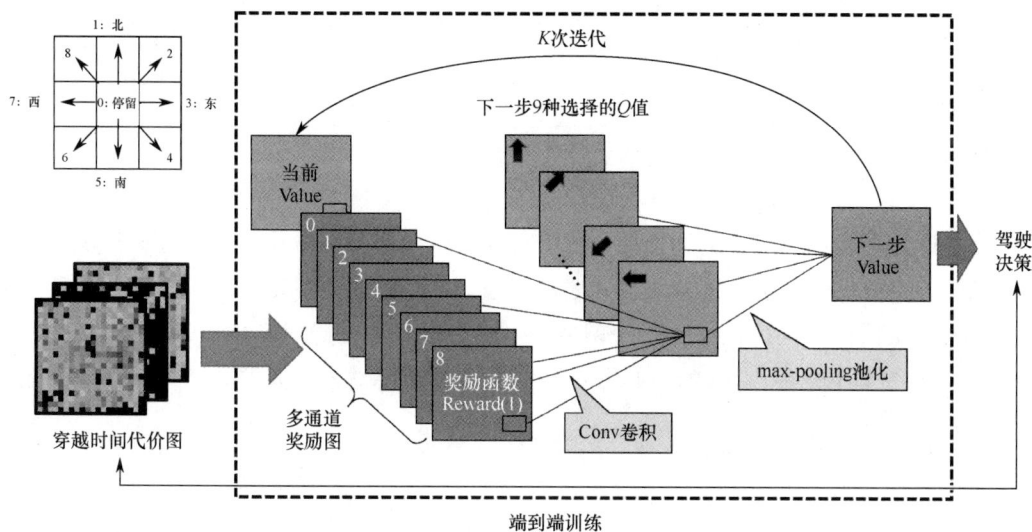

图 2-31　基于价值迭代网络的路线规划学习

1）车辆的自身状态信息

车辆的运动状态包含位置、速度、方向、所在的车道。车辆的运动状态是车辆行为决策的基础。

车辆的驾驶行为状态包含当前驾驶行为状态、历史驾驶行为序列。车辆的行为决策可以被抽象为一个马尔可夫决策过程 MDP，其中当前时刻的状态仅与前一时刻的状态和动作有关，与其他时刻的状态和动作条件独立。因此历史行为序列会影响车辆的行为决策。

2）周边环境状态信息

细粒度周边环境状态包括识别出的周边交通元素，含机动车、非机动车、障碍物等交通元素的类型，还包括这些交通元素的位置、速度、方向、所在车道等，以及这些交通元素的意图和短时轨迹等。

高精度地图相关信息包括前方车道的高精度信息、道路标识（限行、限速、指示灯、标识线）等。车道的高精度信息能够提供车辆未来可运动的空间范围，道路标识信息则包含了当前道路的交通规则。

3）车辆的路由规划和运动规划

车辆的当前路由规划包括结果路线和备选路线。路由规划的结果是车辆驾驶行为决策的总目标，如路由规划结果需要在下一个路口右转，那么这一右转需求就成为当前驾驶行为决策的目标。

可以根据车辆的历史运动轨迹，进行运动规划出车辆的目标运动轨迹。虽然运动轨迹是运动规划过程根据行为决策结果规划出的短时行驶路线，但是由于运动规划需考虑车的运动特征，而车辆作为一个惯性系统难以瞬时改变状态，这就导致行为决策既需要考虑周边环境，也需要考虑车辆的运动轨迹。在新的研究方法中，通常会结合历史运动轨迹和周边态势进行联合决策。

2.5.3.2 驾驶行为

行为决策的目标主要是保证车辆可以像人类一样有安全的驾驶行为，满足车辆安全性能、遵守交通法规等原则。

为了避免学习算法的不可解释性，驾驶行为决策一般采用分层有限状态机实现，即通过专家知识将驾驶行为预先划分为多个关键状态，并通过人工制定的决策条件和人工智能学习出的决策依据，进行状态之间的切换，以及关键状态的子状态的学习训练。2007 年斯坦福大学 DARPA 城市挑战赛的"Junior"无人车顶层驾驶行为的状态定义和状态迁移如图 2-32 所示。

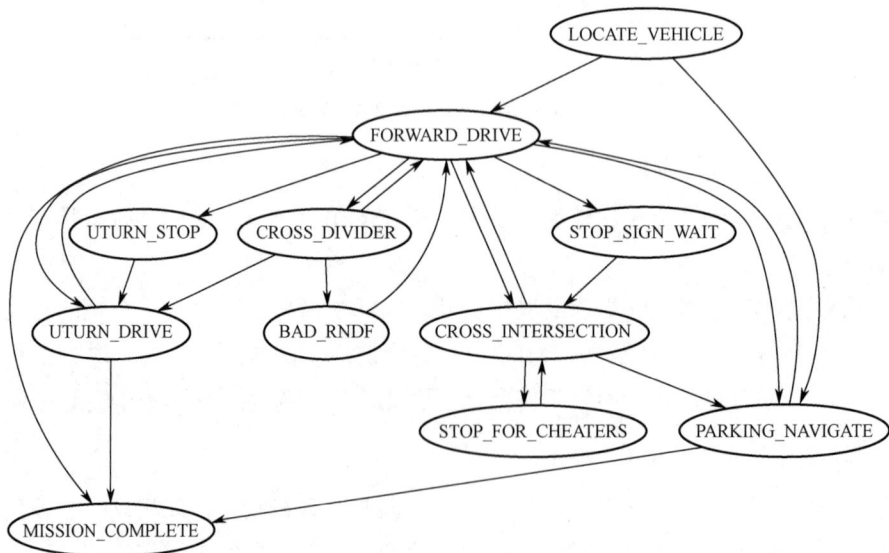

图 2-32　"Junior"无人车顶层驾驶行为的状态定义和状态迁移图

其中，FORWARD_DRIVE 包含了正常驾驶过程中需要解决的一系列子状态，如直行、车道保持、规避障碍；PARKING_NAVIGATE 则包含了停车过程中需要解决的一系列子状态，如倒车入库、侧方位停车等。CROSS_INTERSECTION 则包含了车辆经过十字路口的场景等。

以自动驾驶汽车智能认知能力进行分级，可以分为基础行为、行车行为、交通行为等。

（1）基础行为：车辆的基础行为包括车辆的基本控制动作，如启动、定点停车、倒车、入库、侧方位停车等最基本的车辆控制动作。

（2）行车行为：车辆的行车行为是车辆在行驶过程中，为保证车辆的正常行驶相关的一系列行为，主要包括独立行驶、ACC（Adaptive Cruise Control，自适应巡航控制）、跟车、车道保持、换道、超车、转弯、掉头等。

（3）交通行为：车辆并不是单独在道路上行驶，而是要融入交通环境中。在交通环境中，需要处理更加复杂的多车协同、车环境协同、交通管控等事宜。交通行为主要包括交通限行/管控、绿波车速控制、红绿灯十字路口通行、红绿灯十字路口掉头、合分流区控制等。

2.5.3.3　决策模型

在执行驾驶行为决策的过程中，决策模型大致可以划分为以下 4 种。

1）有限状态机模型

最初的自动驾驶车辆采用的是有限状态机模型，通过构建状态迁移图来描述不同的驾驶状态以及状态之间的转移关系。有限状态机模型是一种规则模型，能够清晰地抽象出自动驾驶车辆的决策过程，是最容易理解和进行可靠验证的模型，被广泛应用。但在复杂环境下，无法有效应对环境的动态性和不确定性，难以有效应对开放道路环境。因此，目前主要使用分层有限状态机作为自动驾驶的顶层模型，对自动驾驶的场景进行宏观管理。

2）决策树模型

决策树模型或行为树模型主要根据环境状态执行驾驶动作"预测"或"分类"，是一种预测模型。决策树模型将驾驶状态和控制逻辑存储在树结构中，可通过预定义的规则或有监督的学习来构建树结构。在一定程度上，决策树模型具有可视化的控制逻辑，具备可解释性。但同样难以解决状态空间、行为空间爆炸的问题，难以应对交通环境中存在的不确定性因素。

3）推理决策模型

推理决策模型主要建立"场景特征–驾驶动作"的映射关系，其中场景特征主要指的是从环境获取的"场景"的"知识"，主要包括基于规则的推理系统、基于案例的推理系统和基于神经网络的映射模型等，其核心是场景知识的认知和映射关系的学习。通常端到端的深度学习模型都属于该类模型。由于推理决策模型是数据驱动的，依赖对"场景"的全面学习，因此其适应性和可解释性较差。

4）基于价值的决策模型

根据最大效用理论，基于价值的决策模型的基本思想是依据选择准则在多个备选方案中选择出最优的驾驶策略或动作。该类模型定义了效用（Utility）或价值（Value）函数来定量评估每个驾驶动作符合驾驶任务目标的"好坏"程度，如是否符合安全性、舒适度、行车效率等。由于这一决策模型能够根据最终驾驶目标训练出车辆的基本动作行为，因此能够有效提取基础行为、行车行为、交通行为等复杂行为之间的关联关系，能够较好地解决多个智能个体在复杂环境中的耦合行为决策。目前基于价值的决策模型主要研究方向是深度强化学习或多代理深度强化学习。

2.5.3.4 基于强化学习的决策模型训练

在具体子状态的实现过程中，自动驾驶的行为决策需要综合考虑自身运动状态、交通环境信息、交通控制规则等，对照经验知识，选择适合当前交通环境之下的驾驶行为。由于所需考虑的信息复杂，且并不是所有的信息都能够被实时全面的获取，如未来的交通状态、未来的环境变化、未来的司机真实驾驶意图等，因此自动驾驶的行为决策一般认为是 POMDP（Partially Observable Markov Decision Process，部分可观测的马尔可夫决策过程）。

一个基础的马尔可夫决策过程 MDP 由五元组 (S,A,P_a,R_a,γ) 组成，其相应的定义如下：

$$Q(s,a) \leftarrow (1-\alpha)Q(s,a) + \alpha(r + \gamma \max_{A'} Q(s',a')) \tag{2-24}$$

下面分别对几个元素进行说明，并分析其对 MDP 问题分析的影响。

S 表示自动驾驶车辆的状态空间，其状态域的划分应考虑自动驾驶车辆的位置和地图要素。在位置维度，自动驾驶车辆可将周围空间划分为固定长度和宽度的网格。在地图维度，自动驾驶车辆可以创建不同地图对象组合的状态空间，如包含车辆所处位置的当前和相邻车道。

A 表示行为决策输出空间。行为决策输出空间是一组包含所有可能行为运动的组合，其一般是固定的。例如，当前车辆的行为决策包含跟随当前车道车辆、切换车道到相邻车道、左转/右转、减速让行、红绿灯或人行横道前停车、超车道超车。

P_a 为状态转移概率，表示自动驾驶车辆处于状态 $s \in S$，采取行为决策 $a \in A$ 时，到达 $s' \in S$ 的概率值。

R_a 为奖励函数，表示通过采取行为决策 a 时从状态 s 转移到状态 s' 时的奖励值，该奖励表示了如何评估其状态转换的综合度量，故其值中应该充分考虑和体现的因素包括：安全性、舒适性、达到目的地便利性、执行难度等。这里需要注意的是，当每帧期望下的奖励函数是一个不确定的随机变量时，就需要针对其计算的总体期望值进行策略优化，求得累积奖励函数的最大化。

γ 为折扣因子，必须确保当前帧相同量的回报总比未来帧的回报值更有价值，故折扣因子应该按照时间帧顺序进行指数型衰减。

POMDP 与 MDP 的区别仅在于，POMDP 增加了一组观察 Ω 和一组条件观察概率 O。自动驾驶处于状态 $s \in S$，采取行为决策 $a \in A$ 时，代理接受观察 $o \in \Omega$ 取决于环境的新状态，概率为 $O(o|s',a)$。

解决 MDP 问题的关键是找到一个最优策略，表示为使给定回报函数 R_a 的折扣回报期望总和最大化。这里需要根据给定的任何状态，按照对应策略计算一个行为决策。而最终制定的每帧策略可以将 MDP 过程看成是一个马尔可夫链。对于寻找优化行动策略 a 的输出方法通常是基于动态规划（Dynamic Programming，DP），假设状态转移概率矩阵和奖励函数矩阵是已知的，则策略优化方法是在所有可能的状态中进行重复迭代计算得到两个状态数组的收敛。

一些奖励函数的制定规则如下。

（1）路径导向移动至目的地。设置策略选择的运动决策应该尽量确保本车参照前端路径规划模块移动至目的地，当运动决策使得本车偏离规划路径时，相应的奖励函数值将被降低，即当前移动应该给予惩罚。反之，相应的奖励函数值会被提高。

（2）以避撞为前提的移动。自动驾驶车辆的移动在微观上可以看成将整个移动平面空间划分为许多不同的网格阵列，当运动决策规划的移动使得本车移动至容易发生碰撞的位置，则该行动策略所产生的奖励函数值将被降低，即当前移动应该给予惩罚。

（3）确保驾驶体验感。对于自动驾驶车辆来说，需要考虑驾驶过程的舒适性、平顺性，尽量避免产生剧烈的操作行为，此项可能引起驾驶员对于体验评价得分的降低，进而影响奖励函数值的输出。例如，前端规划纵向加速度时尽量避免因突发状况出现时导致本车急减速。

由于需要考虑多种不同的信息类型，行为决策问题实际是个非线性规划问题，往往很难用一个单纯的数学模型来解决，这就导致对于 POMDP 问题难以使用传统方法处理。目前主要考虑用强化学习的方式来实现，如图 2-33 所示。

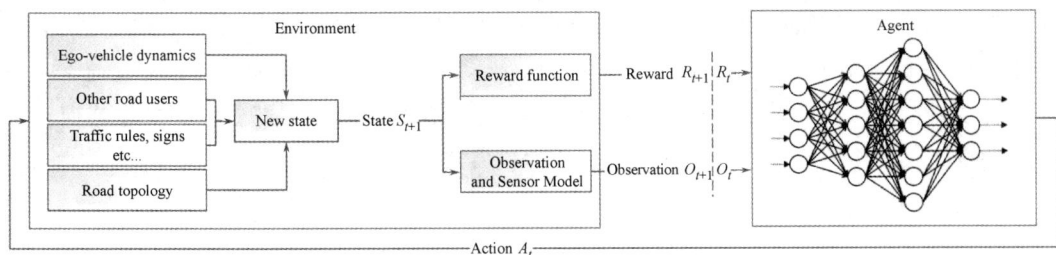

图 2-33　基于强化学习的车辆驾驶行为决策模型

目前一些典型场景下的常用强化学习算法对比如表 2-4 所示。

表 2-4 常用强化学习算法对比[77]

AD Task	(D)RL method & description	Improvements & Tradeoffs
Lane Keep	1. Authors [82] propose a DRL system for discrete actions (DQN) and continuous actions (DDAC) using the TORCS simulator (see Table V-C) 2. Authors [83] learn discretised and continuous policies using DQNs and Deep Deterministic Actor Critic (DDAC) to follow the lane and maximize average velocity	1. This study concludes that using continuous actions provide smoother trajectories, though on the negative side lead to more restricted termination conditions & slower convergence time to learn. 2. Removing memory replay in DQNs help for faster convergence & better performance. The one hot encoding of action space resulted in abrupt steering control. While DDAC's continuous policy helps smooth the actions and provides better performance
Lane Change	Authors [84] use Q-learning to learn a policy for ego-vehicle to perform no operation, lane change to left/right, accelerate/decelerate	This approach is more robust compared to traditional approaches which consist in defining fixed way points, velocity profiles and curvature of path to be followed by the ego vehicle
Ramp Merging	Authors [85] propose recurrent architectures namely LSTMs to model longterm dependencies for ego vehicles ramp merging into a highway	Past history of the state information is used to perform the merge more robustly
Overtaking	Authors [86] propose Multi-goal RL policy that is learnt by Q-Learning or Double action Q-Learning(DAQL) is employed to determine individual action decisions based on whether the other vehicle interacts with the agent for that particular goal	Improved speed for lane keeping and overtaking with collision avoidance
Intersections	Authors use DQN to evelute the Q-value for state-action pairs to negotiate intersection [87]	Creep-Go actions defined by authors enables the vehicle to maneuver intersections with restricted spaces and visibility more safely
Motion Planning	Authors [88] propose an improved A^* algorithm to learn a heuristic function using deep neural netowrks over image-based input obstacle map	Smooth control behavior of vehicle and better peformance compared to multi-step DQN

除了依靠单车感知能力进行自动驾驶决策，随着 5G V2X 技术的逐渐推广，车与车、车与人、车与路以及车与边缘云端的协同技术为自动驾驶汽车提供的新的超视距感知能力与协同能力，能够有效补充单车智能的不足，同时也对行为决策产生了深远影响，详细内容见第 3 章。

2.5.4 运动规划

运动规划是根据行为决策结果，结合路面可行驶区域和车辆自身的动力学特征，选择符合条件的路径搜索算法，规划出一条无碰路径。主流的运动规划的轨迹路径搜索的基本算法包括以下几种。

1）启发式搜索算法

启发式搜索算法主要是将规划问题转化成图搜索问题，然后使用广度优先搜索、深度优先搜索等算法进行轨迹规划，如 Dijkstra、Lattices、A*算法等。典型的转化方式是对道路进行栅格化，如图 2-34 所示。

启发式搜索算法的好处是能够得到全局最优解，但问题是面临规划的指数爆炸问题。如果图空间太大，维度太高，搜索消耗时间太长。

2）基于采样的方法

基于采样的方法通过对状态空间均匀随机采样来构建一个连通图，从而将原问题近似成一个离散序列的优化问题，如 PRM（Pobabilistic RoadMap，概率路图法）、RRT（Rapidly Random Tree，快速随机扩展树法，如图 2-35 所示）等。

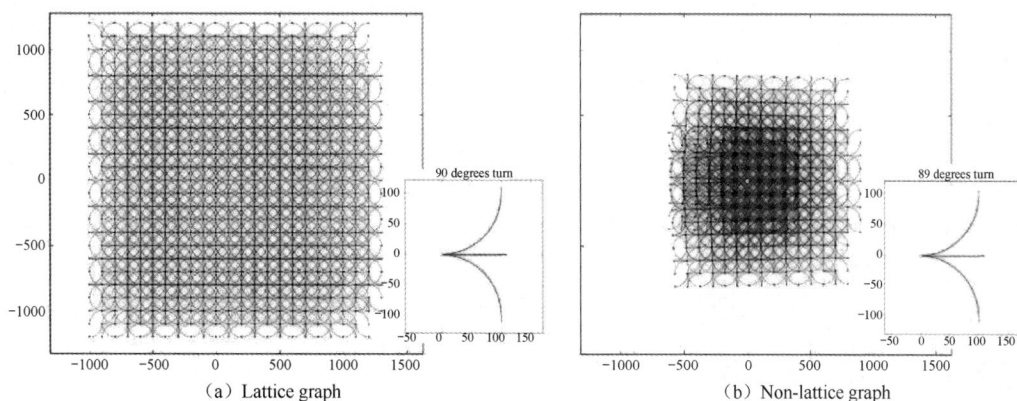

（a）Lattice graph　　　　　　　　　　（b）Non-lattice graph

图 2-34　栅格化

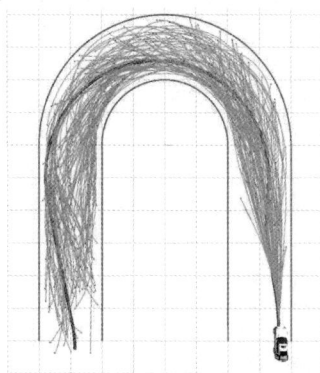

图 2-35　RRT 算法路线规划

　　基于采样的方法能够处理较高维数的运动规划，但由于经过采样，规划轨迹只是一个近似最优解，而不是全局最优解，还需要一定的后优化和后处理。

　　3）基于优化的规划方法

　　由于自动驾驶车辆是在道路上行驶，车辆的运动总能体现为一种相对坐标系下的曲线。例如，进行车道维持时，车辆的运动轨迹就是对车道线的曲线参数求解问题，从而转化为最优化问题。这一方法的好处是求解速度快，缺点是应用场景受限，因为并不是所有的问题都能很好地转化为优化问题，也不是所有的优化问题都有解。

　　4）人工势场法

　　人工势场法假设障碍物和目标位置分别产生斥力和引力，从而可以沿着势场的最快梯度下降方向去规划路径，从而使得该方法具有较高的求解效率。但是这类方法的关键问题是如何选择合适的势场函数，使得势场模型能够较好地符合车辆的运动状态，同时这一方法有可能陷入局部最优。

　　5）其他方法

　　车辆本身是具有动力学特性的，如果能充分考虑车辆动力学因素，规划出的运动轨迹就会更加合理。例如，结合车辆无滑移条件，将车辆在车道中的相对位置、加速度、横摆角速度以及曲率等作为优化指标，将整个运动规划问题转化为非线性规划问题，从而获得可行轨迹。

近年来随着深度学习技术的发展，基于深度学习进行"端到端"的"行为决策"与"运动规划"联合求解最佳行驶轨迹，已经取得了较大的进展，这一方法具有简洁高效的优势，具有很强的发展潜力。

2.6 自动驾驶平台技术

2.6.1 自动驾驶硬件平台

自动驾驶汽车利用计算机代替人类实现驾驶功能，这就需要在有人驾驶汽车的基础上增加感知定位系统、计算平台、控制执行系统等一系列能够实现车辆环境感知、决策与驾驶动作执行的系统。在车辆内部，为了辅助各系统的正常运行，通信总线、控制单元以及整车的电子电气架构都要进行相应的改进甚至重新设计，这些硬件系统共同构成了自动驾驶硬件平台。

2.6.1.1 自动驾驶传感器平台

现有的车载传感器主要包括超声波雷达、激光雷达、毫米波雷达、车载摄像头、红外探头等，如图 2-36 所示。基于测量能力和环境适应性，主流的自动驾驶传感器平台以雷

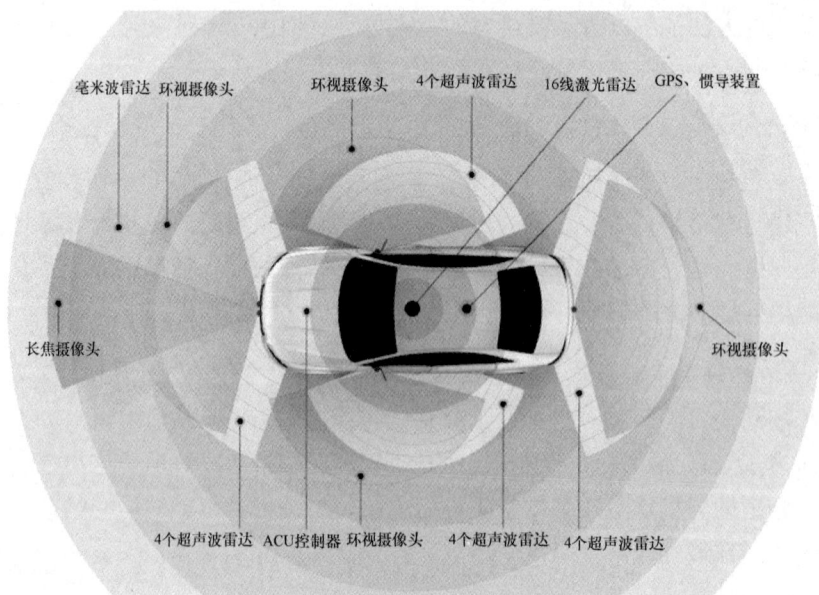

图 2-36　车载传感器示意图

达和车载摄像头为主，并不断与多种传感器融合。表 2-5 中给出了现有的多种传感器在远距离测量能力、分辨率、温度适应性等诸多自动驾驶关键特性上的性能表现，可见这些传感器各有优劣，无法在安装单一传感器的情况下完成对自动驾驶功能性与安全性的全面覆盖。因此，完备的自动驾驶系统应该是各个传感器之间借助各自所长相互融合、功能互补、互为备份、互为辅助。

表 2-5　车载传感器性能对比

性　　能	激光雷达	毫米波雷达	摄像头	GPS/IMU
远距离测量能力	优	优	优	优
分辨率	良	优	优	优
低误报率	良	优	一般	优
温度适应性	优	优	优	优
不良天气适应性	较差	优	较差	优
灰尘/潮湿适应性	较差	优	较差	较差
低成本硬件	较差	优	优	良
低成本信号处理	较差	优	较差	良

2.6.1.2　自动驾驶计算平台

自动驾驶任务非常复杂，意味着开发人员需要兼顾软件和硬件的协同。当传感器接收信息后，数据继而导入计算平台，由功能各异的芯片进行处理。因此计算平台的选择会直接影响到自动驾驶系统的实时性和鲁棒性。为了保证自动驾驶的实时性需求，软件响应的最大时延必须在可接受范围内，这对计算资源的要求相应也变得极高。目前，自动驾驶软件的计算量达到了 10 个 TOPS（每秒万亿次操作）或者更高。随着计算量的增长，众多企业提出了很多解决方案，以下介绍目前被广泛认可的几种方案。

（1）基于 GPU 的计算平台。GPU 有多核、高内存带宽的优点，因此在并行计算、浮点运算中提供了数十倍或数百倍于 CPU 的性能。特别是人工智能在自动驾驶广泛应用后，使用 GPU 运行深度学习模型，在本地或云端对目标物体进行分割、分类和检测，不仅耗时缩减，而且比 CPU 具有更高的应用处理效率。通过强大计算能力和对深度学习应用的有力支持，GPU 正在成为自动驾驶开发的主流平台解决方案。

（2）基于 FPGA 的计算平台。现场可编程逻辑门阵列 FPGA 是一种高性能、低功耗的可编程芯片，用户可以通过烧录 FPGA 配置文件来自定义芯片内部的电路连接，以实现特定功能。对比 GPU 和 CPU，FPGA 的主要优势是硬件配置灵活、能耗低、性能高以及可编程等，适合进行感知计算。目前出现的针对编程的软件平台，进一步降低了开发人员的应用门槛，使 FPGA 在自动驾驶感知技术领域的应用更广。Cyclone V SoC 就是基于 FPGA 打造的视觉解决方案，针对传感器融合应用进行了优化，可以实时高效地检测目标物体。

（3）基于 DSP 的计算平台。DSP（Digital Signal Processor，数字信号处理器）是一种

适合进行数字信号处理运算的微处理器，主要用于实时快速地实现各种数字信号处理算法。在其设计方案中，DSP 的数据和地址总线分离，允许取出和执行指令完全重叠，执行上一条指令的同时可取出下一条指令进行译码，大幅提升了微处理器的运行速度。此外，DSP 的架构设计特点使其在数学运算和数据处理方面有很好的表现，因此在时间关键型应用中，DSP 超过通用处理器的强大数据处理能力和高运行速度是其两大优势，奠定了它在自动驾驶应用中的基础。

（4）基于 ASIC 的计算平台。ASIC 即专用集成电路，是为特定需求而专门定制的芯片。它的优点是体积小、功耗低、计算性能和计算效率高。FPGA 和 ASIC 的区别主要在于是否可以编程。FPGA 客户可根据需求编程，改变用途，但量产成本较高，适用于应用场景较多的企业、军事等用户；而 ASIC 已经制作完成并且只搭载一种算法，只有一种用途，首次开模成本高，但量产成本低，适用于场景单一的消费电子客户。目前自动驾驶算法仍在快速更迭和进化，因此大多自动驾驶芯片使用 GPU+FPGA 的解决方案，未来算法稳定后 ASIC 将成为主流。Mobileye 是一家基于 ASIC 的无人驾驶解决方案提供商，其 EyeQ5 SOC 装备有四种异构的全编程加速器，分别对专有的算法进行了优化，包括计算机视觉、信号处理和机器学习等。

2.6.1.3 自动驾驶车辆线控系统

车辆线控技术指用电子信号代替由机械、液压或气动系统连接的部分，如换挡连杆、节气门拉线、转向器传动机构、制动油路等。它的出现不仅改变了系统连接方式，还改变了操作机构和操纵方式，以及促进执行机构的电气化。车辆线控技术的实现意味着汽车由机械到电子系统的转变。车辆线控技术要求网络的实时性好，可靠性高，而且一部分车辆线控系统要求功能实现冗余，以保证在一定故障时仍可以实现这个装置的基本功能。

1）线控节气门

线控节气门取消了踏板和节气门之间的机械结构，通过加速踏板位置传感器去检测油门踏板的位移，这个位移就代表了驾驶员的驾驶意图。ECU 收到该信号后根据其他传感器反馈回来的信息进行分析和计算得到最佳的节气门开度，然后再驱动节气门控制电机；节气门位置传感器检测节气门的实际开度，再把该信号反馈给 ECU 去实现整个节气门开度的闭环控制。

2）线控驱动

线控驱动又可以分为传统内燃车的线控驱动和电动车的线控驱动。对于传统内燃车而言，只需要能够实现油门踏板的自动控制就能够实现线控驱动，常见的实现方法有两种。第一种方法是在油门踏板的位置增加一套执行机构，去模拟驾驶员踩油门。同时还要增加一套控制系统，输入是目标车速信号，以实际车速作为反馈，通过控制系统计算去控制执行动作。第二种方法是接收节气门控制单元加速踏板的位置信号，只需要增加一套控制系统，输入目标车速信号，把实际的车速作为反馈，最后控制系统计算输出加速踏板位置信号给节气门控制单元。电动车使用 VCU（整车控制单元）来进行控制，其主要功能是实现扭矩需求的计算以及实现扭矩分配。VCU 接收车速信号、加速、车踏板信号以及电池电压及 SOC 的信息，还包括驱动电机的状态信息，然后在 VCU 内部进行计算，发送扭矩指令给电机控制单元，电机控制单元接收到 VCU 的扭矩需求后进行电机转矩的控制，从而能够实时响应 VCU 的扭矩需求，因此只需要 VCU 开放速度控制接口就能实现线控驱动。

3）线控制动

线控制动将原有的制动踏板用一个模拟发生器替代，用以接受驾驶员的制动意图，产生、传递制动信号给控制和执行机构，并根据一定的算法模拟反馈给驾驶员。目前出现了两种形式的线控制动系统：电子液压制动系统（EHB）和电子机械制动系统（EMB）。

EHB 是在传统的液压制动器基础上发展来的，与传统制动系统相比，最大的区别在于：EHB 用电子元件替代传统制动系统中的部分机械元件，即用综合制动模块取代传统制动系统中的助力器、压力调节器和 ABS 模块，制动踏板也不再与制动轮缸直接相连，而是采用电传刹车踏板，即刹车踏板与制动系统并无刚性连接，也无液压连接，而是仅仅连接着一个制动踏板传感器，用于给 EHB、ECU 输入踏板位置信号。

EMB 与 EHB 不同，它不是在传统液压制动系统上发展而来的，而是与传统的制动系统有着极大的差别，完全抛弃液压装置，并使用电子机械系统替代，其能量源只需要电能，因此执行和控制机构需要完全重新设计。也就是说，EMB 取消了刹车液压管路，采用电机直接给刹车碟施加制动力。这个原理类似于电子手刹，但是与电子手刹最大的不同是，EMB 需要产生足够大的制动力并且制动线性要高度可调，响应需要非常迅速。

● 2.6.2　自动驾驶软件平台

操作系统是应用软件的基础开发平台，在嵌入式系统应用的开发过程中，它不仅能够简化软件的开发环节，而且可以降低后续维护成本，所以逐渐成为嵌入式系统中不可或缺的一部分。由于汽车、工业控制以及航空航天等领域对时间响应有着明确的规定，嵌入式实时操作系统已潜移默化地应用于上述领域。

汽车电子领域的软件大多数是嵌入式软件。由于各类硬件产品种类的不一致性，以及整体嵌入式系统软件的快速发展，现阶段软件设计开发以封闭式为主，这样有利于开发人员指定设计的软件系统，如针对特定硬件以及高效利用硬件资源等。这种涉及指定硬件和应用而开发的软件系统，其对硬件资源的高效应用以及软件本身的处理效率是十分可观的。

相关数据显示，目前的中高端汽车，汽车电子占整车成本已超过 30%，一辆智能汽车大约装备有 50～100 个 ECU 和 2 亿行左右的源代码，与空客 A380 客机的代码量相当。

约有90%的智能汽车创新是通过汽车电子来实现的，其中有 80%的创新取决于软件，软件创新逐渐胜过传统的硬件创新。众多汽车厂商利用软件系统控制汽车架构，除可以实现创新升级的优点外，还可以很大程度降低汽车重量和生产成本。

2.6.2.1 自动驾驶汽车软件架构

近年随着汽车电子化、智能化发展，汽车 CAN 总线上搭载的 ECU 日益增多。各汽车制造商车型因策略不同，ECU 数目略有不同，但据统计平均一辆车约为 25 个 ECU，某些高端车型则高达百余个。汽车电子领域迫切需要有一种全新的整车软件设计标准来应对复杂的电子设计。为此，2003 年成立的 AUTOSAR（AUTomotive Open System ARchitecture）联盟，致力于为汽车工业开发一套支持分布式的、功能驱动的汽车电子软件开发方法和电子控制单元上的软件架构标准化方案。AUTOSAR 软件结构如图 2-37 所示，整车软件系统可通过 AUTOSAR 架构对车载网络、系统内存及总线的诊断功能进行深度管理，它的出现有利于整车电子系统软件的更新与交换，并改善了系统的可靠性和稳定性。目前支持 AUTOSAR 标准的工具和软件供应商都已经推出了相应的产品，提供需求管理、系统描述、软件构件算法模型验证、软件构建算法建模、软件构件代码生成、RTE（Run-Time Environment）生成、ECU 配置，以及基础软件和操作系统等服务，帮助软件系统提供商实现无缝的系统软件架构开发流程。

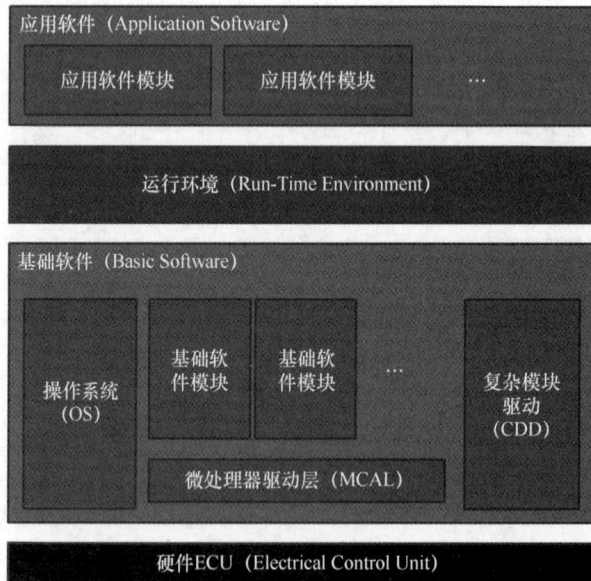

图 2-37 AUTOSAR 软件结构

AUTOSAR 整体框架为分层式设计，以中间件 RTE 为界，隔离上层的应用层与下层的基础软件。应用层中的功能由各软件组件实现，软件组件中封装了部分或者全部汽车电子功能，包括对其具体功能的实现以及对应描述，如控制大灯、空调等部件的运作，但与汽车硬件系统没有连接。中间件部分给应用层提供了通信手段，这里的通信是一种广义的通信，可以理解成接口，应用层与其他软件体的信息交互有两种，第一种是应用层中的不同模块之间的信息交互；第二种是应用层模块同基础软件之间的信息交互。而 RTE 就是这些交互使用的接口的集散地，它汇总了所有需要和软件体外部交互的接口。汽车中各种不同的 ECU 具有各种各样的功能，实现这些功能所需要的基础服务可以抽象出基础软件，如输入输出操作（IO）、模数转换操作（AD）、诊断、CAN 通信、操作系统等，不同的 ECU 功能所操作的 IO、AD 代表不同的含义，所接收发送的 CAN 消息代表不同的含义，操作系统调度的任务周期优先级不同。

2.6.2.2　自动驾驶汽车操作系统

在软件平台中，操作系统主要管理系统中的各种软硬件资源，控制用户和应用程序的工作流程。操作系统是架构在硬件之上的第一层软件，是系统软件和应用程序运行的基础。自动驾驶汽车的操作系统负责管理车辆对四周物体的识别、车辆定位以及路径规划等功能，它是实现无人驾驶的关键。由于自动驾驶汽车具有强安全关联属性，若操作系统功能欠佳，其代价不仅是工作效率低下，而且关乎生命安全，所以自动驾驶汽车的操作系统在监控支配汽车时的反应需要精确到微秒级，能够实时感知周围环境并规划出针对性的解决方案。所以，下面将主要介绍车载实时操作系统。

1）实时操作系统的定义

操作系统承担了关联使用者和计算机设备硬件的功能，提供一种让用户可以方便控制计算机、运行程序的能力，是计算机的核心之一。其负责非常核心的任务，如内存的分配、处理器的调度、进程和线程管理、进程间通信、I/O 管理、并发控制、中断与事件处理等。而实时操作系统和普通操作系统不同的是，其对实时性的要求非常高，实时操作系统希望处理器等整个流程的系统级别时延越小越好，如一个任务获得后需要在非常短的时延内完成。其具有固定的时间约束，让计算的难度更高，即系统不仅需要得到正确的结果，还需要得到有效的结果，在规定的时间范围内正确做出响应。而如果系统的实时性无法保证，则可能产生灾难性的后果。

2）实时操作系统的设计思路

（1）实时的消息、事件处理机制：在常规的操作系统中，消息队列都是按照 FIFO（先进先出）的方式进行调度的，如果有多个接收者，那么接收者也是按照 FIFO 的方式接收消息（数据），但实时操作系统会提供基于优先级的处理方式，两个任务优先级是分别是 10 和 20，同时等待一个信号量，如果按照优先级方式处理，则优先级为 10 的任务会优先收到信号量。

（2）提供内核级的优先级翻转处理方式：实时操作系统调度器最经常遇到的问题就是优先级翻转，因此对于类似信号量的 API，都能提供抑制优先级翻转的机制，防止操作系统死锁。

（3）减少粗粒度的锁和长期关中断的使用：这里的锁主要是指自旋锁（Spinlock）等会影响中断的锁，也包括任何关中断的操作。对于非实时操作系统来说，如果收到一个外部中断，那么操作系统在处理中断的整个过程中可能会一直关中断。但实时操作系统的通常做法是把中断作为一个事件通告给另外一个任务，中断服务程序在处理完关键数据以后，立即打开中断，驱动的中断服务程序以一个高优先级任务的方式继续执行。

（4）系统级的服务要保证实时性：对于一些系统级的服务，如文件系统操作，非实时系统会缓存用户请求，并不直接把数据写入设备，或者建立一系列的线程池，分发文件系统请求。但实时系统中允许高优先级的任务优先写入数据，在文件系统提供服务的整个过程中，高优先级的请求被优先处理，这种高优先级请求直到操作完成才会结束。这种设计实际上会牺牲性能，但实时系统强调的是整个系统层面的实时性，而不是某一个点（如内核）的实时性，所以系统服务也要实时。

（5）避免提供实时性不确定的 API：多数实时操作系统都不支持虚拟内存，因为一次缺页中断的开销十分巨大（通常都是毫秒级），涉及的代码很多，导致用户程序执行的不确定性增加。实时操作系统的确定性是一个很重要的指标，在某些极端场景下，甚至会禁用动态内存分配（malloc/free），来保证系统不受到动态的任务变化的干扰。

（6）提供针对实时系统调度的专用 API：例如，ARINC 653 标准中就针对任务调度等做出一系列的规定，同时定义了特定的 API 接口和 API 行为，这些 API 不同于 POSIX API。

（7）降低系统抖动：由于关中断等原因，通常情况下操作系统的调度器不会太精确的产生周期性的调度，例如，x86 早期默认 60 的时钟周期，抖动范围可能在 15～17 ms。但一个设计优秀的实时操作系统能把调度器的抖动降低到微秒甚至百纳秒级，在像 x86 这种抖动就很大的架构上，降低系统抖动尤其重要。

（8）针对实时性设计的多处理器和虚拟化技术：SMP（Symmetrical Mulit-Processing，对称多处理）场景的实时调度困难，涉及任务核间迁移的开销。针对 SMP 场景，多数实时操作系统的设计并不算优秀，但已经远优于普通操作系统。同时实时操作系统的虚拟化能从 Hypervisor 层面上提供虚拟机级别的实时调度，虚拟机上可以是另外一个实时系统，也可以是一个非实时系统。

● 2.6.3　自动驾驶开发平台

2017 年 7 月，百度首次对外公布 Apollo 详细的开放路线图、技术框架以及首期开放 Apollo 1.0 的能力。2017 年 10 月，百度发布 Apollo 1.5 版本，开放障碍物感知、决策规划、云端仿真、高精地图服务、端到端的深度学习等 5 大核心能力，并支持昼夜定车道自动驾驶。2018 年 1 月，百度发布 Apollo 2.0 版本，它能够实现简单城市道路自动驾驶，标志着 Apollo 平台包括云端服务、软件平台、参考硬件平台以及参考车辆平台在内的四大模块已全部实现。2018 年 4 月，百度发布 Apollo 2.5 版本，支持限定区域视觉高速自动驾驶。2018 年 7 月，百度发布 Apollo 3.0 版本，意味着自动驾驶平台实现了从技术研发到量产的第一步。随后，百度接连发布了 Apollo 3.5、Apollo 5.0、Apollo 5.5、Apollo 6.0 版本，图 2-38 展示了 Apollo 各个版本的发展历程。

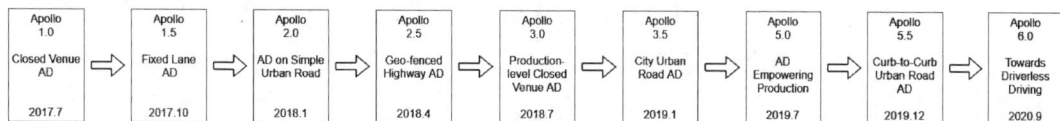

图 2-38　Apollo 的发展历程

2.6.3.1　Apollo 开发平台

Apollo 是百度面向汽车行业及自动驾驶领域的合作伙伴提供的软件平台，旨在向汽车行业及自动驾驶领域的合作伙伴提供一个开放、完整、安全的软件平台，帮助他们结合车辆和硬件系统，快速搭建一套属于自己的完整的自动驾驶系统。以自动驾驶 Apollo 3.0 为例，包括以下核心软件模块，如图 2-39 所示。

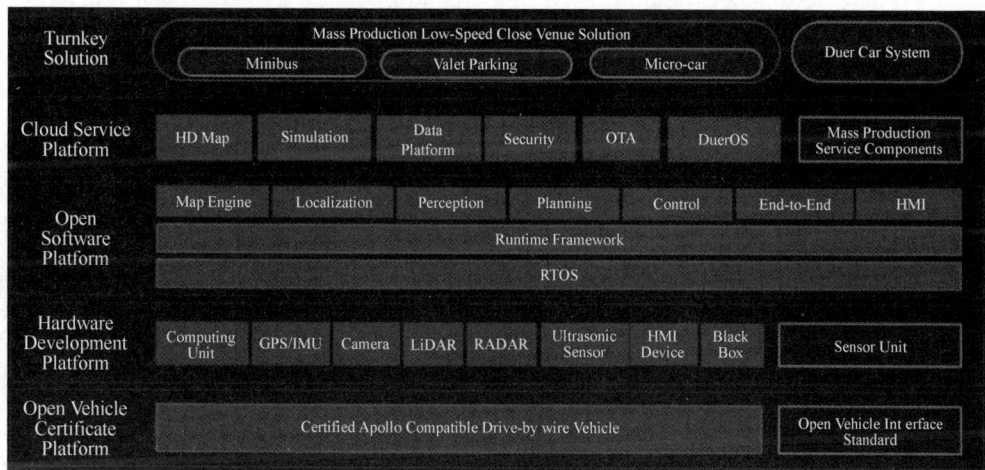

图 2-39　Apollo 3.0 的技术框架

（1）感知：感知依赖 LiDAR 点云数据和相机原始数据。除这些传感器数据输入之外，交通灯检测依赖定位及 HD-Map。

（2）预测：预测模块负责预测所有感知障碍物的未来运动轨迹，输出预测消息封装了感知信息、预测订阅定位和感知障碍物消息，当接收到定位更新时，预测模块更新其内部状态；当感知发出其发布感知障碍物消息时，触发预测实际执行。

（3）路由：路由模块为自动驾驶车辆计算到达其目的地的一系列车道或道路。

（4）规划：规划模块规划自动驾驶车辆的时间和空间轨迹。

（5）控制：需要使用多个信息源来规划安全无碰撞的行驶轨迹，因此规划模块几乎与其他所有模块进行交互。首先，规划模块获得预测模块的输出；然后，规划模块获取路由输出；最后，规划模块需要知道定位信息以及当前的自动驾驶车辆信息。

（6）CanBus：CanBus 将控制命令传递给车辆硬件的接口，还将底盘信息传递给软件系统。

（7）高精地图：高精地图用作查询引擎支持，以提供关于道路的特定结构化信息。

（8）定位：定位模块聚合各种数据以定位自动驾驶车辆，有 OnTimer 和多传感器融合两种类型的定位模式。第一种基于 RTK 的定位方法，通过计时器的回调函数 OnTimer 实现；另一种定位方法是多传感器融合方法，其中注册了一些事件触发的回调函数。

（9）HMI：HMI 和 DreamView 是一个用于查看车辆状态、测试其他模块以及实时控制车辆功能的模块。

（10）监控：车辆中所有模块的监控系统。

（11）Guardian：新的安全模块，用于干预监控检测到的失败和 Action Center 相应的功能。

最新发布的 Apollo 6.0 版本，在算法模块上，引入了三个新的基于深度学习的模型。在感知上，实现了基于 PointPillars 的激光点云障碍物识别模型；在预测上，发布了基于语义地图的低速行人预测模型；在规划上，Apollo 6.0 对 V2X 车路协同方案做了重大升级，首发对象级别的车端感知与路侧感知融合，图 2-40 展示了 Apollo 6.0 的技术框架。

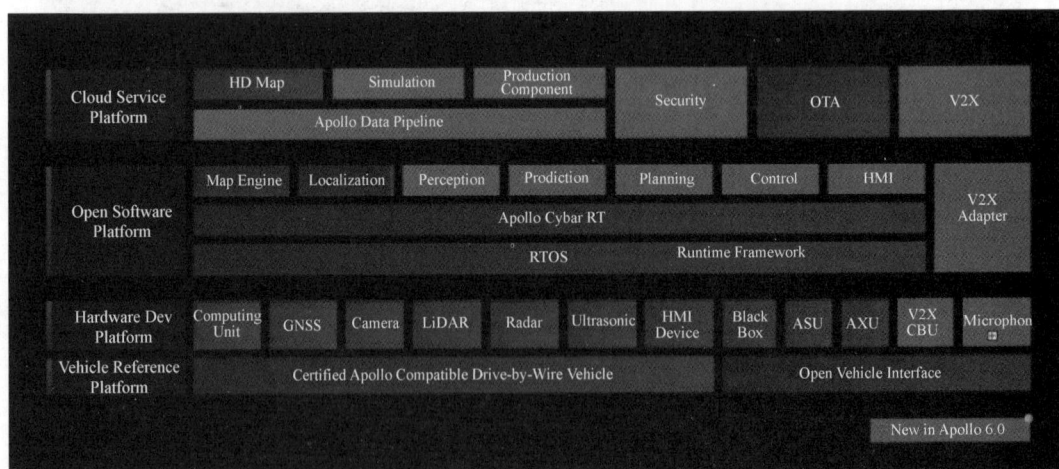

图 2-40　Apollo 6.0 的技术框架

2.6.3.2　其他开发平台

1）NVIDIA DRIVE

NVIDIA DRIVE 属于端到端的开放式自动驾驶平台，支持 L3、L4 甚至 L5 级的自动驾驶，开放软件栈包含了 ASIL-D OS、深度学习、计算机视觉 SDK 和自动驾驶应用，合作伙伴能利用英伟达平台的所有或部分特征。它整合了深度学习、传感器融合和环绕立体视觉等技术，且基于 Drive PX 打造的自动驾驶软件堆栈可以实时理解车辆周围的情况，完成精确定位并规划出最为安全高效的路径。

2）IntelGo

应用 5G 技术的自动驾驶平台 IntelGo 旨在连接汽车与云计算服务。IntelGo 自动驾驶开发平台提供了一种灵活的架构，包括 CPU、FPGA 及面向深度学习的硬件加速技术。这种架构同时具有独特、优化的并行和顺序处理能力，能够将自动驾驶工作负载归类为需要高效处理的计算类型。通过将英特尔凌动处理器、英特尔至强处理器、英特尔 Arria10 FPGA 进行灵活组合，提供更节能、设计更合理的解决方案。

3）DRS360

DRS360 自动驾驶平台是 Siemens 的业务部门 Mentor 推出的自动驾驶解决方案，该平台突破目前的实时和高分辨率传感技术，能够充分利用各类传感手段（包括雷达、LIDAR、图像和其他传感器）实时捕获、融合及利用原始数据。DRS360 不仅可以极大改善时延问题，同时还可显著提升传感精确度和整体系统效率，可满足 SAE L5 级自动驾驶车辆的要求，可从较低的 ADAS 层级一直扩展到完全自动驾驶层级。

4）DriveCore

DriveCore 希望能够给用户提供一个模块化可扩展平台，可用于为对象分类、检测、路径规划、执行开发人工智能和机器学习算法，允许 OEM 能够自由选择不同的硬件与软件、算法，自行组装出一个自动驾驶系统。特别是可以满足 SAE L3 及 L3+自动驾驶对开发机器学习算法的要求。

● 2.6.4　自动驾驶辅助开发平台

2.6.4.1　自动驾驶仿真平台

自动驾驶仿真技术是计算机仿真技术在汽车领域的应用，它比传统 ADAS 仿真系统研发更为复杂，对系统在解耦和架构上的要求非常高；类似其他通用仿真平台，它必须尽可能真实，而对仿真系统进行分析和研究的一个基础性和关键性的问题就是将系统模型化；通过数学建模的方式将真实世界进行数字化还原和泛化，建立正确、可靠、有效的仿真模型是保证仿真结果具有高可信度的关键和前提。仿真技术的基本原理是在仿真场景内，将真实控制器变成算法，结合传感器仿真等技术，完成对算法的测试和验证。

目前腾讯、百度、华为、阿里等科技公司都推出了相应的仿真平台，比如腾讯自动驾驶仿真平台 TAD Sim、百度增强现实的自动驾驶仿真系统 AADS、华为自动驾驶云服务 Octopus 和阿里混合式仿真测试平台。而在学术界，比较流行的自动驾驶仿真平台是

CARLA[78]，下面对它做详细的介绍。

CARLA 是一个开源的城市驾驶仿真平台，支持自动驾驶模型的训练、原型设计和验证。CARLA 同时免费提供了由专业人士设计的数字资产，包括城市建筑、车辆、行人和街道标识。CARLA 支持灵活的传感器设置，并提供用于训练驾驶策略的信号，如 GPS 坐标、速度、加速度、碰撞和其他违规的详细数据。

CARLA 是基于 Unreal Engine 4（UE4）实现的开源层，模拟了一个动态的世界，并在世界与世界交互的代理之间提供了一个简单的接口。为了支持这种交互模式，CARLA 被设计成一个服务器–客户端系统，服务器运行模拟环境并呈现场景，客户端接口是用 Python 实现的，通过 Sockets 负责自动驾驶代理和服务器之间的交互。客户端向服务器发送命令和元命令，并接收传感器数据。通过命令来控制车辆，包括转向、加速和刹车等。通过元命令控制服务器的行为，用于仿真环境重置、更改环境属性和修改传感器配置信息。环境属性包括天气条件、照明、车辆和行人的密度。

CARLA 设计人员通过以下步骤使用上述资产构建城市环境：①规划道路和人行道；②手动放置房屋、植被、地形和交通基础设施；③指定动态对象可以初始化的位置。这种方式可以设计多种具有不同道路的城市环境用来进行自动驾驶任务的训练和测试。此外，CARLA 提供了多种不同的天气环境和照明机制，它们在太阳的位置和颜色、环境遮挡、云雾和降水等方面有所不同，图 2-41 描述了几种不同的天气情况。

图 2-41　CARLA 仿真场景

CARLA 允许灵活地进行代理的传感器配置。目前 CARLA 支持 12 种不同的传感器，包括 RGB 相机、深度相机、语义分割相机、激光雷达、雷达、语义分割雷达、碰撞检测器、全球导航系统、惯性测量单元、道路驶入检测器、障碍物检测器和动态视觉传感器。

每种传感器都有各自的用途，例如，RGB 相机可以用来记录瞬时环境图片，语义分割相机将图片中不同的事物标以 12 种不同的标签，激光雷达则可以生成环境的点云数据。图 2-42 展示了几种传感器收集到的数据。除了传感器，CARLA 还提供了一系列与代理状态和交通规则遵守情况相关的测量值。代理状态的测量值包括车辆的位置和相对于世界坐标系的方向、速度、加速度矢量和碰撞累积的冲量。交通规则的测量值包括车辆进入错误车道和人行道的足迹百分比，以及交通信号灯的状态和车辆当前位置的速度限制。最后，CARLA 提供了对环境中所有动态对象的确切位置和边界框的信息。这些测量值在驾驶策略的训练和测试中起着重要作用。

图 2-42　CARLA 的三种相机传感器收集的数据

利用 CARLA 可以方便验证设计的驾驶策略，Python API 提供了四种控制车路的方式，通过在客户端向服务器发送车辆控制命令，如速度、转向角，实时地控制代理车辆的行为，并可以通过可视化界面直观地体现驾驶策略的优劣程度。路侧和仿真测试同步进行是整车企业的最佳选择，而自动驾驶汽车在真正实现落地之前，需经过众多功能与安全测试，路侧就是其中一环。由于路侧效率较低，目前很多车企都倾向于选择自动驾驶仿真测试与路侧相结合的方式来完成落地前的测试工作。

2.6.4.2　自动驾驶数据平台

自动驾驶已经从实验室到了规模化上路、量产的阶段，在自动驾驶开发测试中，海量、高质量的真实数据是必不可缺的原料。目前多家高校和企业都发布了自动驾驶数据集，并面向社会开放。

自动驾驶数据集一般需要满足以下 4 个方面的要求：大规模、多样性、在道路上获取并包含时间信息，其中数据的多样性对于验证感知算法的鲁棒性极为关键。下面介绍目前影响力比较大的数据集。

1）KITTI 数据集

KITTI[79]数据集由德国卡尔斯鲁厄理工学院和丰田美国技术研究院联合创办，是利用组装的、设备齐全的采集车辆对实际交通场景进行数据采集获得的公开数据集。该数据集包含丰富多样的传感器数据（有双目相机、64 线激光雷达、GPS/IMU 组合导航定位系统，基本满足对图像、点云和定位数据的需求）、大量的标定真值（包括检测 2D 和 3D 包围框、跟踪轨迹）和官方提供的一些开发工具等。

2）Cityscapes 数据集

Cityscapes 数据集[80]是拥有城市街道场景的语义理解图片数据集，数据集共有 Fine 和 Coarse 两套评测标准，前者提供 5000 张精细标注的图像，后者提供 5000 张精细标注的图像和 20000 张粗糙标注的图像。Cityscapes 数据集样例见图 2-43。

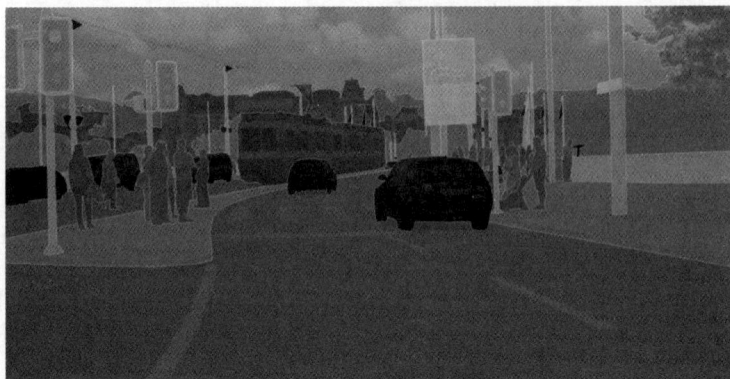

图 2-43　Cityscapes 数据集样例

3）nuScenes 数据集

nuScenes[81]数据集是自动驾驶公司 nuTonomy 建立的大规模自动驾驶数据集，这个数据集由 1000 个场景组成，每个场景长度为 20 s。在每一个场景中，有 40 个关键帧，也就是每秒有 2 个关键帧。关键帧经过手工的标注，不仅标注了大小、范围，还标注了类别、可见程度等。nuScenes 数据集样例见图 2-44。

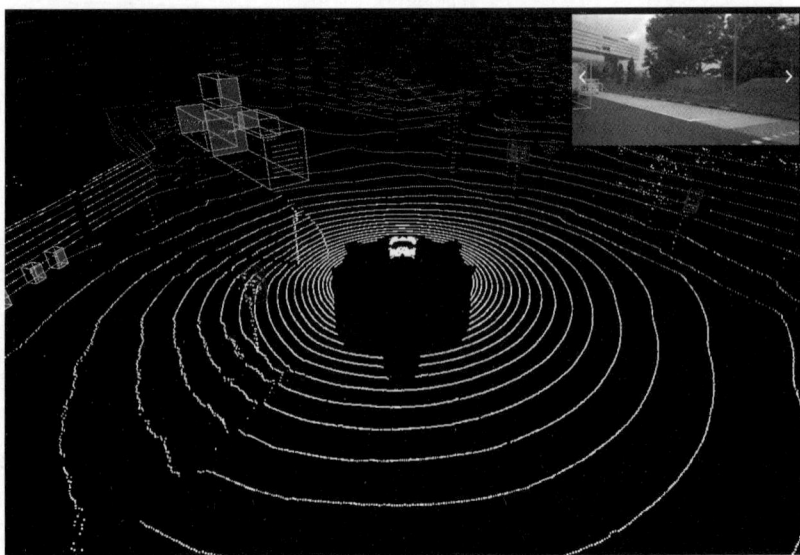

图 2-44　nuScenes 数据集样例

4）ApolloScape 数据集

ApolloScape[82]数据集是百度 Apollo 项目的一部分，为自动驾驶的感知、导航、控制等研究提供数据支撑。ApolloScape 数据集的数据量比 KITTI、Cityscapes 等同类数据集大 10 倍以上，具有数十万帧逐像素语义分割标注的高分辨率图像数据，定义了 26 个不同语义项的数据实例（如汽车、自行车、行人、建筑、路灯等），且涵盖复杂环境、天气和交通状况。目前数据集包含 10 万条以上图像数据、8 万条以上雷达点云数据和 100 万条以上城市交通轨迹数据。ApolloScape 数据集样例见图 2-45。

（a）ApolloScape 标注数据示例

（b）ApolloScape 深度数据示例

图 2-45　ApolloScape 数据集样例

2.7　自动驾驶分级

自动驾驶技术的发展并非一蹴而就，从手动驾驶到完全自动驾驶，其间需要经历相当长的缓冲期。2013 年，美国国家公路交通安全管理局首次发布了自动驾驶汽车分级标准，将驾驶自动化的描述分为 5 个层级。2014 年 1 月，SAE 制定了 J3016 自动驾驶分级标准。把驾驶自动化的描述分为 6 个等级，以区分不同层次的自动驾驶技术之间的差异。以 SAE 为例，自动驾驶分级如下。

L0 级：驾驶员完全掌控车辆。

L1 级：驾驶自动化系统有时能够辅助驾驶员完成某些驾驶任务。

L2 级辅助驾驶：驾驶自动化系统能够完成某些驾驶任务，但驾驶员需要监控驾驶环境，随时进行接管，保证驾驶自动系统的错误感知和判断有驾驶员随时纠正。L2 级可以通过速度和环境分割成不同的使用场景，如环路低速堵车、高速路上的快速行车和驾驶员在车内的自动泊车。

L3 级半自动驾驶：驾驶自动化系统既能完成某些驾驶任务，也能在某些情况下监控驾驶环境，但驾驶员必须准备好重新取得驾驶控制权（自动系统发出请求时）。L3 级目前主要应用在高速等较为简单的场景下。

L4 级高度自动驾驶：驾驶自动化系统在某些环境和特定条件下，能够完成驾驶任务并监控驾驶环境，驾驶员已经不需要参与驾驶决策。由于开放道路环境的复杂性，L4 级只能在特定的充分验证过的环境中实现全自动驾驶。

L5 级完全自动驾驶：驾驶自动化系统在所有条件下都能完成的所有驾驶任务。

我国《汽车驾驶自动化分级》[83]标准也划分为 6 个等级：0 级（应急辅助）、1 级（部分驾驶辅助）、2 级（组合驾驶辅助）、3 级（有条件自动驾驶）、4 级（高度自动驾驶）、5 级（完全自动驾驶），其划分依据主要基于以下 5 个要素。

（1）驾驶自动化系统是否持续执行动态驾驶任务中的车辆横向或纵向运动控制，即驾驶自动化系统能否控制汽车转向或加减速。

（2）驾驶自动化系统是否同时持续执行动态驾驶任务中的车辆横向和纵向运动控制，即驾驶自动化系统能否同时对汽车的方向和加减速进行控制。

（3）驾驶自动化系统是否持续执行动态驾驶任务中的目标和事件探测与响应，这一点可理解为驾驶自动化系统是不是能够观测路况，并根据路况做出相应的反应。

（4）驾驶自动化系统是否执行动态驾驶接管任务，即当汽车出现故障或问题的时候，是否由驾驶自动化系统接管并负责驾驶汽车。

（5）驾驶自动化系统是否存在设计运行条件限制，即驾驶自动化系统的工作条件是否有限制。

驾驶自动化等级与划分要素关系如表 2-6 所示。

表 2-6　驾驶自动化等级与划分要素关系

分级	名　称	车辆横向和纵向运动控制	目标和事件探测与响应	动态驾驶任务接管	设计运行条件
0 级	应急辅助	驾驶员	驾驶员及系统	驾驶员	有限制
1 级	部分驾驶辅助	驾驶员和系统	驾驶员及系统	驾驶员	有限制
2 级	组合驾驶辅助	系统	驾驶员及系统	驾驶员	有限制

（续表）

分级	名　称	车辆横向和纵向运动控制	目标和事件探测与响应	动态驾驶任务接管	设计运行条件
3 级	有条件自动驾驶	系统	系统	动态驾驶任务接管用户（接管后成为驾驶员）	有限制
4 级	高度自动驾驶	系统	系统	系统	有限制
5 级	完全自动驾驶	系统	系统	系统	无限制
*排除商业和法规因素等限制					

0 级驾驶自动化（应急辅助）：车辆的驾驶自动化系统虽然不能控制汽车的转向或加减速，但是具备一定的路况识别和反应能力，如能够在危险出现的时候提醒驾驶员。当出现故障时，汽车将由驾驶员负责接管，在驾驶员请求退出自动驾驶状态时，汽车能立即解除系统的控制权。此外，0 级驾驶自动化仅在某些条件下才能实现。按照上述规定，FCW 前部碰撞预警和 LDW 车道偏离预警功能都可归类于 0 级驾驶自动化。

1 级驾驶自动化（部分驾驶辅助）：1 级驾驶自动化和 0 级驾驶自动化一样，都属于有限制条件的自动驾驶，且当汽车出现故障时都需要驾驶员来控制车辆。不同之处在于，1 级驾驶自动化的驾驶自动化系统能够在驾驶员的协助下，对车辆的方向或加减速进行控制。换言之，1 级驾驶自动化可具备 ACC 自适应巡航或者 LKA 车道保持辅助功能。

2 级驾驶自动化（组合驾驶辅助）：在驾驶自动化系统所规定的运行条件下，车辆本身能够控制汽车的转向和加减速运动。在汽车出现故障时，驾驶员将负责执行汽车的驾驶任务。与 1 级驾驶自动化相比，2 级驾驶自动化拥有 ICC 集成式巡航辅助功能（即同时具备自适应巡航控制功能和车道保持辅助功能）。

3 级驾驶自动化（有条件自动驾驶）：在驾驶自动化系统所规定的运行条件下，车辆本身就能完成转向和加减速，以及路况探测和反应的任务。对于 3 级驾驶自动化，驾驶员需要在系统失效或者超过工作条件时对故障汽车进行接管。由此，属于 3 级驾驶自动化的汽车将有条件实现 TJP 交通拥堵辅助功能。

4 级驾驶自动化（高度自动驾驶）：4 级驾驶自动化仍属于有限制条件的自动驾驶，但是汽车的方向和加减速控制、路况观测和反应，以及汽车故障时的接管任务都能够由驾驶自动化系统完成，不需要人类参与。而按照这一界定，无人出租车便属于 4 级驾驶自动化。

5 级驾驶自动化（完全自动驾驶）：5 级驾驶自动化和 4 级驾驶自动化能够实现的基本功能相同，但 5 级驾驶自动化不再有运行条件的限制（商业和法规因素等限制除外），同时驾驶自动化系统能够独立完成所有的操作和决策。

目前的驾驶自动化分级主要考虑了车辆自身的控制，尚未考虑多车与多车路协同带来的影响。针对 5G 和 C-V2X 体系对自动驾驶带来的影响，我们将在第 3 章做进一步深入探讨。

2.8 自动驾驶典型路线

自动驾驶是目前的热门技术，国内外自动驾驶企业主要有两条典型技术路线：一条是以特斯拉、Mobileye 为主要代表的、以视觉为主的渐进式技术路线，将成熟产品推向市场，从 L1、L2 逐步向上攀升，慢慢迭代至无人驾驶；另一条是以谷歌、百度等互联网软件企业为主要代表的、融合激光雷达和视觉的跳跃式技术路线，依靠高精度地图开发软件算法，搭建自动驾驶平台，以开源或其他方式向合作车厂提供完整技术链，目标直指 L4 甚至 L5。下面介绍几家代表性企业的技术发展现状。

1）特斯拉 Autopilot

特斯拉坚持"纯视觉，无雷达"的路线，最终计划在未来的汽车中完全摆脱雷达。2015 年，特斯拉正式启用驾驶辅助系统 Autopilot，并开始利用影子模式（Shadow-mode）功能收集大量真实的路况数据。2016 年，特斯拉推出 Hardware 2.0，称其传感器与算力完全能胜任未来的全自动驾驶。2017 年，特斯拉将硬件迭代至 Hardware 2.5，增加了算力与冗余，提升了可靠性。2019 年，特斯拉推出 Hardware 3.0，包含其为完全自动驾驶（Full Self-Driving，FSD）设计的新芯片，比 Hardware 2.5 性能提高了 21 倍，而功耗仅提高了25%。表 2-7 总结了特斯拉 Autopilot 的硬件迭代历程。

表 2-7 特斯拉 Autopilot 的硬件迭代历程

	Hardware 1.0	Hardware 2.0	Hardware 2.5	Hardware 3.0
日期	2014.9-2016.10	2016.10-2017.8	2017.8-2019.4	2019.4
摄像头	1 个前视摄像头	8 个摄像头，360°环视	8 个摄像头，360°环视	8 个摄像头，360°环视
毫米波雷达	前向毫米波雷达（博世）	前向毫米波雷达（博世）	前向毫米波雷达（大陆）	前向毫米波雷达（大陆）
超声波雷达	12 个	12 个	12 个	12 个
处理器	Mobileye EyeQ3	1-英伟达 Parker SoC 1-英伟达 Pascal GPU 1-英飞凌三核 CPU	2-英伟达 Parker SoC 1-英伟达 Pascal GPU 1-英飞凌三核 CPU	2-特斯拉自研芯片 2-神经网络处理器 1-CPU 容错设计
FPS	36	110	110	2300
TOPS	0.256	12	12	144

2）Mobileye

Mobileye 的产品主要包含 EyeQ 芯片、自动驾驶策略、RSS（Responsibility Sensitive Safety）、REM（Road Experience Management）四部分。基于 ASIC 架构的 EyeQ 芯片是 Mobileye 的业务核心，配套使用了自研的视觉感知算法。Mobileye EyeQ 的硬件迭代历程如表 2-8 所示。

表 2-8　Mobileye EyeQ 的硬件迭代历程

	EyeQ1	EyeQ2	EyeQ3	EyeQ4	EyeQ5
日期	2008	2010	2014	2018	2020
支持的自动驾驶等级	辅助驾驶		L2	L3	L4～L5
新增特性	● 视觉-雷达融合 ● 车道偏离预警 ● 自适应远光灯控制 ● 交通标志识别	● 行人自动紧急制动 ● 纯视觉的前向碰撞预警 ● 纯视觉的自适应巡航和交通拥堵辅助	● 纯视觉的自动紧急制动 ● 动物检测 ● 交通灯检测 ● 整体路径规划 ● 路面轮廓重建 ● 悬挂调节	● REM 地图服务 ● 驾驶策略 ● 任意角度的车辆检测 ● 下一代车道检测	● 以视觉为中心的计算机 ● 开放的软件平台 ● 硬件安全
TOPS	0.0044	0.026	0.256	2.5	24
功耗	2.5W	2.5W	2.5W	3W	10W
半导体技术	180nm CMOS	90nm CMOS	40nm CMOS	28nm FD-SOI	7nm FinFET

3）谷歌 Waymo

谷歌无人驾驶汽车的感知核心是位于车顶的旋转式激光雷达，该设备可以发出 64 道激光光束，能够计算出 200 m 以内物体的距离，得到精确的 3D 地图数据。自动驾驶汽车会将激光雷达测得的数据和高精度地图相结合，生成反映周边环境的数据模型。安装在前挡风玻璃的摄像头可以用于近景观察，帮助自动驾驶汽车识别前方的人和车等障碍物，记录行程中的道路情况和交通信号的标志，最后通过相应算法对信息进行综合和分析。轮胎上的感应器可以保证汽车在确定轨道内行驶；倒车时，还能快速测算出后方障碍物的距离，实现安全停车。汽车前后保险杠内安装有 4 个雷达元件，可以保证汽车在道路上保持 2～4 s 的安全反应距离，并根据车速变化进行距离调整，最大程度保证乘客的安全。

4）百度 Apollo

百度 Apollo 是一套完整的软硬件和服务系统，包括车辆平台、硬件平台、软件平台、云端数据服务四大部分。开放有环境感知、路径规划、车辆控制、车载操作系统等功能的代码或能力，并且提供完整的开发测试工具。Apollo 的核心是人工智能技术，使用两种形式开放自动驾驶能力：一是开放代码，二是开放能力。开放能力主要基于 API 或 SDK，通过标准公开的方式获取百度提供的自动驾驶能力；开放代码跟一般开源软件一样，开发者可在遵守开源协议的前提下自由使用，并可参与一起开发。

2.9 本章小结

自动驾驶汽车的整体架构包括环境感知系统、定位系统、通信系统、规划与决策系统、运动控制系统。其中环境感知系统和定位系统解决自动驾驶汽车对自身以及环境的认知；规划与决策系统通过获知的感知信息来规划汽车到达指定的目的地的行为；运动控制系统控制车辆本身的部件参数以实现车速调节、车距保持、换道、转向、超车等操作。本章通过对智能驾驶汽车的各个重点部分的阐述，一方面探讨了当前业界最新的发展，另一方面阐述了 5G C-V2X 技术对自动驾驶各个部分的深刻影响，为 5G 支持下的自动驾驶技术研发提供了有益参考。

参 考 文 献

[1] 2020 年上半年全国机动车保有量达 3.6 亿辆[EB/OL]. https://www.mps.gov.cn/n2254314/n6409334/c7277589/content.html.

[2] 刘少山. 第一本无人驾驶技术书 [M]. 电子工业出版社, 2017.

[3] 自动驾驶中的决策规划算法概述[EB/OL]. https://www.jiqizhixin.com/articles/2019-07-22.

[4] 中国人工智能学会. 中国人工智能系列白皮书-智能驾驶 [R/OL]. [2017-10]. http://www.caai.cn/index.php?s=/home/article/detail/id/395.html.

[5] Girshick R, Donahue J, Darrell T, et al. Rich feature hierarchies for accurate object detection and semantic segmentation[C]. Proc. IEEE Conference on Computer Vision and Pattern Recognition, 2014: 580-587.

[6] Krizhevsky A, Sutskever I, Hinton G E. ImageNet classification with deep convolutional neural networks [C]. Proc NIPS, 2012: 1097-1105.

[7] Girshick R. Fast R-CNN [C]. Proc. IEEE International Conference on Computer Vision (ICCV), 2015: 1440-1448.

[8] Ren S, He K, Girshick R, et al. Faster R-CNN: Towards real-time object detection with region proposal networks [C].Proc. NIPS, 2015.

[9] Redmon J, Divvala S, Girshick R, et al. You Only Look Once: Unified, real-time object detection [C]. Proc. IEEE Conference on Computer Vision and Pattern Recognition (CVPR), 2016: 779-788.

[10] Redmon J, Farhadi A. YOLO9000: Better, Faster, Stronger [C]. Proc. IEEE Conference on Computer Vision and Pattern Recognition (CVPR), 2017: 6517-6525.

[11] Redmon J, Farhadi A. Yolov3: An incremental improvement [J/OL]. arXiv Preprint, 2018, https://arxiv.org/abs/1804.02767.

[12] Bochkovskiy A, Wang C-Y, Liao H-Y M. Yolov4: Optimal speed and accuracy of object detection [J/OL]. arXiv Preprint 2020, https://arxiv.org/abs/2004.10934.

[13] Liu W, Anguelov D, Erhan D, et al. SSD: Single shot multibox detector [C]. Proc. European conference on

computer vision, 2016: 21-37.

[14] Gupta S, Girshick R, Arbeláez P, et al. Learning rich features from RGB-D images for object detection and segmentation[C].Proc. European conference on computer vision,2014: 345-360.

[15] Song S, Xiao J. Deep sliding shapes for amodal 3D Object Detection in RGB-D Images[C]. Proc. 2016 IEEE Conference on Computer Vision and Pattern Recognition (CVPR),2016: 808-816.

[16] Li P, Chen X, Shen S. Stereo R-CNN based 3D object detection for autonomous driving [C]. Proc. IEEE/CVF Conference on Computer Vision and Pattern Recognition (CVPR), 2019: 7636-7644.

[17] Lang A H, Vora S, Caesar H, et al. PointPillars: Fast encoders for object detection from point clouds [C]. Proc. IEEE/CVF Conference on Computer Vision and Pattern Recognition (CVPR), 2019: 12689-12697.

[18] Zhou Y, Tuzel O. VoxelNet: End-to-End Learning for Point Cloud Based 3D Object Detection[C]. Proc. 2018 IEEE/CVF Conference on Computer Vision and Pattern Recognition, 2018: 4490-4499.

[19] Yan Y, Mao Y, Li B. SECOND: Sparsely embedded convolutional detection [J]. Sensors, 2018, 18(10): 3337.

[20] Garcia-Garcia A, Gomez-Donoso F, Garcia-Rodriguez J, et al. PointNet: A 3D convolutional neural network for real-time object class recognition [C]. Proc. International Joint Conference on Neural Networks (IJCNN),2016: 1578-1584.

[21] Qi C R, Yi L, Su H, et al. PointNet++: Deep hierarchical feature learning on point sets in a metric space [C]. Proc. International Conference on Neural Information Processing Systems, 2017: 5105-5114.

[22] Shi S, Guo C, Jiang L, et al. PV-RCNN: Point-voxel feature set abstraction for 3D object detection [C]. Proc. IEEE/CVF Conference on Computer Vision and Pattern Recognition (CVPR), 2020: 10526-10535.

[23] Yoo J H, Kim Y, Kim J, et al. 3D-CVF: Generating joint camera and LiDAR features using cross-view spatial feature fusion for 3D object detection [J/OL]. arXiv Preprint, 2020, https://arxiv.org/abs/2004.12636.

[24] Chen X, Ma H, Wan J, et al. Multi-view 3D object detection network for autonomous driving [C]. Proc. IEEE Conference on Computer Vision and Pattern Recognition (CVPR), 2017: 6526-6534.

[25] Vora S, Lang A H, Helou B, et al. PointPainting: Sequential Fusion for 3D Object Detection[C]. Proc. 2020 IEEE/CVF Conference on Computer Vision and Pattern Recognition (CVPR),2020: 4603-4611.

[26] Huang T, Liu Z, Chen X, et al. EPNet: Enhancing point features with image semantics for 3D object detection [C]. Proc. European Conference on Computer Vision, 2020: 35-52.

[27] Pang S, Morris D, Radha H. CLOCs: Camera-LiDAR object candidates fusion for 3D object detection [J/OL]. arXiv Preprint, 2020, https://arxiv.org/abs/2009.00784.

[28] Wang Z, Ren W, Qiu Q. Lanenet: Real-time lane detection networks for autonomous driving [J/OL]. arXiv Preprint, 2018, https://arxiv.org/abs/1807.01726.

[29] Liu W, Shen X, Wang C, et al. H-Net: Neural network for cross-domain image patch matching [C]. Proc. IJCAI, 2018: 856-863.

[30] Long J, Shelhamer E, Darrell T. Fully convolutional networks for semantic segmentation [C]. Proc. IEEE conference on computer vision and pattern recognition, 2015: 3431-3440.

[31] Chen L-C, Papandreou G, Kokkinos I, et al. Semantic image segmentation with deep convolutional nets and fully connected CRFs [C]. Proc. ICLR, 2015.

[32] Chen L-C, Papandreou G, Kokkinos I, et al. DeepLab: Semantic image segmentation with deep

convolutional nets, atrous convolution, and fully connected CRFs [J]. IEEE Transactions on Pattern Analysis and Machine Intelligence, 2017, 40(4): 834-848.

[33] Bewley A, Ge Z, Ott L, et al. Simple online and realtime tracking [C]. Proc. IEEE International Conference on Image Processing (ICIP), 2016: 3464-3468.

[34] Wojke N, Bewley A, Paulus D. Simple online and realtime tracking with a deep association metric [C]. Proc. IEEE International Conference on Image Processing (ICIP), 2017: 3645-3649.

[35] Hammer B. On the approximation capability of recurrent neural networks [J]. Neurocomputing, 2000, 31(1-4): 107-123.

[36] Zhou X, Koltun V, Krähenbühl P. Tracking objects as points [C]. Proc. European Conference on Computer Vision, 2020: 474-490.

[37] Simonyan K, Zisserman A. Very deep convolutional networks for large-scale image recognition [J/OL]. arXiv Preprint, 2014, http://arxiv.org/abs/1409.1556.

[38] He K, Zhang X, Ren S, et al. Deep residual learning for image recognition [C]. Proc. IEEE conference on computer vision and pattern recognition, 2016: 770-778.

[39] Shi X, Chen Z, Wang H, et al. Convolutional LSTM network: A machine learning approach for precipitation nowcasting [J/OL]. ArXiv Preprint, 2015, https://arxiv.org/abs/1506.04214.

[40] Alahi A, Goel K, Ramanathan V, et al. Social LSTM: Human trajectory prediction in crowded spaces [C]. Proc. IEEE Conference on Computer Vision and Pattern Recognition (CVPR), 2016.

[41] Luo W, Yang B, Urtasun R. Fast and Furious: Real time end-to-end 3D detection, tracking and motion forecasting with a single convolutional net [C]. Proc. IEEE/CVF Conference on Computer Vision and Pattern Recognition, 2018: 3569-3577.

[42] Casas S, Luo W, Urtasun R. Intentnet: Learning to predict intention from raw sensor data [C]. Proc. Conference on Robot Learning, 2018: 947-956.

[43] Pareja A, Domeniconi G, Chen J, et al. Evolvegcn: Evolving graph convolutional networks for dynamic graphs [C]. Proc. AAAI Conference on Artificial Intelligence, 2020: 5363-5370.

[44] Vaswani A, Shazeer N, Parmar N, et al. Attention is all you need [C]. Proc. International Conference on Neural Information Processing Systems, 2017: 6000-6010.

[45] Hoy M, Tu Z, Dang K, et al. Learning to predict pedestrian intention via variational tracking networks [C]. Proc. International Conference on Intelligent Transportation Systems (ITSC), 2018: 3132-3137.

[46] Pfeiffer M, Paolo G, Sommer H, et al. A data-driven model for interaction-aware pedestrian motion prediction in object cluttered environments [C]. Proc. IEEE International Conference on Robotics and Automation (ICRA), 2018: 5921-5928.

[47] Haddad S, Wu M, Wei H, et al. Situation-aware pedestrian trajectory prediction with spatio-temporal attention model [J/OL]. arXiv Preprint, 2019, https://arxiv.org/abs/1902.05437.

[48] Xue H, Huynh D, Reynolds M. Location-velocity attention for pedestrian trajectory prediction [C]. Proc. IEEE Winter Conference on Applications of Computer Vision (WACV), 2019: 2038-2047.

[49] Zhang P, Ouyang W, Zhang P, et al. SR-LSTM: State refinement for LSTM towards pedestrian trajectory prediction [C]. Proc. IEEE/CVF Conference on Computer Vision and Pattern Recognition (CVPR), 2019:

12077-12086.

[50] Gupta A, Johnson J, Fei-Fei L, et al. Social GAN: Socially Acceptable Trajectories with Generative Adversarial Networks[C]. Proc. 2018 IEEE/CVF Conference on Computer Vision and Pattern Recognition,2018: 2255-2264.

[51] Sadeghian A, Kosaraju V, Sadeghian A, et al. SoPhie: An attentive GAN for predicting paths compliant to social and physical constraints [C]. Proc. IEEE/CVF Conference on Computer Vision and Pattern Recognition (CVPR), 2019: 1349-1358.

[52] 袁彬, 张勇. 基于图像纹理分析的交通拥堵检测算法 [J]. 上海船舶运输科学研究所学报, 2015, (4): 77-81.

[53] 王川童. 基于视频处理的城市道路交通拥堵判别技术研究 [D]. 重庆: 重庆大学, 2010.

[54] Singh D, Mohan C K. Deep spatio-temporal representation for detection of road accidents using stacked autoencoder [J]. IEEE Transactions on Intelligent Transportation Systems, 2019, 20(3): 879-887.

[55] Chand D, Gupta S, Kavati I. Computer Vision based Accident Detection for Autonomous Vehicles[C]//Proc. 2020 IEEE 17th India Council International Conference (INDICON), 2020: 1-6.

[56] 李教. 多平台多传感器多源信息融合系统时空配准及性能评估研究 [D]. 西安: 西北工业大学, 2003.

[57] Mcgee L A, Schmidt S F. Discovery of the Kalman filter as a practical tool for aerospace and industry [J]. 1985,

[58] Huang Y, Jing Y, Shi Y. Multi-sensor node fusion localization using unscented Kalman filter in rough environments [C]//Proc. Chinese Control And Decision Conference (CCDC), 2018: 5476-5481.

[59] Mukhtar A, Xia L, Tang T B. Vehicle detection techniques for collision avoidance systems: A review [J]. IEEE Transactions on Intelligent Transportation Systems, 2015, 16(5): 2318-2338.

[60] Takeuchi E, Yoshihara Y, Yoshiki N. Blind area traffic prediction using high definition maps and LiDAR for safe driving assist [C]. Proc. IEEE International Conference on Intelligent Transportation Systems, 2015: 2311-2316.

[61] Guo S, Yan Z, Zhang K, et al. Toward convolutional blind denoising of real photographs [C]. Proc. IEEE/CVF Conference on Computer Vision and Pattern Recognition, 2019: 1712-1722.

[62] 李宝, 程志全, 党岗, 等人. 三维点云法向量估计综述 [J]. 计算机工程与应用, 2010, 46(23): 1-7.

[63] Hoppe H, Derose T, Duchamp T, et al. Surface reconstruction from unorganized points [C]. Proc. 19th annual conference on computer graphics and interactive techniques, 1992: 71-78.

[64] Amenta N, Bern M, et al. Surface reconstruction by Voronoi filtering [C]. Proc. The Fourteenth Annual Symposium on Computational Geometry, 1998: 39-48.

[65] Lu W, Zhou Y, Wan G, et al. L3-Net: Towards learning based LiDAR localization for autonomous driving [C]. Proc. IEEE/CVF Conference on Computer Vision and Pattern Recognition (CVPR), 2019: 6382-6391.

[66] Alonso I, Riazuelo L, Montesano L, et al. 3D-MiniNet: Learning a 2D representation from point clouds for fast and efficient 3D LIDAR semantic segmentation [J]. IEEE Robotics and Automation Letters, 2020, 5(4): 5432-5439.

[67] Bhanu B, Lee S, Ho C-C, et al. Range data processing: Representation of surfaces by edges [C]. Proc. Eighth International Conference on Pattern Recognition, 1986: 236-238.

[68] Fischler M A, Bolles R C. Random sample consensus: a paradigm for model fitting with applications to image analysis and automated cartography [J]. Communications of the ACM, 1981, 24(6): 381-395.

[69] Dai A, Nießner M. 3DMV: Joint 3D-multi-view prediction for 3D semantic scene segmentation [C]. Proc. European Conference on Computer Vision (ECCV), 2018: 452-468.

[70] Li R, Wang S, Long Z, et al. UnDeepVO: Monocular visual odometry through unsupervised deep learning [C]. Proc. IEEE International Conference on Robotics and Automation (ICRA), 2018: 7286-7291.

[71] Coric V, M Gruteser. Crowdsensing maps of on-street parking spaces [C]. Proc. of the IEEE International Conference on Distributed Computing in Sensor Systems, 2013: 115-122.

[72] Yang S, Li J, Yuan Q, Liu Z, et al. Message relaying and collaboration motivating for mobile crowdsensing service: An edge-assisted approach [J]. Wireless Communications and Mobile Computing, 2018.

[73] 常菲, 浦争艳, 李明禄, 等. 综合地图匹配定位技术研究 [J]. 计算机工程与应用, 2004, 40(19): 200-202.

[74] IMT-2020(5G)推进组, 车辆高精度定位白皮书. 2019,

[75] Paden B, Čáp M, Yong S Z, et al. A survey of motion planning and control techniques for self-driving urban vehicles [J]. IEEE Transactions on Intelligent Vehicles, 2016, 1(1): 33-55.

[76] Yang S, Li J, Wang J, et al. Learning urban navigation via value iteration network [C]. Proc. IEEE International Intelligent Vehicle Symposium (IV), 2018:800-805.

[77] Kiran B R, Sobh I, Talpaert V, et al. Deep Reinforcement Learning for Autonomous Driving: A Survey [J]. IEEE Transactions on Intelligent Transportation Systems, 2021, 1-18.

[78] CARLA 模拟器. https://carla.org/.

[79] KITTI 数据集. http://www.cvlibs.net/datasets/kitti/.

[80] Cityspaces 数据集. https://www.cityscapes-dataset.com/.

[81] nuScenes 数据集. https://www.nuscenes.org/.

[82] ApolloScape 数据集. http://apolloscape.auto/.

[83] 汽车驾驶自动化分级 [S/OL]. [2020-01-08]. https://www.chinabuses.com/uploadfile/2020/0310/20200310123023480.pdf.

第 3 章

基于 5G 的车路协同技术

第 2 章已经介绍了自动驾驶的相关技术，明确了自动驾驶汽车如何通过感知、认知、决策、控制对复杂交通环境做出实时准确反应。但是单车、单路侧基础设施的感知范围和计算能力有限，导致认知不完备、不及时、不准确，严重制约交通安全和效率。另一方面，智能交通系统中多车的驾驶决策、选路决策，以及多路侧基础设施的管控决策，都是相互依赖、相互耦合的，各交通元素局部视角下的独立决策模式会造成交通系统中的决策冲突和震荡，导致交通系统整体性能恶化。

5G 的高可靠、低时延、广连接、大带宽特性为万物智慧互联提供支撑，也为车路群智协同带来无限可能。以 5G 为牵引对城市道路及高速公路进行信息化、智能化、协同化升级，为智能驾驶、智能交管、智能运管等提供基础服务能力，从感知、定位、认知、规划、决策等不同层次、不同粒度实现车路协同，是未来自主式交通系统的必然趋势。本章将深入剖析 5G 车路协同的关键技术，介绍智慧道路通信计算资源的优化方法，并给出智慧道路分级建议。

3.1 5G 车路协同概述

交通运输是国民经济的重要产业之一，保障出行的高效、安全、便捷是交通发展的重要目标，我国计划在 2035 年基本建成交通强国，基本形成现代化综合交通体系。当前智能交通系统的各子系统垂直耦合、水平分离，即各子系统的功能相对独立和封闭，难以实现信息共享、有效协同，容易导致交通系统的调度与优化陷入局部最优。车路协同有利于打通各子系统的信息壁垒，被学术界和产业界普遍认为是未来智慧交通的必然技术途径，而泛在智慧连接、实时可靠通信则是实现车路协同的基础。5G 网络在设计之初就将智能交通和智能驾驶作为其典型应用场景，通过在路侧部署 5G 基础设施，形成海量交通元素之间高可靠、低时延的 5G V2X 通信连接，并构建"端-边-云"分布式的计算能力，是道路智能化升级的关键一步。在通信计算硬件升级的基础之上，多交通元素的智能协同策略、多域资源的自适优化方法等软件升级则是道路智能化升级的灵魂所在。通过将各交通元素在"端-边-云"分布式计算环境实现数字化映射，可以形成一张可随时通信、实时监控、及时决策的群体智能网络，有利于实现未来自主认知、自主协同、自主演化的自主式交通系统。我国在"新基建""新一代智慧交通"的大背景下，基于 5G 车路协同的智能交通建设发展迅速，已经形成一大批试点、示范项目，并在 C-V2X 相关研究及标准化方面做了大量贡献。全球车联网产业也正在逐渐从欧美主导的 DSRC 向 5G V2X 的技术路线发展。本节将从车路协同的目的与意义、车路协同与群体智能的关系、车路协同计算环境等方面对 5G 车路协同进行概述。

● 3.1.1 车路协同的目的与意义

随着通信计算技术的不断演进，车路协同的内涵和外延也在发生着变化。从交通元素协同的深入程度来看，车路协同的发展大致可以分为三个阶段，即被动感知阶段、信息交互阶段和协同决策阶段。被动感知阶段是车路协同的初级阶段，路侧基础设施可以通过摄像头、激光雷达、地感线圈等传感器观测交通状态，车辆也可以通过各类车载传感器观测周围的车辆、行人和信号灯状态，路侧基础设施和车辆再根据各自对环境的认知做出响应。信息交互阶段是车路协同的中级阶段，车与车、车与路之间可以共享感知到的状态信息，使得对交通环境的认知更加全面和准确，但是动作决策仍然是交通元素独立进行的。协同决策阶段则是车路协同的高级阶段，它在前两个阶段的基础上，各交通元素能够参与彼此的决策过程，从而最优化交通系统的效用，而非个体或局部区域的效用。目前的智慧道路和智慧高速已经基本支持初级和中级阶段的车路协同，但仍存在许多问题。

（1）轻业务：传统智慧道路建设过程中，主要重视硬件部署，轻视软件应用；重视单系统建设，轻视平台化系统建设。这就导致各种系统垂直部署（即烟囱式部署与使用），重复建设严重，设备难以在各垂直系统之间得到复用。智能交通系统目前所处的信息化水平，与 20 年前电信行业所处的水平相当：多制式系统并存且各自为政，只能在低层次水平互通，甚至无法互通。

（2）轻数据：传统智能交通系统重视数据采集数量，但轻视数据采集质量；重视原始数据采集，轻视数据融合分析。例如，传统智能交通系统重视大规模监控摄像头的建设，也重视大规模视频监视数据的收集，但是较少考虑如何将大数据用于交通管理决策与建设规划。这就导致对道路交通数据的采集质量高、利用效率低的矛盾，采集的数据基本只能用于可视化。

（3）轻控制：传统智能交通系统的建设重视道路监视，轻视道路引导控制；重视事后追责，轻视事前引导。这主要是由于传统智能交通系统尚未找到更有效的、能提高通行效率和道路安全的典型应用，根本原因则是传统智能交通系统中缺乏有效的主动认知和主动控制手段。

（4）轻智能：传统智慧道路主要侧重信息化，看中更简单有效的"自动化"系统，不敢轻易尝试"智能化"系统；重视容易看见的"识别"系统，不敢尝试不太好触及的"决策"系统；重视单点问题的解决，不理解"网络"化系统的作用。这就导致目前的智慧道路建设仍停留在人工控制的阶段，距离"智能化"控制还有很长的距离。

5G 赋能智能交通，对于解决智慧道路当前存在的问题，助力智慧道路支持更高级别的车路协同，具有极其重要的意义。这里 5G 不仅是一种通信手段，更是它所维系的泛在计算环境和群智计算模式。具体来说，5G 道路智能化与高级别车路协同的意义包含以下方面。

（1）增强车载端的感知能力：车载端具有不可避免的感知缺陷，其在成本限制下感知精度受限（低精度的激光雷达），在他车或建筑物遮挡时感知范围受限；然而，路侧部署的感知设备可以提供不同视角、不同模态的感知数据，通过 5G V2X 网络进行实时融合，可以提升车辆对环境认知的准确性和完备性。

（2）增强车载端的计算能力：5G 提供边缘计算能力，可以弥补车载计算能力的局限性，例如，车辆可以利用 5G V2X 网络将局部感知或认知结果传输到边缘服务器进行多源数据融合，或直接将计算任务的数据和代码卸载到边缘服务器进行计算。

（3）提升交通系统的决策能力：目前的交通系统是分布式独立决策的，例如，每辆车根据实时交通状态和周围的环境进行动作规划，存在的问题是局部最优决策与整体最优决策不一致。5G 可以进行协同决策，多交通元素可以交互局部状态、意图，甚至交互策略和知识，从而使分布式决策逼近系统最优。

（4）提升交通系统的学习能力：知识是由认知产生决策的驱动力量和映射法则，而知识又来源于认知的规律总结和决策的经验积淀。在传统智能交通系统中，交通元素各自在环境交互中积累知识以优化自身决策水平，然而独立知识积累的过程缓慢、广度有限，在面临新场景新问题时泛化能力弱。5G 车路协同可以使海量智能交通元素在知识层面直接连通，在知识交换中完成复杂知识系统的建立、运行和优化，从而加速知识的积累，拓宽知识的广度。

经过以上分析可以发现，人工智能技术使得交通元素实现智能化，5G 凭借其高可靠、低时延的通信能力成为交通元素的神经系统，为海量交通元素的群智协同提供资源媒介。因此，5G 车路协同的最终目的是利用海量交通元素的群智涌现，实现智能交通系统的全道路、全场景、全过程、全要素的群智协同。接下来，我们将对车路协同中群体智能的表现形式和关键技术进行概述。

3.1.1.1　车路协同中的群智认知

准确全面认知交通环境是车路协同的重要环节，根据粒度不同，可以将群智认知划分为宏观认知、介观认知和微观认知，其中宏观认知包括交通状态认知、气象状态认知等，介观认知包括社交关联认知、移动聚集认知、出行结构认知等，微观认知包括对象状态认知、通信状态认知、环境状态认知、服务状态认知等。下面将对各粒度群智认知的挑战和关键技术进行分析。

1）交通状态认知和气象状态认知

交通状态和气象状态是影响道路交通安全与效率的主要宏观因素。由于城市大规模细粒度状态监测与有限传感器部署之间的鸿沟，需要结合路侧基础设施认知与车辆移动认知各自的优势，从而构建车路协同的群智认知体系。在车路群智认知过程中，由于参与认知任务的车辆存在时空分布不均匀的特点，资源分布密集的区域会存在重复认知现象，造成大量不必要的计算和通信开销；而资源分布稀疏的区域会存在数据缺失现象，严重影响认知质量。宏观状态数据通常由于其内在规律的作用而存在时空相关性，这种时空相关性使得可以通过认知局部而预测全局，也可以通过认知现在而预测未来。车路群智认知的关键技术难点有两个方面，一是得到认知任务的最小必要子集，从而在满足所需认知精度的前提下降低认知开销；二是考虑车群的实际分布情况，从而匹配认知任务与执行车辆之间的时空关系。在文献[1]中，我们利用矩阵补全和互信息理论来量化不同时空区域的认知重要程度，并通过建模车辆移动和分布模式实现认知任务分解最优性和可行性的折衷。

2）社交关联认知

智能网联汽车具有"感""传""知""算"能力，会成为未来移动社交的重要载体，将推动车联网、移动计算、社交网络等相关领域的进一步融合，并催生"车联社交网络"这一新型服务体系[2]。车联社交网络主要包含两个研究方向，一方面通过向社交网络引入车联网特性，来强化人的社交网络，主要关注基于场景、位置、轨迹的社交应用；另一方面通过把社交网络概念融入车联网络，来优化车联网络，主要关注利用社交关系来提供可信网络传输，或利用小世界理论、中心性分析等优化车联网信息传播路由。在 5G 车路群智协同环境下，利用社交网络特性提升车联网信息传播能力是研究的重点。为提高车联网在时延容忍条件下的路由效率，文献[3]把社交网络的社会自私性引入车联网，提出一种社会自私性感知的路由算法（Social Selfishness Aware Routing），在选择转发节点时考虑车辆的转发意愿和接触机会（即在无线通信范围内可以直接通信的机会），比单纯基于接触机会的方法具有更好的转发策略。

3）移动聚集认知

车群的移动聚集模式是指一组车辆在一定时空约束下共同行驶时所表现的模式。车辆移动具有目的性，城市区域功能也存在差异性，导致车群在城市中出现聚集或消散的现象，可以通过移动聚集模式挖掘来认知城市交通的介观规律、识别异常交通状态。文献[4]基于海量的车辆轨迹数据，采用自相关分析识别车群聚集与消散的区域，然后将这些区域一天中的车群聚散组织为时间序列矩阵，采用自组织图聚类方法（Self-Organizing Map）得到典型的聚集、消散时空模式，从而挖掘城市不同区域车群移动模式，理解车群移动模式与城市区域功能之间的关系，对城市交通管理与诱导具有指导意义。此外，轨迹数据中既包含车辆的时空信息，也包含车辆的属性信息（如出租车的速度、载客状态等），这些属性信息可以用来分析车辆的群体行为，如城市中出行需求高的区域会引起出租车聚集。

4）出行结构认知

出行结构也称为出行方式结构，是指某种交通出行方式的城市居民出行量占总出行量的比例。不同出行方式的轨迹特征不同，出行方式的识别可以从移动轨迹（如地图导航应用、手机信令数据等）挖掘得到。然而，出行结构不是一成不变的，出行者的出行需求、出行方式偏好、对交通状态的认知能力不同，会导致不同的出行方式选择行为。此外，出行者选择的出行路径和出行方式会反作用于道路网络，改变交通状态演化趋势，从而改变出行结构。因此，对出行者的出行方式进行建模是出行结构认知的基础，可以分析多模式交通网络中用户的出行行为与交通运行状态之间的相互作用关系，通过建立多模式交通网络分配模型，分析各个出行子系统在出行方式分担中的关系，从而全面、准确地预测各出行方式的需求。

5）对象状态认知

对象状态认知是对交通参与者状态和行为的认知，包括人（驾驶员和行人）、车、路的状态认知。驾驶员状态认知是通过驾驶员面部监控系统发现驾驶员走神、疲劳或者打瞌睡等行为，可以从眨眼频率、凝视方向、打哈欠等检测驾驶员状态。此外，自动驾驶中理解、推断行人和非机动车的意图非常重要，可以通过行人运动的时间和空间的周期性变化特征（如步态模式变化）来检测出行人的运动速度、方向变化。对于车辆的状态认知主要是分析其驾驶意图，从车辆的行驶状态及轨迹数据中提取能够反映驾驶特性的指标，以揭示在不同交通状态及驾驶环境刺激下的驾驶行为特性，为车辆轨迹预测及安全预警提供依据。例如，换道意图是驾驶意图的主要组成，换道策略取决于必要性、期望程度和安全性，可以通过车辆位置坐标、车辆速度、加速度、车辆间距等参数预测车辆换道概率和换道轨迹。最后，对基础设施的认知是指对信号灯和交通标志的识别，为了避免其他车辆遮挡造成的识别失败，需要多车从多视角进行联合认知。

6）通信状态认知

通信状态认知主要指可用频谱资源认知和信道质量认知。自动驾驶等级的提升将对通信质量提出更高的要求，同时有限的频谱资源将难以满足不断增长的自动驾驶汽车规模。提高有限频谱资源的利用率对于提升车联网通信质量具有重要意义，可以通过认知无线电的学习能力来感知和利用车辆周围空间的可用资源，并降低资源冲突的发生。认知无线电的核心思想是通过频谱感知（Spectrum Sensing）和智能学习能力，实现动态频谱分配和频谱共享。此外，可以通过感知信噪比（SNR）、信号与干扰加噪声比（SINR）等信道性能来评价信道质量的优劣，这对于后续的信道资源分配、计算卸载决策都具有重要意义。

7）环境状态认知

交通环境状态认知主要分为路面物体检测识别、交通标志检测识别、车道线检测识别。路面物体检测识别主要用于检测没有包含在高精度地图内的路面临时物体，如抛洒物或者临时路障等。路面物体检测识别主要依靠对路侧摄像头的视频数据进行视觉处理，需要对摄像头覆盖区域内除车辆和行人以外的临时物体进行智能识别，实时更新识别结果并进行分发管理。此外，对车道线和交通标志的检测识别会受到车辆遮挡和雨雪天气影响，需要借助地图中提供的先验知识，将本车的第一视角、路侧感知设备的视角和其他车辆的视角结合，实现多源多视角融合认知。

8）服务状态认知

边缘或云端为智能驾驶提供了丰富的服务和应用，如何发现满足功能和质量需求的服务，是服务状态认知的核心。网络性能、计算能力、模型精度等都是影响服务质量（Quality of Service，QoS）的重要因素。一方面，车辆可以通过服务发现和服务选择来从多个满足功能需求的服务中选出满足质量需求的服务，进一步通过服务组合形成更大粒度的服务、完成更复杂的任务。例如，车辆可以通过组合目标检测、目标追踪、轨迹预测这三个服务实现对其他交通参与者的认知，且认知质量与这三个服务各自的 QoS 密切相关。另一方面，可以通过调度通信和计算资源来保障服务质量需求。当车辆提出应用服务质量的需求时，可以根据服务需求和资源状态为服务分配通信和计算资源，满足个体服务质量与全局服务质量的折衷。

3.1.1.2　车路协同中的群智决策

5G 车路协同的目标是通过群体智能对交通系统的交通流和数据流进行联合优化，具体包括资源协同控制、服务协同控制、车路协同控制、人车协同控制等。

1）资源协同控制

资源协同控制是利用去中心化的方式，对多交通元素的通信计算资源进行分配和优化。在 5G 车路协同环境下，"天–空–地"一体化的通信资源和"端–边–云"分布式的计算资源使得多维资源优化的状态空间和动作空间极高，并且多交通元素之间的任务关系耦合、资源使用耦合，传统中心化的资源分配方法由于维度灾难已无法使用。近年来，一些研究提出使用多智能体深度强化学习进行车联网多维资源的优化，利用线下训练形成的联合资源分配策略，使车和路可以根据通信计算需求和资源实时状态自主地访问资源，并且可以达到整体效用的最大化。

2）服务协同控制

将车联网服务部署至网络边缘，可以有效提升服务的实时性，保证自动驾驶的质量。为了适应车辆的高速移动性和车群的分布动态性，服务需要在边缘服务器之间迁移（虚拟机或 Docker 迁移）来保证服务质量。具体来说，车辆的个性化服务（如辅助驾驶和选路决策的智能代理）包含独有的模型和数据，需要跟随车辆在边缘服务器迁移以保证通信时延要求；对于公共服务（如场景语义分隔、目标识别），则需要根据车群时空分布动态调整服务的部署，达到服务能力的供需平衡。然而，服务之间在功能上存在关联（即服务功能链）、在资源上相互约束，且服务通常又来自于不同的提供商，集中式的服务管理效率极低，需要多边缘服务器利用群体博弈等分布式方法实现服务协同控制。

3）车路协同控制

车路协同控制中车载智能和路侧智能通过 V2X 进行信息交互，将车载计算任务分解到车载和路侧进行分布式执行，或者实现车载智能与路侧智能的联合决策，以达成自动驾驶决策与交通管控决策的一致性、实时性和有效性，提升交通安全，缓解道路拥堵。无论是微观的横向纵向控制，还是介观的车道选择、路口调度，或是宏观的路径规划、交通管控，交通元素之间的决策都存在复杂耦合，并且个体之间相互的行为建模和意图理解与现实存在偏差，导致个体独立的最优决策难以达到系统层面的最优。因此，只有形成交通元素之间以意图交换、行为协商为基础的车路协同决策机制，才能够最终提升城市交通质量。

4）人车协同控制

人机共驾、有人驾驶车辆、无人驾驶车辆共存将是交通系统的常态，其中的核心难题是"人"这个不确定因素。人车协同的过程是人类智能和人工智能协同的过程，需要充分利用两者的优势，也要尽量避免各自的缺陷。人机共驾主要研究驾驶权的分配问题，人类智能在应对未知场景和未知事件时具有卓越的泛化能力，而人工智能的大范围协同又有利于形成群体理性，两者互为补充。另外，有人驾驶车辆和无人驾驶车辆共存时，人的行为不确定性通常成为影响交通安全与效率的重要因素，可以从人的行为建模和诱导两个角度实现人车协同控制。

🌑 3.1.2　车路协同计算环境

5G 网络会成为车路智能体的神经系统，通过在边缘将支撑智能体间分布式协同的一系列通信计算资源编排能力封装，继而构建智能体分布式协同的支撑环境，并将其打造成为泛在服务，有利于 5G 车路协同生态的形成和发展。针对车路智能体的底层通信计算资源复杂异构所导致的智能体协同与资源分配联合优化难的问题，我们提出边缘计算技术演进下的车路智能体分布式协同支撑环境。

1）车路协同计算环境的架构

车路协同计算环境是能够支撑车路群体智能学习和决策的"端–边–云"分布式计算环境，其基本思想是将智能体协同训练与协同决策构造成为公共服务，采用分层架构逐级抽象异构资源的编排能力、适配异构智能体的协同需求，实现支撑环境对智能体屏蔽协同调度和资源分配的复杂细节。车路协同计算环境的目的是提供车路智能体在异构通信计算资源条件下互操作的有效手段，使智能体的分布式协同容易设计、实现、部署和维护。车路协同计算环境的架构主要包括前端接口、环境内核和内部表示三部分，如图 3-1 所示。

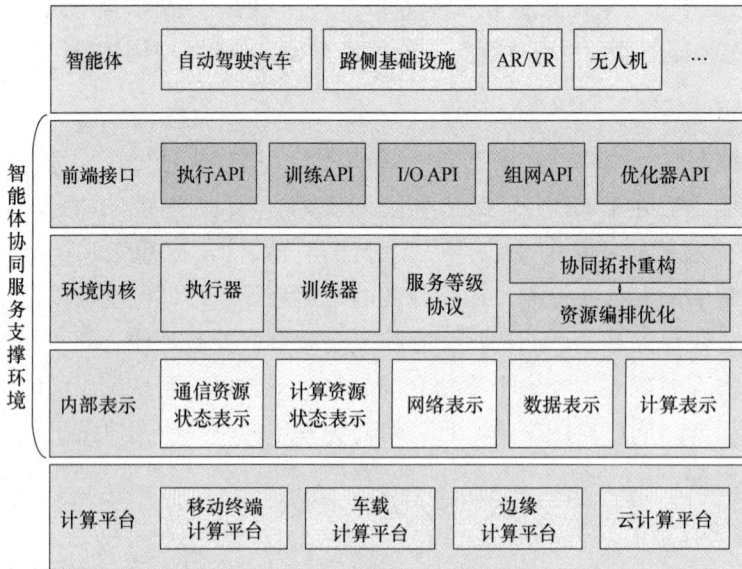

图 3-1　车路协同计算环境的架构

前端接口提供了执行 API、训练 API、I/O API、组网 API、优化器 API 等完备的能力接口，群体智能计算环境可以针对各种场景提供通信能力、计算能力和协同能力。在环境内核部分，执行器和训练器用于执行和训练多智能体模型，SLA（Service-Level Agreement，服务等级协议）是车路协同计算环境与车路智能体之间关于服务质量的约定。协同拓扑重构和资源编排优化解决智能体协同关系的优化问题和通信计算资源的优化问题，以满足不同业务场景对带宽、时延、精度等的差异化要求。在车路群智协同场景下，智能体在不断移动，且智能体的协同需求会随时间改变，多智能体对于协同关系和资源数量的需求与底层通信计算资源能力存在差异。当智能体之间直接通信质量不满足需求时，可以通过多维资源编排优化和多智能体协同拓扑重构两个角度提升智能体协同质量，从而增强多智能体协同的自适应性。在此过程中，需要考虑以下两点：一是需要同时考虑多智能体协同需求、物理拓扑、信道质量、计算负载，使资源利用最大化，使协同质量最优化；二是在重构过程中不但要考虑当前时刻资源的优化，还要预测未来物理拓扑和协同需求的变化，保证协同质量的稳定性。内部表示提供通信资源和计算资源虚拟化表示、网络表示、数据表示和计算表示等，可以对资源和计算的抽象进行标准化，使"端-边-云"可以协同进行分布式训练和执行。

2）百度 ACE 交通引擎

作为百度智能交通的综合解决方案，百度 ACE（Autonomous Driving，Connected Road，Efficient Mobility）交通引擎将推动人工智能与基础设施、运输装备、运输服务、行业治理的深度融合，构建实时感知、瞬时响应、智能决策的全栈城市智能交通体系，支撑我国建成最具活力的智能汽车创新生态体系和"安全、便捷、高效、绿色、经济"的现代化智能交通体系。

百度 ACE 交通引擎采用"1+2+N"的总体架构，如图 3-2 所示，其中：1 个数字底座，包括小度车载 OS、飞桨、百度智能云、百度地图支撑的"车""路""云""图"等未来交通基础设施；2 个智能引擎，分别是 Apollo 自动驾驶引擎和车路协同引擎；N 个生态应用，包括智能信控、智能停车、交通治理、智能公交、智能货运、智能车联、智能出租、自主泊车和园区物种等。

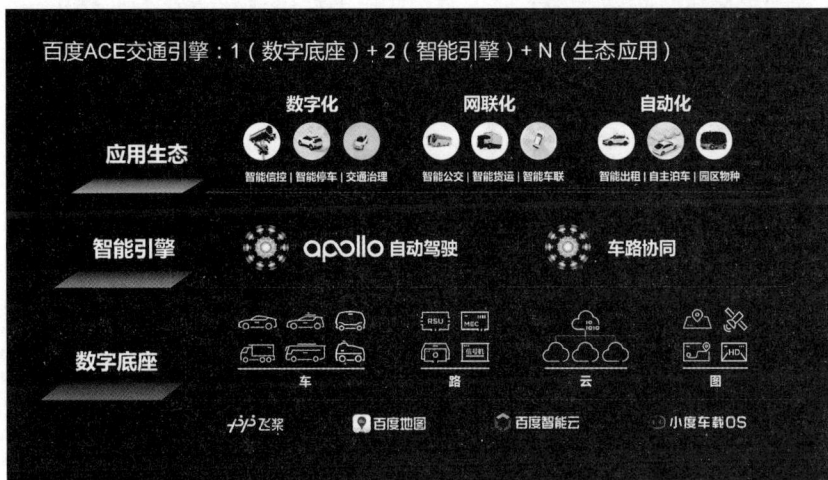

图 3-2　百度 ACE 交通引擎的总体架构

百度 ACE 交通引擎的数字底座搭建起"车–路–云–图"一体化融会互通的底层基础设施，智能引擎是车路行一体化得以运转的动力源泉，融合面向未来交通的人工智能、大数据以及交通业务处理的全息感知与理解、全时空推演与决策、全场景实时控制平台，构建起上下双向得以沟通服务的桥梁，应用生态服务于公安交管、交通运输、城市管理、应急管理等部门，是面向未来交通的自主、全栈、开放、可控的一体化解决方案。

3.2　5G 车路协同环境感知技术

车路协同的目的是实现从单车智能到车路群体智能的跨越。在单车智能条件下，车辆对周围环境的感知是基于车载多模态传感器实现的，在应用中具有明显缺陷。首先，单车行驶过程中存在视野盲区，导致感知视野受限；此外，单车受传感器成本约束，导致精度受限。车联网促使单车智能向多车智能扩展，车与车、车与路之间通过共享局部感知数据，可以拓展感知范围、提升感知精度。然而，如何利用有限的通信资源，在多交通元素之间高效共享感知数据，仍具有许多挑战。进一步，当前的车载/路侧传感设备和通信设备是相互独立的，感知和通信效率低、协同差，借助 5G 毫米波通信和毫米波雷达的深度融合，有希望将感知和通信在信号层面实现一体化设计和一体化调度，最终实现"端–边–

云"协同下的群智协同感知。在感知的基础之上，智能驾驶还面临多样化的场景语义理解任务，包括交通标志识别、交通灯识别、地面标线识别、行人识别、车辆识别、道路地形识别、路口识别、停车带识别等。由于单车认知能力的局限性，车路协同场景语义理解的需求应运而生。车与路可以各自对环境形成某种层次的理解，并通过自适应地交换语义理解信息，形成用于决策的完备、准确认知。在此过程中，如何在车路智能体之间协调语义理解任务、优化协同关系、提升融合质量，都是值得研究的问题。本节将从协作式环境感知技术和协作式场景语义理解两个方面，对车路协同环境感知的方法架构和关键技术进行介绍。

3.2.1　协作式环境感知技术

3.2.1.1　感知数据高效共享

通过车车协同与车路协同，前方的车或者路可以把感知到的环境状态传递给后面的车，提前获取道路前方发生的交通事故和路面的突发情况，赋予车辆超视距感知的能力，提升驾驶效率与用户乘坐体验。然而，车辆感知的环境状态是多维多源大数据（如点云、图像、视频），为了确保数据协作传输的高效性以及提高频谱资源利用率，一般采用设备到设备的直接通信。但是，由于车辆的高速移动，车辆之间的物理拓扑以及车车之间的信道质量会不断变化，导致网络传输拓扑稳定时间短。同时，超视距感知数据的传输需求随着车辆状态变化而改变，因此，考虑到车辆之间的物理拓扑和数据传输需求，我们提出一种高效的感知数据共享方法[5]，通过实时高效重建网络拓扑来支持超视距感知数据的高效传输。

1）系统概述

超视距感知服务面向未来高级辅助驾驶或者自动驾驶，能够提升驾驶效率与用户乘坐体验。感知数据高效共享的流程如图 3-3 所示。边缘服务提供商向运营商购买边缘计算与存储能力，向用户提供超视距服务，用户首先向边缘服务提供商订购服务。然后，用户感知到一些突发事件时，如坑洞、路上的动物或者突发的交通事故，会把事件上报给边缘服务提供商，同时边缘服务提供商会给予用户一定的激励以不断激励用户共享感知数据。在收集到交通状态变化时（如前方突发的交通事故或者路上闯入的动物等），边缘服务提供商会根据用户的上下文信息来调度车辆之间协作分享感知的数据，即把收集的交通状态信息传递给需要的车辆，实现超视距感知。

超视距感知服务的协作数据传输控制算法分为三个阶段：首先是上下文信息感知阶段，通过车车之间的广播，车辆可以获取周围车辆的位置和信道质量、车辆已经感知到或者收到的数据、每个车请求的感知数据；然后是数据传输与调度阶段，车辆通过蜂窝链路把上下文信息上传到边缘计算节点（即超视距服务提供商），边缘计算节点根据上下文信息计算一个高效的资源调度方式来协作分享数据，并通过蜂窝网络把调度决策下发给每辆车；最后，根据边缘计算节点调度策略，通过车车通信来实现协作数据传播。

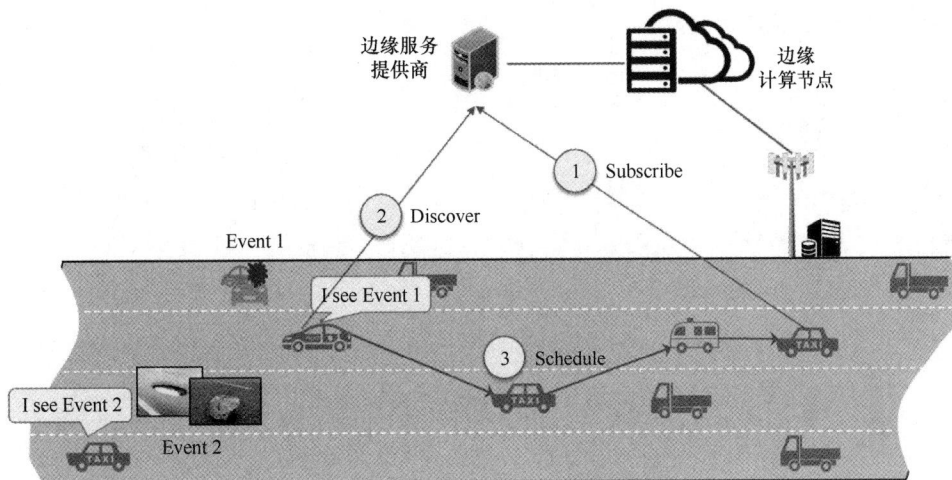

图 3-3　感知数据高效共享的流程

2）基于图论的协作数据传输

首先，构造无向邻居图 $G_u = (N, E_u)$，通过收集更新的上下文信息，包括其当前邻居的列表、每个邻居链路的信道容量以及缓存和未缓存数据块集合，可以在边缘服务器中构造无向邻居图 G_u，如图 3-4 所示。

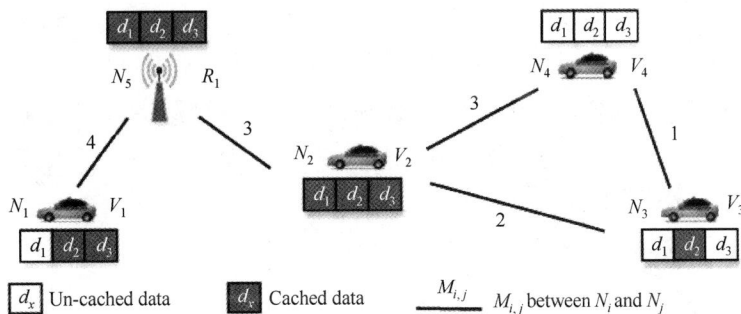

图 3-4　感知数据共享的无向邻居图

然后，构造有向匹配图 G_d。针对图 G_u 中每一个链路 $N_i \rightarrow N_j$，通过把发送方可能发送的数据块集合、接收方请求的数据块集合、中间链路能够传输数据块的最大数量进行匹配，可以构造出有向匹配图 G_d，如图 3-5 所示。

接着，构建无向干扰图 G_c。针对图 G_d 中每个节点 N_i，获取所有的多播传输以及相应的权重。根据信道的冲突限制，如果两个多播传输是相互冲突的，则在它们之间增加一条边，如图 3-6 所示。

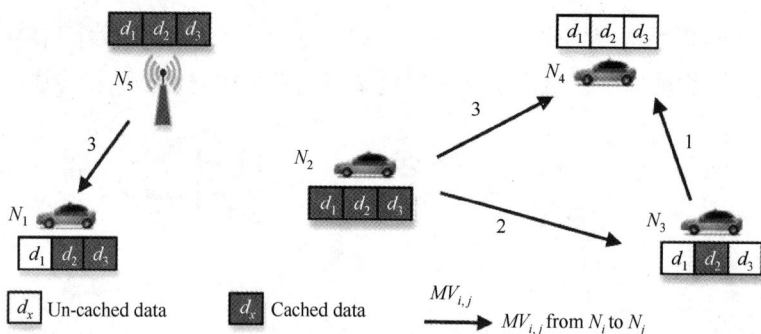

图 3-5　感知数据共享的有向匹配图

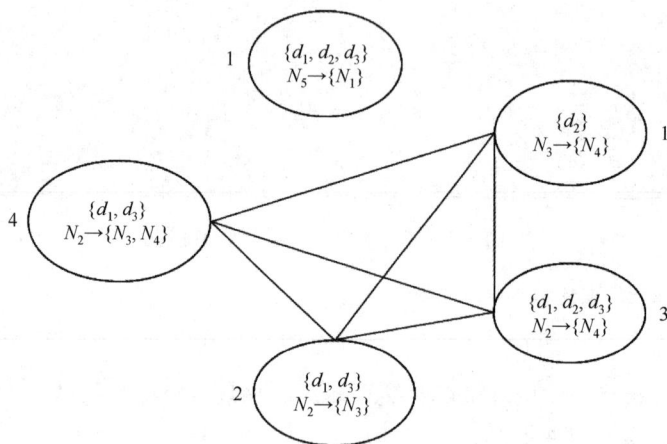

图 3-6　感知数据共享的无向干扰图

最后，将数据协作传输问题建模为干扰图上的最大独立子集问题，从而求解数据协作传输的策略。通过协作式感知，车辆和路边基础设施可以将感知数据按照时空、语义分隔成为不同的数据块，然后进一步根据车路之间的感知数据传输需求调度通信资源与传输行为，从而利用有限网络资源最大化协同感知效率。

3.2.1.2　感知通信深度融合

1）毫米波感知

毫米波雷达使用毫米波频段的无线电进行环境感知，能够实现高精度、多维度的搜索测量，从而对目标物体进行检测、测距、测速、方位测量，并在此基础上进行目标识别与追踪。毫米波雷达通常基于多普勒效应，通过发射机频率与反射信号频率的频率差测得相对速度，根据发送脉冲与回波的时间差测得相对距离。毫米波的频率范围为 30～300 GHz，除了具有微波与远红外波的优点，毫米波还具有许多特质。相比于微波，毫米波具有更高的分辨率，更强的指向性、抗扰性和探测性；相比于远红外波，毫米波的大气衰减小，受大气中水汽凝结物和悬浮微粒的影响小。这些特质决定了毫米波雷达的全天时、全天候工作能力。

自动驾驶汽车和智慧道路目前的感知数据主要来自于激光雷达和摄像头，激光雷达可以完成较长距离的探测任务，但是激光雷达存在分辨率低、价格高、容易受到雨雪天气影响等问题。摄像头图像可以包含颜色等丰富的语义信息且价格经济实惠，但图像不包含深度信息。毫米波雷达可以在一定程度上弥补激光雷达和摄像头的不足，毫米波雷达可以得到高分辨率且具有深度信息的感知结果，但是毫米波雷达只能对近距离的环境进行感知，常用于完成短距离的感知任务。

2）毫米波通信

毫米波通信是指以毫米波作为载波而进行的通信，5G 技术正在推动毫米波技术在多个行业中的发展。5G 技术转向使用毫米波波段的原因是 Sub-6 GHz 波段十分拥挤，各类电子设备互干扰严重，相比之下毫米波波长较短，其超高的通信带宽可以助力 5G 通信实现 10 Gbps 的高速带宽通信，因此可以有效地解决高速宽带无线接入面临的许多问题。此外，由于距离分辨率与信号带宽成反比，因此毫米波的大带宽可以达到厘米级的定位精度，将毫米波通信与 5G 车联网互相结合，可以提供远超 GPS 和 LTE 精度的定位服务。然而毫米波通信最大的缺陷是路损和雨衰，与微波相比毫米波频段的吸收率较大，会遭受严重的大气衰减，在恶劣的天气条件下，尤其是降雨时毫米波信号衰减严重，影响传播效果。因此，毫米波不适用于长距离通信，目前更多应用在短距离通信当中。

3）5G 感知通信一体化的概念与应用场景

通过将毫米波雷达感知和 5G 毫米波通信集成到同一个设备之上，并在信号层面进行协同设计与复用，可以实现 5G 感知通信的深度融合，解决当前车联网中感知与通信相分离存在的成本高、时延大、控制难的问题。

针对超视距感知场景，为满足车间信息共享的低时延和高速率传输要求，需要利用感知通信一体化技术保证感知信息在车辆间可靠高速共享。为了实现多车感知通信体系的兼容性、提高多车之间传感器信息融合的效率，需要通过感知和通信系统的联合设计提高车辆间信息融合的智能化水平。图 3-7 为感知通信一体化的应用场景，其中车辆 B、D 和 E 是可由车辆 A 的雷达传感器直接探测到的车辆目标，而车辆 C 和 F 处于车辆 A 的盲区。因此，为扩展车辆 A 的雷达传感器探测距离和范围，通过采用毫米波宽带传输技术将车辆 B 和 D 的雷达感知信息回传给车辆 A，并由车辆 A 进行多源信息融合，来提升车辆 A 的超视距感知能力。

图 3-8 是路口速度引导的应用场景。有信号灯路口的车速引导可以将行驶速度与交通灯配时同步起来，为驾驶员提供最佳速度建议，以便减少驾驶员的等待时间和停车次数。适用于自动驾驶车辆的无信号灯路口车速引导则可以避免车辆碰撞、提升通行效率。但是由于驾驶员或自动驾驶车辆的局部认知与有限理性，不能保证车辆按系统建议的全局最优速度行驶，从而导致系统的运行混乱，影响路口的安全和效率。因此路侧基础设施不仅要根据全局交通流量计算最优速度建议，还要全程监控车辆行驶情况以实时调整速度建议。

但是，如果路侧的感知与通信系统相互独立，则无法将感知识别得到的物理标识和接收控制指令的网络标识（如 IP 地址）对应起来，即无法将每辆车定制的速度建议准确下发到指定车辆。5G 感知通信一体化技术具有"所见即所连""看到即连上"的特点，可以使用动态时隙分配帧结构或动态波束分配的方法达到同时对每个交通元素进行感知和通信的目的，与路口车速引导需求完美契合。

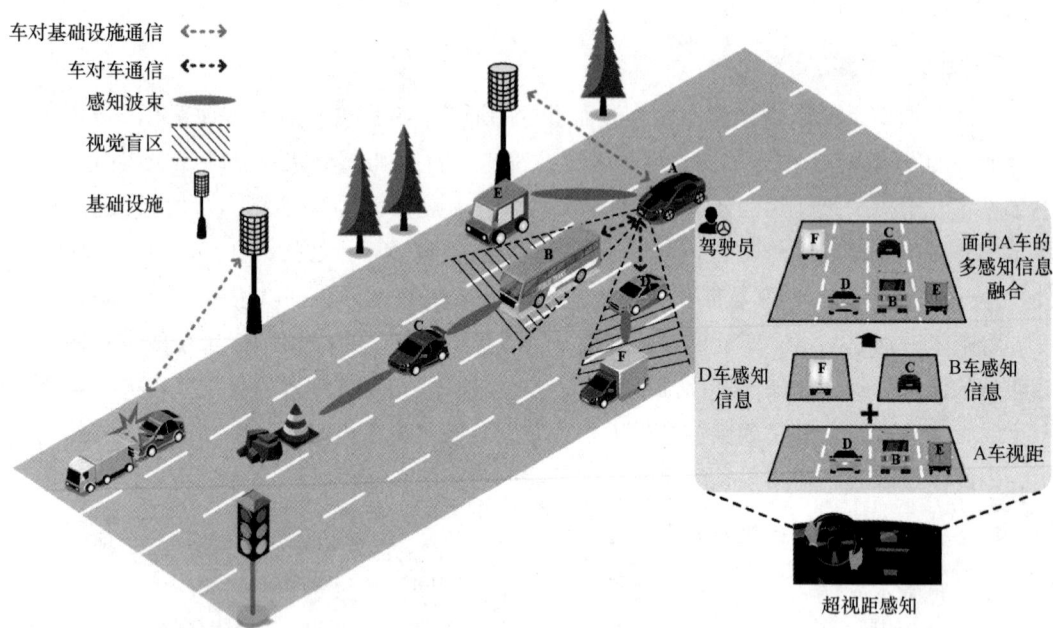

图 3-7　感知通信一体化的应用场景[6]

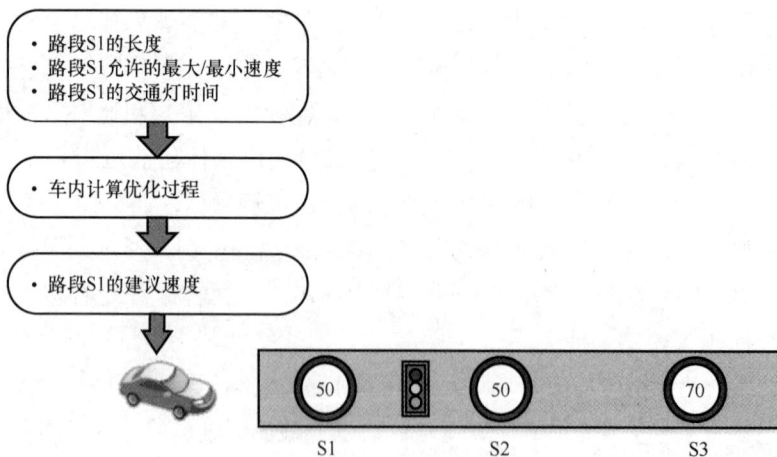

图 3-8　路口速度引导的应用场景

4）5G 感知通信一体化的系统设计

基于毫米波雷达和毫米波通信的特性，文献[6]设计了基于任务驱动的动态时隙分配帧结构和基于强化学习的灵活波束控制方法，基于 5G 感知通信一体化的车联网系统如图 3-9 所示。该方法通过分时或分光束执行毫米波雷达的感知任务和通信任务，满足感知通信一体化任务中低时延、高可靠的要求。

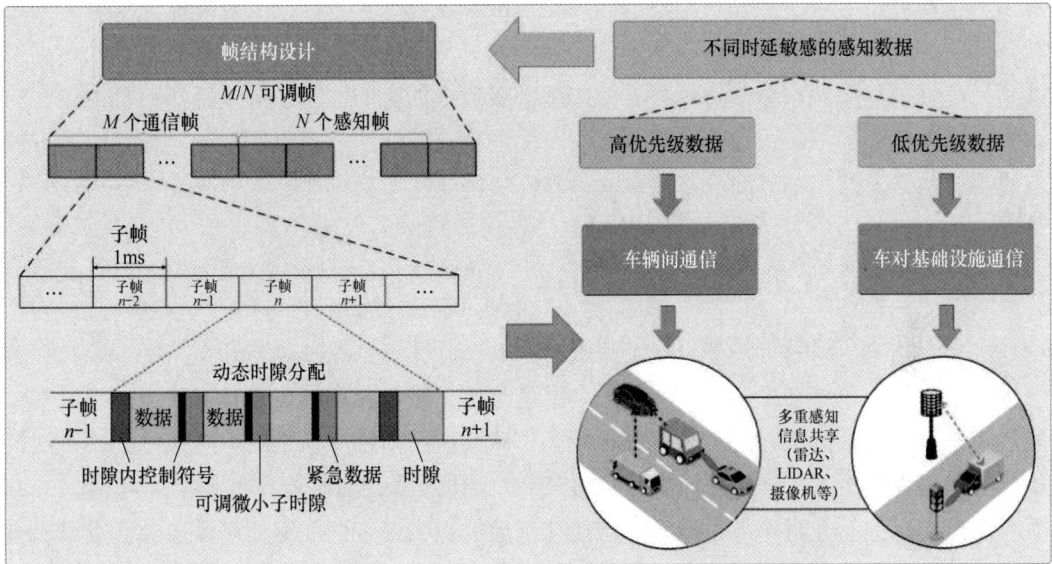

图 3-9　基于 5G 感知通信一体化的车联网系统[6]

首先，不同传感信息的传输方法很大程度上取决于业务的时延敏感度和优先级，因此可以基于传感任务动态分配帧结构。一方面，汽车碰撞和道路安全危险报警属于紧急类感知信息，对于自动驾驶车辆而言具有高优先级，需要通过车辆间的毫米波链路传输来保证低时延信息传输要求。另一方面，交通拥堵、最佳路线规划和娱乐视频等低优先级信息，可以通过车辆到基础设施的通信链路来传输。与此同时，通过使用基于灵活时隙分配的动态帧结构能够满足不同优先级、时延敏感和非敏感等业务需求，保证低时延和高可靠数据传输。

其次，为使感知通信一体化系统中的感知和通信所占用的传输时间能够根据时延敏感性业务的需求进行动态调整，将帧结构划分为可动态变化的感知功能子帧和通信功能子帧。以雷达感知为例，对于一帧而言，如果雷达探测持续时间较长，则通信传输持续时间将变短；另一方面，感知与通信两种不同的功能所占用的时间与其性能密切相关。此外，雷达感知的信息需尽可能地在后续通信传输时间内得到有效的传输，否则将失去雷达感知信息的时效性。因此，雷达持续时间与通信传输时间之间是一种相互制约的关系，可以采用非合作博弈理论和方法对时间资源进行优化分配，实现感知与通信一体化系统性能的最优化。对基于时分的感知通信一体化系统进行时间资源分配，需要在雷达信息量不大于通信信息量的限制条件下，对不同雷达持续时间配比情况下的雷达信息量进行优化，找到最优的雷达通信持续时间配比，实现雷达与通信传输信息量的联合最优化，提升车辆的环境感知性能和多车感知数据的传输与融合性能。

最后，为了解决车辆间高带宽大流量感知信息的有效传输与融合的难题，可以通过采用毫米波波束控制方法实现车辆间可靠信息传输。毫米波通信技术采用大规模相控阵天线和波束成形技术来增强接收器处的信号强度，以克服信号的损耗和衰减问题。前一时隙中的雷达感知信息可以用于辅助车辆间的波束对准和波束追踪过程，有效降低波束调控的时间开销。在波束对准过程中，车辆间的位置关系可从雷达感知信息中获得，对感知信息加以利用可以最小化波束搜索空间并有效降低波束对准的时间。基于雷达感知信息中包含的车辆速度和轨迹等信息，设计基于强化学习的波束追踪算法，可以实现车辆移动场景下波束的快速切换，保证车辆间的通信链路可靠性和链路连接稳定性。

● 3.2.2　协作式场景语义理解

3.2.2.1　车路多视角认知

自动驾驶汽车感知系统的核心任务是准确理解周围驾驶环境，现有方法通常将单实体的多模态传感器数据进行融合来克服单模态传感器的局限性，但是这类感知方案仍无法解决遮挡和视距的问题。一方面，相同视角的多个传感器会面临同样的遮挡问题；另一方面，图像在远处的分辨率低，而激光雷达在远处的点云密度低，即使多模态融合也难以有效提升视距。针对上述问题，可以将车路多视角传感器联合起来进行协作式场景语义理解，从而在感知范围、感知精度两个方面做到多传感器互相补充。此外，在车路协同语义理解过程中可以将部分计算卸载到路侧基础设施，以同时保证语义理解准确性和实时性。

车路多视角认知框架如图 3-10 所示，传感器分布于自动驾驶汽车和路边基础设施上，并且都配备有本地处理器，可以进行局部的场景语义理解，这些传感器通过有线或无线链路连接到路侧融合系统。路侧融合系统拥有强大的算力来融合多传感器数据，并通过无线通信向周围车辆发送融合结果。路侧融合系统不负责车辆的控制，自动驾驶汽车需要使用自身感知信息和路侧融合信息来进行规划决策。车路多视角认知可以具体分为全参与协同和自适应协同两种方案。在全参与协同方案中，一定范围内的车路智能体均参与融合，每个智能体需要决定共享什么数据最有效；而在自适应协同方案中，车路智能体自主构成群组进行融合，每个智能体决定向谁共享数据、共享什么数据最有效。

1）全参与协同方案

为了完整准确地理解驾驶环境信息，V2VNet[7]提出了多车融合的语义理解模型，利用图神经网络联合周围所有车辆实现多视角认知。具体来说，每辆自动驾驶汽车应该首先预处理自己的传感器数据，接着将预处理结果广播给周围车辆，然后融合从其他自动驾驶车辆接收到的信息，最后生成所有交通参与者在空间中的位置及预测的未来轨迹。在多辆自动驾驶汽车协同语义理解的过程中应该着重考虑两个问题：第一，在最小化所需传输带宽的同时，每辆车应广播哪些信息以保留所有重要信息？第二，每辆车应如何融合来自其他自动驾驶车辆的信息，以提高其语义理解的准确性？

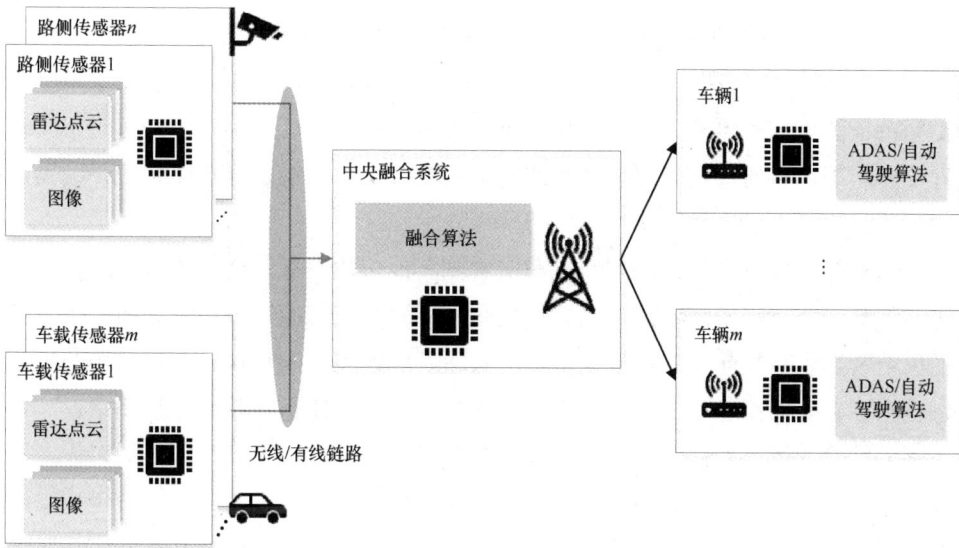

图 3-10　车路多视角认知框架

　　针对第一个问题，自动驾驶汽车之间一般可以传递三类信息：原始感知数据、语义理解的中间表示形式、语义理解的最终结果。这三类数据各有优劣，在实际应用中的目标是在最大限度提高语义理解准确性的同时最小化传递信息开销。尽管发送原始感知数据可以最大限度减少信息损失，但同时也造成较大的通信开销，并且接收车辆处理大量原始数据也难以满足实时推理要求。此外，传输语义理解的最终结果可以大幅提升通信效率，但可能会丢失场景上下文和不确定性信息，而这些信息对于多视角认知非常重要。V2VNet 选择在车辆间交换语义理解的中间表示，每辆车处理自身传感器数据并计算中间特征表示，将其压缩后广播到附近的车辆；然后，每辆车使用接收到的消息更新中间特征表示以产生最终场景语义理解。这种方法有两个优点：深度网络的中间表示很容易压缩，同时保留了下游任务所需的重要信息；其他车辆的传感器数据已经过预处理，因此计算开销较低。

　　针对第二个问题，V2VNet 有三个主要阶段，如图 3-11 所示，一是雷达点云预处理阶段，二是跨车辆感知融合阶段，三是语义理解输出网络。

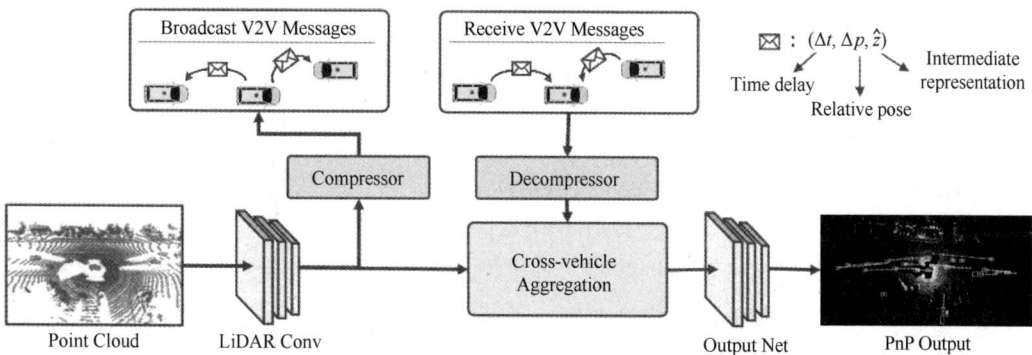

图 3-11　全参与的多交通元素协同语义理解框架[7]

雷达点云预处理阶段：首先需要从原始感知数据中提取特征并将其转换为 BEV（Bird's Eye View，鸟瞰图），将过去几帧的雷达点云体素化后通过多个卷积层来生成下采样的空间特征图，这就得到了用于广播的中间表示形式。然后使用卷积网络对中间表示形式进行变分压缩，再通过熵编码以很少的比特对变分压缩结果进行量化和无损编码，就可以将压缩后的中间表示形式广播到附近的车辆。

跨车辆感知融合阶段：自动驾驶汽车在收到其他车辆广播的比特流时先进行熵解码，再使用卷积解码器来解压缩特征，然后使用图卷积聚合从其他车辆接收到的信息，其中图卷积的每个节点表示当前道路场景中车辆的状态。考虑到不同车辆传感器采样的时间差，数据融合应该首先补偿这部分时延，再为图中每个节点创建初始状态。具体来说，每个节点将接收到的中间表示 $\hat{z}_i$、接收方与发送方的姿态偏差 Δp_i、相对于接收车辆传感器时间的时延 $\Delta t_{i \to k}$ 输入卷积神经网络，从而创建初始状态。此外，由于当前车辆和其他车辆位于相同的局部区域，重叠感知现象使节点表示具有重叠信息。如果能够智能地转换表示形式并在视野重叠的节点之间共享信息，则可以增强自动驾驶车辆对场景的理解。图 3-12 给出了 V2VNet 的空间聚集过程，首先应用相对空间变换 $\xi_{i \to k}$ 来扭曲第 i 个节点的中间状态，以向第 k 个节点发送图卷积消息，然后使用卷积对两个节点的空间对齐特征图执行联合推理，最后对转换后的消息进行聚合计算。

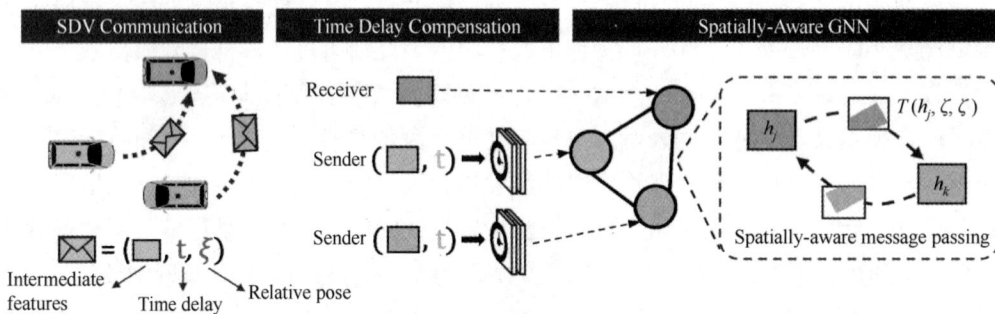

图 3-12　全参与的多交通元素协同语义理解过程[7]

语义理解输出网络：将融合后的中间表示通过一组卷积来捕获多尺度上下文，最后利用两个网络分支分别输出路面交通参与者的当前位置和预测轨迹。

2）自适应协同方案

自适应协同方案关注如何构建协同关系才能够准确、高效完成车路协同场景语义理解。不同交通元素之间交换信息能够提高语义理解的准确性，但传统全连接、全广播的通信方式对通信主体数量不具备可扩展性，难以满足带宽限制，因此需要设计高效的通信模型来解决这一问题。高效的通信模型一般基于两个准则：一是当本地感知结果足以准确进行语义理解时，就无须继续融合其他感知源；二是当其他感知源的信息量低时，就无须继

续与这些感知源进行通信。文献[8]提出了一种基于学习的协同场景语义理解模型
When2com，如图 3-13 所示。该模型将通信过程视为学习问题来构建通信组，即每个交通
元素决定传输什么以及与哪个交通元素进行通信。

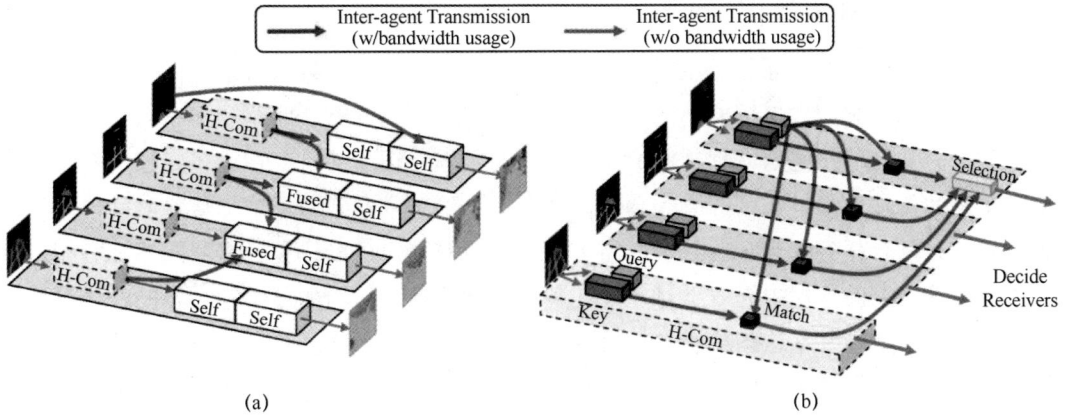

图 3-13　自适应的多交通元素协同语义理解过程[8]

为了构建通信组，When2com 提出了一个三阶段的握手通信机制，包括请求、匹配和
选择。交通元素 i 首先将其本地观测值 x_i 压缩为紧凑查询（Query）向量 $\boldsymbol{\mu}_i$ 和键（Key）向
量 $\boldsymbol{\kappa}_i$。与高分辨率图像相比，这种紧凑的表示方式只会占用有限的带宽资源。为了确定与
哪个交通元素进行通信，需要计算作为数据提供者的交通元素 i 和作为数据请求者的交通元
素代理 j 的匹配分数 $m_{i,j} = \Phi(\boldsymbol{\mu}_i, \boldsymbol{\kappa}_j), \forall i \neq j$，其中 $\Phi(\cdot, \cdot)$ 是学习得到的向量相似度函数。

匹配分数只能确定哪些交通元素可以相互通信，但不能确定何时可以通信。理想的通
信机制是当交通元素 i 请求其他交通元素提供信息以提高其认知能力时，打开传输通道进
行通信，而当交通元素 i 自己有足够的信息来执行认知任务时，则应该关闭通信通道。
When2com 在自注意力机制的启发下，使用交通元素 i 的 Query 向量和 Key 向量之间的相
关性 $m_{i,i} = \Phi(\boldsymbol{\mu}_i, \boldsymbol{\kappa}_i)$ 来确定该交通元素是否需要更多信息，从而确定何时进行通信。

为了最大限度地减少传输过程中的带宽使用量，When2com 还提出了一种非对称的消息
传输方法，该方法将 Query 向量压缩为极低维的向量后传递给作为接收方的交通元素，并使用
通用的注意力方法来计算交通元素 i 的 Key 向量和交通元素 j 的 Value 向量之间的相关性，即

$$\Phi(\boldsymbol{\mu}_i, \boldsymbol{\kappa}_j) = \frac{\boldsymbol{\mu}_i^{\mathrm{T}} W_g \boldsymbol{\kappa}_j}{\sqrt{K}} \tag{3-1}$$

其中，$W_g \in R^{Q \times K}$ 是一个用于匹配 Query 向量和 Key 向量的可学习参数，Q 和 K 分别是
Query 向量和 Key 向量的维度。

基于上述所有的自注意力和交叉注意力，可以得到匹配矩阵 $\boldsymbol{M}$。最后使用激活函数
进一步删除权重较低的连接关系得到最终的匹配矩阵 $\bar{\boldsymbol{M}} = \Gamma(\boldsymbol{M}; \delta)$，其中 $\Gamma(\cdot; \delta)$ 是一个
元素级的函数，该函数将小于指定阈值 δ 的值置为 0，从而删除权重较低的连边。一旦作

为请求者的交通元素 i 收集到作为提供者的交通元素发送的感知信息后，交通元素 i 就会根据匹配分数将其本地观察结果和提供者的压缩视觉特征图进行聚合，用于完成认知和预测任务。

3.2.2.2 多车超视距认知

多车感知信息融合面临的主要挑战包括认知信息生成和主导来源选择两个方面。来自其他车辆的原始感知数据可能会引入一些多余的特征，如道路、路缘和天空可能会干扰决策过程。另外，从传感器得到的原始感知数据的数据量很大并且存在许多冗余的信息，在车与车之间传输大量且冗余的原始感知信息会极大浪费带宽资源，增加传输时间，无法满足感知信息融合任务的实时性要求。为了解决这一问题，可以让车辆对原始感知数据进行预处理，从大量的数据中提取出对驾驶任务有帮助的信息，例如，进行初步的背景过滤和生成初步的认知结果。这些从感知的信息中衍生出来的认知信息具有更有价值的内容，并且具有较小的数据体积，使用它可以在有限的带宽资源下进行传输和融合，实现有效的通信和快速精确的认知。此外，来自不同车辆的认知信息对决策的贡献不同。具体地，当车辆靠近盲区中的障碍物时，包含障碍物的认知信息对于决策而言比没有障碍物的认知信息更重要。但是，当车辆远离障碍物时，结果恰好相反，没有障碍物的认知信息比包含障碍物的认知信息更重要。因此，需要区分在不同情况下来自不同车辆的信息重要性，以选择神经网络关注的信息源。

为了解决上述问题，可以构建一种分布式的深度学习网络结构，由深度神经网络输出认知中间结果，作为交换的认知信息。同时，构建一种场景自适应的认知注意力机制，能够基于多源信息影响力进行融合认知和联合决策。我们提出的基于双重注意力机制的超视距认知系统结构如图 3-14 所示[9]，包含三个模块：车载认知模块、认知融合模块和车载决策模块。认知生成器和认知选择器基于注意力机制实现。车载决策模块包含转向角预测器。车载认知模块包含基本提取器、认知生成器；认知融合模块包含串联和认知选择器。首先，通过两个基本提取器来分别提取每辆车感知到的图像基本特征，初步去除原始图片中的冗余特征。然后，认知生成器分别作用于两辆车，用来突出每辆车感知信息中最显著的特征，生成用于车辆交换的认知信息。具体来说，认知生成器由高级提取器和认知注意力模块组成。在有了每辆车的认知信息后，利用串联操作将前车和后车的认知数据进行融合，使得后车获得全局环境认知信息。接着，认知选择器用来区分前车和后车认知信息的重要性，选择出用于产生驾驶决策的信息源。最后，在重要信息源的认知特征指导下，转向角预测器用来输出后续多个时间片的转向角。

车载认知模块、认知融合模块和车载决策模块的组成结构和设计细节如图 3-15 所示。基本提取器和高级提取器采用卷积神经网络的形式，可以有效地提取到感知环境的特征，同时保留特征的空间位置信息，以便后续利用注意力机制选择重要区域或重要源。注意力机制利用标准化方法区分不同位置和不同通道的差异，选择出需要关注的部分。在经过注意力加持后的认知特征已经变得非常清晰，因此仅在最后采用单层的全连接网络作为转向角预测器决策车辆的驾驶动作。

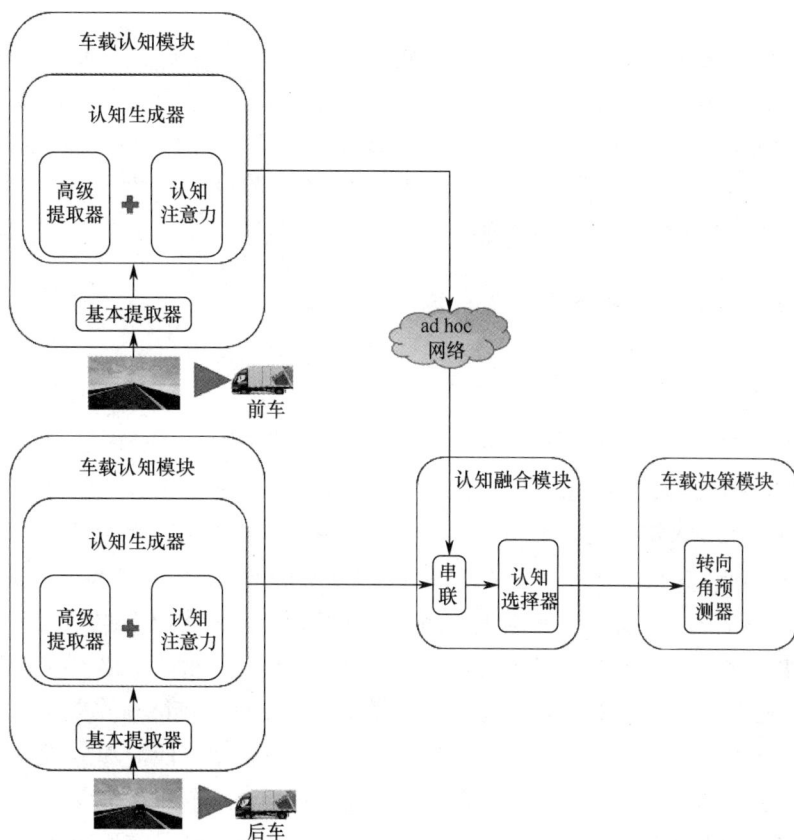

图 3-14　基于双重注意力机制的超视距认知系统结构

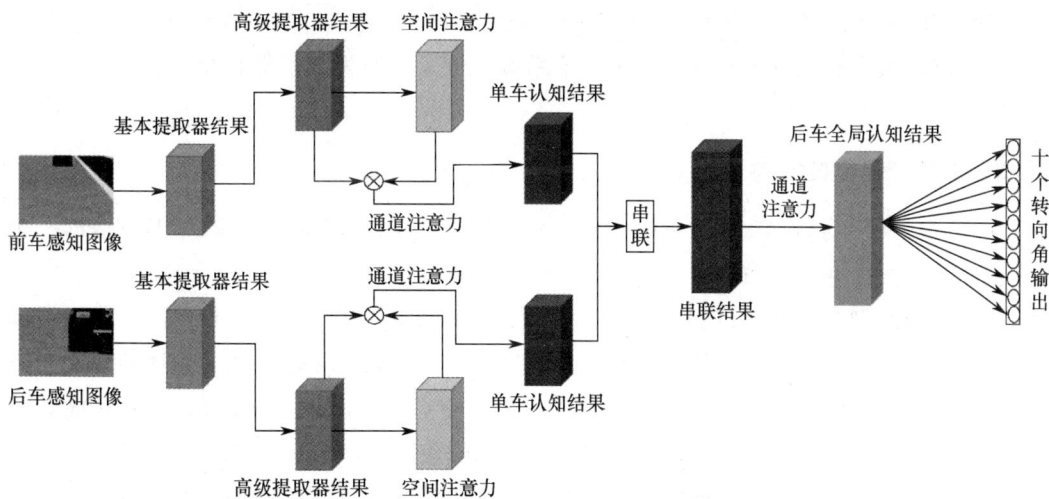

图 3-15　端到端的超视距认知系统网络结构

3.3　5G 车路协同定位技术

5G 网络使用毫米波信号和大规模天线阵列，这两种技术除可以实现高速率通信之外，在精确定位方面也存在很大优势。首先，5G 毫米波具有高载波频率和大带宽特性，时延降低、时延分辨率提高，从而大幅提高距离测量精度。其次，5G 使用大规模天线阵列，基站可装配 128 个天线单元，从而大幅提升角度测量精度。此外，5G 将实现超密集组网，由多个基站接收用户信号以实现协作式高精度定位。

◗ 3.3.1　5G 定位概述

3.3.1.1　5G 定位的适用场景

在 5G 的三大场景中，eMBB 面向人与人通信，mMTC 和 uRLLC 面向物联网通信。mMTC 面向低功耗、大容量的应用，在智慧城市应用广泛；uRLLC 追求高可靠、低时延，主要应用在工业领域。大部分 mMTC 物联网终端为瘦终端，不配备 GNSS（Global Navigation Satellite System）芯片，必须使用网络运营商的定位技术。因此，海量的 mMTC 物联网终端的定位需求，将会极大地丰富运营商 5G 位置服务的应用场景。uRLLC 场景的定位服务将用于无人机和智能驾驶。高精度定位硬件、软件、位置校正服务是自动驾驶汽车的核心要素，尽管 GNSS 可以在大多数情况下提供比较精确的位置信息，但是在停车场、隧道和城市高楼的场景中，信号较差，卫星定位精度变低，甚至不可用。目前自主代客泊车服务得到了广泛的关注，因此在停车场准确定位车辆和车位变为必须解决的问题。在地下停车场进行自主代客泊车的定位场景中，照度低、光线变化剧烈，非常不适合基于摄像头的方案；与完全依靠概率算法的摄像头方案比，5G 定位技术在准确度、稳定性和鲁棒性方面强之百倍，可达到厘米级精度。除停车场的场景外，5G 定位技术可以在隧道和高楼林立的城市街道场景中帮助车辆完成精确定位，从而为自动驾驶及高级辅助驾驶提供支撑。

3.3.1.2　5G 定位的特点

5G 不仅增强了 A-GNSS（Assisted GNSS）和 OTDOA（Observed Time Difference Of Arrival）等现有的 4G 定位技术，还引入了一些全新技术，可以概括为以下特点[10]。

（1）高载波频率：毫米波波段在大约 30 GHz 的载波频率下，在这种情况下路径损耗变得更加明显，因此需要在发射器和接收器的位置使用专门的补偿技术，包括高度定向的天线和波束成形技术。在毫米波处，小信号波长（30 GHz 时为 10 mm）允许在小面积内封装数百个天线元件，从而有可能实现高度定向的波束成形。

（2）大带宽：高载波频率使 5G 信号具有更大带宽，5G 将使用数百 MHz 信道，远超过 LTE 中的 20 MHz 信道和使用载波聚合的 LTE-A 的 100 MHz 信道。使用大带宽有两个优点：由于符号时间更短，则时延减少；由于时延分辨率更好，则基于时间的测量准确性提高。由于 5G 可以在大带宽下实现快速信令和数据传输，因此可以提供端到端时延小于 1 ms 的服务。初步研究表明，使用 100 MHz 的带宽可以实现厘米量级的误差[11]。但是为了达到极高的测距精度，必须考虑其他技术因素，如内部时钟振荡器的缺点[12]。

（3）大规模天线阵列：当使用大规模天线阵列时，可以在信号发射机和接收机上使用近似笔形信号波束。一方面，波束成形可以通过增大天线增益和减少干扰来提高通信质量，同时这也提高了时延估计的精度。另一方面，由于方位估计的不确定性与信噪比、天线数量和采样数量成反比，因此大规模天线阵列可以极大提高方位或到达角估计的精度。在传统蜂窝频率上的研究表明，当基站拥有多天线时能够在 40 MHz 带宽的情况下提供厘米级的定位精度[13]。

（4）D2D 通信：5G D2D 通信将在车辆之间提供直接、超快速和高速率的通信链路，这样可以提高覆盖范围，提高空间复用，并实现高速率、低功耗的连接。此外，D2D 可以使用协作定位模式来传输和计算位置信息。在协作定位中，设备收集相对于参考站（如固定接入点）和其他移动设备的距离、角度、相对速度等测量值，这些测量值可用于提高定位覆盖范围（使更多的设备获得定位能力）和准确性。进一步，协作定位也可以在没有参考站的情况下实现相对定位，弥补现有的车载传感器在车辆感知规划任务中的不足。另外，5G D2D 通信的超短时延使其可用于跟踪车辆等快速移动的设备，从而增强对危险态势的识别和预测。

（5）网络致密化：5G 网络具有致密化的特点，其分层基站服务于不同规模的小区，并连接到高速回程链路。密集网络中设备可以连接到多个接入节点，如果可以解决干扰和移动性问题，就能够以较低的能耗提供更高的数据速率。进一步，如果接入点可以以某种方式告知其坐标，则超密集网络就能够实现超精确的定位[12]。

3.3.1.3　5G 定位与其他定位方式的比较

（1）GNSS 定位：服务遍及全球的 GNSS 系统包括北美的 GPS、俄罗斯的 GLONASS、欧盟的 GALILEO 和中国的北斗等。GNSS 具有米级定位精度，借助专用基站的 RTK（Real Time Kinematic，实时动态），GNSS 将精度提高到了厘米级。但由于建筑物对信号的遮挡，GNSS 无法在地下停车场等室内场合使用。此外，GNSS 受到高时延和低刷新率的限制，影响自动驾驶等应用的安全。

（2）RSSI 定位：RSSI（Received Signal Strength Indication，接收信号强度指示）可根据物理层的前导码计算得出，通常用于判定链接质量。利用 Wi-Fi 的 RSSI 可以测定信号点与接收点的距离，以实现定位计算。然而，RSSI 测距定位的准确性在复杂多径环境下难以保证，误差可达十几米。

（3）FTM 定位：FTM（Fine Timing Measurement，精细定时测量）的测时粒度单位为 0.1 ns，这意味着基于此协议的 Wi-Fi 技术可以通过精准测时，使测距粒度达到 3 cm。

FTM 测距精度与带宽相关，但是没有利用多天线，其抗多径能力仍然受限。

（4）蓝牙定位：蓝牙定位一般采用三点定位方式，其优势包括成本低、部署简单、抗干扰能力较强、穿透性较强等。受制于较低的瞬时带宽以及 2.4 GHz 频段信号拥挤造成的干扰，蓝牙测向定位精度大概在 2 m 左右，不能完成自动驾驶等有高精度定位要求的定位任务。

（5）UWB 定位：UWB（Ultra Wide Band，超宽带）是一种无载波（Carrier Free）通信技术，利用纳秒级的窄脉冲传输数据，所占用的频谱范围很宽、频谱的功率密度极小。UWB 对信道衰落不敏感、系统复杂度低、安全性高、定位精度高，将无线定位技术的定位精度从米级提升到厘米级，特别适用于室内定位场景。然而，UWB 仍局限于特定行业应用，其基站在城市和室内环境的覆盖率很低。

（6）5G 定位：5G 毫米波通信的方向性极好，同时采用大规模天线技术，能够进行高精度的测距和测角，在使用 AOA 定位方法时精度远超 4G。此外，5G 的低时延、高精度时间同步特性也有利于提升 TDOA（Time Difference Of Arrival，信号到达时间差）定位方法的精度。

（7）传感器定位：传感器（如摄像机、雷达和激光雷达）可以用于相对定位。这些传感器通常可以在 GNSS 失效的情况下正常运行，并提供非常精确的信息。但是，由于需要处理大量数据以及需要识别和分类环境中的对象，这些传感器的计算开销极大。此外，不利的天气条件（如雾、雪和雨）可能会损害基于相机和激光雷达的测量结果，并导致错误的物体识别和跟踪。为了实现绝对定位，这些传感器必须将测量结果与高精度地图结合起来，这一过程开销大、时延大，不能作为自动驾驶等应用的唯一定位技术。

3.3.1.4　5G 定位与自动驾驶

各种形式的自动驾驶（高速公路辅助驾驶、自动巡航控制、自动泊车、全自动驾驶）的增长导致了对精确定位需求的不断增加。目前车辆的定位通过多种技术来实现，如图 3-16 所示，包括 GNSS、雷达、摄像机和激光雷达，它们的感知结果融合在一起形成了车辆对环境及其在环境中位置的认知。正如前面所描述的，5G 通信的特定信号特性非常有利于车辆定位，因此 5G 可以与现有的车载定位和地图系统协同工作，为自动驾驶提供丰富的信息。

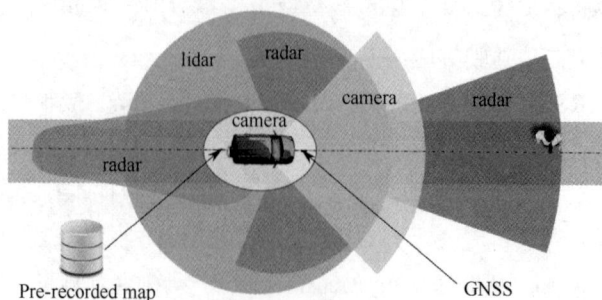

图 3-16　自动驾驶应用的主要定位技术[10]

不同的自动驾驶应用对定位有不同的要求，包括准确性、时延、可靠性和成本等。一方面，标准的车载导航应用仅需要米级绝对定位精度、一般时延和低可靠性，但要求使用低成本传感器。另一方面，对安全性要求较高的应用需要厘米级的绝对和相对定位精度，数十毫秒级的时延以及高可靠性，但可能会依赖更昂贵的传感器。表 3-1 展示了自动驾驶若干关键应用的定位精度要求及各种定位技术的支持情况。

表 3-1　自动驾驶应用定位要求[10]

使用案例	精度要求	GPS	4G	5G	激光雷达，摄像机，雷达+地图
自动超车	30cm	×	×	√	√
协作碰撞避免	30cm	×	×	√	√
高密度编队	30cm	×	×	√	√
车辆透视	>1m	√	√	√	√
鸟瞰图	>1m	√	√	√	√
弱势道路使用者发现	10cm	×	×	√	√
	成本	低	低	低	高
	时延	高	中等	低	中等
	可靠性	在开放区域高	中等/低	高（有 D2D 协同）	中等/高（依赖天气）

● 3.3.2　5G 定位原理

3GPP R16 支持基于多小区、单小区、设备的定位，定义了新的 PRS（Positioning Reference Signals，定位参考信号）以支持各种 5G 定位技术，如 RTT（Roundtrip Time，往返时间）、到达角 AOA、AOD（Angle of Departure，出发角）和到达时间差 TDOA，如图 3-17 所示。

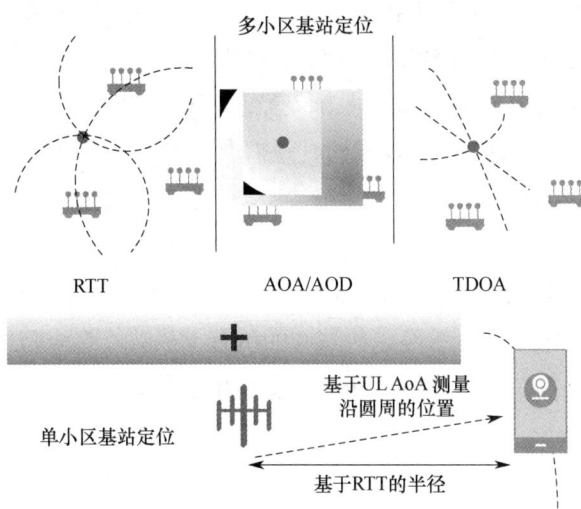

图 3-17　5G 定位参考信号

5G 定位架构引入了一个新实体，即 LMF（Location Management Function，位置管理功能）。LMF 通过 NLs 接口的 AMF（Access and Mobility Management Function，访问和移动性管理功能）接收来自 NG-RAN（Next Generation Radio Access Network，下一代无线接入网络）和 UE（User Equipment，用户设备）的测量和辅助信息，用于计算 UE 的位置。由于 NG-RAN 与核心网之间采用了新的 NG 接口，因此引入了 NRPPa（NR Positioning Protocol a）协议，以便通过 NG-C 接口在 NG-RAN 和 LMF 之间传递定位信息。这些 5G 架构中的新增项提供了 5G 定位框架，在该框架中 LMF 通过 AMF 使用 LPP（LTE Positioning Protocol）协议配置 UE，NG-RAN 通过 LTE-Uu 和 NR-Uu 接口使用 RRC 协议配置 UE，如图 3-18 所示。

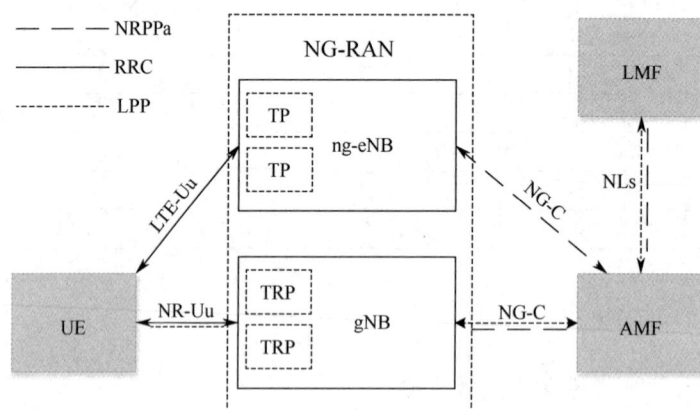

图 3-18　5G 定位架构

为了实现比 LTE 更精确的定位测量，NR 规范中添加了新的参考信号，包括下行链路中的定位参考信号 PRS 和上行链路中用于定位的 SRS（Sounding Reference Signal，探测参考信号）。PRS 是基于下行链路定位方法的主要参考信号，用于提供最高级别的准确性、覆盖范围、干扰避免和抑制能力。因为位置估计时需要从距离较远的相邻基站接收信号，在设计高效 PRS 时需要给信号较大的时延扩展范围，实现方法是覆盖整个 NR 带宽并使用多个可被聚合的符号传输 PRS。给定 PRS 信号中子载波的密度称为梳状（comb）大小，不同场景需要配置不同的 PRS 模式，如 comb-2、comb-4、comb-6、comb-12。如图 3-19（a）中所示的模式对应于 comb-6，且 3 个基站复用一个时隙。对于 comb-N PRS，可以通过 N 个符号的组合来覆盖频域中的所有子载波，每个基站通过在不同的子载波集合中传输以避免干扰。由于多个基站可以在不互相干扰的情况下同时进行传输，因此该方案具有低时延的特点。此外，可以使用静音模式（Muting Pattern）在特定时间对一个或多个基站的 PRS 信号静音，从而进一步降低潜在干扰。针对传输损耗高的情况（如宏基站），则可以通过配置重复 PRS 以提高其可测性。

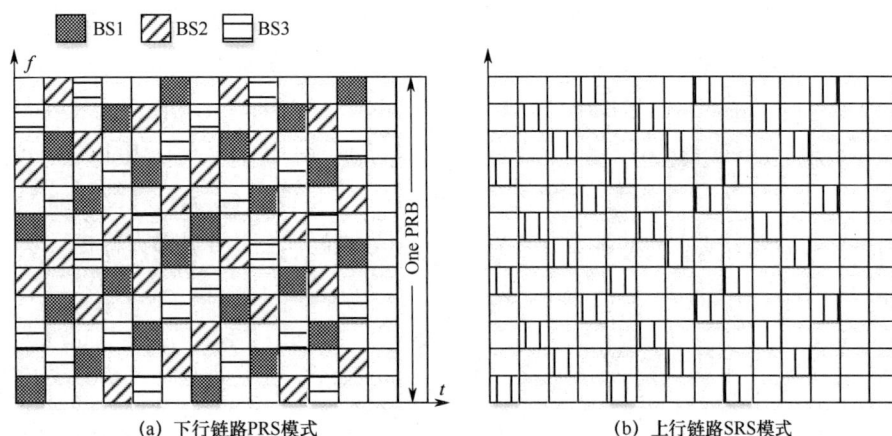

(a) 下行链路PRS模式　　　　　　　　　(b) 上行链路SRS模式

图 3-19　用于定位的参考信号[14]

　　3GPP R16 在上行链路方向中引入了用于定位的 SRS。由于定位时需要来自多个接收基站的测量值，因此新信号必须覆盖足够大的范围，不仅需要覆盖 UE 连接到的基站，还需要覆盖定位过程涉及的相邻基站。SRS 同样覆盖整个带宽，其资源元素分布在不同符号上以覆盖所有子载波。SRS 也设计有类似于 PRS 的梳状模式，通过分配不同的梳状模式，多个 UE 可以在相同的传输符号上实现复用。为了降低干扰，每个 UE 可以配置为不同的 SRS 实例，每个实例都有独立的功率控制回路。这使得指向相邻小区的 SRS 具有较好的可测性，并且在服务小区内具有较低的干扰。图 3-19（b）是单个 UE 的 SRS 示例。

　　不同的定位方法需要不同的测量值，3GPP 对 PRS 具有标准的功率、角度和时间测量值支持。图 3-20 是在 PRS 资源集上进行波束扫描的示意图。在 5G 定位过程中，每个波

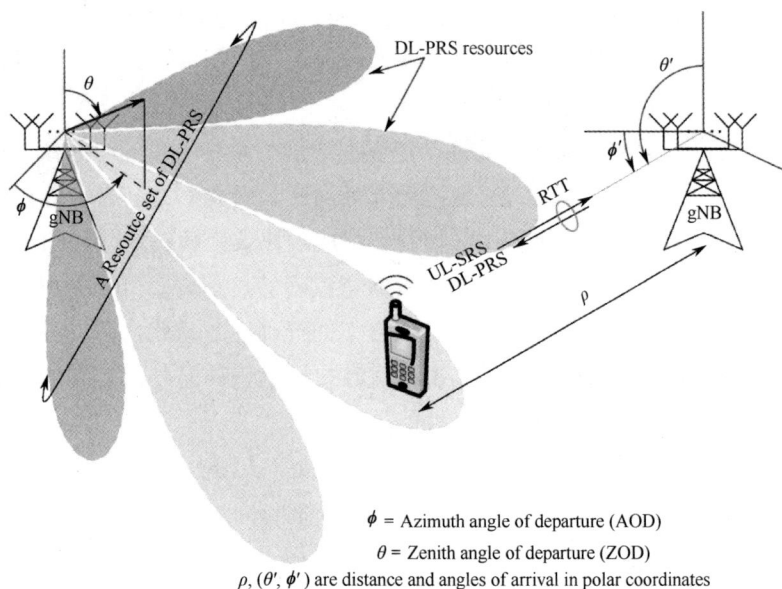

ϕ = Azimuth angle of departure (AOD)

θ = Zenith angle of departure (ZOD)

$\rho, (\theta', \phi')$ are distance and angles of arrival in polar coordinates

图 3-20　在 PRS 资源集上进行波束扫描的示意图[14]

束都可以视为一个资源，可以从资源和资源集上收集测量值。波束成形除根据 UE 接入的波束 ID 提供 AOD 信息外，还因波束成形的增益而提高了信噪比。同时，在上行链路中接收器的大量天线支持 NR 的精准 AOA 测量。自 4G LTE 以来，移动网络已支持 OTDOA（Observed Time Difference of Arrival，观测到达时间差）、UL-TDOA（Uplink TDOA，上行链路到达时间差）和基于功率测量的定位方法。5G 支持的定位方法列表又加入了基于 RTT 和角度的定位方法。5G 的新定位方法和对已有定位方法的增强都大幅提升了蜂窝定位的精度。

● 3.3.3　5G 定位的研究挑战

车载应用对 5G 定位的研究提出了新的挑战，文献[10]对此进行了概括。

（1）多频段信号。毫米波和 6 GHz 以下信号在定位方面各有优劣。5G 系统可能会同时使用两种类型的信号，需要研究性能和复杂度之间的折衷。与仅使用一种信号相比，通常使用两种信号可以带来明显的性能提升。

（2）多传感器融合。需要设计可以满足高速处理和校准要求的追踪滤波器，融合来自摄像机、激光雷达、惯性传感器等多源测量结果。另外，协作定位方法需要适应具有高度移动性和网络时变性的车辆场景，并且考虑到目前可达到的性能和成本，需要同时研究以网络为中心和以设备为中心的定位技术。当没有可用的基础设施或当对时延要求比较高时，以设备为中心的定位可以通过相对定位发挥作用。

（3）通信和定位协同。5G 展现了通信和定位之间的强大协同作用，需要探索其数据速率和定位精度方面的权衡。该协同作用不仅体现在协议级别（如波束成形受益于定位信息，定位也依赖于波束成形），也与香农容量（Shannon Capacity）和费希尔信息（Fisher Information）等基本特性相关。需要将这些特性转换为相应的准则来设计帧结构、上下行链路参考信号、预编码器和信道估计等。

（4）超高速定位。考虑到高速移动性，定位和通信必须在极短的时间尺度进行。尽管 5G 可以实现超高速通信，但其超高速定位仍未得到充分研究，尤其是针对车辆密度高或网络拓扑变化快的场景，可以通过专用波形和波束成形协议来解决这些问题。

（5）定位的几何构型。大面积几何构型中参考点间的角距大，可以提高定位精度。但是多车通常是一维几何构型，降低了协作定位方案的准确性。为此，可以利用多径反射来改善定位质量，甚至在没有视距路径的情况下进行位置修正。另外，有利的车辆拓扑结构和编队驾驶方案可以显著改善定位和追踪性能。

（6）天线阵列。车辆体积远远大于天线尺寸，因此可以嵌入多个天线阵列。在通信和定位过程中，需要对多个天线阵列之间的信号进行处理和同步。

（7）毫米波技术。车载 77 GHz 防撞雷达已经使用了毫米波技术，能够检测附近的障碍物并进行高精度测距。毫米波技术与 5G 结合可以增强汽车雷达的 3D 自动地图构建能力，与激光雷达相比降低了成本且无须机械转向装置。毫米波技术可以与其他传感器融合，以提高自动驾驶的可靠性，协助驾驶员躲避障碍物。

（8）射频前端。移相器通常基于简单的射频开关，在波束形成过程中会产生严重的量化效应，这会导致辐射方向图畸变和倾斜效应（频率畸变），从而影响定位精度，必须设计新的射频前端和处理方法来补偿这部分效应。

3.4　5G 车路协同规划与决策技术

自动驾驶汽车的规划与决策主要包括路由寻径、行为决策、运动规划等部分，是自动驾驶技术的核心。自动驾驶汽车并非交通环境中独立存在的个体，它们的规划与决策不仅相互作用，还受交通基础设施、其他交通参与者的行为影响。因此，车辆的独立决策会由于对微观交通行为意图把握不准确、对宏观交通演化规律理解不彻底等因素，呈现时空局部最优性。这就意味着，由于环境的高度不确定性和决策的相对盲目性，独立的自动驾驶技术无法从根本上解决安全与效率问题。5G 网络的低时延、高可靠特性使得自动驾驶汽车和智能交通基础设施等交通元素之间交换意图、协商动作成为可能，本节将就车路协同规划与决策的关键技术展开讨论。

● 3.4.1　车路协同规划与决策概述

车路协同规划与决策指交通元素为了实现系统效用最大化，通过直接或间接的相互作用，使其微观动作的宏观呈现趋近于系统目标的过程。群体智能是车路协同规划与决策的基础，其中智能内生是前提，智能涌现是目标。智能内生意味着车、路、云需要拥有足够的智能来自主运行，车、路、云之间的智能是不能相互取代的。而智能涌现意味着车、路、云之间的智能不是孤立的，应该具备协同能力，从而能自适应道路交通的变化，实现自治管理。

车路协同规划与决策可以大致划分为两种形式，一是交通元素之间实时共享状态，但独立做出决策；二是交通元素利用群体智能联合决策。第一种形式其实是把通信作为额外的感知通道，增强环境状态理解的完整性和准确性。例如，信号灯将当前相位状态和配时策略发送给周围车辆，车辆以安全、快速、舒适为目标调整速度以适配连续多个路口的相位；但是信号灯也会根据实时车流状态调整配时策略，从而使车辆原先的速度规划失效。再如，自动驾驶汽车在穿行无信号灯路口时，将实时位置、姿态、速度向周围车辆共享，再通过预测其他车辆意图产生决策；但是预测意图与实际意图存在差距，且意图在受外界扰动后会产生突变，使车辆的驾驶决策不确定性高、波动性大，难以实现系统层面的安全和高效。又如，在车辆进行路径规划的场景中，车辆个体可以根据演变规律预测未来的交通状态，从距离和时延角度规划最优化路线；但是整体交通态势的演变与个体的选路行为是相互耦合的，大量个体根据预测态势的选路结果可能会导致真实交通状态并不朝着预期方向发展，从而使交通资源无法得到有效利用。因此，这种只进行状态交互而不进行决策交互的方式，会由于个体对其他个体的行为估计不准确以及个体对群体的演变趋势预测不准确而无法达到系统效用最大化。因此，这种共享状态、独立决策的方式不是真正意义上的车路协同，本节主要讨论第二种形式。交通元素之间通过交互意图进行动作协商，并通过收益分配或收益约束机制使个体不会随意变动策略，使个体效用与群体效用保持一致，从而使交通系统稳定、安全、高效运行。下面对车路协同规划与决策的主要研究问题与潜在方法进行分析。

（1）个体有限理性导致系统效用低。交通元素在进行决策时，由于对环境态势（包括其他交通元素）认知的片面性，或者由于最大化个体收益的自私性，其行为会呈现有限理性的特点，其结果是整个系统行为紊乱、效用降低。因此，需要通过奖励分配或行为约束机制，诱导个体提升理性、遵守契约，从而使系统稳定有序运行。纳什均衡（Nash Equilibrium）条件下交通元素的其他任何策略都不会优于当前策略，可以通过寻找纳什均衡解来约束交通元素个体行为，从而逼近系统最优。另一方面，可以通过多智能体强化学习中的信用分配（Credit Assignment）或群体博弈中的反坦伯格博弈（Reverse Stackelberg Game）来进行奖励分配，从系统目标中线性或非线性分解出个体目标，消除个体行为的盲目性。

（2）群智规模复杂性导致系统扩展难。交通元素需要通过多轮意图交互和策略迭代形成最终决策，然而交通系统规模庞大，交通元素在不同时空尺度就不同目标相互作用，造成其协同过程收敛困难，实时性更是无法满足需求。因此，需要将原始问题进行适当分解，通过分区、分层的方式控制多智能体协同的规模，以保证算法的可行性和实时性。通过将城市路网依照静态、动态特征划分区域，首先将区域控制器抽象为智能体，根据区域间的交通流需求进行高层的群智协同，保证宏观交通态势的均衡；然后，区域内的车路智能体进行直接协同，在介观交通流和微观驾驶动作层面保证最优性。

（3）系统开放性和智能异构性导致系统实施难。由于车辆的高速移动性，车路智能体的协同对象将不断发生变化，并且对象之间的状态不同、策略也不同，很难保证协同的长期效用最优。此外，车路协同环境下智能体通常是异构的，既存在车与路不同形态智能体的异构性，又存在自动驾驶汽车、手动驾驶汽车智能体的异构性，这种异构性导致智能体难以针对不同智能体调整策略。开放异构的多智能体系统仍是待探索的开放性问题，因此全过程、全场景的车路协同规划与决策仍需要一系列的技术突破。

下面，针对车群协同选路规划和无信号灯路口驾驶决策两个具体场景，我们提出基于群体博弈和多智能体深度强化学习的解决方案。

● 3.4.2 车路协同规划技术

目前的汽车导航系统使用实时的交通态势信息进行路径规划，可以一定程度上躲避已经发生的拥堵，但难以避免未来车流聚集造成的拥堵。相比之下，协同式导航是考虑驾驶者未来选路意图和交通态势的导航系统，因而可以在一定程度上预见拥堵，并提前实施流量均衡策略。协同式导航需要满足"车辆可以自主决策、车辆可以与基础设施通信、车辆可以与车辆通信"三个条件。着眼于车辆自主性，当前一些基于多代理的交通协同研究将交通控制算法嵌入控制代理，通过优化算法使代理适应环境的变化。文献[15]设计了一种基于多智能体系统的参与式导航方案，系统包括了三种基本智能实体：车辆智能体、基础设施智能体和虚拟环境。车辆智能体进行导航决策，而基础设施智能体部署在路边单元，负责更新与维护其覆盖路段的交通态势。车辆智能体和基础设施智能体之间通过通信传递消息，分布式的基础设施智能体推演并传播交通态势，车辆智能体根据推演的交通态势自主决策是否重新规划导航路线。该多智能体系统的协调模型受蚂蚁行为启发，蚂蚁协调其活动（如觅食）不是通过直接的蚂蚁对蚂蚁交流，而是以信息素的形式释放相关信息，这些信息会被其他蚂蚁嗅觉和解释。因此，多智能体系统利用虚拟的蚂蚁代理代表车辆探索交通环境，并将选路意图等信息放入基础设施智能体，以供代表其他车辆的蚂蚁代理探索环境时使用。这里包括两种不同类型的蚂蚁代理，车辆智能体通过探索蚂蚁探索可行的路线从而获取路线通行时间的估算值，根据这些估算值选定一条路线后，它会发送意图蚂蚁来通知基础设施智能体它即将进行访问。

多车协同路径规划通常将车辆的路径规划功能抽象为智能体，从而所有智能体集中在一个服务器上进行协商和优化。然而这种方案的扩展性差、计算复杂度高，难以在城市复杂路网环境下进行实时路径规划。因此，我们提出一种层次化分布式的车群选路规划算法[16]，将大规模的交通路网划分为区域，分别进行区域内和区域间的规划，以实现交通流的块内均衡和整体均衡。

1）交通系统路口模型

使用有向带权图 $H = (S, L)$ 来表示道路模型，如图 3-21 所示，其中 S 作为图中点集，代表路口的集合，$s_i = S$ 为图中下标为 i 的点，用于表示路口集合中的第 i 个路口；L 作为图的边集，代表道路的集合，有向带权边 $l_j^i \in L$ 用于表示从路口 s_i 到路口 s_j 的路段。

利用 BPR（Bureau of Public Roads）公式[17]可以构建道路模型，利用道路的最大负载能力、车辆的最大行驶速度，以及当前道路上车辆数，可以计算出车辆通过该路段所需要的时间。BPR 公式为

$$d = d_{\text{free}}\left(1 + \alpha\left(\frac{n}{\text{cap}}\right)^{\beta}\right) \tag{3-2}$$

其中，d 表示车辆通过该路段的所需要的时间；d_{free} 表示道路畅通无阻，车辆以最快的行驶速度通过该路段所需要的时长；cap 表示该路段的最大负载能力；n 表示该路段上当前的车辆数；α 和 β 都是常数参数。

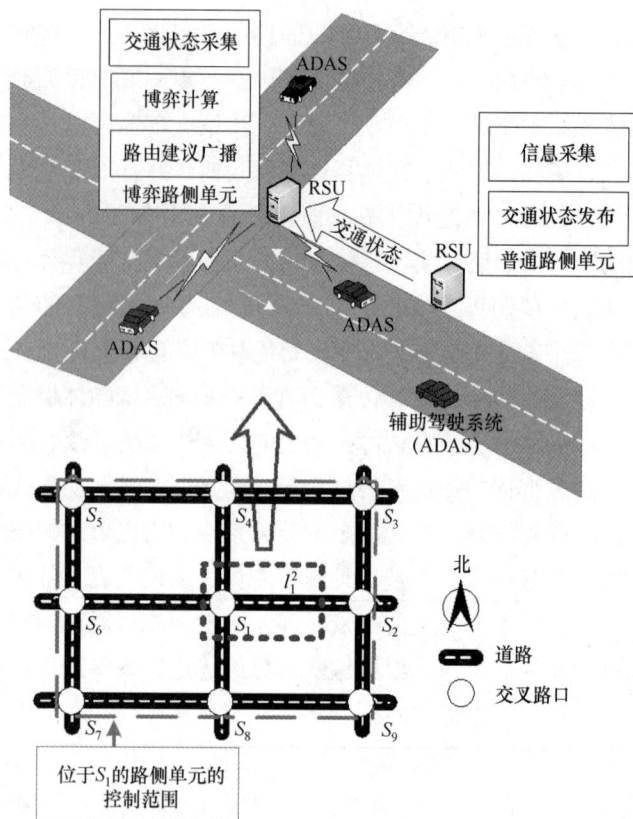

图 3-21　交通系统模型

　　假设车辆都搭载有可以与路侧单元通信的辅助驾驶系统。路侧单元分为两类，一类是常规的路侧单元，由信息采集模块和数据分发模块组成，负责收集交通信息、发布道路状态信息，可与车辆及其余路侧单元交互；另一类为路口处的博弈路侧单元，由信息采集模块、博弈计算模块和数据分发模块组成，主要负责博弈结果的计算，每一个博弈路侧单元有其控制范围。图 3-21 中位于路口 S_1 的博弈路侧单元，其控制范围为 9 个路口与 12 条有向路，这个控制范围也是分布式选路系统中一个控制单元的控制范围。

　　2）多车协同博弈模型

　　定义博弈过程 $G = (P, A)$ 为一个人口博弈（Population Game），其中 P 表示一个由多个"人群（Populations）"组成的"社群（Society）"，一个"人群" $p \in P$ 中包含多个博弈个体；A 表示所有博弈个体的策略集合。定义所有在单位时间内要通过该路口的车辆为人群中的博弈个体。定义车辆的临时终点为当前路口周围一圈的路口，对每个车辆个体而言，其临时终点由其最终目的地相对于当前路口的方位决定。参加博弈的车辆按照它们各自的临时终点，以及当前所在的位置进行分组，定义每一组车辆为一个人群 p。同一组内的车辆拥有相同的临时终点，且目前行驶在同一路段上，并将车辆当前行驶的路段称为车辆的初始点。如此一来，该模型中人群的个数，即车辆的分组数等于临时终点的个数乘以初始点的个数。下面用图 3-21 来做说明：假设博弈路侧单元位于交叉路口 s_1 处，则初始点数量为 4（与 s_1 直接相连的路段数量）；临时终点的数目为 8（分别位于路口 $s_2,s_3,s_4,\cdots,s_9$）；假设一辆车的最终目的地位于路口 s_1 的西南方，则其临时终点位于路口 s_7，其余车辆以此类推；最终，博弈中的人群数量等于车辆的分组数，即 4×8=32。

路口处可选的动作被定义为策略集合 A。不同形态的路口策略集合不同，对于一个只与三条道路相连通的丁字路口，路口处可选的动作为左转、右转、掉头；而对于一个与四条道路相连通的十字路口，路口处可选的动作为左转、右转、掉头与直行。对一个人群 p，定义其策略集合为 $A_p=(a_{1,p},a_{2,p},\cdots,a_{m,p}),m\in\mathbb{N}^+$，其中 m 为路口处可选动作的数量，由定义可知 A_p 是一个纯策略集。定义属于该人群的车辆集合为 V_p，每一个车辆选择一个确定的策略（即纯策略）。此时，该人群 p 的状态为 $X_p=(x_p^1,x_p^2,\cdots,x_p^m),m\in\mathbb{N}^+$，其中 x_p^k 表示群体 p 中选择动作 $a_{k,p}\in A_p$ 的人数比例。令所有人群状态构成的社群状态为 $\Delta(X)=\{X_p:p\in P\}$。

多车协同的目的是找到一个合理有效的分流方法，分派合理数目的车辆去往不同的道路，使得没有道路被过度使用，也没有道路被闲置，使得每辆车当前选择的道路为最优道路。因此，对于博弈模型 $G=(P,A)$ 来说，可将目标转化为找到一个社群状态 $\Delta(X)$，使得在这个状态下每个博弈个体都无法找到一个比其当前所选策略更优的策略。

3）双层交通系统模型

针对上述的多路口协同问题，我们提出了一个双层的交通系统模型，位于路口处的博弈路侧单元又被分为普通博弈路侧单元与超级博弈路侧单元。在底层中，各个路口处的普通博弈路侧单元关注其控制范围内的多车协同，在高层中，超级博弈路侧单元用来对其控制范围内的多路口进行协同，系统结构如图 3-22 所示。

位于底层的博弈路侧单元为普通路侧单元。由于对每个路口而言，博弈个体是即将经过该路口的所有车辆。这些群体之间没有重叠，因此各个普通博弈路侧单元可以独立地做出决策。对于一个位于路口 s_i 的普通博弈路侧单元，按照上述单路口处多车协同选路博弈模型的定义，生成对应的静态人口博弈模型 $G_i=(P_i,A_i)$。策略的收益为车辆到临时终点的通行时间，根据当前道路状态计算所得。然后按照单路口多车协同算法，计算出车辆的选路分配 $\Delta(X_i)$。该计算所得到的结果不仅反馈给车辆上的车载系统，以供驾驶员或自动驾驶车辆参考，而且还会被发送给位于高层上的超级博弈路侧单元。

所有的超级博弈路侧单元组成了该模型的高层。超级博弈路侧单元可与其控制范围内的普通博弈路侧单元进行通信，其控制范围同普通博弈路侧单元一样。由于原本的单路口多车协同选路算法通过计算车辆分流后对道路状态的影响，已经实现了与路口直接相连道路的负载均衡。因此当前的目标是对该超级博弈路侧单元建立博弈模型，通过合理地分配车辆，使得与其非直接相连的道路负载均衡。不难发现，此时超级博弈路侧单元所在的路口周围，即将经过该路口的车辆，也构成了一个人口博弈 $G_{super}=(P_{super},A_{super})$。社群 P_{super}

为所有即将经过该路口的车辆， A_{super} 为路口处可选动作集合。如此以来，超级博弈路侧单元可以将其他认知较少的普通博弈路侧单元分派过来的车辆，进行二次分流。若能精准地知道车辆行驶到非直连道路时，道路上的车辆数，便可以实现均衡的分配，有效缓解非直连道路的流量波动问题。

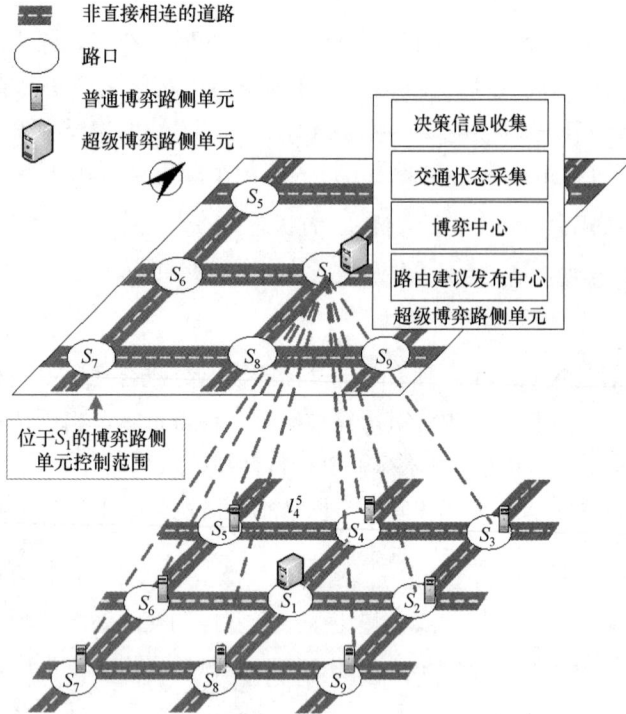

图 3-22 双层交通系统模型

对于非直接相连的道路，其下一时刻道路上的车辆数目，仅与当前道路上车辆数目、车辆流速，以及该道路紧邻的上游路口处的选路决策有关。例如，图 3-22 中的链路 l_4^5 ，通过计算由路口 s_5 流入的车辆数以及从 s_4 流出的车辆数，就可以估算道路 l_4^5 在下一单位时刻的车辆数。由此对于非直接相连的链路上的车辆数目，可以按照式（3-4）进行预估。

$$d_{\text{link,current}}^{i,j} = d_{\text{free}}^{i,j}\left(1 + \alpha\left(\frac{n_{\text{current}}^{i,j}}{\text{cap}_j^i}\right)^{\beta}\right) \tag{3-3}$$

$$n_0^{i,j} = n_{\text{current}}^{i,j} + \sum_{p_i \in P_i}\sum_{a_{p,i}^k \in A_{p,i}} R_{i,j}^{k,p,i} \cdot x_{p,i}^k \cdot \left|V_{p,i}\right| - \frac{T}{d_{\text{link,current}}^{i,j}} \cdot n_{\text{current}}^{i,j} \tag{3-4}$$

其中， $d_{\text{link,current}}^{i,j}$ 表示当前通过道路 l_j^i 所需要的时间； $n_{\text{current}}^{i,j}$ 表示道路 l_j^i 上当前车辆数； $\left|V_{p,i}\right|$ 表示路口 s_i 处，参加博弈 $G_i = (P_i, A_i)$ 且位于群体 $p_i \in P_i$ 的车辆数； $x_{p,i}^k$ 表示博弈 G_i 中人群 p_i 中策略 $a_{p,i}^k$ 的比例； $R_{i,j}^{k,p,i}$ 是一个布尔数，用来表示策略 $a_{p,i}^k$ 是否会经过链路 l_j^i ； T 表示单位时间片长度。

然后用 BPR 方程估算各链路的通行时间，进而估算到临时终点所需时间，作为策略的收益。此时临时终点所在位置，也是与该超级博弈路侧单元通信的普通博弈路侧单元所在的位置。

$$n_j^i = \sum_{p \in P_{super}} \sum_{a_p^k \in A_p} x_p^k \cdot |V_p| \cdot R_{i,j}^{k,p} + n_o^{i,j} \tag{3-5}$$

$$d_{link}^{i,j} = d_{free}^{i,j} \left(1 + \alpha \left(\frac{n_j^i}{cap_j^i} \right)^\beta \right) \tag{3-6}$$

$$c_{p,super}^k = -(d_{cross,p,super}^k + d_{link,p,super}^k) \tag{3-7}$$

4）多路口多车协同选路

我们的目标是对车辆进行二次分流，使得非直连道路上的车流不会因为认知不全面而出现大幅度的波动。由于当前我们通过获取控制范围内路口的选路决策信息，可以较为准确地预测非直连道路的状态，所以此时分配合适数量的车至各个路段，使得各条道路的负载均衡，就不会出现某一条非直连道路上车流的大幅度波动；即使普通路侧单元由于认知不全面，分流了较多的车辆，该超级博弈路侧单元也可以将这些车流二次分流至多条道路，减小某一条道路上的车流波动幅度。此时问题转化为了寻找博弈 G_{super} 的纳什均衡状态 $\Delta(X_{super})$，我们可以利用策略转移协议，将该博弈转化为一个演化动态模型，寻找该模型的收敛点来求纳什均衡。

随着车辆流入道路网络，即将经过路口的车辆代理被注册至博弈路侧单元，普通博弈路侧单元开始博弈。为了减少超级博弈路侧单元的等待时间，设定超级博弈路侧单元不是等待其控制范围内的所有普通博弈路侧单元都结束博弈、发布选路方案后再进行博弈，而是分布式进行博弈。超级博弈路侧单元中有一个表单，用来记录普通博弈路侧单元的选路决策。普通博弈路侧单元在博弈后，将其计算得到的选路信息发送至超级博弈路侧单元，更新表单中的信息。超级博弈路侧单元在普通博弈路侧单元博弈开始 1/2 时间片长度之后开始博弈，博弈前先收集其控制范围内的当前道路状态，结合普通博弈路侧单元发布的最新选路决策，预估非直连道路上的车辆数。随后构建人口博弈模型，利用复制子动态将静态模型转化为演化动态模型，求解纳什均衡状态，得到二次分流的选路规划方案。算法主要步骤如算法 3-1 所示。

算法 3-1　多路口多车协同选路算法

输入：道路交通网络结构 $H = (S, L)$，车辆出行需求

输出：多车路径规划方案

1:　部署超级博弈路侧单元与普通博弈路侧单元

2:　初始化各个博弈路侧单元

3:　# 确定超级博弈路侧单元控制的路口

4:　　$S_{control} \leftarrow \{ s_i : s_i$ 在 s_{super} 的控制范围内$\}$

5:　　# 各普通博弈路侧单元计算路由

6:　　**for each** $s_i \in S_{control}$　　**do**

7:　　　　$\Delta(X_i) \leftarrow$ 单路口多车协同算法（即将通过 s_i 的车辆代理，H，s_i 控制区域道路内的道路状态）

8:　　**end for**

9:　　# 预估非直接相连道路的车辆数

10:　　$L_{disconnect} \leftarrow$ 非直接相连的道路集合

11:　　$L_{connect} \leftarrow$ 直接相连的道路集合

12:　　**for each** $l_j^i \in L_{disconnect}$,**do**

13:　　　　$$d_{link,current}^{i,j} = d_{free}^{i,j} \left(1 + \alpha \left(\frac{n_{current}^{i,j}}{cap_j^i} \right)^{\beta} \right)$$

14:　　　　$$n_0^{i,j} = n_{current}^{i,j} + \sum_{p_i \in P_i} \sum_{a_{p,i}^k \in A_{p,i}} R_{i,j}^{k,p,i} \cdot x_{p,i}^k \cdot \left| V_{p,i} \right| - \frac{T}{d_{link,current}^{i,j}} \cdot n_{current}^{i,j}$$

15:　　**end for**

16:　　# 建立超级博弈路侧单元的人口博弈模型，计算纳什均衡状态

17:　　$\Delta(X_{super}) \leftarrow$ 单路口多车协同算法（即将通过 s_{super} 的车辆代理，H，$L_{disconnect}$ 的预测状态+ $L_{connect}$ 的当前状态）

18:　　**return** $\left\{ \Delta(X_{super}), \Delta(X_i) : s \in S_{control} \right\}$

● 3.4.3　车路协同决策技术

　　自动驾驶汽车在通过无信号灯路口的时候，需要通过车速规划来引导车辆安全高效的通行。在车速规划的计算中，若使用集中式的最优化决策则会由于计算复杂度高、时延大导致引导失效问题，也会由于车辆的有限认知和有限理性导致引导遵从度低的问题，因此需要构建一种基于群体智能的车路协同决策技术。

3.4.3.1　基于群体博弈的车路协同决策

　　考虑到车辆在驾驶决策过程中的有限理性，我们利用反斯坦伯格博弈（Reverse Stackelberg Game）进行路侧基础设施与车群之间的博弈，实现车辆驾驶决策的优化和引导[18]。

　　1）诱导模型整体构建

　　假设研究的交通路口场景为单行道十字路口，在东、南、西、北四个方向分别有一个车道有车辆驶入，用阿拉伯数字 1、2、3、4 标记。在这四条车道聚合中心会产生四个潜在冲突点，使用罗马数字 I、II、III、IV 表示，如图 3-23 所示。车辆从交通路口车道开始处进入交通路口时就开始通过车联网与边缘计算节点（MEC）通信，每个通信周期都会上报自身的位置、速度等信息，方便边缘计算节点计算最优化策略，并且通过网络将诱

导信息下发给交通路口中的车辆。

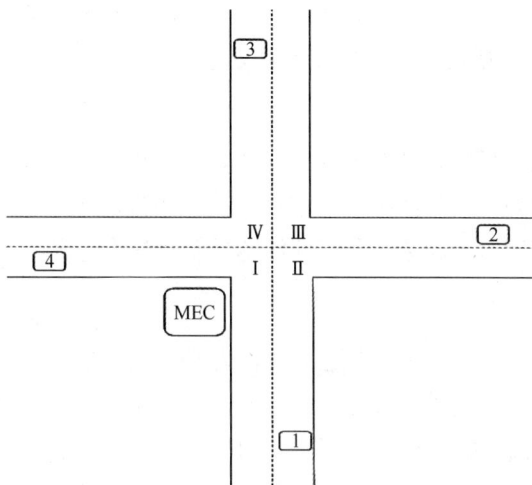

图 3-23　交通路口示意图

进入交通路口的车辆具有 3 点需求：安全性、快速性和舒适性（可控制性）。边缘节点正是整合所有车辆的目标函数形成整体的目标函数，但是单个车辆和作为交通路口整体的边缘节点不同，单个车辆无法探知和控制到交通路口其他车辆的信息和决策，所以在安全值的计算中不能像最优化模型一样直接使用车辆的速度计算。

每辆车都希望自身以尽可能高的速度通过交通路口，减少整体的通行时间。车辆快速性的计算如式（3-8）所示，通过最大化目标函数，车辆倾向于逐渐增大自身的速度。

$$\Delta R_j^i = V_j^i - V_j^{i-1} \tag{3-8}$$

其中，ΔR_j^i 表示第 i 个周期第 j 辆车的快速值；V_j^i 表示第 i 个周期第 j 辆车采取的速度；V_j^{i-1} 表示第 $i-1$ 个周期第 j 辆车采取的速度。

车辆的舒适性（可控制性）表示周期之间速度的变化值，如果变化值太大，不仅对于驾驶者难以控制而且非常影响乘客的乘坐体验，所以车辆希望在周期之间的速度变化值尽量小，计算方法如式（3-9）所示

$$\Delta C_j^i = -\left| V_j^i - V_j^{i-1} \right| \tag{3-9}$$

其中，ΔC_j^i 表示第 i 个周期第 j 辆车的舒适值；V_j^i 表示第 i 个周期第 j 辆车采取的速度；V_j^{i-1} 表示第 $i-1$ 个周期第 j 辆车采取的速度。

车辆的安全值使用 θ 变量表示，车辆自身无法计算安全值，可以依靠边缘节点下发的 $\theta_j^i = \gamma_L(V_j^i)$ 函数结合选择的速度来确定安全值，θ_j^i 和 V_j^i 分别为第 i 个周期第 j 辆车的安全值变量和速度变量。

在确定车辆的快速性、安全性和舒适性（可控制性）的计算方式后，结合车辆自身的偏好信息就可以给出车辆的收益函数，具体公式为

$$F_j^i = \alpha_j \Delta R_j^i + \delta_j \Delta C_j^i + \theta_j^i \qquad (3\text{-}10)$$

其中，F_j^i 为第 i 个周期第 j 辆车的收益函数，即优化时的目标函数；ΔR_j^i、ΔC_j^i、θ_j^i 为该车在本周期的快速值、舒适值（可控制值）和安全值；α_j、δ_j 为快速值和舒适值对应的权重，即偏好信息。

根据上文定义的交通路口每辆车的收益函数，每辆车基于理性的考虑在每个周期都希望最大化自身的收益函数，所以我们需要借助反斯坦伯格博弈方法生成领导者函数，将车辆的安全值与车辆的速度联系起来，从而能够诱导车辆速度选择。

2）领导者函数生成方法

因为诱导模型真正的实行是在车辆上，即车辆根据自身的收益函数和领导者函数进行决策，所以在介绍领导者之前首先展示车辆自身的收益函数。因为受到偏好信息影响，所以每辆车的收益函数会表现得不一样。图 3-24 分别是某一时刻 α_j=1，δ_j=0.25 和 α_j=1，δ_j=0.5 的车辆收益函数示意图，每条曲线上的值表示固定的收益函数值。可以看出，在保持相同的收益函数值时，随着速度的变化，需要的安全值也随之变化。此外，如果要达到希望的速度，有无限条曲线与之对应，车辆的目标是最大化自身的目标函数，所以反斯坦伯格博弈生成的领导者函数需要能够让车辆的收益函数在选择的速度上整体收益最大，而在其他速度上整体收益值变小，从这一点来看，领导者函数的选择也是多种的。

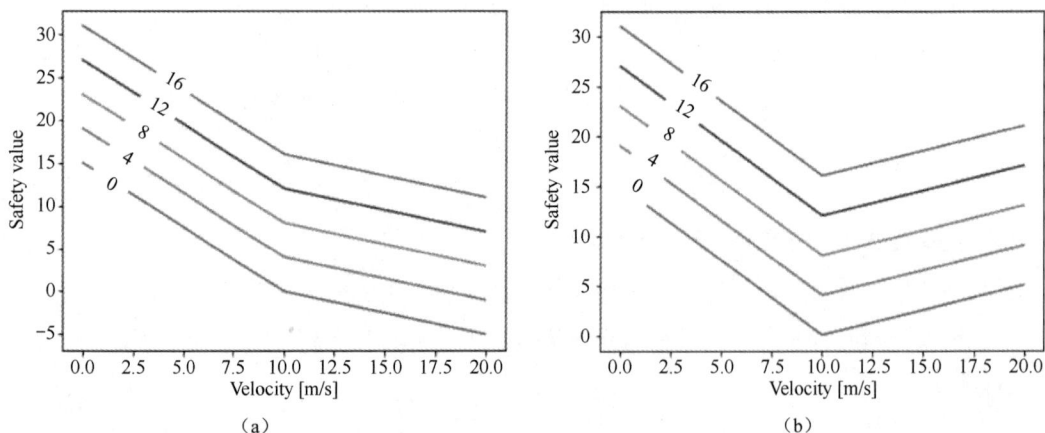

图 3-24　车辆收益函数示意图

结合上面考虑的因素和文献[19]的理论解释，对于每个车辆的诱导模型在确定收益函数的情况下希望生成如图 3-25 所示的领导者函数。图 3-25（a）为直线型诱导函数，图 3-25（b）为曲线型诱导函数，它们都保证车辆在完成最大化收益函数目标时，5 m/s 的速度为车辆收益函数最大的选择，此时车辆收益值为 4。

在交通路口实际场景中，在每轮博弈开始时，首先通过计算节点中的最优化模型计算出所有车辆的合适速度，对于任一车辆，选择该速度 V 和安全值 θ 使得车辆收益值为设定好的参数值，然后对速度 V 周围的速度进行多次采样，通过交通路口整体目标函数计算新的收益值，表示如果该车辆选择新速度 V' 整体的收益情况，之后计算新的收益值与最优化情况下的收益值之差 ε，将 $(V', \theta - \varepsilon \cdot \alpha)$ 加入拟合点集合中，α 为调整的权重值，视车辆的收益函数变化。最后拟合成直线型或者曲线型领导者函数，具体算法流程如算法 3-2 所示。

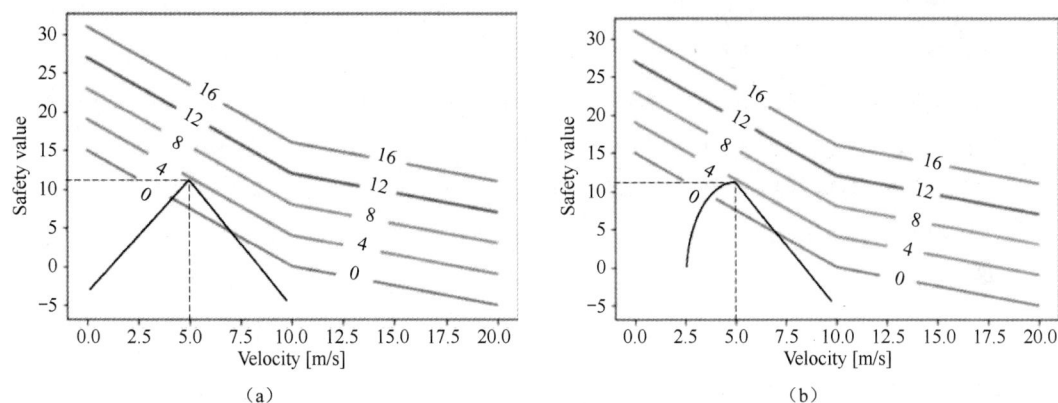

图 3-25　领导者函数

算法 3-2　车辆领导者函数生成算法

输入：车辆目标速度 V，交通路口目标函数 $L(.)$，指定车辆收益值 G，车辆目标速度下的快速值 R、舒适值 C

输出：此周期该车辆领导者函数 f

1:　目标速度下车辆安全值 $\theta = G - R - C$

2:　拟合点集合 $P \leftarrow (V, \theta)$

3:　**for** $V' \in$ （可选的速度值）**do**

4:　　　$\varepsilon = L(V) - L(V')$

5:　　　# α 视为车辆收益函数变化

6:　　　$(V', \theta - \varepsilon \cdot \alpha)$ 加入拟合点集合 P

7:　**end for**

8:　将拟合点集合 P 使用直线型或者曲线型函数模型进行拟合

9:　$f \leftarrow$ 拟合的函数

10:　返回函数 f

3.4.3.2　基于深度强化学习的车车协同决策

1）多代理深度强化学习模型的选择与分析

随着 5G V2X 通信技术的发展，配备辅助驾驶系统的车辆可以看成是一个独立决策的个体，从而多车协同通过无信号灯路口就成为一个分布式决策系统。MADRL（Multi-Agent Deep Reinforcement Learning，多智能体深度强化学习）是解决分布式决策问题的重要方法，下面我们为无信号灯路口调度选择合适的 MADRL 模型。

独立 Q-学习（Independent Q-Learning）算法将每辆车看成一个独立决策的代理，车辆仅根据自身的观察做出驾驶决策。多车协同通过路口是一个需要车辆相互合作的场景，并且车辆的决策是受其他车辆影响的，车辆根据自身有限的视野范围完全独立做出的决策可能不是最优的，因此独立 Q-学习并不适用。分布式策略的集中式训练是多智能体学习中的标准模式，QMIX 算法[20]是集中式训练分布式执行的典型算法。在 QMIX 算法中每个代理有自己独立的神经网络结构，称为局部动作值函数 Q_a。在训练时，联合动作值函数 Q_{tot} 利用额外的全局状态信息来辅助局部动作值函数 Q_a 的训练，即利用全局信息来调整每个代理的策略。QMIX 算法使得每个代理选择各自最优策略时，能够达到全局最优决策。在执行时，不再需要联合动作值函数 Q_{tot}，代理只需根据局部动作值函数 Q_a 做出决策。在交通路口这种复杂的环境中，车辆在训练阶段形成"默契"后，利用自身对周围交通状态的观察来做出决策，既保证了车辆的安全性，也避免了车辆需要获取全局信息的通信负担。所以，我们采用 QMIX 算法来学习多车协同通过无信号灯路口的策略。

2）无信号灯路口建模

无信号灯路口结构使用 14×14 的网格表示，如图 3-26 所示。网格的第 6～7 行和第 6～7 列为道路（行号和列号从 0 计数），道路上网格的编号范围为[0,55]，其余网格编号均为 56。设置 4 个出车点和 4 个目的点，分别用 S_i 和 D_i 表示，其中 $i = 1,2,3,4$。车辆在出车点的生成概率为 σ，从出车点发出的车辆有 3 条可能的路径（即直行、右转和左转），车辆的路径在车辆进入路网时就已经确定。

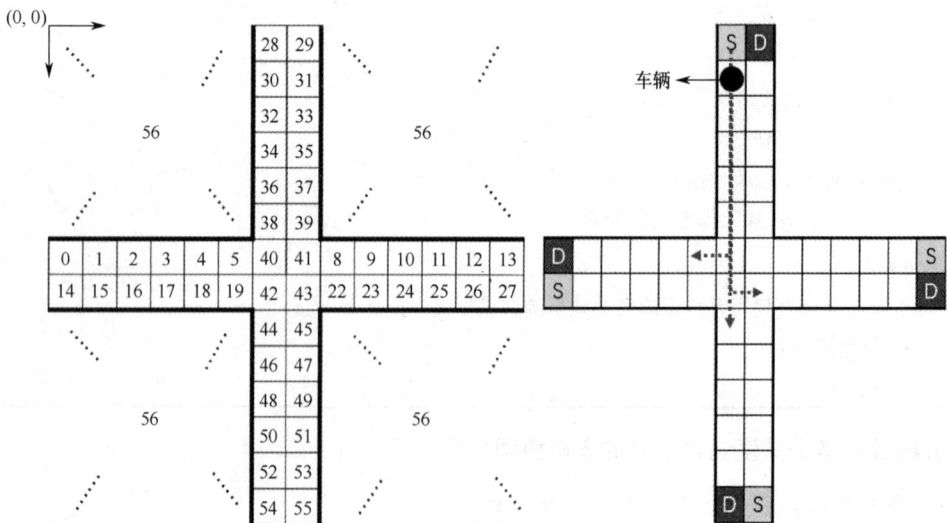

图 3-26　无信号灯路口的网格表示

每辆车占用一个网格，车辆可采取的动作为前进和刹车：车辆采取前进动作时，移动到其路径规划的下一个网格；车辆采取刹车动作时，停留在此时的网格中。车辆的收益 r

由两部分组成：发生碰撞的负收益 r_c 及当前行驶时间 r_t。车辆的观察由其视野范围内的交通状态、自身路径和前一时刻的动作组成。

3）基于 QMIX 算法的驾驶策略学习

QMIX 算法的核心思想可以概括为：对每个局部动作值函数求期望收益最大的动作，与对联合动作值函数求期望最大的联合动作的结果是一致的。因此，QMIX 算法要求每个局部动作值函数与联合动作值函数的单调性必须保持一致，即

$$\frac{\partial Q_{\text{tot}}}{\partial Q_a} \geqslant 0, \forall a \in A \tag{3-11}$$

QMIX 算法的联合动作值函数与智能体的局部动作值函数的关系可以表示为

$$\arg\max_{\boldsymbol{u}} Q_{\text{tot}}(\boldsymbol{\tau}, \boldsymbol{u}) = \begin{pmatrix} \arg\max_{u^1} Q_1(\tau^1, u^1) \\ \vdots \\ \arg\max_{u^n} Q_n(\tau^n, u^n) \end{pmatrix} \tag{3-12}$$

其中，$\boldsymbol{u}$ 表示联合动作，u^a 表示代理 $a \in \{1, 2, \cdots, n\}$ 的动作；$\boldsymbol{\tau}$ 表示联合状态，τ^a 表示代理 a 的观察信息。QMIX 算法的神经网络结构如图 3-27 所示，其中，图 3-27（b）是神经网络整体结构，图 3-27（a）是联合动作值函数网络 Q_{tot}，通过 s_t 生成超网络来学习如何将联合动作值函数分解为各个局部状态值函数；图 3-27（c）是智能体的局部动作值函数网络 Q_a，其输入是每个智能体的局部观察和前一时刻采取的动作。

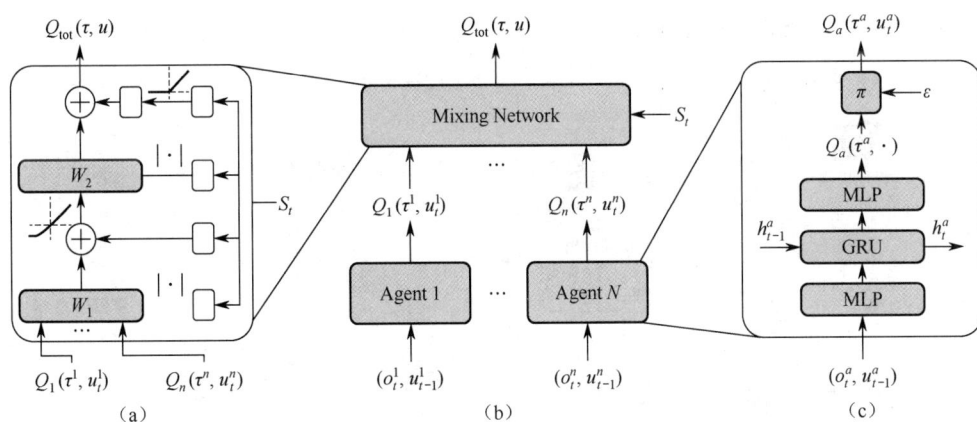

图 3-27　QMIX 算法的神经网络结构[20]

3.5　5G 车路协同云控平台

基于 5G 的车路协同云控平台是以云控平台为载体，注入数字孪生作为物理世界的数字映射，加持云控平台的多维资源管理，利用决策树、深度强化学习等人工智能技术辅以决策优化，从而实现低时延、高可靠的云控智能一体化平台。

● 3.5.1　5G 车路协同云控平台架构

中国智能网联汽车产业创新联盟于 2020 年 9 月发布《车路云一体化融合控制系统白皮书》[21]，其中指出云控系统是一个复杂的信息物理系统，该系统由网联式智能汽车与其他交通参与者、路侧基础设施、云控基础平台、云控应用平台、保证系统发挥作用的相关支撑平台以及贯穿整个系统各个部分的通信网等六个部分组成，其系统架构及组成如图 3-28 所示。车辆及其他交通参与者的信息既可以由路侧基础设施采集和处理后上传云控基础平台，也可以由无线通信网直接上传云控基础平台；云控基础平台结合地图、交管、气象和定位等平台的相关数据，对汇聚于云控基础平台的车辆和道路交通动态信息按需进行综合处理后，以标准化分级共享的方式支撑不同时延要求下的云控应用需求，从而形成面向智能网联汽车产业实际应用的云控平台，为车辆增强安全、节约能耗以及提升区域交通效率提供服务；企业、机构及政府相关部门已有的交通/智能网联汽车服务平台，通过云控基础平台无须追加基础设施建设，即可便捷地获得更为全面的交通基础数据以提升其服务。在整个云控系统架构中，通信网根据各个部分之间标准化信息传输与交互的要求，将各个组成部分以安全、高效和可靠的方式有机联系在一起，保障云控系统成为逻辑协同、物理分散、可支撑智能网联汽车产业发展的信息物理系统。从上述组成及组成部分之间的关系可以看出，云控基础平台是云控系统的中枢，是汽车由单纯的交通运输工具逐步转变为智能移动空间和应用终端的产业化核心所在。

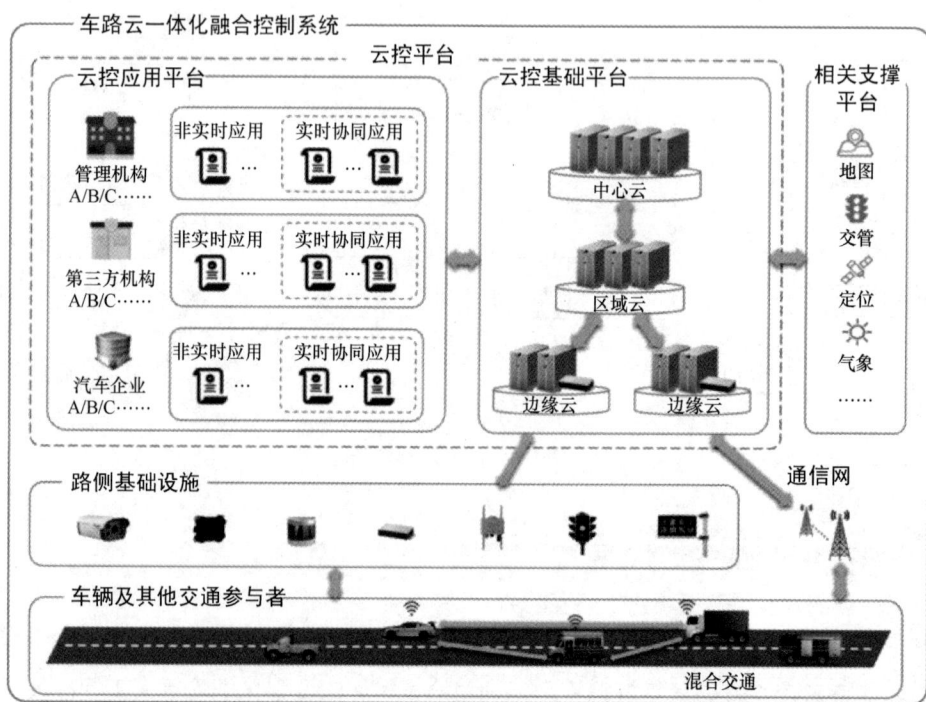

图 3-28　云控系统的架构及组成[21]

　　云控基础平台由边缘云、区域云与中心云三级云组成，形成逻辑协同、物理分散的云计算中心。云控基础平台以车辆、道路、环境等实时动态数据为核心，结合支撑云控应用的已有交通相关系统与设施的数据，为智能网联汽车与产业相关部门和企业提供标准化共性基础服务。其中，边缘云主要面向网联汽车提供增强行车安全的实时性与弱实时性云控应用基础服务；区域云主要面向交通运输和交通管理部门提供弱实时性或非实时性交通监管、执法等云控应用的基础服务，并面向网联汽车提供提升行车效率和节能性的弱实时性服务；中心云主要面向交通决策部门、车辆设计与生产企业、交通相关企业及科研单位，提供宏观交通数据分析与基础数据增值服务。三者服务范围依次扩大，后一级统筹前一级，服务实时性要求逐渐降低，但服务范围逐步扩大。三级分层架构有利于满足网联应用对实时性与服务范围的各级要求。云控基础平台总体框架如图 3-29 所示。

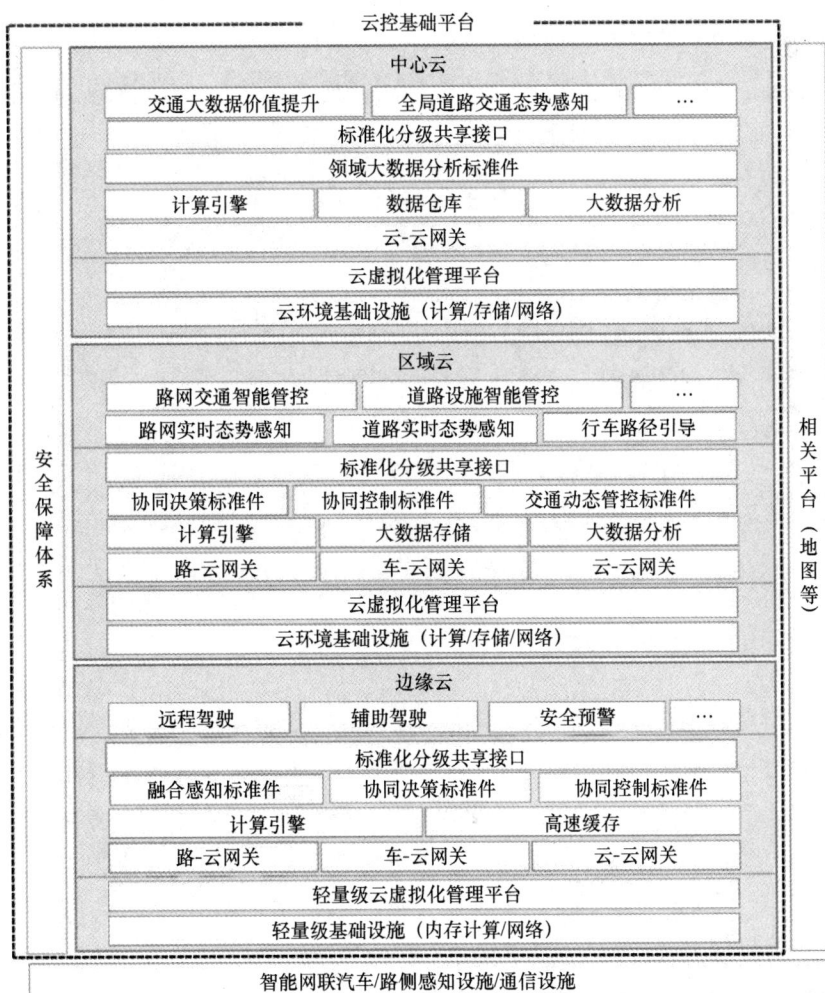

图 3-29　云控基础平台总体框架[21]

　　数字底座是云控基础平台的重要组成。百度地图的"交通新基建数字底座解决方案"

采用了"1+1+1+N"的能力体系，即一张图、一张网、一中台和不断可持续扩展的 N 个场景，如图 3-30 所示。其中，"一张图"指百度地图智能交通专网地图，包含具有全交通要素、面向智能交通管理场景的车道级高精地图；"一张网"指百度地图智能交通路网系统，基于强大的基础路网数据源，可完成深度智能交通业务定制，形成智能交通业务网络；"一中台+N 场景"则基于"一张图"和"一张网"，依托百度地图获取的海量动态、静态交通大数据，构建智能交通大数据中台，并在此之上不断拓展孵化更丰富的应用场景。交通新基建数字底座解决方案将百度地图海量的多源数据深度赋能智能交通业务场景，实现了"基础设施+全时空交通大数据能力"的构建，打造可计算的交通孪生数字底座，未来将应用于公安交管、交通运输、高速公路等领域，让交通管理更加精准、高效、低成本、易维护。

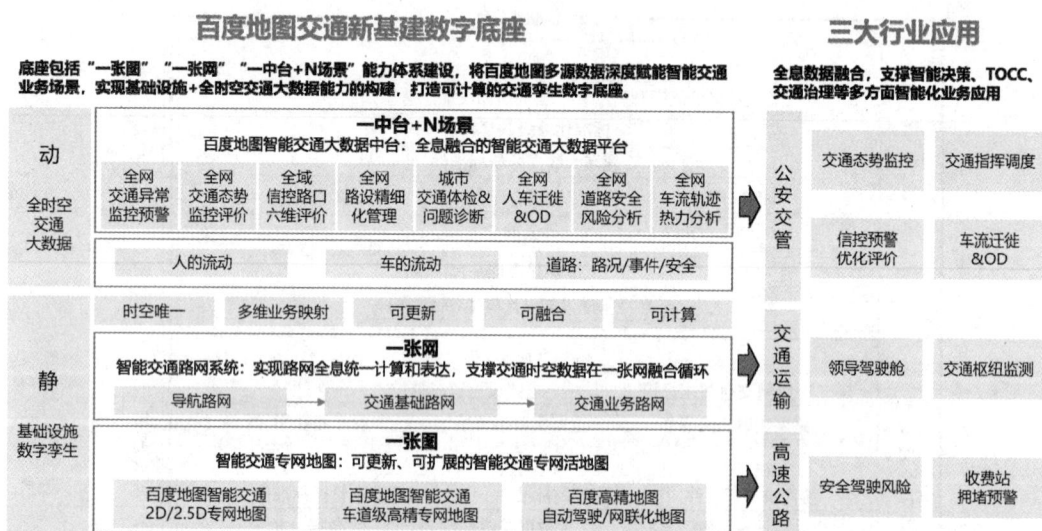

图 3-30　百度地图交通新基建数字底座架构图

3.5.2　数字孪生系统

数字孪生是密歇根大学的 Michael Grieves 教授首先提出的，是复杂物理系统的自适应模型，即在虚拟世界中复制现实世界中的真实事物。数字孪生技术利用机器学习和物联网技术来创建物理对象的数字副本。复制品的属性是从原始版本克隆而来的，并且不断地用传感器的实时数据进行更新。在数字孪生技术的支持下，可以通过智能传感器设备收集车辆和周围环境的状态信息，随着信息的收集数字孪生不断更新，以保持与实物车辆的一致性。然后，通过增强现实仿真和人工智能预测分析等技术，为车辆提供增强智能。

3.5.2.1　数字孪生核心能力

中国信息通信研究院发布的《数字孪生城市白皮书》[22]提出了数字孪生的核心能

力集。

（1）物联感知操控能力：是指通过各种信息传感器、射频识别技术、全球定位系统、红外感应器、激光扫描器等各种装置与技术，实时采集任何需要监控、连接、互动的物体或过程，采集其声、光、位置等各种需要的信息，通过各类网络接入，实现物与物、物与人、物与车、人与车的泛在连接，实现对物品和过程的智能化感知、识别、管理和控制。物联网感知操控能力主要通过"感知"真实物理车路环境，建立物理车路环境和数字孪生体之间的精准映射，实现智能干预，进而为车路协同云控平台提供海量运行数据，使得车路智能体具备自我学习、智慧生长能力。

（2）全要素数字化表达能力：是对车路环境中的实体进行三维模型的表达。通过对路面、路上、路空的不同层面和不同级别的数据采集，结合新型测绘技术，对道路进行全要素数字化和语义化建模，实现由粗到细、从宏观到微观，形成全空间一体化并且相互关联的道路数据底板，实现数字空间与物理空间一一映射，为数字孪生道路进行可视化展现、智能计算分析、仿真模拟和智能决策等提供数据基础，共同支撑车路智慧应用。

（3）可视化呈现能力：是指通过图形引擎，多层次实时渲染呈现数字孪生体的能力。真实展现城市道路样貌、路边绿化环境、道路细节、车道线、路标路桩等城市实时交通的各种场景，实现空间分析、大数据分析、仿真结果等可视化，满足不同业务和应用场景需求。

（4）模拟推演与自优化能力：在数字空间中通过数据建模、模型拟合，达到对道路中发生事件的准确描述，从而交予人工智能算法进行事件的评估、计算、推演。利用深度学习、深度强化学习等技术，通过对车辆历史数据、碰撞数据以及其他类型数据进行学习，发现其中规律、给出优化策略，修正智能体车辆决策或者给予行人行路指导。

3.5.2.2　基于数字孪生的驾驶安全分析

车辆的行为取决于其驾驶环境，包括道路状态、周围交通参与者状态、基础设施状态，甚至驾驶员的精神状态。有了更好的传感器和通信技术，建立完整的车辆道路数字孪生体，就能使得车辆识别驾驶环境的能力得到提高。文献[23]提出一种基于数字孪生的驾驶安全分析方法。

1）数字孪生体的构建

在 5G 车路协同环境下，驾驶员行为学习是构建数字孪生体的重要步骤。为了达到预测驾驶员行为的目的，需要对驾驶员可能的行为集合进行特征化，可以通过定义了一组动作来模拟驾驶员的意图。例如，给定一个固定的驾驶环境，驾驶员可以在以下五个操作中进行选择：向左转动、向右转动、加速、减速、保持速度。因此，驾驶员的行为学习问题被描述为驾驶员在特定的驾驶环境中选择何种行为。它可以进一步表述为一种分类问题，其中观察是驾驶环境，而类别是驾驶员采取的行动。设 $x \in \mathbb{R}^k$ 为驾驶员的情境，$A = \{1, \cdots, m\}$ 是操作的标签集。考虑一组训练数据 $D = \{(x_i, y_i)\}_{i=1}^n$，其中包含 n 个"情境-

动作"对，其中 $y_i \in A$ 是驾驶员在情境 x_i 下的相应动作。给定 D，目标是通过分类算法得到一个函数 $f: \mathbb{R}^k \to A$，它可以预测给定驾驶环境中的行为。

例如，考虑前后车距和速度差、车辆相对于车道的偏移和角度，为了建模特定车辆 e 的行为，其情境信息构建的特征向量为

$$\boldsymbol{x}_i = [g_{ej}, g_{ek}, g_{e,x}, g_{j,x}, g_{k,x}, v_{ej}, v_{ek}, \theta_e, \theta_j, \theta_k]^{\mathrm{T}} \tag{3-13}$$

其中，下标 e 表示当前车辆，j 和 k 表示其他两个车辆；g_{ej} 是当前车辆 e 和车辆 j 之间的车距；$g_{e,x}$ 为车辆 e 距离车道右侧的距离；v_{ej} 为 e 和 j 的相对车速；θ_e 为 e 的航向与车道方向的夹角。另外，每个标签 $y_i \in \{1, \cdots, 5\}$ 对应于上述的 5 种驾驶操作。此外，还可以将由 v_e、v_j、v_k 表示的精确速度包括到特征向量中。

文献[17]介绍了两种学习驾驶员行为的分类方法，既可以提供准确的预测，又可以方便地解释模型。第一种是决策树，它是一种常用的分类方法，可用于有效地建模人类决策，树中每个节点表示道路上的一个特定关注点。在通过训练数据 D 获得决策树之后，就可以预测驾驶员一系列动作之后的驾驶行为，也可以解释驾驶员在驾驶时更关心哪个因素。例如，驾驶员先检查前面是否有车，再检查后视镜，可以预测驾驶员打算改变车道。另一种是 kNN（k-Nearest Neighbor，k 近邻方法），根据历史数据集中最相似的情境来预测驾驶员的行为。

2）基于数字孪生的风险分析

环境风险的分析是通过在车辆之间共享驾驶员的预测行为和驾驶环境来执行风险分析。为了实现这一目标，提出了一个包含驾驶者周围环境信息的集中式马尔可夫模型。将给定驾驶环境下驾驶员的某一行为的风险定义为车辆进入不安全状态的概率，为了精确地进行概率估计，需要建立能够捕捉车辆动态和驾驶员决策过程的模型。

在数字孪生体互相连接的情况下，车辆 j 能够使用 V2V 通信网络与车辆 e 共享 s_j 和 a_j。因此，碰撞概率可通过以下公式计算：

$$P(c|s_e, s_j, a_e, a_j) = P_{ej}(c|a_e, s_{ej}) \tag{3-14}$$

其中，车辆状态 $\boldsymbol{s}_{ej} = [\hat{g}_{ej}, \hat{g}_{e,x}, \hat{g}_{j,x}, \hat{v}_{ej}, \theta_e, \theta_j]^{\mathrm{T}}$，$\hat{g}_{ej}$ 代表车辆 e 和车辆 j 之间在 y 轴方向上的有符号距离的预测值，$\hat{g}_{e,x}$ 代表车辆 e 在 x 轴方向上位置的预测值，$\hat{v}_{ej}$ 为车辆 e 和车辆 j 之间相对速度差的预测值，θ_e、θ_j 分别代表车辆 e 和车辆 j 相对于车道边线的夹角，动作向量 $\boldsymbol{a} = [a_e, a_j]^{\mathrm{T}}$ 中的每个元素的动作空间为向左转动、向右转动、加速、减速、保持速度。

通过采用最大似然估计可以求得状态转移概率，如式（3-15）所示。

$$[p_{ej}]_{s,s',a} = \frac{n_{s,s',a}}{\sum_{\hat{s} \in S_{ej}} n_{s,\hat{s},a}} \tag{3-15}$$

其中，$n_{s,\hat{s},a}$ 为当发生动作 a 时，从状态 s 转移为状态 $\hat{s}$ 的样本数量。可以进一步考虑在 h 步后估计碰撞概率，如式（3-16）所示。

$$P(s^{t+h}=c|s^t,a^t)=\sum_{\substack{a^{t+1},\ldots,a^{t+h-1}\\s^{t+1},\ldots,s^{t+h-1}}}P(s^{t+h}=c|s^{t+h-1},a^{t+h-1})\times\cdots\times P(s^{t+1}=c|s^t,a^t)\qquad(3\text{-}16)$$

其中，$a^t\in A_{ej}$ 和 $s^t\in S_{ej}$ 分别表示时间步 t 的动作和状态。当 h 步后某状态下碰撞概率超出临界值时，向系统发出预警信息。

3.5.2.3　数字孪生与虚拟车

基于数字孪生的基本概念，我们提出在信息空间为物理空间的车辆构建虚拟车（Virtual Vehicle，VV）[24]。虚拟车是数字孪生的一种形式，是车联网中连接物理空间和信息空间的重要载体：它向下连接车辆和驾驶员，获取车辆的状态信息，并作为车辆在网络上的智能代理，通过虚拟车之间的群体智能辅助车辆决策；同时，它向上连接服务平台，并作为网络智能的一部分，提供服务平台全局决策所需的信息。

1）虚拟车模型

虚拟车通常包含状态、行为和属性等重要特征，我们将其模型进行如下表述：

$$\text{VV}=\langle\text{States},\text{Actions},\text{Properties}\rangle$$

其中，States 表示虚拟车状态，如虚拟车拥有在线和离线两种状态；Actions 表示虚拟车行为，如虚拟车拥有学习、交互和决策三种行为；Properties 表示虚拟车属性，如虚拟车的计算能力、通信能力、知识等。虚拟车的状态、行为和属性是相互影响的，当虚拟车状态处于离线时，其行为就不可能进行交互，而此时的通信能力也最低。虚拟车在信息空间代替物理车进行认知和决策的协同，完成场景语义理解、规划与决策等计算和交互过程复杂的任务。

2）虚拟车联盟构建与协同方法

在路网环境感知过程中，可以利用虚拟车在信息空间的交互，通过设置感知目标和收益，促使虚拟车形成联盟，合作地进行环境感知，以达到降低资源消耗和提高环境感知精度的目的。基于此，我们提出了基于联盟博弈的虚拟车发现方法，虚拟车利用车辆的出行路径信息，通过联盟博弈与其他虚拟车形成联盟，并将联盟博弈结果告知车辆，从而使得车辆可以合作完成路网环境感知任务。该方法中首先确定环境感知的需求（如环境感知点、时间间隔等），然后设置联盟博弈的目标（如最少的车辆数、最高的监控质量）和确定博弈策略（如参与车辆的收益），并发布感知任务给所有虚拟车，最后虚拟车通过不断地博弈，形成最优的联盟。

用 $(\varGamma,t_c)$ 表示一个环境感知任务，其中 $\varGamma$ 表示任务集合，即所需环境感知的数据块，t_c 表示任务的截止时间。对于一个感知任务，假设有 N 个车辆可以接受这一任务。由于虚拟车之间可以通过网络进行通信，因此 N 个车辆相对应的虚拟车可以构成一个网络图 $G=(\mathbb{N},\mathbb{E})$，其中 $\mathbb{N}=\{1,2,\cdots,N\}$ 表示虚拟车集合，$\mathbb{E}=\{e_{ij}\},(i,j=1,2,\cdots,N)$ 表示虚拟车之间的连接关系。对于第 i 个虚拟车，假设 $(\varGamma_i,t_i)$ 表示第 i 个虚拟车在 t_i 时间内所能感知的

数据块集合 Γ_i，其中 $\Gamma_i \subseteq \Gamma$。

为研究虚拟车在感知数据过程中的交互问题，假设 $K(K \leqslant N)$ 个车辆路径可以覆盖整条道路，即 K 个车辆可以通过合作感知这条道路的完整数据，即 $\bigcup_{i \in C} \Gamma_i = \Gamma$，其中 C 是 K 个虚拟车的集合。感知中心广播感知任务给所有虚拟车，虚拟车可以形成不同的联盟，一个联盟获得收益的条件是这个联盟能在规定时间内提供完整的数据。因此对于单个虚拟车而言，选择一个适当的联盟加入就显得至关重要；而对于一个联盟来说，允许哪些虚拟车加入是联盟成功与否的关键。一个联盟划分可以定义为一个集合 $\Pi = \{C_1, C_2, \cdots, C_l\}$，这个集合将虚拟车集合 $\mathbb{N}$ 进行划分，即 $\forall k, k'(k \neq k')$，$C_k, C_{k'} \subseteq \mathbb{N}$，有 $C_k \bigcap C_{k'} = \varnothing$，$\bigcup_{k=1}^{l} C_k = \mathbb{N}$。另外，对任意 $i \in \mathbb{N}$，对于已知的划分 Π，表示为 $C_\Pi(i)$，即存在 $C_k \in \Pi$ 使得 $i \in C_k$。

联盟博弈可以定义为一个有序对 $(\mathbb{N}, v)$，其中 $v: 2^{\mathbb{N}} \to \mathbb{R}$ 是特征函数，$v(\varnothing) = 0$；每一个 $\mathbb{N}$ 的子集都被称为一个联盟，特征函数 v 会分配一个实数给一个联盟，这个实数被称为收益。$v(C)$ 表示联盟 C 中所有车辆从合作中得到收益的总和。为了刺激联盟形成，假设感知中心给予的收益是随时间增长的非递增函数，表示为 $b(t)$，同时这个收益函数受到截止时间 t_c 的限制：

$$\begin{cases} b(t) > 0, t \leqslant t_c \\ b(t) = 0, t > t_c \end{cases} \tag{3-17}$$

则联盟 C 的特征函数可以定义为：

$$v(C) = \begin{cases} b(t), \bigcup_{i \in C} \Gamma_i = \Gamma \\ 0, \text{otherwise} \end{cases} \tag{3-18}$$

这个函数量化了联盟 C 中所有成员可以接收到收益的总和。在联盟 C 中，每个车辆都能够感知一部分数据块，那么另一个重要的问题便是如何分配收益给每个车辆。由于完整的数据包含 M 块数据，表示为 $\Gamma = \{\gamma_1, \gamma_2, \cdots, \gamma_M\}$，每个数据块都拥有不同的收益，令联盟 C 中每个数据块的收益为：

$$\psi(\gamma_i) = w_i \frac{v(C)}{M} \tag{3-19}$$

其中，w_i 表示第 i 个数据块的权重，$\sum_{i=1}^{M} w_i = 1$。对于联盟 C 的车辆 i，其收益决定于它能感知到的数据块。然而，联盟 C 的车辆可能同时拥有相同的数据块，则这些数据块的收益就需要分配给这些车辆。假设车辆 i 可以感知 M_i 个数据块，记为 $\Gamma_i = \{\gamma_{i,1}, \gamma_{i,2}, \cdots, \gamma_{i,M_i}\} \subset \Gamma$，则需要将 Γ_i 分为两部分：一部分是车辆 i 独有的数据块集合，记为 $\Omega_{C,i}$，一部分是车辆 i 与其他车辆重叠的数据块集合，记为 $\Theta_{C,i}$。综上，联盟 C 中车辆 i 收益为：

$$x_{C,i} = \sum_{j \in \Omega_{C,i}} \psi(\gamma_j) + \sum_{j \in \Theta_{C,i}} \frac{\psi(\gamma_j)}{N_{C,j}} \tag{3-20}$$

其中，$N_{C,j}$ 表示联盟 C 中拥有数据块 γ_j 的车辆数量。

联盟形成的一个关键就是虚拟车能够根据自己的喜好加入或离开联盟。具体而言，每个虚拟车必须能够基于自身的喜好，比较和排序其潜在可以加入的联盟。为了更好地评估虚拟车对联盟的喜好，引入偏好关系的概念：对任意 $i \in \mathbb{N}$，偏好关系 $\succ_i$ 可以定义为虚拟车 i 在一个联盟集上，形成完整的、自反的和可传递的二元关系。因此，对任意 $i \in \mathbb{N}$，若存在 $C_1 \succ_i C_2$，则意味着对于加入联盟 C_2，虚拟车 i 更愿意加入联盟 C_1。从联盟的角度来说，联盟同样需要比较申请加入的虚拟车能够带来的收益，并对这些虚拟车进行排序，最终决定允许哪些虚拟车可以加入联盟。为此，给出如下定义：对于任意的联盟 $C \subseteq \mathbb{N}$，虚拟车 i 和联盟 C 如果满足关系 $\propto$，则联盟 C 允许虚拟车 i 成为其成员，即

$$i \propto C \Leftrightarrow v(C \bigcup \{i\}) \geqslant v(C) \tag{3-21}$$

意味着虚拟车 i 在成为联盟 C 的成员后，联盟的收益因为虚拟车 i 的加入而增加。在联盟形成阶段，虚拟车会根据自身的收益，从一个联盟转入另一个联盟，称为切换关系，定义如下：对于给定划分 $\Pi = \{C_1, C_2, \cdots, C_l\}$ 和虚拟车集合 $\mathbb{N}$，对于 $C_\Pi(i) = C_m$，$C_\Pi(i) \neq C_k$，如果 $C_k \bigcup \{i\} \succ_i C_m$ 和 $i \propto C_k$，则虚拟车 i 就会执行切换操作，从联盟 C_m 中离开，加入联盟 C_k。当一个联盟划分中所有虚拟车都不再发生切换操作，称这个划分为纳什稳定划分（Nash-Stable Partition）。

● 3.5.3　云控资源优化技术

智慧道路多域资源的耦合性需要信息流和交通流的联合优化。从传统的单域资源优化到多域资源协同，智慧道路系统将面临状态空间和动作空间爆炸的难题。具体地，其状态空间既包括道路交通相关的状态（如交通态势、交通需求等），也包括车载网络相关的状态（如无线链路状态、边缘服务器的负载、计算卸载的需求等）；其动作空间包含车辆的资源调度和路径规划动作，且动作空间随车辆规模呈现指数增长。为此，我们提出一种多智能体深度强化学习方法[25]来应对信息域和交通域资源联合优化的维度灾难，通过智能体的局部观测和协同决策使分布式决策逼近系统全局最优。

3.5.3.1　系统概述与问题建模

1）网络模型

边缘计算赋能的智慧道路系统如图 3-31 所示，包含基站集合 $\mathcal{E}$ 和智能车集合 $\mathcal{V}$，每个基站均部署有边缘服务器，且边缘服务器之间通过回程网络互联，可以实现边缘服务器之间的负载均衡。此外，车辆可将计算密集型任务（如环境认知、驾驶决策等）卸载到边缘服务器的服务实体集合 $\mathcal{O}$ 上执行，以实现边缘辅助的智能驾驶。为了满足服务个性化，每辆智能车 $v \in \mathcal{V}$ 都与其专属的服务实体 $o_v \in \mathcal{O}$ 相连接。每个服务实体包含对应车辆和驾驶员的个性化数据，以及该数据上的处理逻辑（如神经网络等），需要实时在线地执行对应车辆的计算任务。

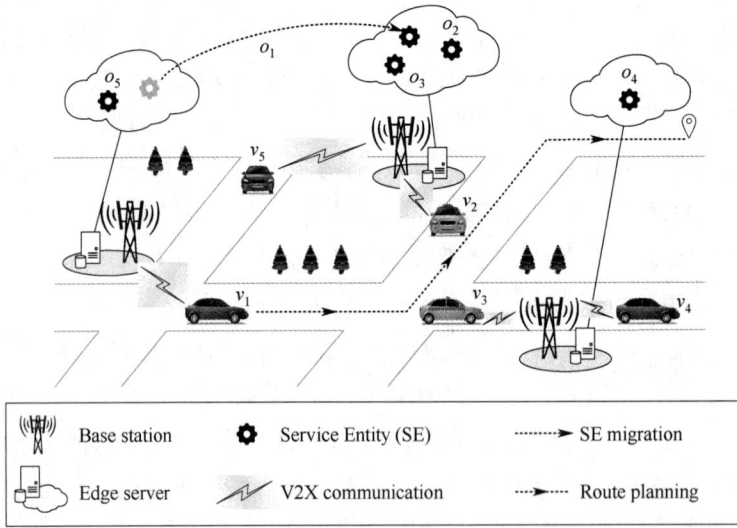

图 3-31　边缘计算赋能的智慧道路系统

　　计算任务通常具有时延约束，因此服务实体需要被放置在车辆周围的边缘服务器。车辆通过所连接的基站发送卸载请求，如果服务实体位于当前边缘服务器，则直接处理该请求；如果服务实体位于其他边缘服务器，则需要通过回程链路将请求转发至目标边缘服务器。为了适应车辆的高速移动性，服务实体需要在边缘服务器之间迁移以满足服务的时延要求。为了实现高效的资源管理，边缘服务器的资源以基于容器的虚拟化形式进行管理。在时间片 t，令 $x_v^e(t) \in \{0,1\}$ 表示车辆 $v \in \mathcal{V}$ 是否连接到基站 $e \in \mathcal{E}$，令 $y_v^e(t) \in \{0,1\}$ 表示车辆 v 的服务实体是否运行于边缘服务器 e。在一个时间片内，每辆车只能连接到一个基站，其服务实体也只能运行在一个边缘服务器上，因此有以下约束

$$\sum_{e \in \mathcal{E}} x_v^e(t) = 1, \forall v \in \mathcal{V}$$
$$\sum_{e \in \mathcal{E}} y_v^e(t) = 1, \forall v \in \mathcal{V} \tag{3-22}$$

　　回程时延。当车辆的服务实体运行在非本地边缘服务器时，需要考虑由传输时延、传播时延、处理时延和排队时延所构成的回程时延。传输时延表示为 $b_v(t)/B_e$，其中 $b_v(t)$ 为车辆 v 在时刻 t 的卸载数据体积，B_e 为本地边缘服务器 e 的出口链路带宽。并且由于计算结果的数据体积较小，可以忽略计算结果的传输时延。此外，往返的传播、处理、排队时延是由车辆 v 所连接的边缘服务器 $e_1 \in \mathcal{E}$ 和其服务实体所在边缘服务器 $e_2 \in \mathcal{E}$ 之间的中继跳数所决定的。因此，计算卸载的回程时延为

$$\tau_v^{\text{back}}(t) = \begin{cases} 0, & e_1 = e_2 \\ \dfrac{b_v(t)}{B_{e_1}} + 2\lambda d(e_1, e_2), & e_1 \neq e_2 \end{cases} \tag{3-23}$$

其中，$x_v^{e_1}(t) = 1$，$y_v^{e_2}(t) = 1$，$d(\cdot,\cdot)$ 为两个边缘服务器之间的中继跳数，λ 为正系数。

　　迁移开销。服务实体在边缘服务器之间迁移会带来额外开销，例如，将服务实体预先

复制到目标边缘服务器，以及释放服务实体在源边缘服务器上占用的资源。可以认为迁移开销由服务实体的镜像体积决定，令 $c_v^{\mathrm{mgt}}(t)$ 表示车辆 v 的服务实体在时刻 t 从 $e_1 \in \mathcal{E}$ 迁移至 $e_2 \in \mathcal{E}$ 的开销，则

$$c_v^{\mathrm{mgt}}(t) = \begin{cases} 0, & e_1 = e_2 \\ \mu\,|o_v|, & e_1 \neq e_2 \end{cases} \tag{3-24}$$

其中，$y_v^{e_1}(t-1) = 1$，$y_v^{e_2}(t) = 1$，$|o_v|$ 为车辆 v 的服务实体镜像体积，μ 为正系数。

2）通信模型

无线通信对边缘辅助的智能驾驶质量具有重要影响。考虑规则六边形部署的基站，且空口采用正交频分多址技术（Orthogonal Frequency Division Multiple Access，OFDMA）。该系统包含 K 个正交无干扰的资源块，每个资源块的带宽为 W。每个基站将资源块平均分配给连接到该基站的车辆，并且一个资源块在一个时刻只能分配给一辆车。上行链路用于上传需要计算卸载的任务数据，是接入网的主要瓶颈，车辆 v 的上行传输速率为

$$R_v = W \left\lfloor \frac{K}{E} \right\rfloor \log_2(1 + \mathrm{SNR}_v) \tag{3-25}$$

其中，$\lfloor \cdot \rfloor$ 为向下取整函数，E 为连接到该基站的智能车数量，SNR_v 为接收信噪比，为

$$\mathrm{SNR}_v = \frac{Phl_v^{\alpha(\epsilon-1)}}{N} \tag{3-26}$$

P 为车辆的基准发射功率，h 为信道增益，l_v 为车辆 v 与其连接基站的距离，α 为路径损耗指数，N 为噪声功率，ϵ 为分数阶信道反转功率控制因子。

无线传输时延。 对于一个计算卸载任务，车辆 v 的无线传输时延为

$$\tau_v^{\mathrm{comm}}(t) = \frac{b_v(t)}{R_v} \tag{3-27}$$

由于边缘服务器处理结果的数据体积通常较小，这里忽略了下行传输时延。尽管这里采用的是简化的通信模型，但是该模型可以扩展到多层异构网络模型。

3）计算模型

运行在同一个边缘服务器上的服务实体共享计算资源。令 U_e 为边缘服务器 e 的计算容量，使用 CPU 频率予以衡量，且认为运行在 e 上的服务实体平均共享 U_e。

计算时延。 令 $u_v(t)$ 为车辆 v 在时刻 t 的卸载任务所需的 CPU 周期数量，则其计算时延为

$$\tau_v^{\mathrm{comp}}(t) = \sum_{e \in \mathcal{E}} \frac{u_v(t) y_v^e(t)}{U_e \Big/ \sum_{v' \in \mathcal{V}} y_{v'}^e(t)} \tag{3-28}$$

从式（3-28）可以看出，计算时延随边缘服务器上服务实体的数量而线性增长。因此，当边缘服务器上服务实体数量过大时，将难以向车辆提供满足质量需要的服务。服务实体的

动态迁移可以均衡边缘服务器之间的计算负载，从而提升智能驾驶的服务质量。

4）交通模型

将车辆移动建模为网格模型。根据基站的无线覆盖将路网划分为不相交的六边形网格，并将车辆的选路抽象到网格粒度。考虑到相邻网格之间存在多条具体路径，可以合理假设车群能够利用局部协作自主选取具体路径。因此，这里仅需考虑网格粒度的交通流分配。令 $w^{g_1g_2}(t)$ 表示时隙 t 从 g_1 到 g_2 的平均通行时间，其中 g_1 和 g_2 为相邻网格。具体地，$w^{g_1g_2}(t)$ 是在时隙 t 从 g_1 直接驶入 g_2 的车辆通行时间的均值，且无须关注车辆如何选择具体路径。

交通开销。令 w_v 为车辆 v 在起终点（Origin-Destination，O-D）间的总通行时间，可以根据车辆 v 的实际轨迹由一系列 $w^{g_1g_2}(t)$ 累加而得。基于 w_v 可以定义 $c_v^{tfc}(t)$ 交通开销以评价车辆 v 选路动作的总体性能

$$c_v^{tfc}(t) = \begin{cases} w_v, & v \text{ finishes its trip in } t \\ 0, & \text{otherwise} \end{cases} \tag{3-29}$$

交通开销 $c_v^{tfc}(t)$ 仅能在 v 到达终点后才能计算，因此它是前期路径规划动作的积累结果。

5）问题定义

为了提升边缘辅助的智能驾驶的综合质量，需要对以下问题进行联合优化。

（1）服务迁移：随着车辆的移动，需要决定是否迁移服务实体，以及向哪迁移服务实体。考虑到通信和计算资源的状态，服务迁移旨在满足服务时延需求并降低迁移开销。

（2）移动优化：需要为每辆车生成起终点间的合适路径。移动优化不仅需要提升交通效率，还需要优化计算任务的时空分布。

通过对服务迁移和车辆移动进行联合优化，需要最小化系统开销且满足车辆的时延需求。车辆 v 的总时延包括传输时延、回程时延和计算时延，即

$$\tau_v(t) = \tau_v^{\text{comm}}(t) + \tau_v^{\text{back}}(t) + \tau_v^{\text{comp}}(t) \tag{3-30}$$

令 τ 表示服务时延的上界，需要实现 $\tau_v(t) \leqslant \tau, \forall v \in \mathcal{V}$ 以满足计算卸载的质量。此外，车辆个体开销 $c_v(t)$ 定义为车辆 v 所引起的迁移开销和交通开销的加权和，即

$$c_v(t) = (1-\omega)c_v^{mgt}(t) + \omega c_v^{tfc}(t) \tag{3-31}$$

其中 ω 为权值参数。因此，所有智能车在时隙 t 的系统开销为

$$c(t) = \sum_{v \in \mathcal{V}} c_v(t) \tag{3-32}$$

需要学习最优策略以最小化长期系统开销且满足服务时延需求。

3.5.3.2　基于多智能体深度强化学习联合优化

利用 MADRL 可以应对服务迁移和路径规划的联合优化所面临的维度灾难。每个服务实体可作为一个智能体，对通信、计算和选路的累积效用进行优化。将联合优化问题建模为一个分布式部分可观测的马尔可夫决策过程，本节将定义其状态空间、动作空间和奖励

函数，并设计一种双分支的卷积深度 Q-网络来训练智能体得到最优策略。

（1）状态空间。车辆 v 在时隙 t 观察到的联合状态为

$$s_v(t) = \left\{ s_v^{\mathrm{od}}(t), s^{\mathrm{veh}}(t), s_v^{\mathrm{se}}(t), s^{\mathrm{se}}(t) \right\} \tag{3-33}$$

其中，$s_v^{\mathrm{od}}(t)$ 表示车辆 v 的当前网格和目的网格，$s^{\mathrm{veh}}(t)$ 表示每个网格内的智能车数量，$s_v^{\mathrm{se}}(t)$ 表示车辆 v 的服务实体所在的边缘服务器，$s^{\mathrm{se}}(t)$ 表示每个边缘服务器所承载的服务实体的数量。值得注意的是，$s^{\mathrm{veh}}(t)$ 既表示每个网格的交通状况，又表示每个基站的通信负载。考虑到网格的时空分布，这里使用多通道图信号来表征系统状态。图信号可以用于表达任意无线网络结构（如宏基站的六边形覆盖、小基站的泰森多边形覆盖等）所呈现的系统状态。在有向图 $G = (\mathcal{G}, \mathcal{T})$ 中，集合 $\mathcal{G}$ 中的每个节点表示一个网格，集合 $\mathcal{T}$ 中的边表示网格的邻接关系。具体地，系统状态的图信号表示为 $s_v^{\mathrm{od}}(t) \in \mathcal{G}^2$，$s_v^{\mathrm{se}}(t) \in \mathcal{G}$，$s^{\mathrm{veh}}(t) \in \mathbb{N}^{|\mathcal{G}|}$ 和 $s^{\mathrm{se}}(t) \in \mathbb{N}^{|\mathcal{G}|}$，如图 3-32 所示。

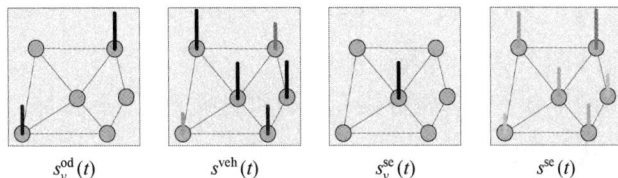

图 3-32　系统状态的图信号表示

（2）动作空间。每个智能体需要决定服务实体的下一跳迁移位置、下一跳选路位置，因此车辆 v 在时隙 t 的动作为

$$a_v(t) = \{a_v^{\mathrm{mgt}}(t), a_v^{\mathrm{rt}}(t)\} \tag{3-34}$$

其中 $a_v^{\mathrm{mgt}}(t)$ 将服务实体从 $e \in \mathcal{E}$ 迁移至 $e' \in \mathcal{E}$，即 $y_v^e(t-1) = 1$，$y_v^{e'}(t) = 1$。$a_v^{\mathrm{rt}}(t)$ 给出路径规划的下一跳网格 $g \in \mathcal{G}$。此外，$\mathcal{A}_v^{\mathrm{mgt}}(t)$ 和 $\mathcal{A}_v^{\mathrm{rt}}(t)$ 分别为可行的迁移动作集合和可行的选路动作集合，$a_v(t)$ 在 $a_v^{\mathrm{mgt}}(t) \in \mathcal{A}_v^{\mathrm{mgt}}(t)$ 且 $a_v^{\mathrm{rt}}(t) \in \mathcal{A}_v^{\mathrm{rt}}(t)$ 时是可行的。

（3）奖励函数。车辆 v 的奖励函数需要最小化其个体开销 $c_v(t)$ 且满足时延需求 τ。即时奖励定义为

$$r_v(t) = -c_v(t) - d_v(t) + \tilde{r}_v(t) \tag{3-35}$$

其中 $d_v(t)$ 为车辆 v 的服务时延超过上界的惩罚，定义为

$$d_v(t) = \begin{cases} C^-, & \tau_v(t) > \tau \\ 0, & \text{otherwise} \end{cases} \tag{3-36}$$

$C^- > 0$ 为常数惩罚值；$\tilde{r}_v(t)$ 表示车辆到达终点的奖励，定义为

$$\tilde{r}_v(t) = \begin{cases} C^+, & v \text{ finishes its trip in } t \\ 0, & \text{otherwise} \end{cases} \tag{3-37}$$

$C^+ > 0$ 为车辆 v 到达终点的巨大奖励。智能体的动作决定了其获得的奖励，即智能体在时隙 t 根据观测状态 $s_v(t)$ 执行动作 $a_v(t)$，将获得即时奖励 $r_v(t)$。每个智能体旨在最大化各

自的长期奖励，即

$$\mathcal{R}_v(t) = \max \mathbb{E}\left[\sum_{i=0}^{T-1} \gamma^i r_v(i+t)\right] \qquad (3\text{-}38)$$

其中 T 为前瞻时隙数。利用 IQL，每个智能体通过最大化各自 $\mathcal{R}_v(t)$ 可以实现系统全局优化目标。

1）DQN 的网络结构

DQN 是典型的离线策略（Off-Policy）深度强化学习算法，比其他在线策略（On-Policy）深度强化学习算法更加高效，特别是在多智能体环境下，每个智能体可以通过自己的历史经验和其他智能体的经验进行训练。因此，这里使用 DQN 将系统状态映射为状态-动作值。

考虑到规则六边形的网格，我们利用 CNN（Convolutional Neural Network，卷积神经网络）来捕捉 G 中的空间特征。将观测状态 $s_v^{\mathrm{od}}(t)$、$s^{\mathrm{veh}}(t)$、$s_v^{\mathrm{se}}(t)$ 和 $s^{\mathrm{se}}(t)$ 组织成 DQN 的四通道输入。双分支 DQN 的网络结构如图 3-33 所示，观测状态 $s_v(t)$ 通过卷积层和全连接层以计算该状态下每个动作的状态-动作值。进一步，利用多任务学习方式来实现联合优化，即使用两个网络分支分别执行路径规划和服务迁移。具体地，路径规划既需要优化交通效率，又需要优化资源需求的分布，所以路径规划分支的输入为车辆的当前位置和终点位置、交通状态、基站的通信负载；服务迁移分支既需要考虑车辆的移动性，又需要考虑边缘服务器的资源状态，因此服务迁移的输入为车辆的当前位置和终点位置、交通状态、基站的通信负载、边缘服务器的计算负载。

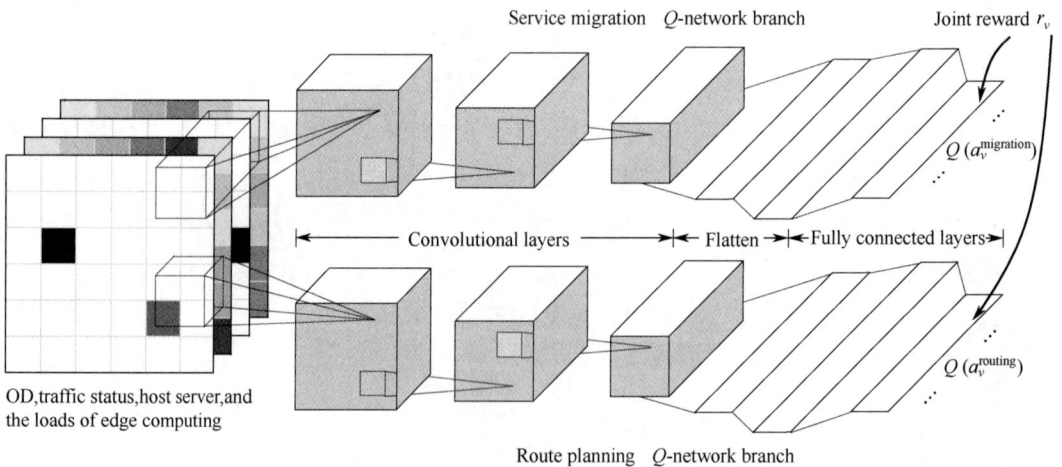

图 3-33　双分支 DQN 的网络结构

由于智能体的同构性，所有智能体 $v \in \mathcal{V}$ 在时隙 t 拥有相同的 DQN 网络副本。如果多辆车同时具有相同的起终点，且它们的服务实体运行在同一个边缘服务器上，则它们的状态观测相同，后续的动作也将完全相同。为了避免这种现象，可以使用代理的随机策略：

令智能体在 Q-值上进行 softmax 运算后按照概率选取随机动作。利用这种方式，多车在相同状态下可以以不同的概率选取不同动作，从而避免资源聚集使用。

2）DQN 的网络训练

为了便于实现，这里采用集中式训练、分布式执行的多智能体协同模式。由于认为多智能体是同时选取动作的，所以智能体无法获知其他智能体的动作。由于智能体的同构性，所有智能体积累的经验都可以用于集中训练一个 DQN 网络，这种方式可以有效提升经验的数量。

由于服务迁移和路径规划的复杂耦合，分别优化无法实现系统最优，使得训练多任务的 DQN 具有很大挑战。为此，这里采用联合奖励（而不是分别奖励）来训练 DQN 的两个分支。具体地，服务迁移分支的强化学习环境定义为 $s = \{s_v^{od}(t), s^{veh}(t), s_v^{se}(t), s^{se}(t)\}$，$a = a_v^{mgt}(t)$，$r = r_v(t)$；路径规划分支的强化学习环境定义为 $s = \{s_v^{od}(t), s^{veh}(t)\}$，$a = a_v^{rt}(t)$，$r = r_v(t)$。在联合奖励 $r_v(t)$ 的影响下，服务迁移可以在考虑路径规划的前提下得以优化，反之亦然。但是，两个分支的"双重探索"面临很大的动作空间，会减慢向最优策略的收敛速度。为了避免这种局限性，在一段时间内只训练一个网络分支，而保持另一个网络分支固定不变。通过这种方式，服务迁移策略可以在稳定的路径规划策略下进行迭代更新，而路径规划策略也可以在稳定的服务迁移策略下进行迭代更新。上述过程需要重复执行，直至训练收敛，如算法 3-3 所示。

算法 3-3　基于多代理深度 Q-学习的服务迁移与路径规划联合优化

输入：

 ε：强化学习的探索率

 Y_1：目标网络的更新频率

 Y_2：固定网络分支和学习网络分支

1:　使用随机参数 θ 初始化主 DQN 网络 $Q(s,a;\theta)$

2:　使用参数 $\overline{\theta} \leftarrow \theta$ 初始化目标 DQN 网络 $Q(s,a;\overline{\theta})$

3:　初始化学习分支 $L \leftarrow$ rt 及固定分支 $F \leftarrow$ mgt

4:　**for** 每个 episode **do**

5:　　**for** 每个时隙 $t = 1, 2, \cdots, T$　**do**

6:　　　**for** 每个智能体 $v \in \mathcal{V}$　**do**

7:　　　　选择动作 $a_v^F(t) \leftarrow \arg\max_a Q(s_v(t), a; \theta)^F$

8:　　　　每个智能体独立执行动作 $a_v^F(t)$

9:　　　　UpdatemainDQN$(L, v, \theta, \overline{\theta})$

10:　　　**end for**

11:　　每 Y_1 步，更新目标 DQN 的网络参数 $\overline{\theta} \leftarrow \theta$

12:　　每 Y_2 步，交换固定分支和学习分支 $F \leftrightarrow L$

13:　　**end for**

14: **end for**

过程： $\text{UpdatemainDQN}(L, v, \theta, \bar{\theta})$

1: **if** $\text{rand}() \leqslant \varepsilon$ **then**

2: 　选择随机动作 $a_v^L(t) \in \mathcal{A}_v^L(t)$

3: **else**

4: 　选择动作 $a_v^L(t) \leftarrow \arg\max_a Q(s_v(t), a; \theta)^L$

5: **end if**

6: 每辆车 v 独立执行动作 $a_v^L(t)$，获得联合奖励 $r_v(t)$，观测到新状态 $s_v(t+1)$

7: 将元组 $<s_v(t), a_v^L(t), r_v(t), s_v(t+1)>$ 存储到经验回放缓存 B^L

8: 随机从经验回放缓存 B^L 中批量选取元组 $\{<s_i, a_i, r_i, s_{i+1}>\}_{i=1}^I$

9: **for** 每个元组 $i = 1, 2, \cdots, I$ **do**

10: 　**if** epsode 在第 $i+1$ 步结束 **then**

11: 　　$z_i = r_i$

12: 　**else**

13: 　　$z_i = r_i + \gamma Q(s_{i+1}, \arg\max_{a'} Q(s_{i+1}, a'; \theta)^L; \bar{\theta})^L$

14: 　**end if**

15: **end for**

16: 对学习分支的网络参数 θ^L 使用梯度下降 $\mathcal{L}(\theta^L) = \dfrac{1}{I}\sum_{i=1}^I [z_i - Q(s_i, a_i; \theta)^L]^2$

在该算法中，使用 F 和 L 来区分网络的固定分支和学习分支。例如，$Q(\cdot)^L$ 为学习网络分支，$a_v^L(t)$ 是由 $Q(\cdot)^L$ 得到的动作，θ^L 是 $Q(\cdot)^L$ 的网络参数。此外，算法中采用双 DQN 机制，使用一个主网络来学习网络的 Q-值，使用一个周期性更新的目标网络来计算目标 Q-值。为了维持训练的稳定性，算法使用经验回放机制来消除批量训练数据的相关性。

3）DQN 的分布式执行

在完成集中式训练后，需要将 DQN 的网络参数迁移到边缘服务器的每个智能体。每当智能车驶入新的网格时，它的智能体需要使用 DQN 根据观测到的系统状态执行服务迁移和路径规划。每个智能体对系统状态的观测包括该智能体的个体状态和所有智能体所呈现的宏观状态。通过这种方式，多智能体间的复杂交互被简化为单智能体和智能体宏观状态之间的交互。具体地，智能体可以观测到其个体状态 $s_v^{od}(t)$ 与 $s_v^{se}(t)$，智能体可以通过边缘服务器的回程网络进行交互，观测到宏观状态 $s^{veh}(t)$ 和 $s^{se}(t)$。最终，分布式智能体的闭环的观测和动作可以对服务迁移和路径规划进行联合优化。

3.6　支持 5G 车路协同的智慧道路演进

车路协同系统作为智能交通最重要的组成部分之一，与无人驾驶一起，将共同改变传统城市交通面貌。由于新型感知技术、计算技术、智能化技术的引入,智慧道路将如何建设,是否符合未来的发展趋势,智慧道路施工与使用等是否满足建设方向要求等,都需要具备明确的方向指引。

国内外一些组织和机构已经发布了智慧道路、智慧公路相关标准。2019 年 3 月,ERTRAC（European Road Transport Research Advisory Council,欧盟道路交通研究咨询委员会）发布网联式自动驾驶路线图（Connected Automated Driving Roadmap）,提出 ISAD（Infrastructure Support levels for Automated Driving,自动驾驶的基础设施支持级别）,包含 A~E 五个级别。其中,E 级最低,是无数字化信息的传统基础设施,自动驾驶车辆完全依赖于自身感知识别;D 级支持包含静态道路标识的数字化地图信息,而交通信号灯、短期道路工程和可变信息交通标识牌仍需自动驾驶车辆识别;C 级支持静态和动态基础设施信息,包括可变信息交通标识牌、告警、事故、天气等,能够以数字化形式获取并提供给自动驾驶车辆;B 级支持协同感知,即可感知微观交通情况,并实时提供给自动驾驶车辆;A 级支持协同驾驶,数字化基础设施能够引导自动驾驶车辆的速度、间距和车道,实现全局交通流优化。2021 年 3 月,中国智能交通协会发布《智慧高速公路分级》团体标准征求意见稿,将智慧高速公路等级划分为 D0~D4 五个级别。其中,D0 级高速公路无智慧化,道路为基本的土木工程,满足车辆上路的基本要求,服务和管理完全靠人工方式;D1 级高速公路具有简单的智慧化,建设有传统的收费、通信、监控三大系统,满足高速公路使用者基本需求,服务和管理以人为主、智慧为辅的方式;D2 级高速公路具有基本的智慧化,基础设施逐步实现数字化和信息化,为下一步的智慧化发展提供基础条件,服务和管理采用人工和智慧化相结合的共同管理方式;D3 级高速公路具有协同式智慧化,建设有车路协同设施、云控平台,实现网联协同的智慧化管控环境,具有支持高级别自动驾驶、货车编队行驶等新技术的能力,服务和管理采用以智慧为主、人工为辅的方式;D4 级高速公路具有自主可控的智慧化,提供自动驾驶混合交通流的管控、"全天候"通行、基础设施自我诊断能力、新能量供给应用等服务,服务和管理采用完全的智慧化方式,人工可以干预重要的服务和管理。

城市开放道路环境复杂,而城市道路的智慧化演进仍未见体系化论述,为此我们分析了基于群体智能的智慧道路演进方式。

● 3.6.1　智慧道路信息化等级

信息化是指交通元素以及路侧交通设备对数据的利用等级,包括数据采集、存储、利用与闭环控制。信息化分为 5 个等级,分别描述如下。

（1）无信息化:无信息化代表路侧交通设备和交通元素不具备主被动的感知能力。在无信息化条件下,参与交通的人只能依靠自身进行感知和决策。

（2）初步信息化:初步信息化代表路侧交通设备和交通元素具备初步的信息联网能

力，能够实现数据的收集、存储与转发，实现隐形数据的显性化。在初步信息化条件下，路侧交通设备能够通过有线联网方式，实现地感线圈、摄像头等感知设备的信息采集与向云端回传。交通元素能够通过移动互联网等无线联网方式，实现云端信息的下发和可视化。

（3）部分信息化：部分信息化代表路侧交通设备和交通元素具备完整的信息联网能力，在数据的收集、存储与转发基础上，能够对感知数据进行初步处理和挖掘，提取有用的知识，实现隐形知识的初步显性化。在部分信息化条件下，路侧交通设备能够对地感线圈、摄像头等感知设备的信息采集与初步处理，并通过有线联网方式向云端回传或者通过 V2X 通信技术和交通元素进行少量数据的准实时共享。交通元素能够利用 V2X 通信技术直接和智能红绿灯、路侧交通设备等共享数据信息。

（4）高度信息化：交通元素和路侧交通设备对交通环境状态进行准确的刻画，对感知数据进行处理和挖掘，实现隐形知识的完全显性化。在高度信息化条件下，路侧交通设备和交通元素能够充分利用 V2X 通信技术以及移动互联网等多种通信技术实现人、车、路、环境与云端的数据交互，其交互的数据既可以是采集的原始数据，也可以是处理后的数据。云端能够实时获取道路上各种交通元素的状态并把状态传输给路侧交通设备和交通元素。

（5）完全信息化：在交通环境状态准确刻画的基础上，对资源进行虚拟化，对交通元素设备接口统一化，实现对各交通元素的诱导和控制，满足知识的闭环流动。在完全信息化条件下，路侧交通设备、交通元素和云端能够在实时交互数据的基础上，并能对空间资源、时间资源、通信资源和计算资源进行虚拟化，根据实时的交通状态来调度资源，实现对交通信号机等路侧交通设备和交通元素的闭环控制。

3.6.2 智慧道路智能化等级

智能化描述交通元素以及路侧交通设备个体的决策水平和群体联合决策的能力。智能化按照先垂直、后水平的方式可以分为 6 级，描述如下。

（1）无智能：路侧交通设备的行为固定，不随时间、空间或事件而改变，无法动态响应环境。在无智能条件下，路侧交通设备按照固定配置运行，例如，交通信号灯按照固定相位运行，地感线圈测量路面的车速和车流量，无法对事件做出动态响应。

（2）预置规则智能：路侧交通设备按照人工预置的简单规则运行，可由时间、空间或事件触发特定的行为或行为序列，但对环境的动态响应没有决策计算过程。在预置规则智能条件下，路侧交通设备根据人工经验的预置规则运行，例如，交通信号灯根据时段调整相位，地感线圈根据检测的速度触发车牌抓拍。路侧交通设备根据人工配置的行为或者行为序列来对事件做出动态响应。

（3）个体智能：路侧交通设备和交通元素可以根据环境变化自主动态调整策略，以最优化个体效用为目标。在个体智能条件下，路侧交通设备和交通元素能够根据自身的环境状态独立决策；交通信号灯根据交通态势动态调整相位，最优化单路口通行效率；智能驾驶汽车根据感知的环境状态做出驾驶行为策略。

（4）有条件群体智能：在特定场景下，路侧交通设备和交通元素可以协同决策，以最优化群体效用为目标。在有条件群体智能条件下，在限定的场景下，路侧交通设备和交通元素在特定的场景下可以进行联合决策，例如，多路口的交通信号灯联合调整相位，最优化多路口的整体效率；交通元素在无交通信号灯路口能够高效安全行驶。

（5）高度群体智能：除极特殊场景外，路侧交通设备和交通元素可以协同决策，以最优化群体效用为目标。在高度群体智能条件下，除极特殊场景外（野外道路，极端天气情况下），路侧交通设备和交通元素之间可以进行多维多域的联合决策。

（6）完全群体智能：在任何场景下，路侧交通设备和交通元素可以协同决策，以最优化群体效用为目标。在完全群体智能条件下，在任何场景下，路侧交通设备和交通元素之间可以进行多维多域的联合决策。

● 3.6.3　智慧道路协同化等级

协同化刻画路侧交通设备和交通元素之间相互影响和相互合作的关系和能力。协同化按照"垂直方向上的协同力度"和"水平方向上的协同广度"分为 5 个等级，描述如下。

（1）无协同：交通元素之间或者路侧交通设备之间相互独立运行。在无协同条件下，交通元素和路侧交通设备之间不考虑彼此的决策，相互独立运行。

（2）初步协同：交通元素和路侧交通设备之间共享自身和环境状态的原始数据，但是数据理解和决策仍由交通元素独立进行，设备不具备认知能力。在初步协同条件下，交通元素和路侧交通设备之间共享原始感知数据，智能红绿灯把相位信息传递给交通元素，交通元素根据自身环境状态以及红绿灯的相位信息独立决策。车辆获得其他交通元素周期性广播的安全消息后，独立进行驾驶决策。

（3）人在环协同：交通元素和路侧交通设备之间共建共享对环境状态的刻画或理解，设备具有认知能力，但是决策仍是独立进行，不具备协同决策能力。在人在环协同条件下，交通元素和路侧交通设备能够感知并预测环境状态的演变，能够相互共享处理之后的数据，并基于汇聚的数据或者知识来独立决策。

（4）系统内协同：交通元素和路侧交通设备之间共建共享对环境状态的刻画或理解，并能够通过它们之间的协商机制联合决策。在系统内协同条件下，路侧交通设备能对环境状态进行准确的认知和理解，并和交通元素之间进行联合决策，如多路口信号灯协同调度。

（5）全系统协同：交通元素和路侧交通设备之间跨系统联合优化，从系统内最优到跨系统的全局最优。在全系统协同条件下，路侧交通设备能对城市交通系统的状态进行准确实时的认知和理解，所有交通元素和路侧交通设备之间共同决策，实现全局全系统最优。

3.6.4 智慧道路分级

考虑城市道路的复杂情况以及智能化的发展阶段，为解决城市道路面临的"人-车-路-环境"复杂协同问题，根据智慧道路的信息化、智能化、协同化不同能力水平的支持程度，将智慧道路划分为 6 级（L0~L5）。

根据人在智能交通系统演进发展过程中的地位和作用，智慧道路划分为人适应交通系统和交通系统适应人两个阶段。人适应交通系统阶段对应智慧道路等级 L0~L2，用于刻画智慧道路尚无法进行主动交通决策条件下，人作为出行主体和交通管控主体，利用智慧道路基础设施进行不同等级的认知，并辅助交通决策，实现交通管控的过程。交通系统适应人阶段对应智慧道路等级 L3~L5，用于刻画交通元素和智慧道路具备不同程度自动化能力，由智能化的交通元素和路侧交通设备进行协同认知与协同决策，并实现不同范围交通环境的自动化管控。

1）无智能道路（L0）

等级定义：仅提供静态路面空间基础设施，采用传统方式管理。

等级含义：路侧交通设备不进行感知，交通载具不具有智能，按照人工经验对路侧交通设备进行配置，路侧交通设备按照预先配置规则运行。

等级特征：该等级道路不具备信息化能力、智能化能力以及协同化能力。

影响对象：驾驶员依赖人工经验驾驶，交警依赖人工经验协调交通。

2）信息化道路（L1）

等级定义：道路基础设施的初步数字化，采用初步信息化管理。

等级含义：路侧交通设备和交通载具能够进行感知，支持基于移动互联网的数据交互，但是不具备数据处理和挖掘能力。汇聚的数据提供交通状态的可视化。

等级特征：该等级道路具备初步的信息化能力和预置规则的智能化能力，但不具备协同化能力。

影响对象：驾驶员根据城市的交通态势进行路径规划，交警依赖交通态势进行交通管制。

3）智能辅助道路（L2）

等级定义：道路基础设施支持基于 V2X 通信技术的网联化，支持基于融合感知的智能辅助决策。

等级含义：路侧交通设备和交通载具能够融合感知大数据，进行交通行为分析与预测，支持通过 V2X 通信技术进行感知信息的准实时共享，支持以人为主、人工智能为辅的交通控制和调度。

等级特征：该等级道路具备部分信息化能力、个体智能能力和初步协同化能力。

影响对象：驾驶员能够获取超视距范围的驾驶状态，红绿灯相位可以自适应优化。

4）人在环的垂直场景自治道路（L3）

等级定义：道路基础设施高度网联化，支持初步的联合决策，人在环的垂直场景自治。

等级含义：交通元素和路侧交通设施高度网联化，能够进行主动被动协同认知，支持垂直场景下多车-路侧交通设施-系统联动，支持人在环的自适应驾驶、交通决策与调控。

等级特征：该等级道路具备高度信息化能力，有条件的群体智能化能力和人在环的协同化能力。

影响对象：驾驶员能够解放双手，必要时需接管车辆驾驶系统；路侧交通设备能够在人在环的基础上，利用人工智能来对交通进行调度和控制。

5）有监督的系统内自治（L4）

等级定义：交通元素和路侧交通设备完全信息化，具有较高等级的智能和联合决策，局部区域人监督下的系统内自治。

等级含义：交通元素、路侧交通设备、系统人工智能自主协同完成系统内的驾驶/交通决策与调控，支持高度自动化驾驶与局部交通最优化，人参与监督但无须人在环决策。

等级特征：该等级道路具备完全信息化能力，高度群体智能化能力和系统协同化能力。

影响对象：驾驶员能够解放注意力；路侧交通设备能够利用人工智能来对系统内的交通进行调度和控制。

6）全系统自主运行（L5）

等级定义：全系统自主运行。

等级含义：交通载具由人工智能系统进行控制，路侧交通设备与交通系统全部由人工智能进行交通决策与调控，实现"人-车-路-环境-云"的智能协同，人无须参与决策与监督。

等级特征：该等级道路具备完全信息化能力，完全群智和全系统协同的能力。

影响对象：交通载具无须驾驶员；路侧交通设备完全基于人工智能来对全系统的交通进行调度和控制，达到全系统最优。

3.7 本章小结

基于 5G 的车路协同系统推动着交通运输业的发展，它通过"端-边-云"三层架构实现环境感知、态势认知、决策控制等功能，从而提供安全、高效、便捷的智慧交通服务。基于 5G 的协作式环境感知可以提升感知精度、扩展感知范围，本章介绍了交通元素之间如何利用有限的通信资源进行高效的感知数据共享，介绍了如何将 5G 毫米波通信与毫米波雷达进行深度融合，从而做到感知资源与通信资源的自适应协同。协作式场景语义理解有利于车辆准确高效认知驾驶环境，本章介绍了如何利用有限的通信资源实现车路多视角认知，介绍了如何通过多级注意力机制实现多车超视距认知。基于 5G 的定位技术具有高载波频率、大带宽、大规模天线阵列、D2D 通信、网络致密化等特点，可实现厘米级的定位精度，本章介绍了 5G 定位的架构、参考信号、基本原理和研究挑战。针对基于 5G 的车辆规划和决策，本章介绍了基于演化博弈的车车协同路径规划、基于反斯坦伯格博弈的车路协同驾驶决策和基于多智能体深度强化学习的车车协同驾驶决策技术。车路协同云控平台搭建在 5G 网络架构之上，包括边缘云、区域云和中心云三级，本章主要介绍了百度的云控平台架构和数字孪生的相关应用，有利于实现车辆与交通系统的多维跨领域数据协同。最后，我们提出了支持 5G 车路协同的智慧道路演进和分级建议。

基于 5G 的车路协同系统为实现高等级自动驾驶奠定了基础，以 5G 为核心的网络基础设施建设将加速自动驾驶汽车由单车智能向车路协同转化，丰富车路协同的应用服务场景，促进车联网和自动驾驶产业的繁荣发展。

参 考 文 献

[1] Yuan Q, Zhou H, Liu Z, et al. CESense: Cost-effective urban environment sensing in vehicular sensor networks [J]. IEEE Transactions on Intelligent Transportation Systems, 2019, 20(9): 3235-3246.

[2] 何宗键, 曹建农, 郑俊浩. 车联社交网络: 机遇、挑战和应用 [J]. 中兴通讯技术, 2014, 20(1): 31-34.

[3] Li Q, Zhu S, Cao G. Routing in socially selfish delay tolerant networks [C]. Proc. IEEE INFOCOM, 2010: 1-9.

[4] 杨喜平, 方志祥, 赵志远, 等. 城市人群聚集消散时空模式探索分析——以深圳市为例 [J]. 地球信息科学学报, 2016, 18(4): 486-492.

[5] Luo G, Zhou H, Cheng N, et al. Software-defined cooperative data sharing in edge computing assisted 5G-VANET [J]. IEEE Transactions on Mobile Computing, 2021, 20(3): 1212-1229.

[6] 孙慧晴, 王欣娜, 张奇勋, 等. 面向超视距感知的感知通信一体化智能车联系统 [EB/OL]. [2020.05.25]. http://www.its-china.org.cn/SvoteDao?CREMARKS=0&sid=1590375682.

[7] Wang T-H, Manivasagam S, Liang M, et al. V2VNet: Vehicle-to-vehicle communication for joint perception and prediction [C]. Proc. ECCV, 2020: 605-621.

[8] Liu Y-C, Tian J, Glaser N, et al. When2com: Multi-agent perception via communication graph grouping [C]. Proc. IEEE/CVF CVPR, 2020: 4106-4115.

[9] Xu F, Li J, Yuan Q, et al. A dual-attention-based neural network for see-through driving decision [C]. Proc. VTC2020-Fall, 2020: 1-6.

[10] Wymeersch H, Seco-Granados G, Destino G, et al. 5G mmWave positioning for vehicular networks [J]. IEEE Wireless Communications, 2017, 24(6): 80-86.

[11] Del Peral-Rosado J A, López-Salcedo J A, Sunwoo K, et al. Feasibility study of 5G-based localization for

assisted driving [C]. Proc. International Conference on Localization and GNSS, June 2016: 1-6.

[12] Koivisto M, Costa M, Werner J, et al. Joint device positioning and clock synchronization in 5G ultra-dense networks [J]. IEEE Transactions on Wireless Communications, 2017, 16(5): 2866-2881.

[13] Lemic F, Martin J, Yarp C, et al. Localization as a feature of mmWave communication [C]. Proc. International Wireless Communications and Mobile Computing Conferenc, Sept. 2016: 1-6.

[14] Dwivedi S, Nygren J, Munier F, et al. 5G positioning: What you need to know [EB/OL]. [2020.12.18]. https://www.ericsson.com/en/blog/2020/12/5g-positioning--what-you-need-to-know.

[15] Claes R, Holvoet T, Weyns D. A decentralized approach for anticipatory vehicle routing using delegate multiagent systems [J]. IEEE Transactions on Intelligent Transportation Systems, 2011, 12(2): 364-373.

[16] Lu J, Li J, Yuan Q, et al. A multi-vehicle cooperative routing method based on evolutionary game theory [C]. Proc. IEEE ITSC, Oct. 2019: 1-8.

[17] Seely B E. The scientific mystique in engineering: Highway research at the Bureau of Public Roads, 1918-1940[J]. Technology and Culture, 1984, 25(4): 798-831.

[18] 付大卫. 基于群体智能的路口多车协同驾驶策略方法研究与实现 [D]. 北京: 北京邮电大学, 2020.

[19] Groot N, Zaccour G, Schutter B D. Hierarchical game theory for system-optimal control: Applications of reverse Stackelberg games in regulating marketing channels and traffic routing [J]. IEEE Control Systems Magazine, 2017, 37(2): 129-152.

[20] Rashid T, Samvelyan M, Schroeder C, et al. QMIX: Monotonic value function factorisation for deep multi-agent reinforcement learning [C]. Proc. PMLR, 2018: 4295-4304.

[21] 车路云一体化融合控制系统白皮书 [R/OL]. 中国智能网联汽车产业创新联盟, 2020. http://123.127.164.58:25490/upload/at/file/20200928/1601263626918599nRbg.pdf.

[22] 数字孪生城市白皮书 [R]. 中国信息通信研究院, 2020.

[23] Chen X, Kang E, Shiraishi S, et al. Digital behavioral twins for safe connected cars [C]. Proc. ACM/IEEE International Conference on Model Driven Engineering Languages and Systems, 2018: 144–153.

[24] 雷涛. 车联网中面向环境感知的虚拟车行为关键技术研究 [D]. 北京: 北京邮电大学, 2017.

[25] Yuan Q, Li J, Zhou H, et al. A joint service migration and mobility optimization approach for vehicular edge computing [J]. IEEE Transactions on Vehicular Technology, 2020, 69(8): 9041-9052.

第4章
基于 5G 的车路协同安全技术

5G 车路协同可以有效提升道路交通安全与效率，但是由于通信连接的泛在性和计算模式的多样性，使得 5G 车路协同本身面临许多信任、安全和隐私挑战，最终甚至会威胁到用户的生命财产安全。Upstream Security 发布的《汽车网络安全报告（2020）》[1]指出自 2016 年到 2020 年 1 月，汽车网络安全事件的年安全事故数量提升了 605%，仅在 2019 年就提升了一倍左右。随着车辆对外部连接和信息依赖程度的不断提升，扩大的攻击面不仅影响到本车的安全，还可能蔓延到其他车辆，甚至威胁公共安全和国家安全。

5G 车路协同的防护环节众多，包括车内系统安全、车车/车路/车云通信安全、云控平台安全、感知/定位设备安全、用户/车辆/服务数据安全、机器学习算法安全等，任何一个环节存在安全防护漏洞，都可能导致严重的级联安全问题。由于篇幅限制，本章仅针对 5G 车路协同中的若干关键问题，从信息安全（Information Security）和功能安全（Functional Safety）两个视角，对 5G V2X 网络通信安全、车内网络和车载设备安全、自动驾驶功能安全和 SOTIF（Safety Of The Intended Functionality，预期功能安全）等方面展开讨论。

4.1 车路协同安全概述

基于 5G 的自动驾驶和车路协同技术正在改变着城市交通的面貌，其面临的攻击手段也在变得日益复杂。车路协同安全的目标是利用一切安全手段保障智能交通系统的用户、载具、基础设施、云控平台的安全。由于车路协同的场景多样、技术复杂，存在较多的安全问题与挑战，为了便于分析，可以将车路协同的安全框架概括为"端""管""云"三层，如图 4-1 所示。

1）端：自动驾驶汽车的安全

自动驾驶汽车的安全主要包括信息安全与功能安全两个方面，两者缺一不可。车内系统的信息安全以汽车总线为核心，如控制器局域网络 CAN、内部互联网络 LIN、高速容错网络协议 FlexRay，防护对象包括 OBD（On-Board Diagnostics，车载诊断系统接口）、ECU（Electronic Control Unit，电子控制单元）、传感器（如摄像头、激光雷达、超声波雷达）、卫星定位设备等。CAN 总线是应用最广泛的车内网络协议，但它在设计时缺少必要的安全机制，导致容易遭受来自车内外的攻击。目前，车内系统的潜在攻击模型分为三类，即从 OBD 接口发起的攻击、从 Telemetics ECU 发起的攻击、从传感器发起的攻击。现有研究主要基于加密、IDS（Intrusion Detection Systems，认证和入侵检测系统）保障车内系统安全，这些方案通常可以在小带宽、短帧、计算资源受限、时延敏感的条件下运行。另一方面，功能安全和预期功能安全分别针对系统故障和非系统故障引起的潜在危险，通过标准化的流程发现并减少危害，最大限度提升自动驾驶系统的安全性。其中，机器学习算法的安全性是预期功能安全的重要组成部分，当前的研究主要从实时错误检测和提升算法鲁棒性两个角度着手解决。

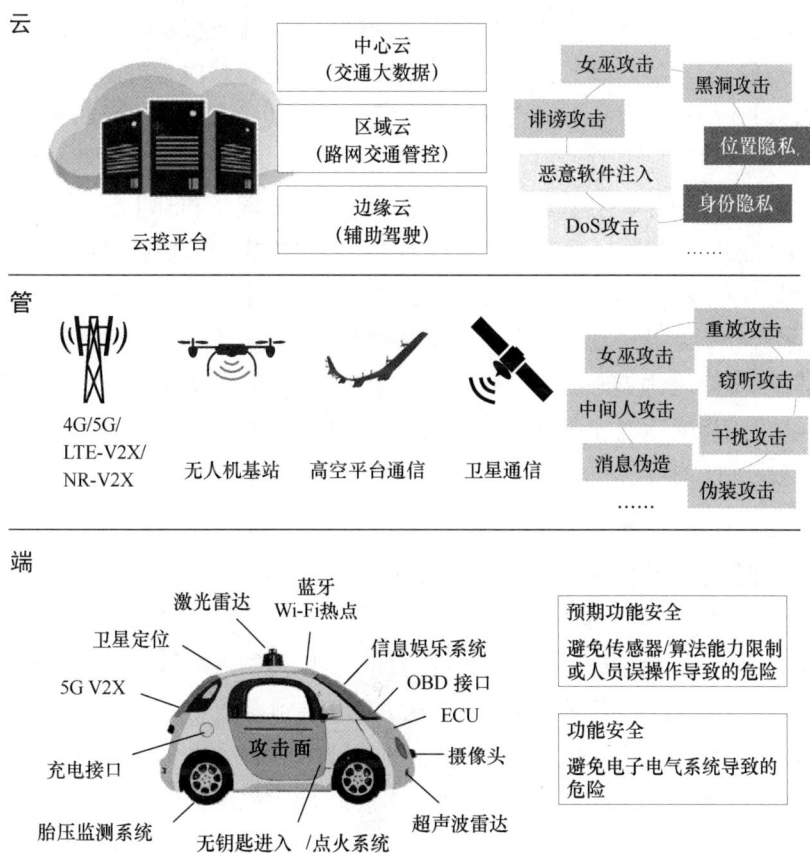

图 4-1　车路协同的安全框架

2）管：车车/车路通信的安全

虽然车车/车路通信可以增强自动驾驶质量，但是也会带来严重的信任、安全与隐私问题。汽车的无线通信接口为黑客远程攻击车辆带来了可能性，并且多交通元素的通信可能会引发级联攻击，威胁道路交通安全。在 5G V2X 架构下，不仅需要应对拒绝服务攻击、中间人攻击、窃听攻击等传统安全问题，还需要应对干扰攻击、身份暴露攻击等

V2X 通信产生的新问题。针对 5G V2X 通信的信任问题，需要将基于基础设施的集中式信任管理与基于自组织社交网络的分布式信任管理相结合，以适应通信和协同模式的多样性。针对 5G V2X 通信的安全问题，需要同时考虑多种通信模式的特点，使通信服务满足机密性、真实性、完整性和可用性等基本安全要求。针对 5G V2X 通信的隐私问题，用户隐私可能会泄露给服务提供商、边缘服务器及道路上的其他车辆，群和假名是在通信过程中保护隐私的主要手段。

3）云控平台的安全

5G V2X 车路协同云控平台具有边缘云、区域云、中心云多级架构，不仅涉及数据中心、平台系统、互联网的传统安全问题，还涉及分布式边缘服务器体系所面临的安全问题。在信任管理方面，边缘服务器可能属于不同的 V2X 服务提供商或移动运营商，并且可信边缘服务器与恶意边缘服务器共存，需要在定义认证策略时考虑地理位置、资源所有权的因素，同时还应该考虑基于区块链的分布式信任管理技术。在安全防护方面，由于大量 V2X 服务都是基于位置的，需要通过部署位置证明机制来防止位置欺骗攻击。在隐私保护方面，内容隐私和位置隐私都面临巨大挑战，基于密码学和基于假名的方案通常被用来防止窃听造成的隐私泄露，而差分隐私技术通常被用来保护车辆和用户的位置隐私。

本章的剩余小节将分别从通信服务安全、车内通信安全、系统功能安全三个视角对车路协同安全展开介绍，其中通信服务安全涵盖"管""云"的信任、安全、隐私问题及相应的解决方案，车内通信安全关注"端"的接口、总线、设备的安全挑战及方案，系统功能安全则关注"端"的功能安全及预期功能安全，并重点介绍自动驾驶汽车中机器学习算法的安全问题及最新的解决方案。

4.2 通信服务安全

5G 正在逐步成为路侧传感器、交通控制器和智能驾驶汽车等海量交通元素的网络连接平台，提供面向机器的网络连接能力及面向人的信息服务能力。一方面，5G V2X 可以为智能驾驶提供高安全、高可靠、广覆盖和低时延的连接能力；但另一方面，由于应用场景多、产业链长、系统交互复杂等因素，5G 车路协同仍显现出许多信任、安全和隐私问题，会威胁用户生命财产安全，阻碍自动驾驶的大规模商用。文献[2]对 5G V2X 的信任、安全、隐私进行了概述，本节将进行简单介绍。

● 4.2.1　5G V2X 安全体系

4.2.1.1　安全架构

根据 3GPP TS 23.501、3GPP TR 23.886 和 3GPP TS 23.287 等规范，5G V2X 的安全相关架构由四部分组成，即 5G 接入网、网络边缘、5G 核心网和数据网，如图 4-2 所示。

5G 接入网由下一代无线接入网（NG-RAN）、连接到 5G 核心网的非 3GPP 接入网、UE（User Equipment，用户设备）组成。5G V2X 通信有 PC5 和 LTE-Uu 两种操作模式。针对 PC5 接口的直连通信，Mode 3 和 Mode 4 模式使用户面存在虚假信息、假冒终端、信息篡改/重放、隐私泄露等安全风险，在 Mode 3 模式还存在伪基站、信令窃听、信令篡改/重放等安全风险；针对 LTE-Uu 接口的蜂窝通信，主要存在假冒终端、伪基站、信令/数据窃听、信令/数据篡改/重放等安全风险。

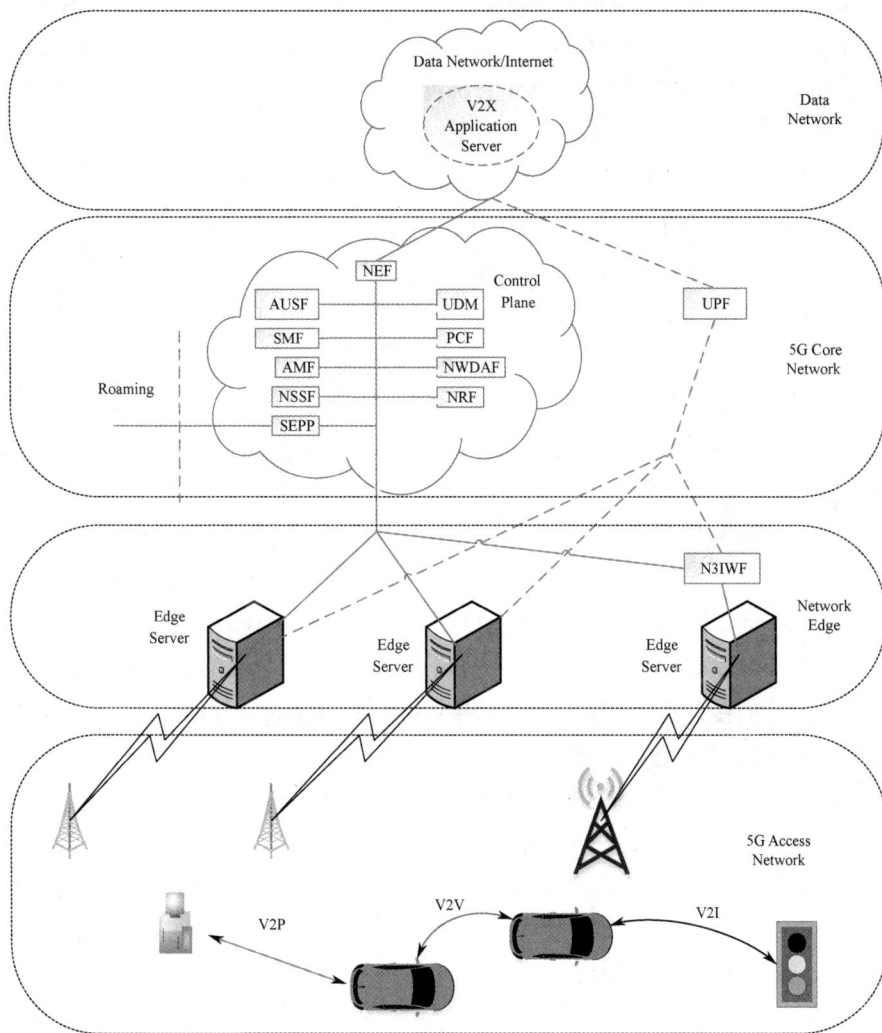

图 4-2　5G V2X 的安全相关架构

边缘服务器位于 NG-RAN 和非 3GPP 接入网顶端。非 3GPP 接入网应通过 N3IWF（Non-3GPP Interworking Function，非 3GPP 互通功能）接入 5G 核心网。为了确保 N3IWF 和 UE 之间的通信安全，需要在不可信的非 3GPP 网络上构建 IPSec 隧道。

5G 核心网通过将 UPF（User Plane Function，用户面功能）与 CPF（Control Plane

Function，控制面功能）分离，而变得独立、灵活、可扩展。UPF 包括流量使用报告、数据转发和传输级分组标记，而 CPF 通过在会话中提供一组规则（即路由规则、分组检测规则、策略控制和计费规则）来管理 UPF 中的分组处理。控制面功能被虚拟化为几个单独的功能，包括 AUSF（Authentication Server Function，认证服务器功能）、AMF（Access and Mobility Management Function，接入和移动性管理功能）、SMF（Session Management Function，会话管理功能）、NSSF（Network Slice Selection Function，网络切片选择功能）、UDM（Unified Data Management，统一数据管理）、NWDAF（Network Data Analytics Function，网络数据分析功能）和 SEPP（Security Edge Protection Proxy，安全边缘保护代理），其中大多数功能负责对 UE 的网络接入进行授权和认证。具体来说，AMF 管理 UE 注册、接入认证和授权；SMF 包括会话管理、IP 地址管理、用户面的选择和控制；UDM 生成主认证凭证并管理用户标识和订阅；AUSF 支持用于 3GPP 接入和不可信的非 3GPP 接入的认证；SEPP 是非透明代理，支持 PLMN（Public Land Mobile Network，公共陆地移动网）间的消息过滤和管制，并为漫游 UE 提供密钥管理、相互认证和密码套件协商。NWDAF 为服务提供商提供分片特定的网络数据分析；NSSF 选择服务于用户的网络切片实例集合，确定对应于这些网络切片实例的 NSSAI（Network Slice Selection Assistance Information，网络切片选择辅助信息），并确定用于服务 UE 的 AMF 集合。5G V2X 提供了几种安全解决方案来保证认证、发现、授权、完整性和隐私。基于 EAP-AKA 协议的主认证和密钥协商实现了 UE 和服务网络之间的相互认证，并在后续的安全过程中提供了密钥材料。根据密钥层次生成框架，派生 11 个密钥并分发给 UE，每个密钥用于保护一个网络功能，包括服务网络中的 AMF、归属网络的 AUSF 和用户面流量。此外，IKE（Internet Key Exchange，互联网密钥交换协议）用于保护非 3GPP 接入 5G 核心网。采用 IPSec 进行 ESP（Encapsulating Security Payload，封装安全载荷）和基于 IKE 证书的认证来保护非基于服务的接口，并建议使用 TLS（Transport Layer Security，安全传输层协议）来通过基于服务的接口保证安全通信。

最后，V2X 应用服务器与 3GPP 网络之间的安全通过 MB2 接口上的安全规范来定义，包括 MB2-C 接口信令消息的安全和 MB2-U 接口用户面消息的安全。MB2-C 接口一般应使用 Diameter 协议的认证、授权和计费框架，并强制使用 TLS。如果传输层支持流控制传输协议 SCTP，则应支持数据报传输层安全 DTLS。此外，MB2-C 可选支持 IKE/IPSec 协议。当分配 MB2-U 上用于用户数据传输的端口后，入侵者便可以使用这些端口来泛洪系统。因此需要使用完整性保护来减少这种拒绝服务攻击（Denial of Service，DoS）。具体地，必须使用 DTLS 协议，可能使用 IKE/IPsec/ESP 协议。如果 MB2-U 接口使用 NAT（Network Address Translation，网络地址转换协议），则可以使用封装 IKE/IPSec/ESP 的 UDP 进行 NAT 穿越。

4.2.1.2　安全用例

由于车辆与车辆之间，车辆与行人、基础设施、远程服务器之间丰富的信息交换，

5G V2X 可以极大地提高道路安全和交通效率，提供信息娱乐服务。文献[3]从安全视角列举了几种 C-V2X 用例。

（1）自动驾驶汽车安全：自动驾驶汽车可以通过 C-V2X 从其他车辆或路侧基础设施获取各类传感器的实时数据，可以通过 C-V2X 访问用于实时交通流诱导的地图。C-V2X 的安全特性有助于防止伪装攻击和重放攻击，以避免车辆被误导而造成的中断和事故。此外，使用密钥机制可以对交通流诱导数据的传输提供强加密。

（2）驾驶员认证：在辅助驾驶汽车中，C-V2X 的安全操作可以通过第三方认证来验证驾驶员。通过传感器可以验证驾驶员的身体状况，利用一些轻量级认证方法可以量化对合法驾驶员的接入控制。

（3）车辆健康监测：车辆的健康状况可以通过 C-V2X 进行监控，当存在健康问题时向汽车软件维护人员实时发送指令。一旦出现错误配置，入侵者极有可能获得对车辆部件的访问权限，进而利用该权限获得对整个网络的访问权限，这种情况会在构建 C-V2X 安全通信信道时发生。

（4）车际和车内安全：信任和隐私是车际和车内通信的主要关注点。车辆通过 C-V2X 通信时会面临严重的安全问题，可以使用假名或代理来防止窃听；车内通信需要保证用户的私人信息和车辆系统不被黑客攻击。车际和车内的攻击都会对网络的可信性造成极大影响。

📀 4.2.2　5G V2X 安全问题

1）信任问题

车载网络连接的泛在性为黑客入侵 5G V2X 设备创造了可能性，扩大了攻击面，设计流程、参数配置和代码实现方面的错误都可能会导致系统故障，并且也很难保证 5G V2X 中的所有实体都诚实行事并遵守规定。5G V2X 系统的信任管理至关重要，通常用于衡量整个系统的安全级别以及安全策略的有效性，最终用于开发安全的 V2X 服务。为确保信任管理，5G V2X 架构中的所有系统实体应通过 TA（Trust Authority，信任机构）注册其真实身份，其中证书（如认证的公钥）由 TA 管理（即颁发、存储和撤销）。然而，证书只能验证公钥是否为注册实体所有，而该实体的可信性很难得到保证。因此，除基于证书的信任策略之外，还应该考虑基于推荐、信誉等方式的信任策略。此外，V2X 服务的多样性导致系统中实体的角色会经常发生变化（如车辆在接受 V2N 服务的同时可以作为服务器向其他车辆和行人提供 V2V 和 V2P 服务），这意味着 V2X 信任管理应该识别实体角色和相应职责。

5G V2X 系统存在诽谤攻击（Bad Mouth Attack）、冲突行为攻击（Conflicting Behavior Attack）、黑洞攻击（Blackhole Attack）、女巫攻击（Sybil Attack）等类型的攻击。诽谤攻击会损害正常的系统实体，通过虚假推荐来陷害正常实体或抬高恶意实体的信任度。例如，恶意车辆可能会诋毁周围的合法车辆，导致合法车辆被驱逐出系统。在冲突行为攻击中，恶意实体可能具有冲突的行为，在造成损害的同时掩盖其身份。具体地，攻击者可能具有时域不一致的行为，例如，攻击者可能利用 V2X 信道变化的事实来故意掩盖其不良行为，也称为间歇性攻击（On-Off Attack）。此外，攻击者可能在两组实体间存在冲突行为，导致两个群组对攻击者持有不同的看法，从而降低这两个群组之间相互的可信度。总的来说，冲突攻击通过适应 V2X 系统中信任的动态特性来摧毁信任管理。在黑洞攻击中，恶意实体丢弃应该被转发的分组，也称为分组丢弃攻击，是 DoS 攻击的一种类型。在基于多跳路由的 V2X 服务中，恶意实体会不经路由表检查就公布其新路由的可用性，还会在合法实体响应之前立即回复所有请求。在女巫攻击中，恶意实体可以伪造几个假身份来为不良行为担责，从而其真实身份得到自动保护。

2）安全问题

3GPP TS 33.501 中定义了 AS（Access Stratum，接入层）和 NAS（Non-Access Stratum，非接入层）模式下的 5G V2X 安全性，主要利用 5G-AKA 或 EAP-AKA'实现层次化的密钥派生，通过安全密钥交换及对各实体采取不同策略来管理安全性。但由于车辆的动态性和操作模式与常规用户终端不同，3GPP TS 33.501 并没有考虑 V2X 的安全布局。5G V2X 服务无缝连接 V2X 和 5G 通信，从而扩大了攻击面。5G V2X 服务通常应满足机密性（Confidentiality）、确实性（Authenticity）、完整性（Integrity）和可用性（Availability）等基本安全要求：机密性是为了防止信息泄露给未经授权的实体，以实现只有期望的授权用户才能访问数据；确实性是为了确认实体的真实身份，以区分 5G V2X 服务中的授权用户和非授权用户；完整性是指保证传输的信息准确可靠，不被未经授权的实体篡改；可用性是为了保证授权用户在请求时始终可以访问 V2X 服务，违反可用性的行为称为 DoS，导致用户无法访问 V2X 服务。

V2X 通信过程中主要存在窃听攻击（Eavesdropping Attack）、消息伪造攻击（Message Forgery Attack）、干扰攻击（Jamming Attack）、伪装攻击（Impersonation Attack）、重放攻击（Replay Attack）、中间人攻击（Man-in-the-Middle Attack，MITM Attack）、女巫攻击等。窃听攻击是由无线通信的广播特性引起的，攻击者可以很容易地在道路上安装接收器来窃听车辆、行人和基础设施传输的信息，即使所有消息都是加密的，攻击者仍有可能推断出消息的源和目的。在消息伪造攻击中，攻击者伪造虚假的 V2X 消息来误导周围车辆、行人和基础设施采取错误动作，从而导致交通事故。为了应对消息伪造攻击，V2X 实体需要在接收消息之前检查消息的完整性或有效性。在干扰攻击中，内部或外部攻击者试图恶意和持续地消耗频谱资源，如通过发送虚假的 V2X 消息来耗尽可用的频谱资源，从而中断正常的 V2X 通信。这种情况下，合法车辆无法获得传输数据的可用资源，从而导致 V2X 服务不可用。在伪装攻击中，攻击者通过获得或伪造其他合法车辆的证书来用虚假车辆身份冒充另一辆合法车辆，通常伪装攻击是其他复杂攻击的第一步。在重放攻击中，攻击者可能会重新发送以前由其他车辆、行人和基础设施广播的 V2X 消息来扰乱交通流，这可能会导致接收车辆对不存在的路况做出不正确的反应。中间人攻击时，攻击者位于两个 V2X 通信实体之间，试图冒充其中一个实体，窃取它们之间交换的所有信息。中间人攻击不仅会导致敏感信息泄露，甚至会导致道路上的财产和生命损失。在女巫攻击中，攻击者生成多个身份，并使用每个身份向其他车辆、行人和基础设施发送不同的消息，其目的是让其他车辆、行人和基础设施相信信息确实来自不同的车辆，从而误导他们采取错误的动作。

5G 网络边缘可能存在位置欺骗攻击（Location Spoofing Attack）、拒绝服务攻击、假冒攻击（Fake Attack）等。边缘服务器通常提供基于位置的服务，在位置欺骗攻击中，攻击者可以通过伪造当前位置来访问其他区域的服务。边缘服务器由于资源受限，容易受到拒绝服务攻击，从而影响服务的可用性，并可能导致交通事故。在假冒攻击中，对手可能伪造边缘服务器（如基站、路边基础设施或本地服务器）以吸引受害者连接到该服务器，导致受害者暴露敏感信息（如接入凭证和密码）。

5G 核心网可能存在劫持攻击（Hijacking Attack）、饱和攻击（Saturation Attack）、链路构建攻击（Link Fabrication Attacks）、未经授权的切片访问（Unauthorized Slice Access）等攻击。对 5G 核心网的劫持攻击主要是利用了软件定义网络的漏洞，攻击者可以劫持各主机的位置，使 SDN 控制器因处理大量虚假数据包而过载，最终导致 V2X 服务瘫痪。在 5G 核心网络中，饱和攻击是指攻击者在观察到 OpenFlow 网络在数据平面和控制平面之间缺乏可扩展性后，手工创建流请求来淹没 SDN 控制器和交换机之间的通信，从而导致 5G V2X 服务不可用。OpenFlow 控制器使用链路层发现协议（Link Layer Discovery Protocol，LLDP）数据包来发现 OpenFlow 交换机之间的链路，链路构建攻击是指攻击者在两台 OpenFlow 交换机之间插入假的 LLDP 数据包以构建不存在的内部链路，导致 DoS 攻击，危害 5G V2X 服务。在 5G 核心网中，网络切片可能容易受到未经授权的切片访问攻击，若不执行特定于切片的认证，未经授权的攻击者可能会消耗网络切片的资源并导致合法 V2X 服务的拒绝服务攻击。隔离对于实现授权的网络切片访问至关重要，否则有权访问一个切片的攻击者可能会对其他切片发起攻击。

对数据网络或互联网，可能存在拒绝服务攻击和恶意软件注入（Malware Injection）。V2X 通信将大量节点接入数据网络，但这些用户设备可能会被用于发起拒绝服务攻击，极大降低目标 5G V2X 服务的性能。虽然数据网络中的云计算模式有助于高效部署 5G V2X 服务，但不当的操作（如使用过时的工具来维护和管理这些服务）可能会在其应用程序中引入漏洞，从而被攻击者利用注入一些恶意软件来控制云服务器，影响 V2X 用户。

3）隐私问题

5G V2X 服务在道路上无处不在，隐私可能会泄露给服务提供商、5G 核心、边缘服务器和道路上其他实体，用户必须能够控制自己的隐私。5G V2X 架构中的隐私问题包括身份隐私、内容隐私、上下文隐私和位置隐私。身份隐私泄露是指身份信息的泄露，如姓名、地址、职业、电话号码、驾驶证号、公钥证书等，这些信息可以直接定向到具体用户。在 5G V2X 中，用户的身份可能会在架构的不同层被暴露，例如，在 5G 核心网中窃听者可以出于跟踪目的识别用户的 IMSI（International Mobile Subscriber Identity，国际移动用户身份识别码）。内容隐私涉及不同类型的敏感信息（如文档、视频和图片），这些信息的暴露可能会导致用户隐私的泄露，所以 5G V2X 中的用户数据需要进行内容隐私保护。上下文隐私泄露指的是攻击者能够链接数据包的源和目的端，全局窃听者在 V2X 通信中可以从源到目的端追踪消息，以获取特定用户正在访问的服务。位置隐私泄露指的是对手有能力控制和访问特定用户的当前和过去位置。基于位置的服务（如在线地图和餐厅推荐服务）需要获得其用户的位置数据，这为位置隐私泄露埋下隐患。

多种攻击方法和恶意软件都可以对用户消息和活动进行窃听、监视和嗅探，从而完成隐私攻击。内容隐私方面的传统攻击包括此前提到的窃听攻击、中间人攻击和伪装攻击，此外也出现了一些高级攻击，如分组分析攻击（Packet Analysis Attack）、分组追踪攻击（Packet Tracing Attack）、链接攻击（Linkage Attack）、运动追踪攻击（Movement Tracking Attack）、身份泄露攻击（Identity Revealing Attack）、合谋攻击（Collusion Attack）、推理攻击（Inference Attack）、去匿名化/重识别攻击（Deanonymization/Reidentification Attack）等。分组分析攻击在捕获分组之后，对手通过分析分组（如分组内容恢复和来源推断）来识别发送者的身份。分组追踪攻击时，敌方在车辆周围徘徊和窃听以直接跟踪分组的源和目的，他们不需要恢复内容就可以推断源和目的端。在链接攻击中，对手基于用户暴露给公众的信息（如信誉和位置）来链接用户的假名，可以对属于同一用户的假名进行分组，从而获得该用户的更多信息（如轨迹）。在运动追踪攻击中，对手可以在某个区域捕获大量消息，通过分析捕获的消息来根据车辆的物理位置和移动模式跟踪车辆。在身份泄露攻击中，对手通过收集车辆的敏感信息或日常交通信息来预测特定车辆的身份、移动路径和物理位置。在合谋攻击中，对手能够与其他对手合作以获得更多关于目标用户的信息（如识别目标用户）。在推理攻击中，对手利用从许多个体收集的大量数据识别多个主题之间的差异、获得关于主题的知识，其目标是在识别、恢复主题后从中获利。在去匿名化/重识别攻击中，对手试图通过分析数据的相关性和差异性，在获取的已隐去所有者身份信息的大量数据中重识别其所有者。

● 4.2.3　5G V2X 安全策略

4.2.3.1　信任管理策略

为了实现安全的 V2X 服务，5G V2X 系统的各层都需要相应的信任管理策略。

1）数据网络/互联网中的信任管理策略

在数据网络/互联网中，各种 5G V2X 业务由不同的服务提供商管理。服务提供商与其用户（如车辆和行人）之间的信任关系是开发 V2X 服务的前提。通常情况下，V2X 服务是由用户端请求发起的，需要对服务提供商的合法性进行验证。服务提供商通常被认为是诚实但好奇（即非完全信任）的，用户应该防止在身份认证过程中将私有信息泄露给服务提供商。基于 X.509 标准的证书是一种经典的身份认证策略，因为 X.509 证书绑定了公钥的所有权和证书的命名主题。受信任证书由 CA（Certificate Authority，证书颁发机构）颁发，这允许系统实体（即服务提供商和用户）通过使用基于私钥（该私钥对应于离线信任验证的公钥）做出的签名或断言来相互认证。为了有效地管理所分配的证书，需要使用证书撤销机制，将暴露或过期实体的现有证书放入 CRL（Certificate Revocation List，证书撤销列表）。在驱逐被撤销的系统实体时 CRL 查找非常耗时，特别是当系统实体规模庞大时，可以通过建立分布式 CRL 来加快证书撤销过程。

尽管上述基于证书的信任策略可以视为第一道防线，但由于传感器缺陷、计算机病毒、自私或恶意等原因，注册系统实体仍可能发送不可信信息。例如，在停车导航服务中，合法车辆可能会发送伪造的停车信息，以保证自己的停车位。因此，类似于移动社交通信中的用户，V2X 服务中用户的信任关系可以通过自组织社交网络策略来管理。移动社交通信中的信任关系能够以集中式或分布式方式建立。在集中式方案中，两个系统实体之间的社交连接是通过现有的蜂窝技术建立和维护的，车辆之间已建立的信任关系将从中央控制器通知到整个系统。在分布式方案中，可以通过分布式连接（如 PC5 接口上的直连通信）在相邻的系统实体之间局部建立社交关系。通过对比可以发现，集中式方案具有及时性和可靠性，而分布式方案经济有效且无须基础设施。此外，系统实体获得的直接信任将被传播到其邻居实体，其中基于拓扑和证据的信任传播方法得到了充分探索。文献[4]提出联合评估系统实体的行为信任分数和推荐信任分数来管理信任传播，通过单独维护这两个分数可以防御信任攻击，如诽谤攻击和新成员攻击（Newcomer Attacks）。考虑到信任和信誉的动态性，文献[5]引入了重评估、信誉衰减和赎回机制，可以防御黑洞攻击、冲突行为攻击等信任攻击。进一步，文献[6]基于熵理论评估了信任的不确定性，其中的连续信任值无须满足可传递性，这与 V2X 系统中的信任特征相适应，因此可以有效解决女巫攻击等信任攻击问题。

2）5G 核心网中的信任管理策略

由于 5G 蜂窝系统是由前几代系统发展而来的，5G 核心网信任管理对 5G V2X 服务用户（如车辆和行人）的识别和认证方法十分复杂。从 4G 蜂窝系统发展而来，5G 核心网采用了认证协议和密钥生成函数等强密码学原语（Cryptographic Primitives）来增强通信实体之间的信任。5G AKA 协议和 EAP 框架中允许使用证书、预共享密钥和令牌卡，解除了对物理 USIM（Universal Subscriber Identity Module）卡的依赖。上述认证方式可以为 V2X 服务提供不同的安全级别。

5G 系统中不断演进的新技术（如 SDN 和 NFV），也通过增强系统弹性的方式来提高

5G 核心网的可信性。例如，通过 SDN 和 NFV 技术使能的网络切片可以隔离具有不同网络功能的组，其中不同的网络切片可以匹配各种 5G V2X 服务的不同信任需求。因此，具有不同信任需求的安全和娱乐相关 V2X 服务可以分别在不同的网络切片中运行，其中对娱乐相关 V2X 服务的信任攻击不会影响安全相关 V2X 服务的可信性。

3）网络边缘的信任管理策略

与需要单边信任的传统云服务器不同，边缘服务器可能属于不同的 V2X 服务提供商或移动运营商，这使得用户对服务器的信任更加精细。应该使用已有的认证策略（如可信证书）来对每个信任域中的边缘服务器和用户进行认证。同时，在定义认证策略时可能需要考虑地理位置、资源所有权等因素，如在迁移虚拟机时可以允许优先级较高的 V2X 服务占用额外资源。由于到 CA 的连接有限，基于基础设施的信任策略可能对某些基础设施不可用，这时边缘服务器应该能够交换兼容的信任信息。

在分布式的边缘服务器体系中，可信边缘服务器可能与恶意边缘服务器共存。区块链（Blockchain）是一种开放、分布式、透明的公共分类账，用于维护不断增长的加密货币（如比特币、以太坊等）交易列表。例如，比特币区块链是一条区块构成的链，由点对点网络中的一组节点管理。因此，可以基于区块链进行分布式信任评估和管理，文献[7]使用 MEC 构造区块链来增强边缘节点的信任、支持边缘节点之间的安全切换。区块链移除了集中式的信任依赖，避免了单点失败的风险。此外，通过区块链技术可以定量表示每辆车的信任，从而可以实现可靠的数据管理。

4）V2X 通信中的信任管理策略

在 5G V2X 通信中，不同类型的通信共存，包括 V2V、V2I、V2P 和 V2N。除集中式信任管理（如 V2I/V2N）之外，还有依赖局部信息共享和局部决策的 V2X 服务（如 V2V 和 V2P），其可信性应以分布式方式管理。因此，基于基础设施的集中式策略（即基于证书的信任策略）和基于自组织社交网络策略都应该适用于相应的 V2X 通信，这些内容已经在数据网络的信任中讨论。然而，与数据网络中实体的明确角色（即服务提供商或用户）不同，V2X 通信中的系统实体可以具有不同的角色。例如，V2V 通信中的接收者可以同时是 V2P 通信的发送者。因此，信任管理应该根据 V2X 通信中的不同角色对每个系统实体的可信性进行全面评估。

为了应对不同的 V2X 通信场景，5G V2X 通信可能与基于 DSRC 的 V2X 通信共存。当从 5G V2X 连接转移到基于 DSRC 的 V2X 连接时，已有的公钥和证书基础设施可以在网络接入认证时复用。此外，考虑到 V2X 通信的高移动性，在前几代 3GPP 移动性支持的基础上，5G V2X 系统采用了连续信任管理。例如，在 4G 蜂窝系统中，每次切换操作都会导致安全重配置，不仅实现复杂且会导致传输中断。相反，5G 蜂窝系统在切换中复用相同的配置，其中安全敏感功能在基站的中央单元处理。

4.2.3.2　安全控制策略

下面主要针对 5G V2X 不同层级结构上的不同攻击介绍相应的安全策略。

1）数据网络/互联网安全策略

DoS 攻击——DoS 攻击旨在阻止合法的 V2X 实体访问数据网络服务，可能会对网络性能造成灾难性影响。在 5G V2X 数据网络中，DoS 攻击可以由外部攻击者发起，也可以由大量连接到数据网络的 V2X 内部实体（如车辆）发起，这些实体可能被攻破并被用来发起 DoS 攻击。由于引起 DoS 攻击的情况很多，因此没有通用的解决方案来解决这些问题。传统的 DoS 攻击防御机制对网络中的数据进行分析，从而拒绝恶意消息、接收非恶意消息。根据应用防御机制的时间，应对 DoS 攻击的解决方案可以分为三类。第一，一些技术在 DoS 攻击之前防止恶意流量，包括基于异常和签名的检测方法、利用互联网服务提供商保护数据网络的方法、在流量到达网络内部之前在网络边界通过过滤设备来处理流量的方法、利用更多的网络资源来吸收 DoS 攻击的方法等。第二，在攻击期间可以使用许多技术检测 DoS 攻击，包括检查数据包的流速是否达到给定阈值的方法、通过对比数据包正常行为来发现数据包内部异常的方法，以及其他基于机器学习的检测技术。第三，在攻击发生后，使用某种技术确保攻击不会再次发生。具体地，其中一种解决方案是使用回溯策略来识别攻击源；另一种解决方案是在未来的在线检测中增加适当的响应，例如将数据包的行为与正常行为进行比较，并丢弃与正常行为不匹配的数据包。

恶意软件注入——在 5G V2X 数据网络中，云计算上的不当操作可能会在其应用程序中引入漏洞，攻击者可以利用该漏洞注入一些恶意软件来控制云服务器，甚至影响 V2X 应用的用户。已有许多技术用来检测云环境中的恶意软件[8]，机器学习算法[9, 10]和在线取证技术[11]也在恶意软件检测中得到广泛应用。

2）5G 核心网的安全策略

SDN 和 NFV 是 5G 核心的重要技术，因此 SDN 和 NFV 的安全研究对 5G 核心网也有重要意义。文献[12]根据现有 OpenFlow 控制器拓扑管理服务存在的漏洞，将主机位置劫持攻击和链路构建攻击归类为拓扑中毒攻击，这种攻击通常是由于缺少对用于拓扑管理的数据包和 API 验证而引起的。因此，该文献建议对 OpenFlow 控制器进行安全扩展（称为TopoGuard），使用端口管理器来维护指示交换机端口状态的一组属性，在发生当前状态下的非法操作时发出警报；此外，还使用主机探测器和拓扑更新检查器来动态验证网络拓扑。文献[13]提出了一种称为连接迁移的扩展，以减少数据平面到控制平面的交互量。在这种扩展下，当接收到新的流请求时，数据平面将代理 TCP 握手，只有那些完成握手的流请求才会报告给控制平面。通过采用带有 SYN-Cookie 的无状态 TCP 握手，恶意的 TCP 连接尝试将不会被控制平面处理，因此连接迁移可以解决饱和攻击。此外，该文献还引入了触发器来管理特定条件下的流规则。上述两个扩展组成了 AvantGuard，使 OpenFlow 网络对网络威胁具有更强的可扩展性和响应能力。

3）网络边缘的安全策略

在 V2X 通信中，大量的 V2X 应用都是基于位置的服务。当部署边缘服务器来提供基于位置的服务时，攻击者会试图通过发起位置欺骗攻击来访问在其当前位置无法访问的服务。为了防止位置欺骗攻击，关键是要部署位置证明机制，以便 V2X 实体能够证明它实际上位于特定的位置。文献[14]提出首个密码学的距离边界方案，该方案通过证明两个对象之间距离的上界来提供位置证明，在此基础上一些工作提出了扩展的密码边界方案来抵抗攻击（如距离劫持[15]）。此外，一些工作已经提出了可验证的多边定位方案来证明对象位于某一区域[16]。除对位置证明机制的研究外，已有的一些工作主要集中在对位置欺骗攻击的检测上，如文献[17, 18]可以分析节点是否在发送伪造位置。

4）V2X 通信中的安全策略

V2X 将道路周围的节点连接起来，使车辆变得更智能，但节点的异构性也带来了安全挑战，下面将介绍 V2X 通信中常见攻击的安全策略。

窃听攻击——它是一种被动攻击，不会中断任何网络操作，因而不容易被追踪。加密是对抗这类攻击的常用技术。然而，即使所有消息都是加密的，攻击者仍有可能推断出消息的源和目的端。在这种情况下，可以使用一些匿名通信技术来隐藏消息的源和目的端，如洋葱路由（Onion Routing）技术。在洋葱网络中，消息被封装在若干加密层中，任何网络窃听者都不知道所传输消息的源和目的端。此外，友好干扰（Friendly Jamming）[19]可以在不带来额外计算任务的情况下防止窃听攻击，其主要思想是在网络中引入一些友好的干扰器，产生干扰信号来增加窃听者的噪声水平，从而使窃听者无法成功窃听合法的通信。友好干扰技术性价比高，不需要强大的计算能力，这在 V2X 场景中是必不可少的。

消息伪造攻击——消息伪造攻击对 V2X 消息进行修改，可能会误导 V2X 实体采取错误的行动，从而导致事故。数据完整性验证使 V2X 实体可以检测接收消息的完整性，它可以通过 Reed–Solomon 码、校验和、陷门（Trapdoor）散列函数、消息认证码、数字签名等方式实现。由于完整性检查需要一些验证技术，外部攻击者没有有效的凭证不能直接发起攻击，因此大多数消息伪造攻击都是由内部攻击者发起的。当内部攻击者发起消息伪造攻击时，识别内部攻击者甚至比识别当前的消息伪造攻击更重要，因此可追溯性是确保在发生伪造攻击时能够识别内部对手的重要需求。

干扰攻击——干扰攻击是与信道相关的威胁，它们对网络性能的影响往往是灾难性的，并可能导致某些 V2X 应用在某些区域失效。物理层跳频和直接序列扩频技术可以用来解决干扰攻击，一些研究也探索了特定网络环境下解决干扰攻击的算法，如文献[20]通过计算冲突的可解释度设计了一个 CSMA/CA 网络的干扰攻击检测器。

伪装攻击——在 V2X 通信中，伪装攻击是一个 V2X 实体伪装成另一个 V2X 实体（如车辆）在 V2X 网络中广播消息，这可能会对其他实体和 V2X 控制系统产生影响。为了防止伪装攻击，所有消息都应该经过认证和签名。此外，基于数字签名的用户认证、引入信任机构、使用可变 MAC 和 IP 地址都可以用于解决伪装攻击。

重放攻击——重放攻击是指恶意对手在新连接中再次传输先前生成的帧，这可使消息在接收方溢出，导致 DoS 攻击和会话劫持攻击。有两种策略可以解决该问题，一种是对所有 V2X 实体使用全局同步时间，另一种是使用仅一次有效的随机字符串（Nonce）或时间戳（Timestamp）。当把认证的时间戳附加到 V2X 消息后，一旦 V2X 实体接收到带有过去时间戳的消息，就可以检测到重放攻击。

中间人攻击——在 V2X 通信场景中，中间人攻击是指恶意的 V2X 实体监听多个 V2X 实体间的通信，并在其中注入虚假信息。传统的 Diffie-Hellman（DH）密钥交换协议容易受到中间人攻击，因此一些研究提出改进的 DH 方案来对抗中间人攻击[21]。此外，还可以使用多路"挑战-响应"协议（如 Needham-Schroeder），而 Kerberos[22] 是 Needham-Schroeder 的变体，是许多实际系统使用的认证协议。文献[23]对 Kerberos 进行改进将其应用到物联网，这可以用于增强 V2X 中的认证。

女巫攻击——在女巫攻击中，攻击者生成多个身份来欺骗 V2X 实体采取错误的操作。在 V2X 通信中，已经提出了许多针对女巫攻击的威胁检测协议，例如，对假名滥用的隐私保护检测、会话密钥证书，以及用于检测多重身份恶意节点的被攻击分组检测算法[24]。此外，密码学技术也可用于检测女巫攻击，文献[25]提出了一种检测女巫攻击的加密方法，该方法要求随消息提供车辆的身份标识。

4.2.3.3　隐私防护策略

V2X 服务和应用需要对隐私泄露问题格外关注，目前 5G V2X 各层都已经使用了很多隐私保护策略来防止用户隐私泄露。

1）数据网络/互联网中的隐私策略

在数据网络/互联网中，已经提出了大量隐私保护的 V2X 服务，使用户能够访问这些服务而不必担心隐私被侵犯。作为匿名认证技术的一种，匿名凭证使用户能够在不直接暴露真实身份的情况下访问 V2X 服务。具体地说，在注册过程中 V2X 服务提供商为每个用户分配一个匿名凭证，用户在服务访问过程中证明该凭证的所有权。这样，服务提供商只知道用户有资格访问 V2X 服务，而没有用户的真实身份。匿名凭证可以使用盲签名、群签名或假名来构建。

盲签名是数字签名的一种形式，其中签名者能够在不持有消息的情况下在消息上生成签名。文献[26]基于 BBS+盲签名[27]设计了一种新的电动汽车支付方案，以保护充放电过程中的位置隐私。供应商为电动汽车生成匿名凭证（即 BBS+盲签名），在充放电过程中电动汽车通过使用 Σ 协议证明盲签名的有效性来实现充放电的合法性。盲签名还可以在其他 V2X 应用中实现身份或位置隐私，包括自动代客泊车、电子收费等。基于盲签名的匿名凭证具有两个特点：一是用户收到授权后即可多次使用该凭证进行服务访问；二是完善的隐私保护。然而，一旦用户身份受到完善的保护，即使检测到不当行为也无法追踪到该用户。因此，文献[28]的隐私保护方案将盲签名和秘密共享方案相结合，在保护车辆隐私的同时，仍然可以提供发现交通违法者的有效途径。

群签名允许群的成员匿名地代表群生成消息的签名。具体地说，实体代表群使用其私钥生成签名，其他实体可以使用群的公钥来验证签名。签名者在群中是匿名的，所以群签名可以保证隐私。与盲签名不同的是，群签名中有一个群管理员来管理群成员的加入和撤销，并且在出现争议时能够揭示原始签名者。目前，许多短群签名[29, 30]已被用于设计保护隐私的 V2X 服务，包括安全的交通系统[31]、协同驾驶[32]和智能停车导航[33]。

为了保护 V2X 服务中的隐私，IEEE 1609.2-2013 和 3GPP TS 33.501 都建议使用假名，即车辆具有用于服务访问的基本身份，该身份可以由车辆本身、V2X 服务提供商或信任机构选择。一般而言，假名的验证由在该假名上使用密钥生成签名的认证机构来实施，只有具有有效签名的车辆才被认为是可信的。

除匿名凭证之外，还可以利用诸如密码学累加器[34]、空时掩蔽[35]、混合网络[36]等复杂技术来构建隐私保护的 V2X 服务。

2）5G 核心网中的隐私策略

用户隐私被认为是移动网络中最重要的安全需求，3GPP 标准中定义了假名来保护用户隐私。文献[37]在车载网络中提出了一种隐私保护的 LTE 通信方案，网络运营商通过车辆制造商以隐蔽的方式将假名分配给车辆作为永久标识，然后使用假名来协商网络接入的临时标识。文献[38]设计了一种基于 LTE 的隐私保护的 V2X 服务，为了实现标识隐私，网络运营商代表长期密钥向车辆分发假名，车辆在 V2X 服务注册期间生成用于 V2X 消息安全交换的短期密钥。在这两种方案中，假名都是由网络运营商生成的，使运营商有能力支持行为不端车辆的可追踪性、不可否认性和非成帧能力（Non Frame-Ability）。

SDN 和 NFV 具有全网可见性，中间人攻击、分布式 DoS 攻击和嗅探攻击等可以入侵网络可见性，导致严重的隐私问题。在 OpenFlow 规范中，没有强制执行 TLS 协议来保护 SDN 中的通信，从而可以获知 SDN 控制器和 OpenFlow 交换机的明文流量，并且中间人攻击在流量加密时仍然可行。匿名在 SDN 网络中被广泛使用，以防止隐私泄露。文献[39]提出了一种基于 SDN 的高效匿名服务 AnonyFlow，互联网用户将信任转移给基础服务提供商，这些服务提供商为用户分配临时 IP 地址和基于流的一次性标识符。该匿名化特征是服务提供商的附加服务，SDN 控制器可以根据用户需求协调跨交换机的定制路由策略。文献[40]提出了另一种防止 SDN 网络隐私泄露的方法，以保护网络主机不受在线攻击者的攻击。攻击者能够远程随机探测网络中的 IP 地址以识别攻击对象，并在主机响应时进一步检测漏洞。为了保护网络主机，控制器为每个主机分配一个与主机的真实 IP 地址相关的随机临时虚拟 IP 地址，用户只能基于虚拟 IP 地址访问主机。真实 IP 地址和虚拟 IP 地址之间的转换由 OpenFlow 交换机执行，OpenFlow 交换机还负责为网络主机从网络中未使用的地址中选择虚拟 IP 地址。

3）网络边缘的隐私策略

由于物理位置接近，攻击者有可能窃听边缘层中受害者的消息。为了防止隐私泄露，基于密码学的方案和基于假名的方案都被用于移动边缘计算。为了防止在网络切片选择中将用户感兴趣的服务类型泄露给好奇的边缘服务器，文献[41]提出了一种高效、安全的面向服务的 5G 物联网服务认证框架，基于匿名凭证对用户身份进行保护，并提出了一种安全的画像匹配机制来保护用户的配置切片类型和访问服务类型。然而，内容隐私保护的密码学操作十分复杂，其轻量级方法是基于假名的。文献[42]提出了一种保护隐私的假名方案，用于车联网边缘计算中的假名管理，其中假名由网络边缘的专用雾（如路边基础设施）进行管理和更新。

在基于位置的服务中，差分隐私（Differential Privacy）是实现位置隐私的一种有效方法。在差分隐私中，会将数学噪声添加到个人记录的一小部分样本中，以限制数据发布过程中对个人隐私的影响。苹果和谷歌已经通过这项技术在不损害个人隐私的情况下发现大量用户的使用模式。差分隐私的主要问题是在个体位置产生巨大噪声后，统计位置信息变得不准确。因此，可以使用拉普拉斯摄动和指数摄动来产生加性噪声并确保统计结果与实际结果之间的差距可以忽略。文献[43]提出了一种基于差分隐私的基于位置的服务框架，虽然本地边缘服务器没有获取用户的真实位置，但它仍然可以基于扰动的位置为用户提供高精度的本地服务。此外，5G 网络在基于位置的服务和移动群智感知中扮演着重要的角色，可以使用差分隐私保护用户的位置。有关差分位置隐私领域的更多细节可以参考综述[44]。

4）V2X 通信中的隐私策略

为了保护车辆隐私，一些研究提出了隐私保护的 V2X 通信方法，主要包括混合区（Mix-Zone）方法、面向群的技术和基于假名的方法。

混合区方法——混合网络（Mix Network）指的是那些利用代理服务器链来混洗来自多发送者的消息并随机返回以防止恶意追踪的网络。文献[45]在适当的地方创建混合区，并将设计的混合区组成混合网络，以防止车辆被追踪。

面向群的技术——作为一种典型的隐私保护方法，面向群的技术在 V2X 通信中得到了广泛的研究和应用，可以将特定的用户隐藏在群中。文献[46]提出了一种基于群签名和基于身份签名的 V2V 通信隐私保护认证方案，可以实现有条件的隐私保护。这意味着在没有检测到车辆有任何不当行为的情况下，保护车辆的隐私；如果发生任何纠纷事件，则在机构的帮助下揭示行为不端车辆的真实身份。但是有条件的隐私保护存在身份撤销管理问题，这给群管理员带来了巨大的开销，特别是在分布式环境中。环签名（Ring Signature）也是一种匿名身份认证技术，车辆可以使用其私钥和其他车辆的公钥创建环签名，从而使自己与这些车辆之间不可区分。文献[47]利用环签名设计了一种匿名消息认证方案，可以使发送消息的车辆隐藏在一群相邻车辆中。文献[48, 49]设计了基于环签名的隐私保护认证方案，该方案具有车辆身份可撤销和密钥管理简单的特点。

基于假名的方法——可以通过公钥密码学或对称密码学实现匿名通信，其中公钥密码学是通过随机化公钥证书来生成密钥对，而对称密码学是为高效认证随机选择伪身份。SCMS（Security Credential Management System，安全凭证管理系统）是一种基于假名的安全策略，它是美国对于安全车辆通信的主要候选方案。在 SCMS 中，RA（Registration Authority，注册机构）接收到来自车辆的请求后就会创建一批公钥，对公钥洗牌后再发送到 PCA（Pseudonym Certificate Authority，假名认证机构）。PCA 为所有这些密钥创建有效证书，并将加密证书传递给车辆。除非 RA 和 PCA 串通，否则它们都无法将假名证书链接到特定车辆。

4.3 车内信息安全

自动驾驶技术的发展将有利于实现安全、高效、自主的交通系统。然而，自动驾驶汽车的诸多组件都容易遭受攻击，面临重大的安全挑战。由于车辆并非单独运行的个体，车车/车路通信可能使得被攻击车辆进一步影响到其他车辆和基础设施。汽车总线是连接车内设备的专用内部通信网络，图 4-3 中显示了车辆内部使用的串行总线协议，其中 CAN 总线应用最为广泛，支持诸如动力总成、发动机管理、防抱死系统、变速箱等关键功能。根据功能及数据实时性需求，可以把车载系统分为四个域，即动力总成域、底盘域、车身控制域和信息娱乐系统域，其中动力总成域包括发动机、变速箱等功能，底盘域包括制动系统、悬挂系统、转向系统等功能，车身控制域包括仪表板、雨刮器、车灯、车窗和座椅等功能，信息娱乐系统域包括车内导航、播放器、后座娱乐系统、驾驶辅助和无线接口等功能。

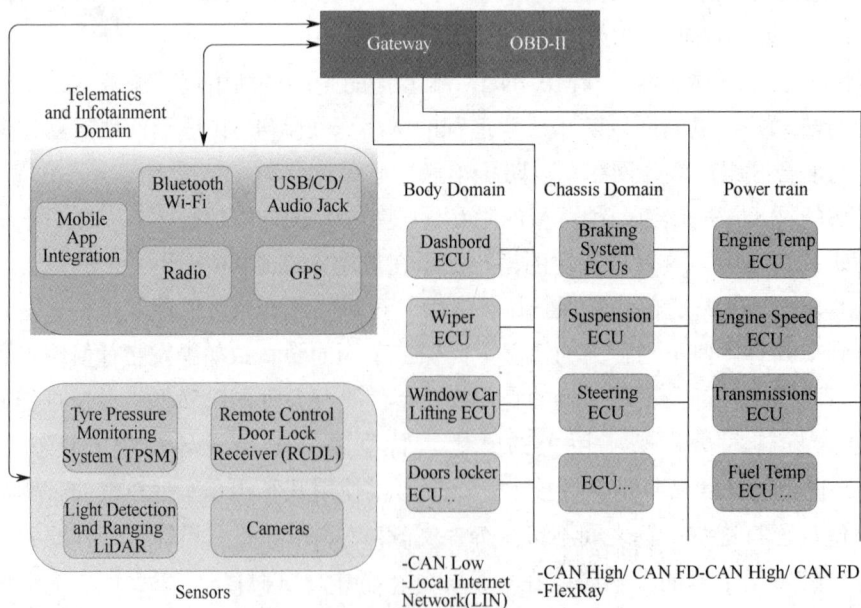

图 4-3　车辆内部使用的串行总线协议[50]

从访问需求和攻击动机两个角度，可以对车内攻击模型进行分类。一方面，根据攻击模型是远程执行，还是通过对汽车部件的物理访问来执行，可以分为远程访问攻击和物理访问攻击。在远程访问攻击中，攻击者不需要物理地篡改车辆部件或连接额外仪器，就可以从其他车辆或其他位置远程发起攻击。常见的远程访问攻击模式有发送伪造数据、阻塞信号和收集机密数据。在物理访问攻击中，攻击者需要物理地篡改车辆部件或连接额外仪器，一般情况下实施难度较大。需要注意的是，CAN 和 ECU 会同时成为远程访问攻击和物理访问攻击的目标。另一方面，三种常见的攻击动机是中断（但不控制）车辆操作、控制车辆和窃取信息。中断操作是指攻击者破坏自动驾驶汽车的重要部件，致使自动驾驶模式不可用，这类似于网络 DoS 攻击。控制车辆是指攻击者通过获得车辆的充分控制以改变车辆的行驶，如改变车辆路线、强制紧急制动、改变车速等。窃取信息是指攻击者从车辆收集重要或机密信息，并可能用于进一步攻击。

车辆中被成功攻击的部件可能会被攻击者利用，从而进一步攻击其他部件、其他车辆和基础设施，形成序列攻击。例如，攻击者获得对 OBD 端口的物理访问权限，进而能够访问 CAN 和 ECU；攻击者攻陷激光雷达、雷达、GPS 或摄像头后，向 ECU 发送对抗信息；攻击者攻陷 Telematics ECU（可访问车联网、蓝牙等通信信道）后，可通过 CAN 向其他 ECU 发送对抗信息；攻击者可以从已被攻陷的车辆向其他车辆发送对抗信息。由于攻击者可能会接连攻击多个汽车部件，制造商应该增强所有部件的安全性从而提升整车安全性。文献[51]对汽车关键部件的攻击模型、相应防护策略准则和现有防护技术进行了综述，本节就相关内容就行介绍。

4.3.1　OBD 的安全

1）攻击模型

OBD 接口通常不进行数据加密或控制访问，可以成为攻击其他部件的开放网关。由于 OBD 接口本身没有远程连接能力，攻击者需要对 OBD 接口进行物理访问才能执行攻击。一些插入 OBD 接口的设备可以通过有线或无线连接将数据传输到计算机，其中一些来自汽车制造商的设备可以用于诊断和固件更新，其他一些来自第三方公司的设备可以将车辆连接到智能手机实现自诊断。攻击者可以诱导驾驶员在智能手机中下载恶意的自诊断应用，进而控制关键部件并向 ECU 注入代码。

2）防护策略准则

可以在 OBD、CAN 或 ECU 级别进行防护，其中 CAN 和 ECU 的防护策略准则在 4.3.2 和 4.3.3 节介绍。OBD 接口的防护策略准则可以概括为四个方面。①OBD 设备的确实性：在授予数据访问权限前证明设备来自可信的制造商；②OBD 设备的完整性：证明设备制造后未被攻陷或损坏；③OBD 设备的隐私：从 OBD 接口获得的信息只有设备的预期对象才能理解；④OBD 设备的认证过程应该高效，不会对用户造成极大时延。

3）现有防护策略

虽然目前仍未设计出保护 OBD 接口、检测恶意设备的有效方法，但 CAN 和 ECU 的防护策略很丰富，后续小节中将介绍如何在 CAN 和 ECU 中检测来自 OBD 接口的异常活动。文献[52]提出使用硬件在环技术收集和模拟 OBD 接口上的攻击数据，需要注意的是，硬件在环技术并不是 OBD 接口上的防御层，而是为进一步测试 OBD 接口的攻击和防御机制提供了虚拟环境。

4.3.2　CAN 的安全

4.3.2.1　从 OBD 攻击 CAN

1）攻击模型

由于 CAN 协议通常不支持消息加密来实现认证和机密，攻击者可以执行以下三种攻击。①窃听：从 OBD 接口观察 CAN 消息；②重放攻击和未经授权的数据传输：一旦攻击者观察到 CAN 总线上的所有消息，就可以轻易模拟 ECU 并通过 OBD 接口传输伪造消息；③拒绝服务攻击：攻击者可以通过 OBD 接口发送大量高优先级消息，阻止 CAN 处理总线上的其他消息。需要注意的是，所有这些攻击都需要对 OBD 接口进行物理访问。

2）防护策略准则

从 OBD 接口攻击 CAN 的防护策略准则包括三个方面。①CAN 消息的机密性和隐私性：CAN 消息应只能由预期的接收 ECU 读取；②CAN 消息的确实性：CAN 消息只能从总线上经过验证的 ECU 发送，以防止未经授权的数据传输和拒绝服务攻击；③低算力需求：应高效地完成 CAN 消息的认证和验证过程，以确保整个汽车系统的实时性。

3）现有防护策略

文献[53]提出了一种安全的 CAN 协议，该协议通过使用对称加密和公钥加密来实现确实性和机密性。文献[54, 55]通过使用消息认证码（Message Authentication Code，MAC）实现确实性。文献[56]也使用 MAC 进行认证，并在实时环境中利用带外信道发送更多的认证数据，但作者认为即使使用带外信道，公钥密码方式也由于其密钥体积大而不可行。相关学者认为上述加密方法存在密钥管理问题（如密钥泄漏），并且可能无法在移动车辆中实现实时响应。为此，文献[57]提出轻量级对称加密，基于 CAN 帧的有效载荷和之前的密钥来生成新密钥。

基于入侵检测系统 IDS 的防御技术也被广泛使用。文献[58]提出在正常活动期间计算 CAN 总线的熵，然后使用熵的显著偏差来检测攻击。类似地，文献[59]提出使用连接到 OBD 接口的小型设备来收集流量数据，并通过机器学习检测异常流量模式。当设备检测到攻击时，它会终止 CAN 总线电路并禁用所有 CAN 消息。文献[60]提出所有 ECU 都通过监视 CAN 总线上传输的消息来检测未经授权的消息。具体地，每个 ECU 都在 CAN 控制器内实现一个标志来指示 ECU 是否试图发送消息，继而测量标志转换的时机以检测未经授权的消息。类似地，文献[61]通过测量周期性 CAN 消息的间隔来检测异常消息。文献[62]提出了一种 IDS 来检查每个发送 CAN 消息的 ECU 的身份，并计算同一 ECU 距离上次发送消息的时间间隔，如果该间隔明显短于相同 CAN ID 以前的时间间隔则发出攻击警报。文献[63]提出的 IDS 使用 ECU 消息之间的相关性来估计车辆的状态，ECU 信息的突变将引发攻击警报。如果攻击者攻陷了多个 ECU，则将车辆状态的突然变化用于攻击检测。文献[64]提出基于硬件的框架以实现 CAN 总线上的相互认证和加密。

4.3.2.2 从 Telematics ECU 攻击 CAN

1）攻击模型

通过被攻陷的成员 ECU 来攻击 CAN。一些 ECU 拥有蓝牙和蜂窝网络等连接机制，它们在不经由 CAN 访问的情况下也会被攻陷（4.3.3 节将讨论 Telematics ECU 被攻陷的细节）。然后，被攻陷的 ECU 可以发送经过认证的消息，从而绕过 4.3.2.1 中的基于密码学和 IDS 的防御机制。

2）防护策略准则

一般来说，既可以在 CAN 上实施防护策略来检测异常 ECU 行为，也可在 Telematics ECU 上实施防护策略以防止被攻陷。这里介绍第一种方法，第二种方法将在 4.3.3 节介绍。在 CAN 上实施防护策略的准则是：①在连接的 ECU 可能被攻陷的情况下（因此任何确实性测试都是无效的），强制要求 CAN 上消息的完整性；②要求验证过程的高效性，不能中断全系统的服务。

3）现有防护策略

基于 IDS 的方法通常对流量模式和车辆状态进行建模，这些方法可能可以检测被攻陷 ECU 发出的异常消息。然而，更好的防护策略是确保 Telematics ECU 的安全，这将在 4.3.3 节介绍。

4.3.3 ECU 的安全

4.3.3.1 从 CAN 攻击 ECU

1）攻击模型

攻击者通过访问 CAN 来攻陷 ECU。在通过 OBD 接口或 Telematics ECU 获得 CAN 的访问权限后，攻击者可能会利用伪造输入数据、代码注入并对 ECU 重编程等技术攻陷 CAN 上的其他 ECU。

2）现有防护策略

已经在 4.3.1 和 4.3.2 节的 OBD 和 CAN 防护策略中介绍。

4.3.3.2　通过外部连接攻击 ECU

1）攻击模型

攻击者通过蓝牙、车联网等外部连接攻陷 Telematics ECU。一些研究通过蓝牙和远程无线连接成功在 Telematics 上远程执行代码，还有一些研究通过 FOTA（Firmware Over-The-Air）攻击 ECU。许多汽车制造商通过 FOTA 为 ECU 执行固件更新，虽然可以使用文献[65, 66]提出的协议保护固件传输过程，但固件安装过程仍然不安全，下载的固件容易受到 TOCTTOU（Time-Of-Check-To-Time-Of-Use）的恶意修改[67]。TOCTTOU 攻击的工作原理如下：给定原固件更新文件 B；攻击者准备恶意文件 M 并构造一个存储设备，该设备可以观察对文件 B 的读取请求；在对文件 B 的第一次访问时，存储设备为合法文件 B 提供服务，这次访问通常用于计算和比较加密哈希；验证过程成功后，存储设备在安装阶段为恶意文件 M 提供服务。简言之，如果在验证原文件 B 后安装恶意文件 M，则攻击成功。

2）防护策略准则

通过外部连接攻击 ECU 的防护策略准则有三方面。①保证 ECU 固件的代码鲁棒性，从而避免代码注入；②限制对 Telematics ECU 的连接访问，只接受来自可信和认证来源的连接；③ECU 上鲁棒的固件更新协议，确保固件更新的完整性和确实性。

3）现有防护策略

文献[68, 69]提出了保护 ECU 进行 FOTA 的协议。在文献[68]中，受信任的站点生成一个随机值，并将其与固件更新的片段相结合以创建一个链；然后对链进行反复散列，最后的散列值作为验证码；接下来，将固件、随机值和验证码通过安全信道传输到车辆，并且再次执行散列过程以验证固件的完整性。在文献[69]中，作者提出 ICE（Indisputable Code Execution，无可争议的代码执行），它是一种从可信站点获取代码并安全地在网络节点执行代码的协议。ICE 包括三个步骤：检查固件更新代码的完整性，设置一个执行固件更新后不再允许其他代码执行的环境，最后在安全环境中执行固件更新。

● 4.3.4　激光雷达的安全

4.3.4.1　激光雷达欺骗

1）攻击模型

攻击者可以记录从激光雷达发送的合法信号，并将信号转发到同一辆车的另一个激光雷达，以使真实物体看起来比实际位置更近或更远。此外，攻击者也可能自己创建表示物体的伪造信号，并将伪造信号注入激光雷达。

2）防护策略准则

应对激光雷达欺骗的防护策略包括三方面。①低成本：防御这种攻击模式的简单解决方案是在车辆上安装冗余的激光雷达，以使攻击者更难同时欺骗所有设备，然而该方案的成本与冗余激光雷达的数量成正比，因此该方案可能对制造商并没有吸引力；②高即时性：解决方案不应花费太长时间来检测到欺骗攻击，这就要求方案的计算效率高；③信号过滤器：在检测欺骗攻击的基础上，如果能够从对抗信号中过滤出合法信号，解决方案将更具吸引力。

3）现有防护策略

文献[70]提出的防护策略包括采用具有重叠视角的多传感器、减小信号接收角度、在随机方向发射脉冲、随机化脉冲波形等防御策略。前三种策略各有缺陷：使用多个传感器成本高；减小信号接收角度成本也高，因为需要更多的激光雷达来覆盖车辆周围的完整空间；在随机方向上传输脉冲的方案可行且成本较低，但激光雷达需要发送大量无用脉冲，即时性较差。第四种策略是最具吸引力的解决方案，随机化脉冲波形并拒绝与发射脉冲不同的脉冲，具有低成本和高即时性。文献[71]提出利用前一帧中的激光雷达设备数据建立一个动量模型，用以检测对抗性输入。这种解决方案的缺点是需要花费较多时间来建立模型权重，并且需要很高的算力支撑。文献[72]提出将认证数据嵌入到光波本身，使用来自密码设备（如 AES 加密电路）的信息来调制激光雷达的激光。文献[73]提出通过将动态水印添加到激光雷达信号来验证测量，这种方式将有可能满足上述所有防护策略准则。

4.3.4.2　激光雷达干扰

1）攻击模型

攻击者通过发出波长相同但强度更高的光波来阻止传感器获取合法的光波，从而实现拒绝服务攻击的目标。

2）防护策略准则

激光雷达干扰攻击的防护策略有三方面。①低成本：不需要对车辆进行昂贵的改装；②高即时性：干扰攻击检测的耗时短；③信号过滤：能够从干扰信号中过滤出合法信号。

3）现有防护策略

文献[74]提出了几种应对激光雷达干扰的策略，如使用 V2V 通信收集额外信息、频繁改变波长、使用多个不同波长的激光雷达、缩短 ping 周期（即传感器等待信号返回的时间窗口）等。然而，这些对策都有不足之处：车辆之间的通信连接并不一直可用；频繁改变波长对可以保持追踪该车辆的攻击者无效；使用多台激光雷达设备的成本开销大；缩短 ping 周期使设备容易出错。因此，文献[75]提出一种基于随机调制技术的伪随机调制量子安全激光雷达。该激光雷达由电光调制器对激光进行脉冲位置调制，然后对脉冲进行随机调制，以通过偏振调制模型创建光子的水平、对角、垂直和反对角偏振态。在存在干扰攻击的情况下，接收偏振光中的四个距离将存在相当大的误差。该方案能有效检测干扰攻击，但不能从干扰信号中滤出合法信号。

● 4.3.5　雷达的安全

4.3.5.1　雷达欺骗

1）攻击模型

攻击者通过复制和重播雷达信号将失真数据注入传感器。执行这种攻击模型的常用工具是 DRFM（Digital Radio Frequency Memory，数字射频存储器），它使用高速采样和数字存储器来存储射频和微波信号。然后，可以修改存储信号的相位，再将信号重播到雷达传感器，伪造的信号会导致车辆对周围物体的距离计算错误。

2）防护策略准则

针对雷达欺骗攻击的防护策略准则有四方面。①攻击检测：能够及时检测到雷达欺骗攻击；②信号过滤：能够滤除攻击信号，并得出准确的距离测量结果；③一致性：能够在多数情况下、长时间持续达到前两个准则；④无破坏性：不应影响车辆的其他服务。

3）现有防护策略

文献 [76] 提出一种物理的"挑战-响应"认证（Physical Challenge-Response Authentication，PyCRA）方法，通过发送随机探测信号（即挑战信号）来检查周围环境。该方法会在随机时间关闭实际的感知信号，并假设攻击者无法立即检测到挑战信号。在这一假设下，通过卡方检验确定信号在一段时间内是否高于噪声阈值，从而检测到恶意信号。然而，该方法随机关闭实际感知信号的行为会严重影响车辆的安全部件，如自适应巡航控制和碰撞警告。文献 [77] 引入"挑战-响应"认证（Challenge Response Authentication，CRA）方法，应用递归最小二乘法来最小化预测距离与实际距离之间的误差平方和。文献 [78] 提出时空"挑战-响应"（Spatio-Temporal Challenge-Response，STCR）方法，能够持续、及时地检测攻击并测量实际距离。STCR 使用与 PyCRA 类似的想法，但它并不是在随机时间关闭感知信号，而是向随机方向传输挑战信号。反射的挑战信号可以用来识别恶意信号的方向，从而在测量周围环境时排除不可信的方向。

4.3.5.2　雷达干扰

1）攻击模型

这种攻击模式也可以使用 DRFM 来实现，攻击者在修改存储信号的频率和幅度（而不是相位）后将雷达信号重播到雷达传感器，伪造的信号会使雷达传感器无法检测到干扰装置所在的目标。

2）现有防护策略

目前，针对雷达干扰攻击的研究主要集中在无人机领域，还无法确定能否将已有防御策略应用于自动驾驶汽车。概括来说，防御该攻击的思路是将合法信号与伪造信号分离。

4.3.6　GPS 安全

4.3.6.1　GPS 欺骗

1）攻击模型

攻击者广播不正确但真实的 GPS 信号来误导车辆上的 GPS 接收器。在这种攻击模式下，攻击者从广播与卫星合法信号相同的信号开始，然后攻击者逐渐增加伪造信号功率，并逐渐使伪造信号偏离目标的真实位置。由于 GPS 接收器通常被配置为使用幅度最强的信号，所以一旦伪造信号比合法的卫星信号强，GPS 设备就会选择处理伪造信号。

2）防护策略准则

文献[79]提出的防御策略准则如下：①快速实施：解决方案易于实施；②成本效益：解决方案在小规模或大规模应用时，都需要经济有效；③防止简单攻击：能够检测简单攻击；④防止中级攻击：能够检测中级攻击；⑤防止复杂攻击：能够检测复杂、高级攻击（如[80]、[81]）；⑥无须修改卫星发射机：该解决方案不需要修改卫星发射机；⑦验证：该解决方案需要易于测试；⑧互操作性：该解决方案可以在多种设备上运行。

3）现有防护策略

美国能源部针对 GPS 欺骗攻击检测提出了七种简单的策略[82]：①监测绝对 GPS 信号强度：监测和记录平均信号强度，若观察到信号强度比 GPS 卫星的正常信号大许多个数量级，则可以检测到 GPS 欺骗攻击；②监测相对 GPS 信号强度：接收器软件可以记录并比较连续时间帧的信号，若相对信号强度发生较大变化，则可能发生欺骗攻击；③监测每个接收到的卫星信号的信号强度：分别监测和记录每个 GPS 卫星的相对和绝对信号强度；④监测卫星识别码和接收到的卫星信号数量：GPS 欺骗者通常发送包含数十个识别码的信号，而地面上通常仅能接受几颗卫星的合法 GPS 信号，跟踪接收到的卫星信号数量和卫星识别码将有助于确定欺骗攻击；⑤检查时间间隔：大多数 GPS 欺骗器信号之间的时间是恒定的，而真正的卫星并非如此，跟踪信号之间的时间间隔有助于检测欺骗攻击；⑥进行时间比较：通过比较来自精确时钟与来自 GPS 信号的时间数据，有助于检查接收到的 GPS 信号的真实性；⑦执行健全性检查：通过使用加速度计和指南针，可以独立监测和复查 GPS 接收器报告的位置。

4.3.6.2　GPS 干扰

1）攻击模型

由于来自卫星的无线电信号通常很弱，可以通过发射强信号淹没 GPS 接收器实现干扰，使其无法检测到合法信号。虽然 GPS 干扰不能像 GPS 欺骗那样对 GPS 接收器进行控制，但是 GPS 干扰攻击可能导致服务中断，本质上是拒绝服务攻击。

2）防护策略准则

GPS 干扰的防护策略准则包括两个方面。①攻击检测：为了确保车辆安全，解决方案应能及时检测到干扰攻击；②信号过滤：解决方案应能滤除攻击信号，使车辆在一定的攻击场景下仍能运行，避免服务中断。

3）现有防护策略

文献[83]和文献[84]提出了减少干扰信号、估计合法 GPS 信号的方法。文献[83]使用自适应阵列天线技术和最小均方算法来最大化收集所需信号、抑制干扰信号的机会。自适应阵列天线技术是具有集成信号处理算法的天线阵列，这些算法可以识别空间信号特征，如信号的 DOA（Direction of Arrival，到达方向），并使用它们来计算波束成形向量，以便跟踪和定位天线波束。然后，DOA 信息将有助于确定被拒绝或接受的信号。文献[84]提出了抗干扰的 Turbo 编码方法，对卫星发送的原始 GPS 数据进行 Turbo 编码和调制，并通过有噪信道传输。然后，编码后的数据与噪声、干扰信号一起到达 GPS 接收器，接收端对失真的 GPS 信号进行解调和 Turbo 解码，恢复出原始的 GPS 信号。这项技术有两个主要缺点：首先，该文献的结果表明，方法的有效性随着干扰信号强度的增加而降低；其次，这种方法需要对 GPS 卫星进行修改。

4.3.7 摄像头安全

4.3.7.1 摄像头致盲

1）攻击模型

自动驾驶汽车上的摄像机通常为目标检测任务的深度学习模型提供输入。攻击者使用额外的光线使摄像头致盲，形成拒绝服务攻击。研究人员表明，突发模式的 650 nm 激光可以使相机完全致盲，且永久无法恢复；940 nm 的 5×5 的 LED 矩阵和 850 nm 的 LED 光点也可使相机致盲，但可在 5 s 后恢复。

2）防护策略准则

针对摄像头致盲攻击的防护策略准则如下：①低成本：解决方案不需要对车辆进行昂贵的改装；②泛化：解决方案应该尽可能工作在多个攻击波长上。

3）现有防护策略

文献[85]针对摄像头致盲攻击提出了两种策略：第一种策略是通过安装多个重叠覆盖的摄像头实现冗余性。激光和 LED 光点的光束宽度小，很难自发地攻击多个摄像头，因此这种策略通常是有效的，但并不能完全降低风险。第二种策略是将可拆卸的近红外线截止滤波器集成到相机中。这是一种监控摄像头上使用的技术，可以根据需求过滤近红外光，可能可以满足上述两个防护策略准则，但需要进一步实验验证。2020 年，文献[86]使用预测分析来预测摄像机捕获的未来帧，并通过比较接收帧与预测帧来检测攻击。

4.3.7.2 对抗图像

1）攻击模型

攻击者可能会对摄像机观察到的图像进行微小扰动，虽然在视觉上看起来与原始图像

相同，但会导致视觉相关人工智能算法产生错误预测或分类。尽管这类攻击的最终目标是
ECU 中的深度学习模型，但摄像头是攻击者注入对抗图像的便捷通道。

2）防护策略准则

针对摄像头对抗性图像攻击的防护策略准则包括：①低成本，易实施：解决方案不需
要对车辆进行昂贵的改装；②泛化：解决方案应适用于多种类型的图像扰动；③高效计
算：解决方案应该具有较高的计算效率，以满足实时目标检测的目的。

3）现有防护策略

学术界已经就对抗图像的安全机器学习模型进行了大量研究，常用的方法有：预处
理输入[87-90]、在训练数据中加入对抗样本[91-93]、利用运行时信息来检测异常输入[94]，这
些方法都可以在摄像头目标检测 ECU 的代码中集成。例如，文献[95]提出了一种用于检测
对抗样本的蒙特卡洛 Dropout（MC-Dropout）不确定性估计技术。此外，文献[96]提出一种
基于模型蒸馏（Model Distillation）的防御方法，从而提高模型对于对抗扰动的鲁棒性和
弹性。尽管如此，考虑到攻击者总能够针对当前的防御技术设计更强大的攻击方法，因此
对抗图像攻击仍然是一个未解决的问题。

4.4　系统功能安全

4.4.1　功能安全与预期功能安全

由于涉及人的生命健康，自动驾驶汽车应建模为一个安全至上的社会技术系统
（Socio-Technical System）。车辆安全是指最小化或消除危及人生命、健康和财产的风险。
本节讨论车辆安全中的功能安全和预期功能安全，其中功能安全是针对系统故障引起的潜
在危险，而预期功能安全则关注无故障系统所引起的潜在危险。ISO 26262 标准和可公开
提供的规范 ISO/PAS 21448 就是用于解决功能安全和预期功能安全问题的。在批量生产和
公开销售之前，所投放系统的安全性既需要满足功能安全，也需要满足预期功能安全。

4.4.1.1　功能安全

功能安全是指防止电子电气系统引起的事故，这意味着系统能够防止故障，能够进行
运行时检测并使系统进入安全状态。2011 年发布的 ISO 26262 制订了管理汽车电子电气系
统功能安全的步骤体系，并于 2018 年进行修订。它是以 IEC 61508 通用标准为基础编写
的针对道路车辆的标准，关注汽车电子电气系统硬件和软件组件的安全性（如制动踏板传
感器故障导致车辆非预期减速，方向盘上锁导致车辆失控等）。ISO 26262 基于安全生命周
期的概念，包括管理、开发、生产、运营、服务和退役 6 个阶段，如图 4-4 所示。标准的
目标是通过规范每个阶段应采取的具体步骤来最大限度地提高产品安全性，这确保车辆从
最早的概念阶段直到车辆停产的安全性都可以得到保障。

1. Vocabulary

2. Management of functional safety

2-5 Overall safety management

2-6 Project dependent safety management

2-7 Safety management regarding production, operation, service and decommissioning

3. Concept phase

3-5 Item definition

3-6 Hazard analysis and risk assessment

3-7 Functional safety concept

4. Product development at the system level

4-5 General topics for the product development at the system level

4-7 System and item Integration and testing

4-6 Technical safety concept

4-8 Safety validation

7. Production, operation, service and decommissioning

7-5 Planning for production, operation, service and decommissioning

7-6 Productions

7-7 Operations, service and decommissioning

12. Adaptation of ISO 26262 for motorcycles

12-5 General topics for adaptation for motorcycles

12-6 Safety culture

12-7 Confirmation measures

12-8 Hazard analysis and risk assessment

12-9 Vehicle integration and testing

12-10 Safety valiadtion

5. Product development at the hardware level

5-5 General topics for the product development at the hardware level

5-6 Specification of hardware safety requirements

5-7 Hardware design

5-8 Evaluation of the hardware architectural metrics

5-9 Evaluation of safety goal violation due to random hardware failures

5-10 Hardware integration and verification

6. Product development at the software level

6-5 General topics for the product development at the hardware level

6-6 Specification of hardware safety requirements

6-7 software architectural design

6-8 Software unit design and implementation

6-9 software unit verification

6-10 Software integration and verification

6-11 Testing of the embedded software

8. Supporting processes

8-5 Interfaces within distributed developments

8-6 Specification and management of safety requirements

8-7 Configuration management

8-8 Change management

8-9 Verification

8-10 Documentation management

8-11 Confidence in the use of software tools

8-12 Qualification of software components

8-13 Evaluation of hardware elements

8-14 Proven in use argument

8-15 Interfacing an application that is out of scope of ISO 26262

8-16 Integration of safety-related systems not developed according to ISO 26262

9. Automotive safety integrity level (ASIL)-oriented and safety-oriented analyses

9-5 Requirements decomposition with respect to ASIL tailoring

9-6 Criteria for coexistence of elements

9-7 Analysis of dependent failures

9-8 Safety analyses

10. Guidelines on ISO 26262

11. Guidelines on application of ISO 26262 to semiconductors

图 4-4　功能安全的安全生命周期[97]

ISO 26262 的概念阶段可以为实际产品开发做充分准备，它需要通过 HARA（Hazard Analysis and Risk Assessment，危害分析和风险评估）来确定整车层面的危害。潜在的危害和风险可以指导安全工程师得出安全目标，并进一步创建功能安全需求。然后，这些安全需求可以指导系统开发过程，并进一步分解为硬件和软件开发过程。具体地，ISO 26262 的概念阶段包括三个步骤。

（1）定义相关项：从整车层面定义和描述相关项及其功能，以及对驾驶员、环境和其他相关项的依赖和相互作用。

（2）分析危害和评估风险：识别和分类由相关项的故障行为引起的危害事件；针对防止/减轻危害事件制定安全目标及对应的汽车 ASIL（Automotive Safety Integrity Levels，安全完整性等级），以避免不合理的风险。

（3）建立功能安全概念：根据安全目标明确相关项的功能行为或降级功能行为；明确恰当及时地检测和控制相关故障的约束条件；明确相关项层面的策略或措施；将功能安全需求分配给系统架构设计并验证功能安全概念。

ASIL 是 ISO 26262 中的一个关键概念，它是对特定系统组件带来的风险的度量。随着风险的增加，必须采用更严格的方法来确保安全。ASIL 值由危害事件的分类给出，其中危害事件的定义是"危害和运行情况的组合"。例如，如果危害是"可能导致爆炸的设备能量意外释放"，运行情况是"行驶速度低于 15 km/h"，那么危害事件就是"在行驶速度低于 15 km/h 时可能导致爆炸的设备能量意外释放"。ASIL 值有四个级别，命名为 A～D，其中 A 是最小风险量，D 是最大风险量。系统中每个组件的 ASIL 由三个因素决定：严重性（Severity）、暴露率（Exposure）和可控性（Controllability）。严重性是对事件导致的生命健康结果的衡量，具体分为四级，从没有受伤（No Injuries）到危及生命的伤害（Life-Threatening Injuries）。一些情况下特定故障会引发安全危害，暴露率是指这些情况发生的可能性。每种情况的概率分为五级，从没有可能（Incredible）到极有可能（Highly Probable）。例如，在夜间、雨天或其他导致低能见度的情况下驾驶时前照灯故障会产生危害，由于这些情况会经常发生，因此被认定为"极有可能"。可控性是指当危害情况发生时，由于驾驶员的行为或外部措施，可以避免伤害的概率。例如，如果踩下制动踏板时制动器无法接合，驾驶员可以使用紧急制动器。危害情况的可控性分为四个等级，从一般可控（Controllable in General）到难以控制或不可控（Difficult to Control or Uncontrollable）。需要注意的是，对于 L3 级以上自动驾驶，可控性的级别很高（也就是不容易控制）。

4.4.1.2　预期功能安全

自动驾驶系统和高级辅助驾驶系统高度依赖于不确定的算法（通常是人工智能算法，如目标识别、基于机器学习的路径规划）得出的外部数据源。在这些情况下，由于系统性能的限制，即使没有故障的系统也可能表现出危害行为，预期功能安全是解决该问题的新范例。

2019 年发布的 ISO/PAS 21448 解决预期功能安全（即 SOTIF）问题，目的是使自动驾驶汽车"不存在由于预期功能不足或合理可预见的人员误用而导致危害的不合理风险"。具体地，它解决以下四种问题：①传感器和感知算法的性能限制，如传感器的视野、分辨率、灵敏度，以及机器学习训练数据的场景覆盖率、预测结果的准确率等；②传感器对环境缺乏鲁棒性；③缺乏处境意识（Situational Awareness）；④合理可预见的误用和不正确的人机交互，如不成功的驾驶权移交、分心、故意误用等。预期功能不足的典型例子有：视觉假象（如图 4-5 所示）可能会迷惑自动驾驶汽车的图像感知系统；潮湿路面上行人的倒影可能会触发制动操作；被雨水模糊的摄像头图像对行人的感知能力降低，可能导致非及时制动；驾驶员在必要时没能接管控制权。ISO/PAS 21448 目前仅关注 L1～L2 级自动驾驶，未来会进一步关注 L3～L5 级自动驾驶。

图 4-5　迷惑自动驾驶汽车的视觉假象[98]

　　与功能安全的主要区别在于，预期功能安全导致危害的原因不是故障（如随机硬件故障、系统和软件中的系统性故障）。因此，预期功能安全将风险降低到可接受水平的方法和手段与功能安全也不相同。ISO/PAS 21448 的适用系统需要满足：处境意识会影响系统安全，并且该处境意识源自使用复杂传感器网络的复杂算法。需要注意的是，预期功能安全不会替代传统的功能安全，而是工作在功能安全之上。预期功能安全定义了"触发事件（Triggering Event）"的概念：触发事件是驾驶场景的特定情况，该情况引发的后续系统反应可能会导致危害事件。例如，在高速公路上行驶时，车辆的自动紧急制动系统错误地将路标识别为前方车辆，导致持续 Y 秒 X 倍重力加速度的制动。

　　预期功能安全包括四个关键步骤：①识别和评估与 SOTIF 相关的危害及其预期功能；②识别和评估危害触发事件；③必要时通过功能修改或用例限制来改进系统设计，以降低 SOTIF 风险；④验证和确认系统设计对于 SOTIF 是否得当。SOTIF 的流程如图 4-6 所示，在开发阶段需要重复进行上述步骤，整个流程可以划分为四个区域，即三个圆角矩形区域和其他区域。上方的圆角矩形区域通过分析对 SOTIF 相关风险和导致危害的触发事件进行评估。下一步，中间的圆角矩形区域针对已知危害场景进行面向 SOTIF 的验证活动。之后，下方的圆角矩形区域针对未知危害场景进行面向 SOTIF 的验证活动。最后，这三个圆角矩形外的区域，包括功能规范、功能修改（在上述三个区域中识别出不可接受风险的情况下）、SOTIF 发布的方法和准则等关键步骤。

　　SOTIF 中的所有活动都聚焦于一个关键概念——场景（Scenario），即一系列场面（Scene）中几个场面之间的时序发展描述。场景可以根据两个主要准则进行分类：安全或不安全、已知或未知。因此，场景可以分为四个类别，如图 4-7（a）所示；目标是最小化类别 2 和 3，特别是类别 3，如图 4-7（b）所示。目前，SOTIF 仅限于概念阶段和系统级活动。在软件级别确保预期功能安全是"机器学习安全"的一部分，ISO/PAS 21448 目前并未涉及这方面问题。

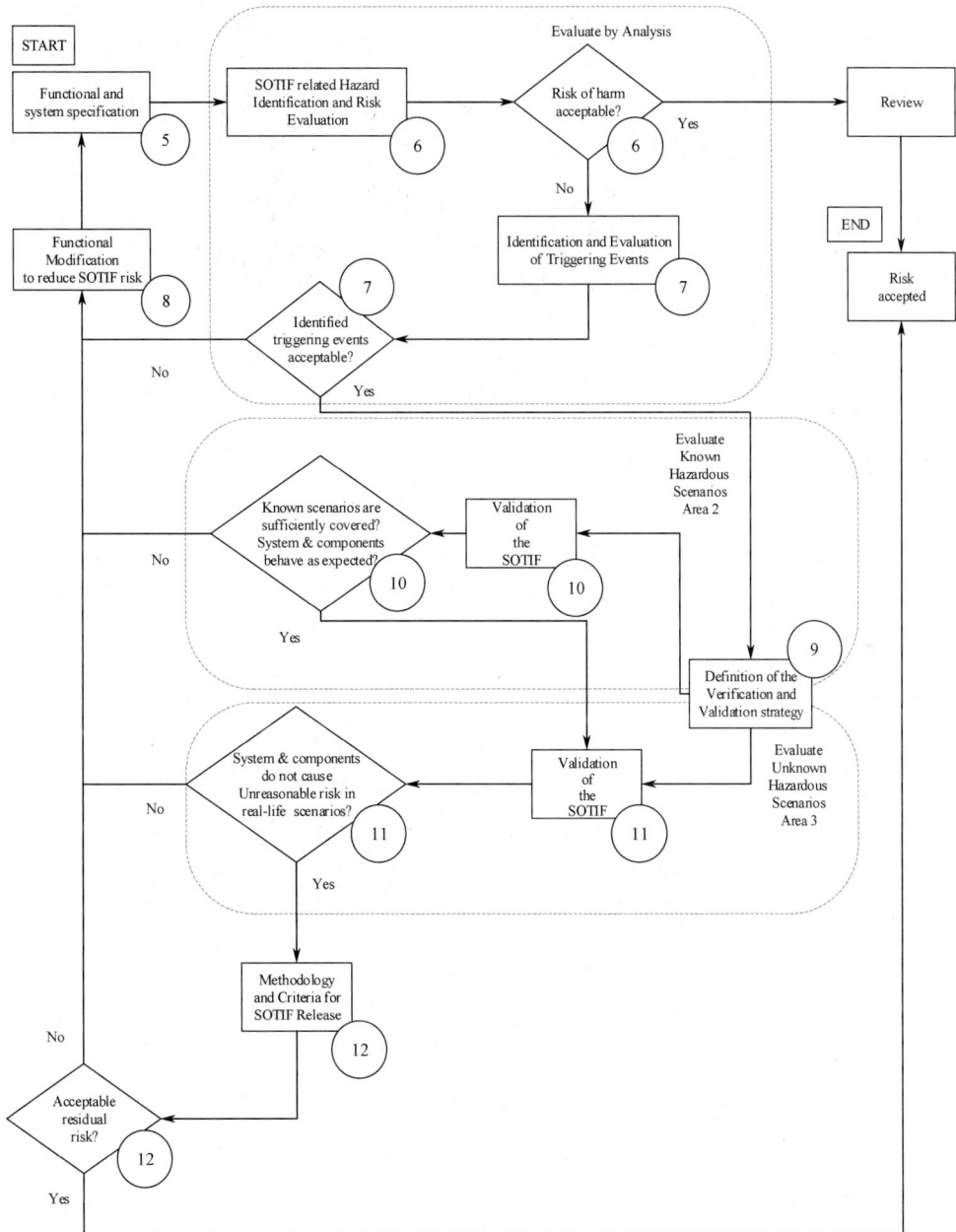

图 4-6　SOTIF 流程[99]

　　图中的数字是 ISO/PAS 21448 的章节号（5-功能和系统规范，6-识别和评估由预期功能引起的危害，7-识别和评估触发事件，8-减少 SOTIF 相关风险的功能修改，9-验证和确认策略的定义，10-SOTIF 的验证，11-SOTIF 的确认，12-SOTIF 发布的方法和准则）

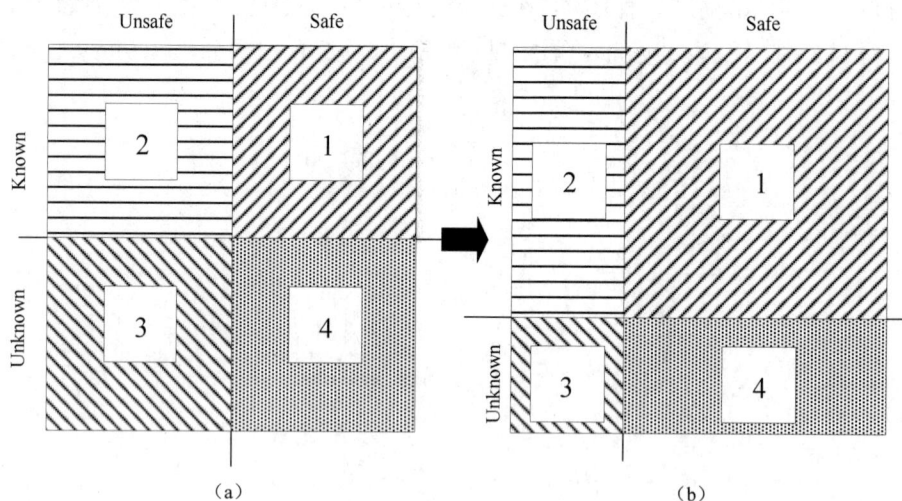

图 4-7　预期功能安全的场景分类

4.4.2　机器学习的安全问题

自动驾驶机器学习算法的性能局限性是预期功能安全的重要影响因素。近年来，机器学习模型的安全局限性越来越受到重视，文献[100]概括了自动驾驶中机器学习的安全问题，本节将进行具体介绍。

设计规范性。撰写和评审软件规范是功能安全的关键步骤，但机器学习模型需要通过学习训练数据中的模式来对未知输入进行数据分布的判别或生成，所以机器学习模型的设计规范通常并不充分。这意味着机器学习算法是通过训练数据（和正则化约束）学习目标类别，而不是使用正式的规范，这可能会造成"设计者目标"和"模型实际学到的东西"不匹配，从而导致系统的非预期功能。对于机器学习模型训练中这种数据驱动的变量优化方法，无法定义和提出具体的安全约束。

实现透明性。ISO 26262 要求从需求到设计具有可追溯性。然而，在高维数据上训练的高级机器学习模型是不透明的，模型中的大量变量使得模型对于设计评审和检查是不可理解的（即黑盒）。

测试和验证。单元测试需要对工作产品进行充分验证以满足 ISO 26262 标准。例如，软件安全的编程指南要求没有不可达的代码。根据安全完整性等级，需要语句覆盖、分支覆盖或修订的条件/判定覆盖来确认单元测试的充分性。由于数据的高维性，正式验证 DNN 的正确性是极具挑战的，很难在运行设计域（Operational Design Domain，ODD）内完成验证和测试。

性能和鲁棒性。SOTIF 标准将机器学习模型视为一个黑盒，并建议使用一定方法来提高模型性能和鲁棒性。然而，提高模型性能和鲁棒性本身是一项非常具有挑战性的任务。

在学习问题中，模型在训练集上的错误率（由于假正和假负预测）达到预期时结束训练过程。经验误差（Empirical Error）是学习器在目标分布上的预测错误率，泛化误差（Generalization Error）是指模型在训练集和测试集上的经验误差之间的差距。除此之外，运行误差（Operational Error）是指模型在开放世界部署中的错误率，该错误率可能高于测试集错误率。领域泛化（Domain Generalization）是指模型学习开放世界任务的泛化数据表示的能力。

运行时监测功能。SOTIF 和 ISO 26262 标准建议将运行时监测功能作为软件错误检测的解决方案。传统软件中的监测功能是基于一个规则集来检测诸如瞬时硬件错误、软件崩溃和退出运行设计域等情况。然而，设计监测功能来预测机器学习失败（例如假正和假负错误）在本质上是不同的。机器学习模型为输入实例生成预测概率，但预测概率不能保证可以预测模型故障。事实上，DNN 和许多其他机器学习模型在分布漂移和对抗攻击的情况下可能会产生高置信度的错误输出。

● 4.4.3　机器学习的安全策略

通过引入算法技术可以维护机器学习模型在开放世界任务中安全执行的可靠性，旨在对软件安全的传统工程策略进行补充。为了将机器学习的安全（Safety）和防护（Security）问题分开考虑，这里将故意利用系统漏洞（如对抗攻击中的样本操纵）的外部因素视为防护问题，而不是安全问题。文献[100]将人工智能技术与工程安全策略联系起来，即内生安全（Inherently Safe）、故障安全（Safe Fail）、安全裕度（Safety Margins）、程序保障（Procedural Safeguards）。考虑到 4.4.2 节提到的机器学习安全问题，目前还远未达到内生安全的人工智能。因此，文献[100]主要关注其他三种安全策略的机器学习解决方案，本节的剩余内容将对此进行介绍。

故障安全：是指在故障发生时仍保持车辆安全状态的策略。该策略通过使用监测功能和降级计划（如通知驾驶员接管车辆控制），可以在故障发生时减轻危害。可以使用运行时错误检测技术来检测自动驾驶汽车机器学习算法的错误输出（如错误分类和错误检测）。

安全裕度：机器学习环境下的安全裕度是指模型在训练集上的性能和在现实世界中的运行性能之间的差异。可以使用模型鲁棒性技术来提高机器学习组件的弹性，从而提高安全裕度。

程序保障：是指超出系统核心功能设计的措施，如用户体验设计和开放性。

4.4.3.1　错误检测技术

首先介绍一种故障安全的机器学习安全方案，它使用错误检测技术来预测机器学习的分类错误。当传感器等硬件中的暂时性错误影响巡航控制等软件的功能时，错误检测单元（即监测功能）可以检测错误并通过适当的警告和允许驾驶员接管来实现系统降级。类似地，可以为机器学习组件设计各种运行时监测功能和错误检测器，以预测模型故障并触发适当的警告。在下文中，将依据检测器的目标错误类型分别介绍适用于机器学习的三类错误检测器。

1）不确定度估计

概率学习器中的不确定度是维护故障安全系统的重要因素。即使是经过良好训练和校准的预测器，已经对噪声、输入损坏和扰动具有鲁棒性，也可以进一步从不确定度估计中受益，以便在运行时检测领域漂移和外分布（Out-of-Distribution，OOD）样本。可以根据模型对其预测的置信度（认知不确定性或模型不确定性）和未知样本的不确定度（偶然不确定性或数据不确定性）对不确定性进行量化。

文献[101]探讨了不确定性方法对于安全应用的重要性，认为测量机器学习模型及下游决策中的不确定度，是自主系统安全的关键。然而，量化 DNN 中的预测不确定性是一项具有挑战性的任务。通常，DNN 分类模型生成的归一化预测分数往往过于自信，DNN 回归模型的输出也无法给出不确定性表示。针对 DNN 可以利用深度模型集成算法（Deep Ensembles）[102]和 MC-Dropout[103]等方法来估计预测的不确定度。

在实践中，虽然不确定度估计为 DNN 故障预测提供了潜在的有效解决方案，但它们带来了巨大的计算成本和时延，这对于运行时故障预测并不理想。例如，为了设计用于 PilotNet 算法的错误检测器，文献[104]使用基于 MC-Dropout 的方法，需要 128 次随机前向传递来估计模型的不确定度。因此，对于资源受限的应用场景，或出于计算简单性的需求，研究人员会转而使用错误检测方案，后面的两种错误检测器将对此展开介绍。

2）内分布（In-Distribution）错误检测器

弱表征学习能力使域内样本容易发生误分类。近年来，高级的神经网络、正则化技术和大规模训练数据集已经显著改善了 DNN 表征学习，从而提高了模型的性能和鲁棒性。然而，仍需要运行时的错误检测器来维护系统的安全性，以防模型发生故障。选择性分类（Selective Classification）技术，也称为带有拒绝选项的分类，可以谨慎地为高置信度样本提供预测，并在不能肯定时放弃预测。这种高可信的预测方法能够以测试覆盖率为代价显著提高模型性能。文献[105]为 DNN 提供了一种简单有效的选择性分类方法，通过引入拒绝功能控制 DNN Softmax 输出的真实风险。文献[106]提出将温度缩放（Temperature Scaling）作为一种后处理校准技术，以调整模型由于过拟合而偏离的概率估计。在自动驾驶汽车的应用中，文献[107]在神经网络中添加并训练了一个故障头部，以便学习预测模型故障的发生。

文献[108]为自动驾驶汽车应用中的回归模型提供了一个故障检测器，通过训练学生模型（故障预测器），以便在运行时预测教师模型（主模型）的错误。图 4-8 显示了学生模型如何学习教师模型在验证集上的预测损失，以便预测其在测试集上的故障。此外，该方法还使用主模型中的显著图（Saliency Map）来训练学生模型，以提高故障预测性能。最后，论文利用预测误差和使用该方法后驾驶安全的提升量来对故障预测器进行评估。

3）外分布错误检测器

外分布样本（OOD Sample）或异常样本是指在正常训练分布之外的输入，OOD 错误是指机器学习模型对 OOD 样本误分类的错误。自动驾驶汽车的 OOD 样本包括独特的、不寻常的、未知的标志标线，或罕见的物体和场景，它们要么没有被包括在训练集中，要么在训练过程中无法被模型学习（如类别失衡）。OOD 错误是 ReLU 族激活函数的固有问题，当输入远离训练分布时，这些激活函数会产生任意的高置信度。然而，一些研究已经提出 OOD 检测器、新颖性检测器和异常样本检测器等技术来检测 OOD 样本。例如，修正网络结构以学习置信度预测[109]，留出分类器集成（Ensemble of Leaving-Out Classifiers）[110]、自监督表征学习[111]。另一方面，文献[112]提出一种快速且低成本的 OOD 检测方法，使用类别概率作为 OOD 检测的度量。进一步，文献[113]提出的新技术可以校准 DNN 的决策边界以进行鲁棒的 OOD 检测。

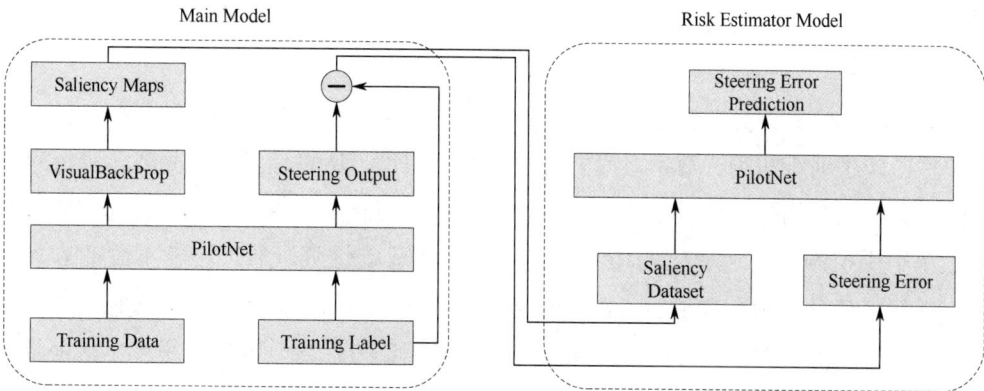

图 4-8　基于显著图的 ConvNet 回归模型故障预测[100]

文献[114]提出了一种运算快速且节约内存的 OOD 错误检测技术，以最小的结构改动将拒绝选项嵌入到任意 DNN 判别模型中，如图 4-9 所示。其基本思想是利用 DNN 的高

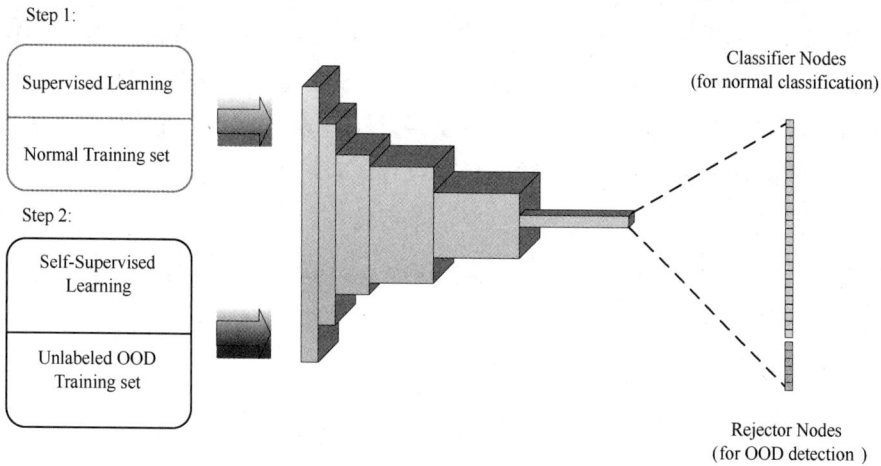

图 4-9　基于预测置信度的 OOD 样本检测[100]

级特征学习能力，在一个网络中联合学习可泛化的异常样本特征和用于正常分类的内分布特征。从图中可以看到，论文分两步训练位于神经网络最后一层的拒绝函数：使用带标注的内分布训练集进行有监督训练，使用无标注的自由 OOD 样本进行自监督训练。

4.4.3.2　算法鲁棒性技术

鲁棒性技术是机器学习安全的另一种实用方案，可以提高自动驾驶汽车中机器学习模型的安全裕度。机器学习研究中的鲁棒性技术提高了算法对未见过样本、自然损坏和扰动、对抗实例和领域漂移的弹性。相关技术包括数据集扩充、噪声注入和多任务学习，从而对 DNN 正则化来学习可泛化的特征。此外，迁移学习可以通过将通用表征从预训练的模型迁移到新的领域来提高模型的鲁棒性。此外，文献[115]探索了使用未标注的自由数据来正则化模型训练的鲁棒性。在下文中，将介绍两种安全相关的用于开放世界任务的机器学习鲁棒性技术。

1）对领域漂移的鲁棒性

领域漂移（也称为分布漂移和数据集漂移）描述输入数据分布与训练集相比的变化。分布漂移打破了训练和测试数据之间的独立同分布假设，所以运行性能相较于训练集性能有所降低。领域泛化是开放世界应用中机器学习算法的一个重要方面，如自动驾驶汽车的数据是从不受控制且快速变化的环境中获取的。领域泛化可以通过许多不同的方式来实现，一种方法是对抗领域自适应（Adversarial Domain Adaptation）[116]，它利用从目标领域捕获的大量未标注数据。例如，文献[117]基于学习的方法来合成新训练样本的前景目标和背景情境。领域泛化的另一种方法是多任务学习，通过同时学习两个（或更多）任务来提高模型鲁棒性。例如，文献[118]提出了一种姿态感知的多任务车辆重识别技术，以克服目标检测对特定视角的依赖。论文创建并使用了大规模、高度随机化的合成数据集，这些数据集带有自动标注的用于训练的车辆属性。文献[119]提出一种不同的方法，使用模型集成来捕捉和学习对象的不同姿势和视角，以提高整体鲁棒性。此外，文献[120]使用对抗网络生成难以分类的正样本，以提高目标检测模型对遮挡和形变的鲁棒性。文献[121]试图提高无人机对领域漂移的模型鲁棒性。论文将目标检测问题转换为具有多个细粒度领域的跨域目标检测问题，然后训练目标检测模型以提取目标领域的多个"非理想"变形（如天气条件、摄像机角度、光线条件）所共有的不变特征。为此，论文对每个非理想条件都在输入和滋扰（Nuisance）预测分支上增加一个滋扰解耦（Disentangled）特征变换块，并在对抗环境下联合训练最终的网络。

2）对损坏和扰动的鲁棒性

开放环境中普遍存在着自然的数据扰动和损坏，而机器学习模型通常在简单扰动下就会出现预测错误。要实现模型对自然损坏（如自动驾驶汽车摄像头图像中的雪、雨、雾）

和扰动（如传感器瞬态误差、传感器的电磁干扰）的鲁棒性，就需要通过相关技术在未被污染的数据集上提高模型鲁棒性。经典的数据扩充方法可以增强对图像旋转和缩放等简单变化的鲁棒性[122]。此外，自适应的数据扩充[123]和随机擦除的数据扩充[124]也能有效提升鲁棒性和表征学习，风格迁移（Style Transfer）[125]等高级数据扩充方法可以提高模型对纹理偏差的鲁棒性。文献[126]提出了一种新的思路，利用更大的网络通过多尺度和冗余特征学习来提高 DNN 的鲁棒性。

对抗扰动[127]是攻击者故意制造的微小但糟糕的扰动，扰动的样本会导致模型以高置信度误分类样本。这里将自然扰动引起的安全问题与对抗扰动引起的防护问题区分开来，后者是攻击者故意利用系统漏洞造成危害。在 4.3.7.2 节中，已经讨论了对抗扰动相关的摄像头安全问题。

4.4.3.3　程序保障技术

除系统的功能安全之外，程序保障可以帮助操作员和产品最终用户（如自动驾驶汽车的驾驶员）避免由于缺乏指引和无意识而导致系统的意外误用。用户体验（User Experience，UE）设计和算法透明性是提高自动驾驶汽车操作安全性的两个途径。可解释的用户体验设计提供关于模型推理[128]和预测不确定性[104]的可理解信息，从而使最终用户受益。例如，用户体验设计可以对目标检测和路径规划的模型不确定性进行实时可视化，以提高驾驶员对车辆安全的理解。

4.5　本章小结

安全是道路交通系统的永恒主题，自动驾驶和车路协同技术是解决交通安全问题的重要途径，而自动驾驶和车路协同本身也面临着严峻的安全挑战。本章首先介绍车路协同的"端""边""云"三层安全体系，这其中既包括传统的网络安全问题，也包括 5G 自动驾驶所独有或突显的安全问题。着眼于后者，本章分别从通信服务安全、车内信息安全和系统功能安全对 5G 自动驾驶的安全问题和防护策略进行了介绍。在通信服务安全方面，从信任、安全、隐私的视角，对互联网、5G 核心网、边缘计算、V2X 通信中的问题挑战和现有解决方案进行了概述。在车内信息安全方面，介绍了 CAN 总线、OBD 接口、ECU 设备、定位设备和传感器设备的潜在攻击、防护策略准则和现有研究提出的防护策略。最后，在系统功能安全方面，介绍了自动驾驶汽车功能安全和预期功能安全的定义、区别和联系，并着重介绍预期功能安全中机器学习安全面临的挑战和潜在解决方案。自动驾驶和车路协同安全问题的内容广、理论深，本章仅对若干关键问题进行综述，感兴趣的读者可以进一步阅读相关文献。

参 考 文 献

[1] Upstream Security. Global automotive cybersecurity report - 2020 [R/OL]. https://upstream.auto/upstream-security-global-automotive-cybersecurity-report-2020/.

[2] Lu R, Zhang L, Ni J, et al. 5G Vehicle-to-Everything services: Gearing up for security and privacy [J]. Proceedings of the IEEE, 2020, 108(2): 373-389.

[3] Sharma V, You I, Guizani N. Security of 5G-V2X: Technologies, standardization, and research directions [J]. IEEE Network, 2020, 34(5): 306-314.

[4] Sun Y L, Han Z, Yu W, et al. A trust evaluation framework in distributed networks: Vulnerability analysis and defense against attacks [C]. Proc. IEEE INFOCOM, April 2006: 1-13.

[5] Buchegger S, Boudec J-Y L. A robust reputation system for P2P and mobile ad-hoc networks [C]. Proc. 2nd Workshop on the Economics of Peer-to-peer Systems, 2004: 1-6.

[6] Sun Y L, Yu W, Han Z, et al. Information theoretic framework of trust modeling and evaluation for ad hoc networks [J]. IEEE Journal on Selected Areas in Communications, 2006, 24(2): 305-317.

[7] Liu M, Yu F R, Teng Y, et al. Computation offloading and content caching in wireless blockchain networks with mobile edge computing [J]. IEEE Transactions on Vehicular Technology, 2018, 67(11): 11008-11021.

[8] Bedi A, Pandey N, Khatri S K. Analysis of detection and prevention of malware in cloud computing environment [C]. Proc. AICAI, Feb. 2019: 918-921.

[9] Şahin S. On current trends in security and privacy of cloud computing [C]. Proc. AICT, Oct. 2013: 1-5.

[10] Hardy W, Chen L, Hou S, et al. DL4MD: A deep learning framework for intelligent malware detection [C]. Proc. DMIN, 2016: 61-67.

[11] Loukas G, Vuong T, Heartfield R, et al. Cloud-based cyber-physical intrusion detection for vehicles using deep learning [J]. IEEE Access, 2018, 6: 3491-3508.

[12] Hong S, Xu L, Wang H, et al. Poisoning network visibility in software-defined networks: New attacks and countermeasures [C]. Proc. NDSS, 2015: 8-11.

[13] Shin S, Yegneswaran V, Porras P, et al. AVANT-GUARD: Scalable and vigilant switch flow management in software-defined networks [C]. Proc. ACM CCS, 2013: 413-424.

[14] Brands S, Chaum D. Distance-bounding protocols [C]. Proc. EUROCRYPT, 1993: 344-359.

[15] Cremers C, Rasmussen K B, Schmidt B, et al. Distance hijacking attacks on distance bounding protocols [C]. Proc. IEEE Symposium on Security and Privacy, May 2012: 113-127.

[16] Wei Y, Guan Y. Lightweight location verification algorithms for wireless sensor networks [J]. IEEE Transactions on Parallel and Distributed Systems, 2013, 24(5): 938-950.

[17] Penna K, Yalavarthi V, Fu H, et al. Evaluation of active position detection in vehicular ad hoc networks [C]. Proc. IEEE IJCNN, July 2014: 2234-2239.

[18] Varghese R, Chithralekha T, Kharkongor C. Self-organized cluster based energy efficient meta trust model for Internet of Things [C]. Proc. ICETECH, March 2016: 382-389.

[19] Zhang N, Cheng N, Lu N, et al. Partner selection and incentive mechanism for physical layer security [J]. IEEE Transactions on Wireless Communications, 2015, 14(8): 4265-4276.

[20] Toledo A L, Wang X. Robust detection of MAC layer denial-of-service attacks in CSMA/CA wireless networks [J]. IEEE Transactions on Information Forensics and Security, 2008, 3(3): 347-358.

[21] Khader A S, Lai D. Preventing man-in-the-middle attack in Diffie-Hellman key exchange protocol [C]. Proc. ICT, April 2015: 204-208.

[22] Menezes A, Oorschot P C V, Vanstone S A. Handbook of applied cryptography [M]. CRC Press, 1996.

[23] Gaikwad P P, Gabhane J P, Golait S S. 3-level secure Kerberos authentication for smart home systems using IoT [C]. Proc. NGCT, Sept. 2015: 262-268.

[24] Iwendi C, Uddin M, Ansere J A, et al. On detection of sybil attack in large-scale VANETs using spider-monkey technique [J]. IEEE Access, 2018, 6: 47258-47267.

[25] Yan G, Olariu S, Weigle M C. Providing VANET security through active position detection [J]. Computer Communications, 2008, 31(12): 2883-2897.

[26] Au M H, Liu J K, Fang J, et al. A new payment system for enhancing location privacy of electric vehicles [J]. IEEE Transactions on Vehicular Technology, 2014, 63(1): 3-18.

[27] Au M H, Susilo W, Mu Y. Constant-size dynamic k-TAA [C]. Proc. SCN, 2006: 111-125.

[28] Sun J, Zhang C, Zhang Y, et al. An identity-based security system for user privacy in vehicular ad hoc networks [J]. IEEE Transactions on Parallel and Distributed Systems, 2010, 21(9): 1227-1239.

[29] Boneh D, Boyen X, Shacham H. Short group signatures [C]. Proc. CRYPTO, 2004: 41-55.

[30] Pointcheval D, Sanders O. Short randomizable signatures [C]. Proc. CT-RSA, 2016: 111-126.

[31] N. Ekedebe, Yu W, Lu C, et al. Securing transportation cyber-physical systems [M]. Securing Cyber-Physical Systems. Boca Raton, FL, USA: CRC Press, 2015: 163-196.

[32] Neven G, Baldini G, Camenisch J, et al. Privacy-preserving attribute-based credentials in cooperative intelligent transport systems [C]. Proc. VNC, Nov. 2017: 131-138.

[33] Ni J, Zhang K, Yu Y, et al. Privacy-preserving smart parking navigation supporting efficient driving guidance retrieval [J]. IEEE Transactions on Vehicular Technology, 2018, 67(7): 6504-6517.

[34] Yang Y, Wei Z, Zhang Y, et al. V2X security: A case study of anonymous authentication [J]. Pervasive and Mobile Computing, 2017, 41: 259-269.

[35] Gruteser M, Grunwald D. Anonymous usage of location-based services through spatial and temporal cloaking [C]. Proc. MobiSys, 2003: 31-42.

[36] Yu R, Kang J, Huang X, et al. MixGroup: Accumulative pseudonym exchanging for location privacy enhancement in vehicular social networks [J]. IEEE Transactions on Dependable and Secure Computing, 2016, 13(1): 93-105.

[37] Angermeier D, Kiening A, Stumpf F. PAL-Privacy augmented LTE: A privacy-preserving scheme for vehicular LTE communication [C]. Proc. ACM VANET, 2013: 1-10.

[38] Ahmed K J, Lee M J. Secure LTE-based V2X service [J]. IEEE Internet of Things Journal, 2018, 5(5): 3724-3732.

[39] Mendonca M, Seetharaman S, Obraczka K. A flexible in-network IP anonymization service [C]. Proc. ICC,

2012: 6651-6656.

[40] Jafarian J H, Al-Shaer E, Duan Q. Openflow random host mutation: Transparent moving target defense using software defined networking [C]. Proc. HotSDN, 2012: 127-132.

[41] Ni J, Lin X, Shen X. Efficient and secure service-oriented authentication supporting network slicing for 5G-enabled IoT [J]. IEEE Journal on Selected Areas in Communications, 2018, 36(3): 644-657.

[42] Kang J, Yu R, Huang X, et al. Privacy-preserved pseudonym scheme for fog computing supported Internet of vehicles [J]. IEEE Transactions on Intelligent Transportation Systems, 2018, 19(8): 2627-2637.

[43] Zhou L, Yu L, Du S, et al. Achieving differentially private location privacy in edge-assistant connected vehicles [J]. IEEE Internet of Things Journal, 2019, 6(3): 4472-04481.

[44] Primault V, Boutet A, Mokhtar S B, et al. The long road to computational location privacy: A survey [J]. IEEE Communications Surveys & Tutorials, 2019, 21(3): 2772-2793.

[45] Freudiger J, Raya M, Félegyházi M, et al. Mix-zones for location privacy in vehicular networks [C]. Proc. WiN-ITS, 2007: 1-7.

[46] Lin X, Sun X, Ho P-H, et al. GSIS: A secure and privacy-preserving protocol for vehicular communications [J]. IEEE Transactions on Vehicular Technology, 2007, 56(6): 3442-3456.

[47] Chaurasia B K, Verma S. Conditional privacy through ring signature in vehicular ad-hoc networks [M]. Transactions on Computational Science XIII. Springer 2011: 147-156.

[48] Xiong H, Guan Z, Hu J, et al. Anonymous authentication protocols for vehicular ad hoc networks: An overview [C]. Proc. ACNS, 2016: 53-72.

[49] Jiang Y, Ji Y, Liu T. An anonymous communication scheme based on ring signature in VANETs [J/OL]. arXiv Preprint, 2014. https://arxiv.org/abs/1410.1639.

[50] Aliwa E, Rana O, Perera C, et al. Cyberattacks and countermeasures for in-vehicle networks [J/OL]. arXiv Preprint, 2020. https://arxiv.org/abs/2004.10781.

[51] Pham M, Xiong K. A survey on security attacks and defense techniques for connected and autonomous vehicles [J/OL]. arXiv Preprint, 2020. https://arxiv.org/abs/2007.08041.

[52] Fowler D S, Cheah M, Shaikh S A, et al. Towards a testbed for automotive cybersecurity [C]. Proc. IEEE ICST, 2017: 540-541.

[53] Wolf M, Weimerskirch A, Paar C. Secure in-vehicle communication [M]. Embedded Security in Cars. Berlin, Heidelberg: Springer, 2006: 95-109.

[54] Lin C-W, Sangiovanni-Vincentelli A. Cyber-security for the controller area network (CAN) communication protocol [C]. Proc. International Conference on Cyber Security, 2012: 1-7.

[55] Nilsson D K, Larson U E, Jonsson E. Efficient in-vehicle delayed data authentication based on compound message authentication codes [C]. Proc. IEEE VTC, 2008: 1-5.

[56] Herrewege A V, Singelee D, Verbauwhede I. CANAutha - A simple, backward compatible broadcast authentication protocol for CAN bus [C]. Proc. ECRYPT Workshop on Lightweight Cryptography, 2011.

[57] Halabi J, Artail H. A lightweight synchronous cryptographic hash chain solution to securing the vehicle CAN bus [C]. Proc. IEEE IMCET, Nov. 2018: 1-6.

[58] Müter M, Asaj N. Entropy-based anomaly detection for in-vehicle networks [C]. Proc. IEEE IV, 2011: 1110-

1115.

[59] Miller C, Valasek C. A survey of remote automotive attack surfaces [C]. Black Hat USA, 2014,

[60] Matsumoto T, Hata M, Tanabe M, et al. A method of preventing unauthorized data transmission in controller area network [C]. Proc. IEEE VTC Spring, 2012: 1-5.

[61] Cho K-T, Shin K G. Fingerprinting electronic control units for vehicle intrusion detection [C]. Proc. USENIX Security Symposium, 2016: 911-927.

[62] Gmiden M, Gmiden M H, Trabelsi H. An intrusion detection method for securing in-vehicle CAN bus [C]. Proc. STA, Dec. 2016: 176-180.

[63] Tyree Z, Bridges R A, Combs F L, et al. Exploiting the shape of CAN data for in-vehicle intrusion detection [C]. IEEE VTC Fall, 2018: 1-5.

[64] Siddiqui A S, Gui Y, Plusquellic J, et al. Secure communication over CANBus [C]. Proc. IEEE MWSCAS, 2017: 1264-1267.

[65] Mahmud S M, Shanker S, Hossain I. Secure software upload in an intelligent vehicle via wireless communication links [C]. Proc. IEEE IV, June 2005: 588-593.

[66] Nilsson D K, Larson U E. Secure firmware updates over the air in intelligent vehicles [C]. Proc. ICC Workshops, May 2008: 380-384.

[67] Mulliner C, Michéle B. Read it twice! A mass-storage-based TOCTTOU attack [C]. Proc. USENIX Workshop on Offensive Technologies, 2012: 105-112.

[68] Nilsson D K, Sun L, Nakajima T. A framework for selfverification of firmware updates over the air in vehicle ECUs [C]. Proc. IEEE Globecom Workshop, 2008: 1-5.

[69] Seshadri A, Luk M, Perrig A, et al. SCUBA: Secure code update by attestation in sensor networks [C]. Proc. ACM Workshop on Wireless Security 2006: 85-94.

[70] Shin H, Kim D, Kwon Y, et al. Illusion and dazzle: Adversarial optical channel exploits against lidars for automotive applications [C]. Proc. International Conference on Cryptographic Hardware and Embedded Systems, 2017: 445-467.

[71] Davidson D, Wu H, Jellinek R, et al. Controlling UAVs with sensor input spoofing attacks [C]. Proc. USENIX Workshop on Offensive Technologies, 2016.

[72] Matsumura R, Sugawara T, Sakiyama K. A secure LiDAR with AES-based side-channel fingerprinting [C]. Proc. CANDARW, 2018: 479-482.

[73] Porter M, Dey S, Joshi A, et al. Detecting deception attacks on autonomous vehicles via linear time-varying dynamic watermarking [C]. Proc. CCTA, 2020: 1-8.

[74] Stottelaar B G. Practical cyber-attacks on autonomous vehicles [D]. University of Twente, 2015.

[75] Wang Q, Zhang Y, Xu Y, et al. Pseudorandom modulation quantum secured lidar [J]. Optik, 2015 126(22): 3344-3348.

[76] Shoukry Y, Martin P, Yona Y, et al. PyCRA: Physical challenge-response authentication for active sensors under spoofing attacks [C]. Proc. ACM SIGSAC Conference on Computer and Communications Security, 2015: 1004-1015.

[77] Dutta R G, Guo X, Zhang T, et al. Estimation of safe sensor measurements of autonomous system under

attack [C]. Proc. Annual Design Automation Conference. 2017: 1-6.

[78] Kapoor P, Vora A, Kang K-D. Detecting and mitigating spoofing attack against an automotive radar [C]. Proc. IEEE VTC-Fall, 2018: 1-6.

[79] Haider Z, Khalid S. Survey on effective GPS spoofing countermeasures [C]. Proc. INTECH, Aug. 2016: 573-577.

[80] Narain S, Ranganathan A, Noubir G. Security of GPS/INS based on-road location tracking systems [C]. Proc. IEEE Symposium on Security and Privacy, 2019: 587-601.

[81] Meng Q, Hsu L-T, Xu B, et al. A GPS spoofing generator using an open sourced vector tracking-based receiver [J]. Sensors, 2019, 19(18): 3993.

[82] Warner J S, Johnston R G. GPS spoofing countermeasures [J]. Homeland Security Journal, 2003, 25(2): 19-27.

[83] Mukhopadhyay M, Sarkar B K, Chakraborty A. Augmentation of anti-jam GPS system using smart antenna with a simple DOA estimation algorithm [J]. Progress in Electromagnetics Researc, 2007, 67: 231-249.

[84] Purwar A, Joshi D, Chaubey V K. GPS signal jamming and anti-jamming strategy - A theoretical analysis [C]. Proc. IEEE Annual India Conference, Dec. 2016: 1-6.

[85] Petit J, Stottelaar B, Feiri M, et al. Remote attacks on automated vehicles sensors: Experiments on camera and lidar [C]. Proc. Black Hat Europe, 2015.

[86] Sharath Yadav D H, Ansari A. Autonomous vehicles camera blinding attack detection using sequence modelling and predictive analytics [J]. SAE Technical Paper, 2020.

[87] Zantedeschi V, Nicolae M-I, Rawat A. Efficient defenses against adversarial attacks [C]. Proc. ACM Workshop on Artificial Intelligence and Security, 2017: 39-49.

[88] Xu W, Evans D, Qi Y. Feature squeezing: Detecting adversarial examples in deep neural networks [J/OL]. arXiv Preprint, 2017. https://arxiv.org/abs/1704.01155.

[89] Dziugaite G K, Ghahramani Z, Roy D M. A study of the effect of JPG compression on adversarial images [J/OL]. arXiv Preprint, 2016. https://arxiv.org/abs/1608.00853.

[90] Guo C, Rana M, Cissé M, et al. Countering adversarial images using input transformations [J/OL]. arXiv Preprint, 2017. https://arxiv.org/abs/1711.00117.

[91] Szegedy C, Zaremba W, Sutskever I, et al. Intriguing properties of neural networks [J/OL]. arXiv Preprint, 2013. https://arxiv.org/abs/1312.6199.

[92] Miyato T, Maeda S, Koyama M, et al. Distributional smoothing with virtual adversarial training [J/OL]. arXiv Preprint, 2015. https://arxiv.org/abs/1507.00677.

[93] Jiang W, Li H, Liu S, et al. Poisoning and evasion attacks against deep learning algorithms in autonomous vehicles [J]. IEEE Transactions on Vehicular Technology, 2020, 69(4): 4439-4449.

[94] Buckman J, Roy A, Raffel C, et al. Thermometer encoding: One hot way to resist adversarial examples [C]. Proc. ICLR, 2018.

[95] Smith L, Gal Y. Understanding measures of uncertainty for adversarial example detection [J/OL]. arXiv Preprint, 2018. https://arxiv.org/abs/1803.08533.

[96] Papernot N, Mcdaniel P, Wu X, et al. Distillation as a defense to adversarial perturbations against deep

neural networks [C]. Proc. IEEE Symposium on Security and Privacy, 2016: 582-597.

[97] International Standardization Organization. Road vehicles — Functional safety: ISO 26262 - 2018 [S]. 2018.

[98] A town in Iceland made an optical illusion crosswalk to slow traffic [EB/OL]. [2021-03-16]. https:// coolmaterial.com/travel/optical-illusion-crosswalk/

[99] International Standardization Organization. Road vehicles — Safety of the intended functionality: ISO/PAS 21448 - 2019 [S]. 2019.

[100] Mohseni S, Pitale M, Singh V, et al. Practical solutions for machine learning safety in autonomous vehicles [J/OL]. arXiv Preprint, 2019. https://arxiv.org/abs/1912.09630.

[101] Mcallister R, Gal Y, Kendall A, et al. Concrete problems for autonomous vehicle safety: Advantages of bayesian deep learning [C]. Proc. IJCAI, 2017: 4745-4753.

[102] Lakshminarayanan B, Pritzel A, Blundell C. Simple and scalable predictive uncertainty estimation using deep ensembles [C]. Proc. NIPS, 2017: 6402-6413.

[103] Gal Y, Ghahramani Z. Dropout as a Bayesian approximation: Representing model uncertainty in deep learning [C]. Proc. ICML, 2016: 1050-1059.

[104] Michelmore R, Kwiatkowska M, Gal Y. Evaluating uncertainty quantification in end-to-end autonomous driving control [J/OL]. arXiv Preprint, 2018. https://arxiv.org/abs/1811.06817.

[105] Geifman Y, El-Yaniv R. Selective classification for deep neural networks [C]. Proc. NIPS, 2017: 4878-4887.

[106] Guo C, Pleiss G, Sun Y, et al. On calibration of modern neural networks [C]. Proc. ICML, 2017: 1321-1330.

[107] Hecker S, Dai D, Van Gool L. Failure prediction for autonomous driving [C]. Proc. IEEE IV, 2018: 1792-1799.

[108] Mohseni S, Jagadeesh A, Wang Z. Predicting model failure using saliency maps in autonomous driving systems [J]. arXiv Preprint, 2019. https://arxiv.org/abs/1905.07679.

[109] Devries T, Taylor G W. Learning confidence for out-of-distribution detection in neural networks [J/OL]. arXiv Preprint, 2018. https://arxiv.org/abs/1802.04865.

[110] Vyas A, Jammalamadaka N, Zhu X, et al. Out-of-distribution detection using an ensemble of self supervised leave-out classifiers [C]. Proc. ECCV, 2018: 550–564.

[111] Golan I, El-Yaniv R. Deep anomaly detection using geometric transformations [C]. Proc. NIPS, 2018: 9781-9791.

[112] Hendrycks D, Gimpel K. A baseline for detecting misclassified and out-of-distribution examples in neural networks [J/OL]. arXiv Preprint, 2016. https://arxiv.org/abs/1610.02136.

[113] Lee K, Lee H, Lee K, et al. Training confidence-calibrated classifiers for detecting out-of-distribution samples [J/OL]. arXiv Preprint, 2017. https://arxiv.org/abs/1711.09325.

[114] Mohseni S, Pitale M, Yadawa J B S, et al. Self-supervised learning for generalizable out-of-distribution detection [C]. Proc. AAAI, 2020: 5216-5223.

[115] Zhang X, Lecun Y. Universum prescription: Regularization using unlabeled data [C]. Proc. AAAI, 2017: 2907-2913.

[116] Ganin Y, Lempitsky V. Unsupervised domain adaptation by backpropagation [J/OL]. arXiv Preprint, 2014.

https://arxiv.org/abs/1409.7495.

[117] Zhang X, Wang Z, Liu D, et al. DADA: Deep adversarial data augmentation for extremely low data regime classification [C]. Proc. ICASSP, 2019: 2807-2811.

[118] Tang Z, Naphade M, Birchfield S, et al. PAMTRI: Pose-aware multi-task learning for vehicle re-identification using highly randomized synthetic data [C]. Proc. ICCV, 2019: 211-220.

[119] Lee H, Eum S, Kwon H. ME R-CNN: Multi-expert R-CNN for object detection [J]. IEEE Transactions on Image Processing, 2020, 29:1030-1044.

[120] Wang X, Shrivastava A, Gupta A. A-Fast-RCNN: Hard positive generation via adversary for object detection [C]. Proc. CVPR, 2017: 3039-3048.

[121] Wu Z, Suresh K, Narayanan P, et al. Delving into robust object detection from unmanned aerial vehicles: A deep nuisance disentanglement approach [C]. Proc. ICCV, 2019: 1201-1210.

[122] Goodfellow I, Bengio Y, Courville A. Deep learning [M]. MIT press, 2016.

[123] Fawzi A, Samulowitz H, Turaga D, et al. Adaptive data augmentation for image classification [C]. Proc. ICIP, 2016: 3688-3692.

[124] Zhong Z, Zheng L, Kang G, et al. Random erasing data augmentation [J/OL]. arXiv Preprint, 2017. https://arxiv.org/abs/1708.04896.

[125] Geirhos R, Rubisch P, Michaelis C, et al. ImageNet-trained CNNs are biased towards texture; increasing shape bias improves accuracy and robustness [C]. Proc. ICLR, 2019.

[126] Huang G, Chen D, Li T, et al. Multi-scale dense networks for resource efficient image classification [C]. Proc. ICLR, 2018.

[127] Goodfellow I J, Shlens J, Szegedy C. Explaining and harnessing adversarial examples [J/OL]. arXiv Preprint, 2014. https://arxiv.org/abs/1412.6572.

[128] Gunning D. Explainable artificial intelligence (XAI) [EB/OL]. [2021-03-16]. https://www.darpa.mil/program/explainable-artificial-intelligence.

第 **5** 章
基于 5G 的车路协同自动驾驶场景

5.1 基于 5G 的车路协同场景

为了提高驾驶安全性，交通效率以及提升用户体验，业界很早就提出通过汽车与汽车、汽车与行人、汽车与交通设施的互联，提供汽车行驶安全服务、交通效率提升服务和信息服务，这也是最初 V2X 的目标。

随着 C-V2X 技术的提出，近年来围绕汽车的智能化和交通的智能化，不同组织机构都在进行 C-V2X 技术应用场景的归纳，主要划分为交通安全类（Safety）、交通效率类（Traffic Efficiency）以及信息服务类（Infotainment/Telematics）。中国汽车工程师协会在 2017 年发布的《合作式智能运输系统-车用通信系统-应用层及应用层数据交互标准》（T/CSAE 53-2017，T/ITS 0058-2017）提出车路协同 17 种基础场景（如表 5-1 所示）和 13 种增强场景（如表 5-2 所示）。

表 5-1　车路协同基础场景

序号	类　别	通信方式	应用名称
1	安全	V2V	前向碰撞预警
2		V2V/V2I	交叉路口碰撞预警
3		V2V/V2I	左转辅助
4		V2V	盲区预警/变道辅助
5		V2V	逆向超车预警
6		V2V-Event	紧急制动预警
7		V2V-Event	异常车辆提醒
8		V2V-Event	车辆失控预警
9		V2I	道路危险状况提示
10		V2I	限速预警
11		V2I	闯红灯预警
12		V2P/V2I	弱势交通参与者碰撞预警
13	效率	V2I	绿波车速引导
14		V2I	车内标牌
15		V2I	前方拥堵提醒
16		V2V	紧急车辆提醒
17	信息服务	V2I	汽车近场支付

表 5-2　车路协同增强场景

序号	增强的业务场景	通信模式	场景分类
1	协作式变道	V2V	安全
2	协作式匝道汇入	V2I	安全
3	协作式交叉口通行	V2I	安全
4	感知数据共享/车路协同感知	V2V/V2I	安全
5	道路障碍物提醒	V2I	安全
6	慢行交通轨迹识别及行为分析	V2P	安全
7	车辆编队	V2V	综合
8	特殊车辆信号优先	V2I	效率
9	动态车道管理	V2I	效率
10	车辆路径引导	V2I	效率
11	场站进出服务	V2I	效率/信息服务
12	浮动车数据采集	V2I	信息服务
13	差分数据服务	V2I	信息服务

随着智能网联汽车的研究与应用实践，C-V2X 的应用场景被进一步细化，中国智能网联汽车产业创新联盟等组织在 2019 年发布的《C-V2X 产业化路径和时间表研究白皮书》中提出智联网联汽车 C-V2X 应用程景（如表 5-3 所示）。

表 5-3　智能网联汽车 C-V2X 应用场景

应用场景		优先级		实现方式
		基本	扩展	
	前向碰撞预警（FCW）	√		V2V
	跟车过近提醒（区别于 FCW，发生在 FCW 之前）		√	V2V
	RSU 提醒碰撞（V2V 不可能的情况下）		√	V2I
	碰撞不可避免告警		√	V2V/V2I
	左转辅助/告警	√		V2V
	汇入主路辅助/碰撞告警	√		V2V
	交叉路口碰撞告警（有信号灯/无信号灯/非视距等，存在路边单元）	√		V2I
交通安全	交叉路口碰撞告警（有信号灯/无信号灯/非视距等，不存在路边单元）	√		V2V
	超车辅助/逆向超车提醒/借道超车	√		V2V
	盲区告警/换道辅助	√		V2V
	紧急制动预警（紧急电子刹车灯）	√		V2V
	车辆安全功能失控告警	√		V2V
	异常车辆告警（包含前方静止/慢速车辆）	√		V2V
	静止车辆提醒（交通意外，车辆故障等造成）	√		V2V
	摩托车靠近告警		√	V2V/V2P
	慢速车辆预警（拖拉机，大货车等）		√	V2V
	非机动车（电动车，自行车等）靠近预警		√	V2P
	非机动车（电动车，自行车等）横穿预警/行人横穿预警	√		V2P

（续表）

应用场景		优先级		实现方式
		基本	扩展	
交通安全	紧急车辆提示	√		V2V/V2I/V2N
	大车靠近预警		√	V2I
	逆向行驶提醒（提醒本车及其他车）		√	V2V
	前方拥堵/排队提醒		√	V2I/V2V/V2N
	道路施工提醒		√	V2X
	前方事故提醒		√	V2I
	道路湿滑/危险路段提醒（大风，大雾，结冰等）	√		V2I
	协作信息分享（危险路段，道路湿滑，大风，大雾，前方事故等）		√	V2I
	闯红灯（黄灯）告警	√		V2I
	自适应近/远灯（如会车灯光自动切换）		√	V2V
	火车靠近/道口提醒		√	V2I/V2P
	限高/限重/限宽提醒		√	V2I
	疲劳驾驶提醒		√	V2V
	注意力分散提醒		√	V2V
	超载告警/超员告警		√	V2N/V2P
交通效率	减速区/限速提醒（隧道限速、普通限速、弯道限速等）	√		V2I/V2N/V2V
	减速/停车标志提醒（倒三角/"停"）		√	V2I
	减速/停车标志违反警告		√	V2X
	车速引导	√		V2I/V2V/V2N
	交通信息及建议路径（路边单元提醒）		√	V2I/V2N
	增强导航（接入 Internet）		√	V2N/V2I
	商用车导航		√	V2N
	十字路口通行辅助		√	V2V/V2I/V2N
	专用道动态使用（普通车动态借用专用车道）/专用车道分时使用（分时专用车道）/潮汐车道/紧急车道		√	V2I
	禁入及绕道提示（道路封闭，临时交通管制等）		√	V2I
	车内标牌	√		V2I
	电子不停车收费	√		V2I
	货车/大车车道错误提醒（高速长期占用最左侧车道）		√	V2I
	自适应巡航（后车有驾驶员）		√	V2V
	自适应车队（后车无驾驶员）		√	V2V
信息服务	兴趣点提醒		√	V2I/V2V
	近场支付	√		V2I/V2N
	自动停车引导及控制	√		V2I/V2N
	充电站目的地引导（有线/无线电站）		√	V2I/V2N
	电动汽车自动泊车及无线充电		√	V2I/V2N
	本地电子商务		√	V2I/V2N
	汽车租赁/分享		√	V2I/V2N
	电动车分时租用		√	V2I/V2N

（续表）

应用场景	优先级		实现方式
	基本	扩展	
媒体下载		√	V2I/V2N
地图管理，下载/更新		√	V2I/V2N
经济/节能驾驶		√	V2X
即时消息		√	V2V
个人数据同步		√	V2I/V2N
SOS/eCall 业务	√		V2I/V2N
车辆被盗/损坏（包括整车和部件）警报	√		V2I/V2N
车辆远程诊断，维修保养提示	√		V2I/V2N
车辆关系管理（接入 Internet）		√	V2I/V2N
车辆生命周期管理数据收集		√	V2I/V2N
按需保险业务（即开即交保等）		√	V2I/V2N
车辆软件数据推送和更新		√	V2I/V2N
卸货区管理		√	V2I/V2N
车辆和 RSU 数据校准		√	V2I
电子号牌		√	V2I

以上场景划分更多是从应用场景角度，阐述不同 C-V2X 技术的应用方式。其核心技术更多的是面向人类驾驶员的感知和辅助决策，而不是自动驾驶车的车载智能。随着自动驾驶技术的发展，一些明显能够通过车载智能解决的基本问题，已经不再是 C-V2X 的核心技术需求，如车内标牌、兴趣点导航等。

从技术角度出发，C-V2X 一方面能够为自动驾驶车辆的车载智能提供超视距的感知与认知能力，从而提升自动驾驶的感知范围，保障自动驾驶决策的及时性和有效性；另一方面，也能通过 C-V2X 的双向交互能力增强自动驾驶车辆与其他周边车辆的协同能力，与路侧交通指挥控制系统的协同能力，从而解决更复杂场景下的交通安全和交通效率问题。

本章从技术角度出发，对自动驾驶在不同 V2X 模式下的协同场景、协同需求、协同方式进行了总结和探讨，以期能够更有效地对 C-V2X 技术在自动驾驶应用过程中的技术需求进行定义。

5.2 车辆–车辆（V2V）协同场景

● 5.2.1 V2V 协同场景概述

V2V 是以车辆之间直接通信为基础的车车协同技术。V2V 通信使得车辆可以直接建立起自组织网络，进行车车之间的直接通信，降低传统固定基站接入导致的移动切换复杂性、数据存储转发时延等，能够保证大的直连带宽和极低的通信时延，保证车辆之间协同的实时性。

但是，由于车辆在行驶过程中，车辆群体之间的位置并不是固定不变的，会面临复杂的多车辆拓扑组织问题，以及车辆加入与退出拓扑导致的安全问题。同样，由于电磁频谱空间资源有限，因此，在车辆拓扑频繁变化条件下，如何有效地分配车辆之间的电磁频率，以降低干扰提高通信效率，仍然存在问题。因为这些问题的存在，目前的 C-V2X 技术中，仍然采用广播的方式（PC5 模式）来提供 V2V 通信。采用广播方式提供 V2V 通信的优点是避免了 D2D 资源分配的复杂性，能够在一定速率条件下保证极低通信时延，但也难以有效提高通信带宽，难以支持点到点大数据量通信。对于这些问题及解决方案前文都有过深入研究，在此不做过多探讨。

V2V 通信技术可以为自动驾驶的车辆提供多车间的实时数据交互，共享不同车辆感知到的数据或车辆的驾驶决策，从而达到多车协同认知和协同决策的目的。根据自动驾驶对多车协同的主要需求，适合 V2V 协同的场景主要包括以下几种。

（1）主动异常预警（超视距认知）：自动驾驶车辆的车载智能需要通过车载传感器认知周边环境，规划行驶路线，保证行车安全。但由于盲区、视距极限等因素存在，车载传感器的感知结果可能无法为车载智能提供足够的识别与决策反应时间。利用 V2V 具有的直连、时延短等优点，自动驾驶车辆可以将自身检测到的可能影响其他交通元素通行的感知和认知结果进行主动预警，提高自动驾驶车辆视距范围，保证车载智能在面临风险的时候能够预先执行防御性决策，从而保障交通安全。

（2）主动路权争用协商：车辆在行驶过程中可能产生路权争用，如交叉路口中的直行和左转车辆就需要主动协商交叉通行次序，避免路权争用导致的交通拥塞。传统基于单车传感器的车载智能，需要根据传感器识别出的潜在路权争用车辆的运动意图进行反复试探，这种试探是低效和不准确的，容易导致误判。利用 V2V 提供的低时延多车直连通信，车辆可以在短时间内进行多次交互式的协商，实现最佳通行决策，在保障安全的条件下实现最大通行效率。因此，在面临多车路权争用的时候，可通过主动路权协商来获得最佳的路权占用时机，辅助无人驾驶决策。

（3）主动路权分配协商：交通安全和效率的核心是如何最优化路权时空占用，使得路面时空资源不冲突，且利用率最高。同样由于单车智能的局限，自动驾驶车辆在行驶过程中，无法保持足够低的安全间距，在开放道路行驶过程中，并不比人类驾驶员有明显更高的时空资源利用率。利用 V2V 的极低时延直连交互，多无人驾驶车在行驶过程中可以紧密协同，尽最大努力压缩车间距，在最大化路权使用效率的同时保障行驶安全。在这一过程中，车辆之间需要实时维持路权，以维持车距保障行驶安全。可以将主动路权争用协商作为主动路权分配协商的特例。

5.2.2 主动异常预警

5.2.2.1 异常预警

1）应用场景

异常预警的应用场景主要是：主车 HV 在路上行驶，如果前方车辆 RV 根据自身传感器探测到前方道路发生影响交通安全的异常事件（如破损、障碍、紧急刹车、慢行、故障、停车等事件）或车辆自身需要降低速度甚至突然停止等异常动作的时候，车辆 RV 将通过 V2V 对检测到的事件或自身的动作等信息进行广播，主车 HV 根据收到的异常预警信息采取防御性驾驶决策，以保证安全避免发生事故，异常预警如图 5-1 所示。

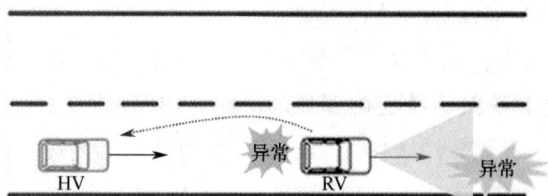

图 5-1 异常预警

2）处理过程

主车 HV 和前方车辆 RV 在路上正常行驶。

车辆 RV 根据车载传感器识别路面存在影响运动决策的异常，构建异常事件。

车辆 RV 自身根据车辆自身状态或行驶决策产生车辆运动姿态的改变，可能导致安全影响，构建异常事件。

异常事件内容包括检测到异常事件或自身异常动作的类型、位置、速度、方向等信息。

车辆 RV 通过 V2V 将异常事件广播。

主车 HV 收到 RV 的广播信息，如果主车 HV 是自动驾驶车辆，则车载智能可以根据异常事件或异常动作信息进行风险判断，并根据风险预判制定驾驶决策策略，做出减速、变道等避让操作。

3）对自动驾驶决策影响

通过 V2V 传递的异常预警类消息是安全风险较高的信息，具有高优先级。由于遮挡等因素，自动驾驶车辆自身的传感器可能并不能对 V2V 传递的异常预警位置进行识别。即便自动驾驶车辆传感器能够感知到异常预警位置，但由于车辆运动趋势判断等因素，人工智能无法在短时间内完成识别。因此，自动驾驶车载智能需选择信任异常预警，并将异常预警数据与主动认知结果进行联合驾驶决策。

4）性能要求

- 主车车速范围 0～130 km/h;
- 通信距离≥150 m;
- 数据更新频率≥10 Hz;
- 系统时延≤100 ms;
- 定位精度≤1.5 m。

5.2.2.2 盲区预警

1）应用场景

盲区预警的应用场景主要是：主车 HV 在路上行驶过程中，存在车辆或路面地形原因等产生的如图 5-2 所示的车辆遮挡盲区或如图 5-3 所示的地理空间盲区等。遮挡盲区的存在对主车 HV 的自动驾驶决策会产生极大的风险，例如，车辆遮挡盲区中的车辆突然向左机动或右转盲区中存在障碍物等。为了避免盲区导致的交通事故，主车 HV 可以广播自己的驾驶意图，前车 RV 判断自身传感器获得的识别结果可能处于主车 HV 的盲区中，则将自身传感器获得的识别结果传播给 HV，HV 收到 RV 传递的盲区数据后，结合自身位置和运动趋势，采取防御性驾驶决策，以保证安全避免发生事故。

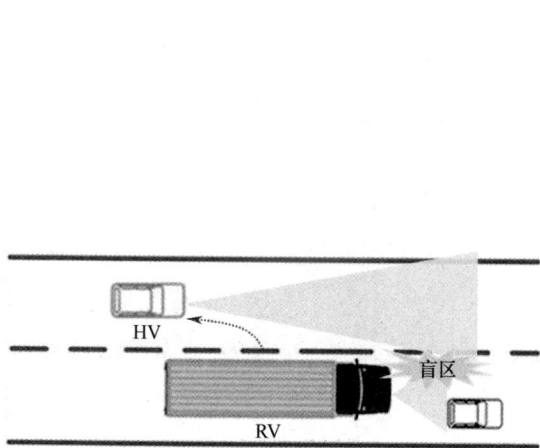

图 5-2 车辆遮挡盲区

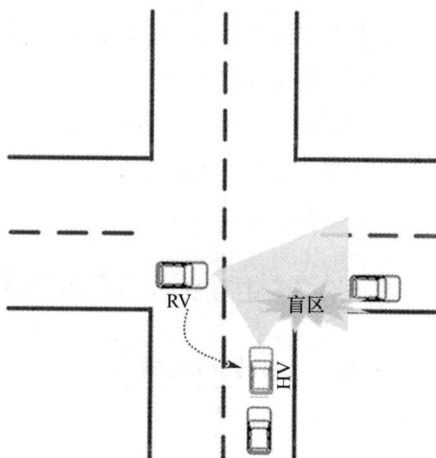

图 5-3 地理空间盲区

2）处理过程

主车 HV 和前方车辆 RV 在路上正常行驶。

主车 HV 将自身位置、速度、驾驶意图等信息通过 V2V 进行广播。

车辆 RV 根据 HV 广播的信息判断其是否存在盲区。

车辆 RV 车载传感器识别路面其他交通元素，判断是否在 HV 盲区，构建盲区预警事件。

车辆 RV 通过 V2V 将盲区预警事件通知给 HV。

主车 HV 收到 RV 的预警信息，如果主车 HV 是自动驾驶车辆，则车载智能可以根据盲区预警信息进行风险判断，并根据风险预判制定驾驶决策策略，做出减速、变道等避让操作。

3）对自动驾驶决策的影响

盲区预警是自动驾驶面临的高风险事件，具有高优先级。处于盲区中的交通元素，其大小、运动趋势和风险等都不能被自动驾驶车辆自身的传感器进行感知和识别，因此自动驾驶车载智能需选择信任盲区预警，并将盲区预警数据与主动认知结果进行联合驾驶决策。

如果 RV 无差别地广播自身检测到的所有交通元素，在车辆密集的地区，将会加重 HV 进行全路面认知计算的复杂度。解决方式有两种。

其一是 RV 进行按需广播，即 RV 根据位置关系判断 HV 的盲区检测需求，并仅将盲区检测结果进行广播，降低对广播信道的占用和 HV 路面态势重建的复杂度。

其二是使用态势图方式对路面态势重建，仅广播态势图，而不是所有交通元素检测结果，降低对广播信道的占用和 HV 路面态势重建的复杂度。

4）性能要求

- 主车车速范围 0～130 km/h；
- 通信距离≥150 m；
- 数据更新频率≥10 Hz；
- 系统时延≤100 ms；
- 定位精度≤1.5 m。

● 5.2.3　主动路权争用协商

5.2.3.1　优先路权协商

1）应用场景

车辆在行驶过程中对路面产生时空资源占用，在特定场景下，多车可能对同一块路面空间产生争用，由此产生路权冲突。例如，十字路口左转路权协商如图 5-4 所示，十字路口交叉路权协商如图 5-5 所示，逆向超车路权协商如图 5-6 所示。交通系统中定义了多种路权冲突解决方法，并通过定义路权优先策略来解决路权冲突。但最重要的是，如何判断存在路权冲突，并在最短的时间进行路权协商，保障车辆的安全和通行效率。

优先路权协商的应用场景主要是：在可能存在路权冲突的地域，如交叉口、逆向超车等场景下，根据左转让直行、右转让直行、左方来车让右方来车、逆行让正常行驶等冲突消解规则，通过 V2V 协商出车辆通行的策略，在避免路权冲突导致安全事故前提下，提高通行效率。

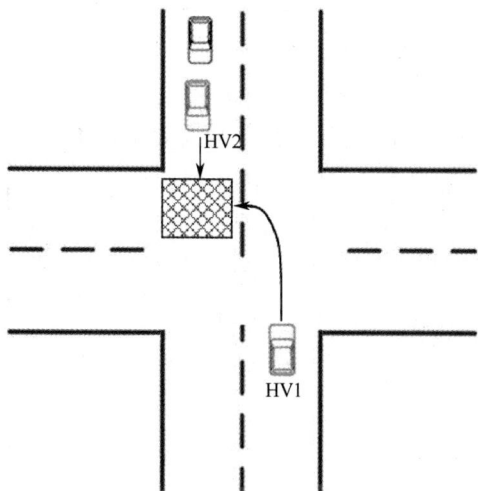

图 5-4　十字路口左转路权协商　　　　图 5-5　十字路口交叉路权协商

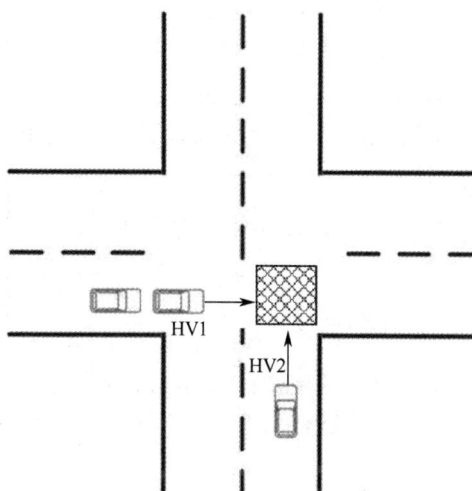

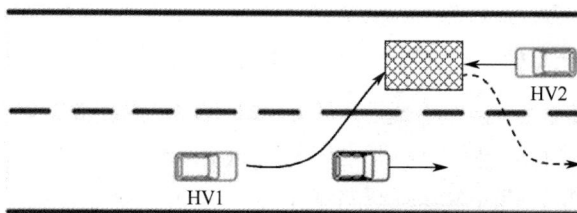

图 5-6　逆向超车路权协商

2）处理过程

车辆 HV1 和 HV2 正常行驶，通过 V2V 实时广播自己的位置、速度、意图等信息。

HV1 和 HV2 通过广播的信息判断之间是否存在路权冲突区域。

如果 HV1 和 HV2 存在路权冲突，则根据动态路权优先分配规则，进行路权冲突协商。例如，在图 5-4 中，HV1 左转需让 HV2 直行先行；在图 5-5 中，HV1 应当让行右方来车 HV2；在图 5-6 中，HV1 逆行超车应让行 HV2 正常行驶车辆。

在动态路权规则指导下，HV1 和 HV2 根据上一轮发布的位置、速度、意图，进行自身下一轮通行预定义策略发布，并根据多次迭代，博弈出稳定行驶策略，最终形成实际驾驶策略。

协商过程需在 HV1 和 HV2 进入路权冲突区域之前持续进行，直到 HV1 或 HV2 通过路权冲突区域为止。

3）对自动驾驶决策的影响

路权冲突是自动驾驶面临的高风险事件，具有高优先级。存在路权冲突的 HV1 和 HV2 必须进行持续的、高频度的协商，直到 HV1 或 HV2 离开路权冲突区域。

由于 V2V 的广播特性，对于自动驾驶的车载智能，并不能直接通过建立 HV1 和 HV2 之间的点到点连接来进行协商，而必须通过策略或博弈的方式进行多轮决策。这对通信的频度和定位的精度都提出了更高的要求。

如果 HV1 或 HV2 未按照上一周期协商的驾驶策略进行驾驶，则需要重新进入博弈协商过程。此时，如果具有优先路权的 HV2 未能维持协商出的优先路权速度，且速度降低到不存在路权冲突，则 HV2 和 HV1 不再存在路权冲突，HV1 可安全通过"路权冲突"区域。

4）性能要求

- 主车车速范围 0～70 km/h；
- 通信距离≥300 m；
- 数据更新频率≥10 Hz；
- 系统时延≤100 ms；
- 定位精度≤1.5 m。

5.2.3.2　空间路权协商

1）应用场景

空间路权是车辆在行驶过程中需要占用的路面空间资源，在特定场景下，多车可能需要共享同一块路面空间，此时需要对空间路权进行协商，以保证车辆的正常通行，由此产生空间路权协商要求，合流路权协商如图 5-7 所示，变道路权协商如图 5-8 所示。

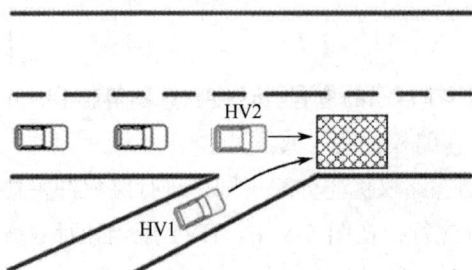

图 5-7　合流路权协商　　　　　　　　　图 5-8　变道路权协商

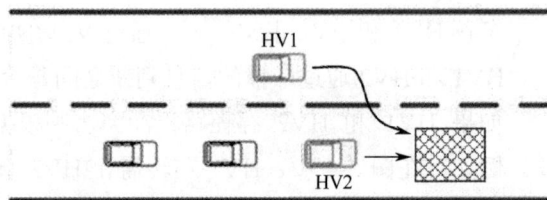

空间路权协商的应用场景主要是：在可能存在路权共享的地域，如合流区、变道区域等场景下，根据 V2V 进行多车协商，制定驾驶策略，在避免路权冲突导致安全事故前提下，提高通行效率。

2）处理过程

车辆 HV1 和 HV2 正常行驶，通过 V2V 实时广播自己的位置、速度、意图等信息。

HV1 和 HV2 通过广播的信息判断之间是否存在路权冲突区域。

如果 HV1 和 HV2 存在路权冲突，且这一冲突是车辆汇入或车辆变道产生的，即产生了空间路权协商。

此时，根据主路优先、正常行驶车辆优先等路权分配规则，进行路权冲突协商。例如，在图 5-7 中，HV1 汇入需让 HV2 直行先行；在图 5-8 中，HV1 变道应当让行正常行驶的 HV2。

在动态路权规则指导下，HV1 和 HV2 根据上一轮发布的位置、速度、意图，进行自身下一轮通行预定义策略发布，并根据多次迭代，博弈出稳定行驶策略，最终形成实际驾驶策略。例如，HV1 的位置比 HV2 更靠近冲突区域，则 HV1 应加速进入，HV2 应维持原速度或减速；当 HV2 的位置比 HV1 更靠近冲突区域时，则 HV1 应减速进入，HV2 应维持原速度或加速。

协商过程需在 HV1 和 HV2 不存在路权冲突区域之前持续进行，直到 HV1 或 HV2 不存在路权冲突区域为止。

3）对自动驾驶决策的影响

空间路权分配过程也是自动驾驶面临的高风险事件，具有高优先级。存在路权冲突的 HV1 和 HV2 必须进行持续的、高频度的协商，直到 HV1 或 HV2 之间不再存在路权冲突区域。

由于 V2V 的广播特性，对于自动驾驶的车载智能，并不能直接通过建立 HV1 和 HV2 之间的点到点连接来进行协商，而必须通过策略或博弈的方式进行多轮决策。这对通信的频度和定位的精度都提出了更高的要求。

如果 HV1 或 HV2 未按照上一周期协商的驾驶策略进行驾驶，则需要重新进入博弈协商过程。此时，如果具有优先路权的 HV2 未能维持协商出的优先路权速度，且速度降低到不存在路权冲突，则 HV1 可安全进行汇入或并线操作。

4）性能要求

- 主车车速范围 0～130 km/h；
- 通信距离≥150 m；
- 数据更新频率≥10 Hz；
- 系统时延≤100 ms；
- 定位精度≤1.5 m。

5.2.3.3　时间路权协商

1）应用场景

时间路权协商的应用场景主要是指：当交警车、消防车、救护车、专用车等紧急车辆 HV1 位于 HV2 后面时，紧急车辆通过 V2V 广播自己的车辆性质、位置、速度等信息，通知 HV2 对当前路权的特定时间占用。HV2 收到紧急车辆的广播信息后，主动变道避让，保证紧急车辆优先通行。时间路权协商如图 5-9 所示。

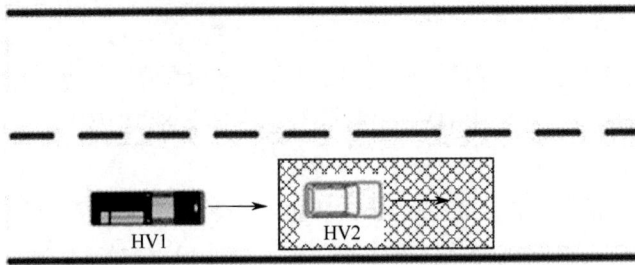

图 5-9　时间路权协商

2）处理过程

车辆 HV2 在道路上正常行驶，紧急车辆 HV1 在 HV2 后方行驶。

紧急车辆 HV1 通过 V2V 广播自己的车辆性质、位置、速度等信息。

车辆 HV2 收到紧急车辆 HV1 的信息后，执行变道避让策略，从而保证紧急车辆的时间路权占用。

在紧急车辆 HV1 通过 HV2 的位置之后，对 HV2 来讲，紧急车辆对车道当前位置的路权占用即终止，HV1 可执行变道策略，回到原车道继续行驶。

3）对自动驾驶决策的影响

时间路权分配过程也是自动驾驶面临的高风险事件，具有高优先级。当有紧急车辆 HV1 需要通过道路时，HV1 即享有当前道路的优先路权。自动驾驶车载智能在收到该消息后，主动执行变道过程，从而保证紧急车辆的快速通行。

4）性能要求

- 主车车速范围 0～130 km/h；
- 通信距离≥150 m；
- 数据更新频率≥10 Hz；
- 系统时延≤100 ms；
- 定位精度≤1.5 m。

5.2.4　主动路权分配协商

1）应用场景

路面上车辆安全高效的行驶核心是对路面时空资源的合理分配。由于不同车辆的驾驶目的地、行驶路径、驾驶行为不同，每辆车所需的路权时空资源不同，如果在同一条道路上不能很好地协调这些路权时空资源占用，就会导致路权冲突，容易引起安全和效率问题。因此，路面上多辆车需要主动协商分配路权，以在保障安全的前提下，尽可能地提高路面空间资源使用效率。

主动路权分配的应用场景主要是：道路上的车辆密度提高到一定程度时，在同一条车道上，自由行驶的车辆之间可能存在路权冲突。理想情况下，车辆之间需共同协商速度、动作，使得在保持车辆之间的安全的前提下，尽可能压缩间距，使得尽可能细分路权占用分配，从而形成虚拟的车辆编队。车辆编队主要包括加入编队协商（如图 5-10 所示），间距保持控制（如图 5-11 所示），编队换道控制，编队解散协商等场景。为了避免车载传感器主动感知前车运动意图时延导致的误动作影响安全，车辆需要通过 V2V 实时共享车辆的驾驶意图（刹车、加速等）信息。由于间距保持控制和编队换道控制都需要精密的把控，因此车辆编队保持对 V2V 的性能要求较高。

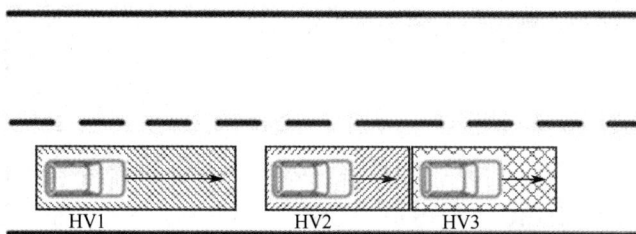

图 5-10　加入编队协商

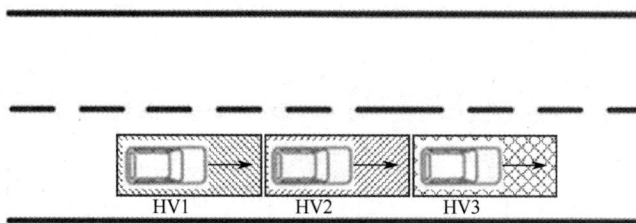

图 5-11　间距保持控制

2）处理过程

由于有多辆车参与编队，如果多头自组织协商，收敛时间太长，难以满足队列管理需求，因此在车辆编队主动路权协商过程中，一般采用领航者-跟随者模式，或称为前车引导-后车跟随模式，通过车间时距定义跟随者的路权需求，以降低车队保持的困难。

加入编队协商的处理过程如下。

车辆 HV2 在道路上正常行驶，车辆 HV1 在 HV2 后方行驶。

车辆 HV2 通过 V2V 广播自己的车辆性质、位置、速度、意图、编队状态等信息。

车辆 HV1 接近 HV2，根据 V2V 广播信息识别编队状态，获得作为队尾的 HV2 位置状态，并决策是否加入编队。

车辆 HV1 决定加入编队后，通过 V2V 广播自己车辆性质、位置、速度、意图、加入编队的信息，申请成为队尾。

车辆 HV2 收到 HV1 的 V2V 广播，更新编队状态，进行 V2V 广播更新，从而实现整个编队的编队状态传播。

加入编队协商完成后，HV3 是编队头车，HV1 成为编队新的尾车，HV3 作为头车需要考虑整个编队的长度进行编队驾驶决策。

间距保持控制的处理过程如下。

车辆 HV1 通过传感器主动探测识别与 HV2 的间距，通过 V2V 获取 HV2 的驾驶意图，完成与 HV2 的间距保持，尽可能小地压缩路权需求。

编队换道控制的处理过程如下。

出于某种原因，头车 HV3 需要进行换道时（如前方有障碍），HV3 需要评估车队长度等状况，在执行换道决策后，头车通过 V2V 进行驾驶意图广播。

后车通过 V2V 广播识别换道意图，执行跟车自主换道，通过 V2V 广播驾驶意图，实现编队状态传播。

编队解散协商的处理过程如下。

车队中的车辆（如 HV2）在到达目的地或出于其他原因需要退出编队时，车辆 HV2 通过 V2V 广播退出编队意图。

HV2 退出编队后，后车 HV1 加速接近 HV3，恢复编队状态，通过 V2V 更新编队信息。

3）对自动驾驶决策的影响

通过车队的方式，减小了多车行驶间距，有利于减小油耗，并通过自动驾驶技术降低对后车司机的依赖。

路面时空资源共享会压缩空间路权范围，缩小车间距会导致路权空间可能难以满足单车安全控制要求，因此需要提高路权分配的时间频度，以提高车间联动响应能力，降低安全风险。

对于自动驾驶来讲，虽然自动驾驶具有更低的车辆控制反应时间，但由于空间路权的压缩会导致车间安全距离太小，安全风险加大。V2V 传递的车队状态信息将是空间路权保障的基础，具有最高优先级。自动驾驶车辆在进行编队保持的时候，需采用车载传感器使用自主认知的方式进行车间距保持，通过高频度的 V2V 协同消息实时根据前车意图制定本车驾驶策略，特别是在前车产生减速意图时，需实时联动产生减速决策，从而保证车队的安全。

4）性能要求

- 主车车速范围 0～120 km/h；
- 通信距离≥400 m；
- 数据更新频率≥10 Hz；
- 系统时延≤50 ms；
- 定位精度≤1 m。

5.3　车辆–基础设施（V2I）协同场景

● 5.3.1　V2I 协同场景概述

V2I 是车辆与路侧交通基础设施之间通过以 C-V2X 通信技术为基础的车路协同技术。

虽然 V2V 通信具有自组织、低时延的特点，能够在没有路侧基础设施支持的条件下进行多车协同服务，但是由于 D2D 资源分配、车辆视距局限等问题，其应用场景仍然受到局限。在城市道路或高速环境下，路侧有充分的条件进行基础设施建设，包括各种通信设施（基于 C-V2X 体制的 RSU）、感知设施（摄像头、激光雷达、毫米波雷达、地感线圈、ETC 读卡器等）、计算设施（边缘计算设备）等。此时，路侧边缘计算系统通过各种路侧感知设备进行感知数据的获取、解析、融合、认知、决策，并通过通信设施，实现车与各种路侧基础设施的联动，保障交通安全，提高通行效率。

由于路侧感知和计算设备采用定点部署，避免了车载传感器由于车辆移动带来的感知融合困难问题，也避免了车辆分布不均衡导致的感知密度不均问题，能够有效建立全路范围的高精度感知，进一步通过认知结果实现数字化道路的数字孪生系统，为交通服务、指挥调度决策等提供依据。而随着 5G 和 C-V2X 技术的引入，路侧认知结果能够通过边缘计算和 C-V2X 通信实现与车辆的协同，为车辆提供实时路况，并根据车流状态动态进行道路的路权控制调整，从而保证交通安全、提高交通效率。

V2I 可以采用两种体制，包括广播模式（PC5）和点到点连接模式（Uu）。广播模式具有大覆盖、低时延的特点，适合于进行大覆盖范围的实时信息推送。点到点连接模式具有大带宽、定向连接特点，适合进行特性化、定点、连续性、交互式信息服务。

虽然 V2V 能够为自动驾驶提供多种异常预警和路权协商能力，但 V2V 与 V2I 并不是相互替代，而是互补的。如果路面上的车渗透率不足，或当前路面车辆稀疏，则通过 V2V 不足以稳定地支持自动驾驶异常预警和路权协商功能。此时，在 V2I 支持下，路侧基础设施可以为自动驾驶的车载智能提供准确的路面交通状态，包括路面实时交通状况、道路天气状况、交通指挥调度状况等，辅助自动驾驶车辆进行驾驶决策，避免车辆自身传感器的识别误差导致的驾驶规划偏差。同时，路侧基础设施还可以根据路侧部署的多角度多源传感器，获取路面的高精度实时交通态势，并判断对行车安全有极大威胁的事件，向自动驾驶车辆发布告警。自动驾驶车辆可根据告警信息实施对应的驾驶决策，以保障行车安全。在高精度实时交通态势基础上，路侧基础设施可以寻求最佳的路权分配策略，并向自动驾驶车辆发出通行建议，向路侧信控发出调控指令，从而保证自动驾驶车辆按照最佳通行策略通过交通路口，在保障安全基础上提高交通效率。

同时，由于车载计算能力受限，而路侧的供电、计算等能力所受局限较小，且路侧部署的计算能力是可以被多辆车复用的，其利用效率较高。此时，在车载计算能力不足以满足大规模数据处理需求的时候，可以将车载计算需求卸载到路侧计算单元，通过路侧计算能力降低车载计算压力。

根据自动驾驶对多车路协同的主要需求，适合 V2I 协同的场景主要包括以下几种。

（1）超视距认知：路侧传感器感知到的数据，可以在路侧边缘计算节点进行认知识别，并通过 I2V 通信进行传播，保证自动驾驶车载智能能够获得最准确的路侧信控状态，路面交通元素位置、运动状态等实时信息，降低对车载传感器的种类和处理复杂度要求，实现防御性驾驶决策，保障交通安全。边缘云计算节点还可以根据车辆主动上报的认知结果与路侧边缘计算节点检测到的结果，计算路面交通实时状况，通过 I2V 对影响其他交通元素通行的事件进行主动预警。自动驾驶车辆收到异常预警后，需立即反应规避，以保障行车安全。

（2）主动路权优化：边缘云计算节点汇集路侧边缘计算识别的路面交通状态及车辆主动上报的高精度位置，通过交通信控进行主动路权管控以提高通行效率，或通过 I2V 对车辆路权进行主动分配调度以提高通行效率。

（3）按需计算卸载：车载智能可以将特定计算任务（一般认为是非实时、非核心决策性任务）卸载到部署在路侧的边缘计算节点，利用边缘计算的数据处理能力或人工智能计算能力，加速进行认知或决策，从而降低车载计算压力。

5.3.2 超视距认知

5.3.2.1 高精度状态信息发布

1）应用场景

高精度状态信息发布的应用场景主要是：路侧基础设施通过 V2I 实时广播检测到的路面静态、动态信息，包括道路标识、交通状态、信控状态等。其中，道路标识信息包括路面的路牌、限速、限行、限高、施工状态等；交通状态信息包括检测到的路面行人、机动车、非机动车等动态信息，包含位置、速度、方向等；信控状态信息包括信号灯的灯色、相位等信息。这些信息通过 V2I 传播到自动驾驶车辆，供车载智能进行驾驶决策。

这些信息可划分为三类。

（1）静态信息：如道路标识，在天级甚至月级时期内不会改变。

（2）准静态信息：如施工状态、道路管控状态等，在小时级或分钟级时期内不会改变。

（3）动态信息：如路面交通状态、信控状态等，处于实时变化中。

针对不同种类的信息将提供不同的信息发布频度。

2）处理过程

路侧基础设施通过路侧部署的感知设备进行路面交通状态识别。

路侧基础设施通过预置的高精度地图或网络服务获得道路标识信息。

路侧基础设施通过与信控系统互通获得信号灯当前状态。

路侧基础设施通过 V2I 实时广播监测到的道路标识、交通状态和信控状态。

车辆 HV 通过 V2I 收到路侧发布的信息，与车载传感器获得的信息一起，参与驾驶决策。高精度实时动态发布如图 5-12 所示。

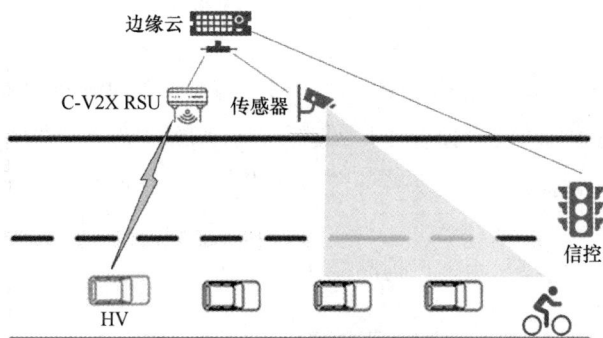

图 5-12　高精度实时动态发布

3）对自动驾驶决策影响

由于自动驾驶车辆所需适应的交通环境复杂，车载传感器难以在全气象场景、全路面环境条件下，对路面的道路标识、交通元素或信控进行 100%准确的识别。而路侧基础设施广播的 V2I 信息则能够补足自动驾驶车辆在这一问题上的不足，能够保证精确的道路标识、信控状态的认知。

自动驾驶车辆的车载传感器安装部署位置较低，车辆之间的遮挡严重，难以对较远距离的交通元素进行准确识别。路侧设备安装位置较高，且不存在移动、遮挡等，能够更准确的识别大范围路面交通状态。路侧基础设施广播的 V2I 信息能够补足自动驾驶车辆在这一问题上的不足，能够保证自动驾驶车辆对更大范围交通状态的准确认知，从而实现防御性驾驶。

由于路面交通元素复杂繁多，大范围高精度实时传播高动态信息对自动驾驶车辆的车载智能并不一定是有益的，车载智能需要在大范围海量正常数据中去发现潜在异常知识，需要消耗大量的车载计算能力，性价比极低。面向自动驾驶提供超视距认知知识，需解决超视距知识的有效表达，高效压缩等问题，如本书第 3 章提出的多种车路协同技术。因此，超视距认知信息发布的频度不能太高，以避免广播信道拥塞，以及影响自动驾驶车载智能对更高优先级危险情况的处置。

4）性能要求

- 主车车速范围 0～130 km/h；
- 通信距离≥500 m；
- 动态信息数据更新频率≥5 Hz；
- 动态信息处理系统时延≤200 ms；

- 静态/准静态信息数据更新频率≥0.2 Hz；
- 静态/准静态信息处理系统时延≤1000 ms；
- 定位精度≤1.5 m。

5.3.2.2 高精度事件信息发布

1）应用场景

高精度事件信息发布的应用场景主要是：路侧基础设施通过路侧传感器获得路面交通元素状态，并进行路面交通事件检测，如交通事故、缓行、拥堵。同时，也可以获得路面天气因素等导致的路面环境事件，如路面结冰、团雾等。路侧基础设施可以通过边缘云或区域云共享监测到的事件，并向大范围内的车辆发布。自动驾驶车辆收到事件后，可以预先进行驾驶路线规划或驾驶决策，以提高交通效率。

由于传播距离较远，这种信息也可以用 V2N 来发布。高精度事件信息发布如图 5-13 所示。

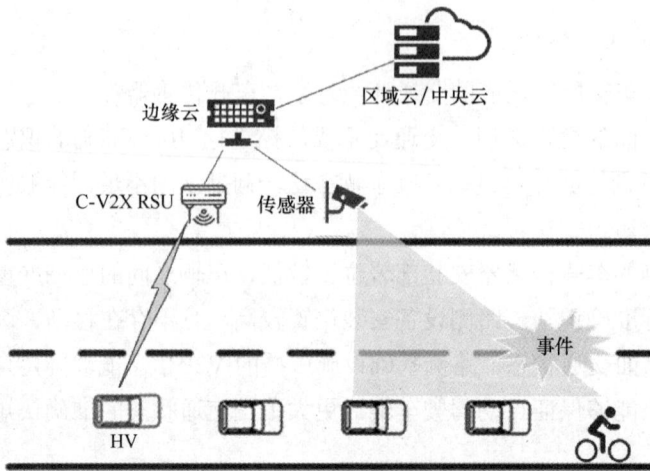

图 5-13　高精度事件信息发布

2）处理过程

车辆 HV 在道路上正常行驶。

路侧基础设施通过路侧部署的感知设备进行路面交通事件或路面环境事件的认知。

路侧基础设施通过 V2I 实时广播监测到的事件。

车辆 HV 通过 V2I 收到路侧发布的事件，并根据事件进行驾驶路线规划。

3）对自动驾驶决策影响

路面交通事件或环境事件远远超过自动驾驶车载传感器的探测距离，这些信息有助于自动驾驶车辆进行更高效的路线规划，辅助高效驾驶。

由于事件类信息实时性要求不高，通过 V2I 或 V2N 发布都是能够接受的。

4）性能要求

- 主车车速范围 0～130 km/h；
- 通信距离≥10 km；
- 数据更新频率：按需；
- 系统时延：按需；
- 定位精度≤10 m。

5.3.2.3　主动异常告警

1）应用场景

主动异常告警的应用场景是：主车 HV 在路上行驶，如果路侧基础设施通过路侧传感器探测到前方道路发生影响交通安全的异常事件，如逆行（如高速逆行、下匝道口逆行）、行人闯入（如高速等禁止行人或非机动车上路的路段，路口行人或非机动车闯红灯违章）、路面异物（路面抛洒等）等需要及时处理的，威胁车辆正常安全行驶的事件，需要立即通过 V2I 对检测到的异常事件进行广播，主车 HV 根据收到的异常告警信息采取防御性驾驶决策，以保证安全避免发生事故（如图 5-14 所示）。

主动异常告警的内容不一定是特定事件，也可能是由于盲区遮挡等因素导致影响行车安全的事件，如右转盲区内的交通元素。此时路侧基础设施也需对存在盲区的车辆进行实时告警，主车 HV 根据收到的异常告警信息采取防御性驾驶决策，以保证安全避免发生事故（如图 5-15 所示）。

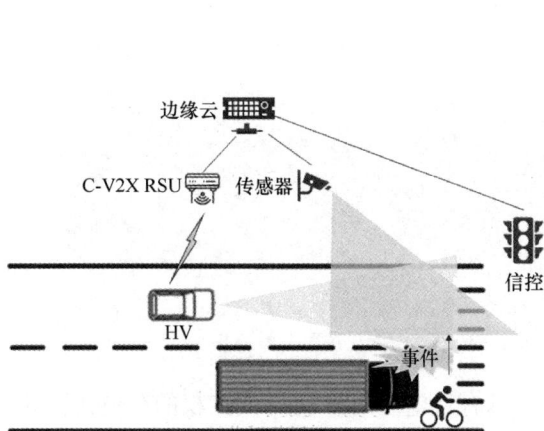

图 5-14　主动异常事件告警　　　　　图 5-15　主动盲区异常告警

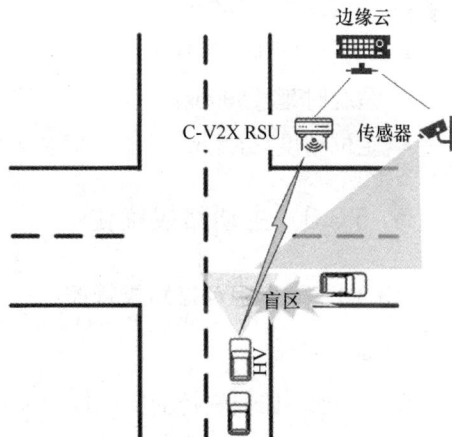

2）处理过程

车辆 HV 在道路上正常行驶。

路侧基础设施通过路侧部署的感知设备、信控设备进行路面异常交通事件检测。

路侧基础设施通过 V2I 实时广播监测到的异常事件。

车辆 HV 通过 V2I 收到路侧发布的事件，并根据事件进行驾驶决策规划。

路侧基础设施通过路侧部署的感知设备对路面交通元素进行识别，判断盲区。

路侧基础设施通过 V2I 实时传播处于盲区中的交通元素。

车辆 HV 通过 V2I 收到路侧发布的盲区信息，并根据信息内容进行驾驶决策规划。

3）对自动驾驶决策影响

自动驾驶车载传感器的探测距离有限，存在盲区，在复杂路况下容易导致车载传感器探测到的危险位置距离车辆太近，留给车载智能的响应时间不足。主动异常告警即对影响车辆行驶安全的这些主要威胁进行识别，并主动传播给自动驾驶车辆。

与高精度状态信息发布相比，主动异常告警仅针对潜在危险事件进行发布；与高精度事件信息发布相比，主动异常告警仅针对需要实时响应的事件进行发布。主动异常告警能够降低自动驾驶车辆对无效信息的处理数量，提高自动驾驶车辆响应速度。

由于 V2I 主要采用 PC5 广播接口传播信息，广播的异常告警并不能具体指明所针对的目标方，自动驾驶车载智能需自行判断异常告警的位置与自身位置和行驶方向的关系，识别异常告警并进行决策响应。在 5G 边缘计算支持下，自动驾驶车辆可以通过 5G Uu 接口与边缘云连接，利用 5G 和边缘计算的低时延特性，由路侧智能向车载智能定向传递异常告警，从而在满足安全驾驶决策的低时延需求基础上，进一步减小广播信息对其他车辆的影响。

4）性能要求

- 主车车速范围 0～130 km/h；
- 通信距离≥500 m；
- 数据更新频率≥20 Hz；
- 系统时延≤50 ms；
- 定位精度≤1.5 m。

● 5.3.3　主动路权优化

5.3.3.1　单节点动态路权管控

1）应用场景

单节点动态路权管控的应用场景主要是：具有特定空间路权/时间路权的车道允许其他车辆共享路权，但专用车辆通过的时候需要立即让行。当未被划分特定空间路权/时间路权的车道，当消防车、救护车、专用车等具有优先路权的车辆需要通过时，普通车辆也需要让行。这种对空间路权/时间路权的动态分配方式，有利于提高路面空间资源利用率。

如图 5-16 所示，路侧基础设施检测到高路权优先级车辆的位置、速度等信息，计算所需进行时间路权控制的范围，并通过 RSU 进行广播。主车 HV2 接收到 V2I 的路权占用广播，判断自身位置是否在路权占用范围，如果是，执行换道避让策略计算和执行。

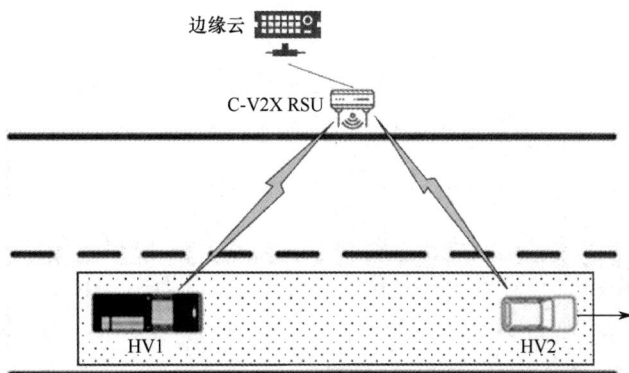

图 5-16　动态时间路权控制

　　除了动态时间路权，在路口、匝道等可能存在路权冲突的地点，路侧基础设施也会检测各方向的交通元素，并通过检测到的交通元素的位置、速度等信息，计算不同方向车辆通过路口的路权占用需求。根据对潜在路权冲突车辆的运动预测和评估，路侧基础设施可以通过调整信控的相位和时延，对路口的空间路权和时间路权分配进行调整，以缩短车辆通过路口的通行时间，降低路口各个方向的排队长度。如图 5-17 所示，路侧基础设施根据检测到的各方向车辆的位置、速度等信息，计算最优的信控策略，并向车辆 HV 发送信控相位与倒计时信息，引导车辆使用最优通行速度通过路口。即便进入路口各个方向的车辆都不具备 C-V2X 的能力，路侧基础设施仍然能够通过对各方向交通需求的实时认知，通过智能调整信控策略的方式（自适应红绿灯），最大化降低各个方向的通行等待时间，提高通行效率。

　　如果进入路口的车辆全部是支持 C-V2X 的车辆，则可以不再部署信控的物理实体。如图 5-18 所示，路侧基础设施通过 V2I 向车辆发布"虚拟信控"状态，将边缘云智能计

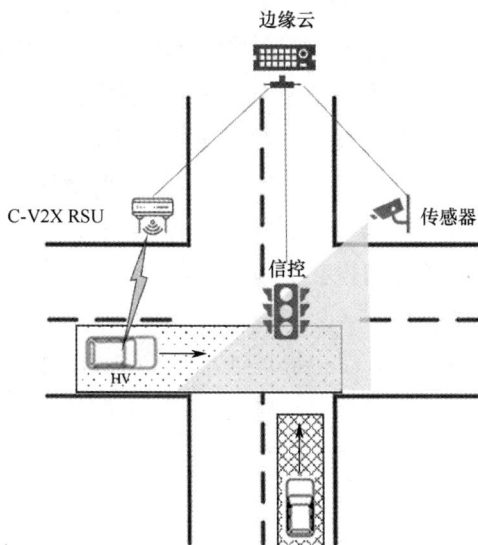

图 5-17　基于信控的动态路权控制　　　　图 5-18　基于 C-V2X 引导的动态路权控制

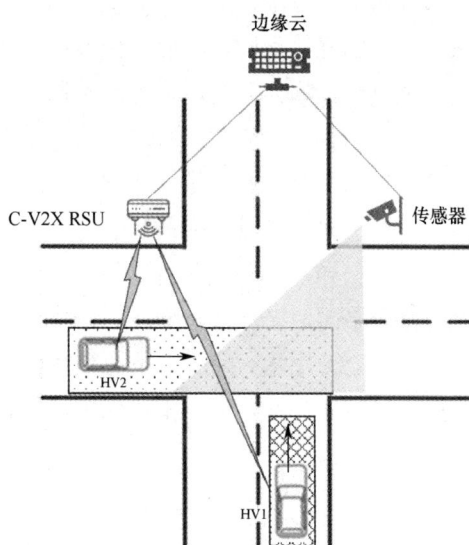

算出的路口空间路权和时间路权分配策略通知到进入路口的车辆。HV1 和 HV2 根据路侧发布的信控状态计算最优引导车速，从而使用最优通行速度安全通过路口。

2）处理过程

路侧基础设施根据路侧部署的传感器检测路面交通元素。

路侧基础设施通过 C-V2X 获取智能车辆的高精度位置信息，并将主动上报的位置信息与传感器被动检测的路面交通元素位置信息进行融合，建立路面交通状态。

路侧基础设施根据路面交通状态计算最佳路权调度方式：对于高路权优先级车辆，以对路面交通影响最小为原则，计算其最佳通行的优先路权空间范围；对于有潜在路权冲突的车辆，以最佳冲突避免和最佳通行效率均衡为原则，计算其通过潜在冲突范围的最佳通行时间路权，制定时间路权分配策略。

路侧基础设施将时间路权分配策略映射为信控调度策略（不同方向的相位、时延等）。

路侧基础设施控制信控单元进行策略调整，体现时间路权分配。

路侧基础设施通过 V2I 向车辆发布信控状态，向车辆通知时间路权分配。

路侧基础设施通过 V2I 向车辆发布优先路权的空间范围。

车辆 HV 根据信控状态、车辆自身的状态、信控距离，计算最佳通行速度策略。

车辆 HV 根据优先路权的空间范围、车辆自身的状态，计算最佳避让策略。

如此循环，直到车辆 HV 通过路权管控范围结束。

3）对自动驾驶决策影响

路侧基础设施进行动态路权管控策略调整的时候，如果通过 C-V2X 的 PC5 广播接口进行 V2I 通知，由于不能具体为某一辆车进行引导，因此自动驾驶需要基于信控状态，或优先路权的空间范围，自行计算最佳通行速度或最佳避让策略。由于不同车辆速度、驾驶决策、行为偏好等不同，路侧基础设施在进行最佳时间路权分配策略制定的时候，不能以车辆完全符合预期为前提，需考虑不同车辆的遵从度。因此，在进行动态路权管控的全过程中，自动驾驶车辆的车载智能和路侧基础设施的边缘计算智能，呈现多智能体之间的反复博弈过程。需要注意的是，在这一场景下，路侧智能虽然能够计算每一辆车的最佳通行速度，但无法向车辆进行推荐和引导，因为通过 V2I 广播接收到通知的车辆，并无法分辨该通行速度引导是否针对自己的。同时，由于距离路口位置不同，一种公共的速度推荐也无法适合路面上的全部车辆。

在 5G 边缘计算支持下，自动驾驶车辆可以通过 5G Uu 接口与边缘云连接，利用 5G 和边缘计算的低时延特性，由路侧智能向车载智能定向传递动态路权，从而在满足安全驾驶决策的低时延需求基础上，进一步减小广播信息对其他车辆的影响。在实时在线连接条件下，路侧智能可以为每一辆自动驾驶车辆进行最佳速度推荐，从而可以通过速度推荐和速度响应的方式，实现车载智能与路侧智能的群体动态博弈。

4）性能要求

- 主车车速范围 0～70 km/h；
- 通信距离≥200 m；
- 数据更新频率≥10 Hz；
- 系统时延≤50 ms；
- 定位精度≤1 m。

5.3.3.2　多节点动态路权联控

1）应用场景

多节点动态路权联控的应用场景主要是：路侧基础设施实时监测路口各方向车流量，并实时跟踪车辆 HV，对多个单节点动态路权控制决策改进为多节点动态路权联控，考虑车辆整体通行时间及多路口各向车流整体通行时间，寻求个体通行最优与整体通行最优的平衡，并生成最佳多节点动态路权控制策略，从而提高车辆穿行的效率，降低等待时间（如图 5-19 所示）。

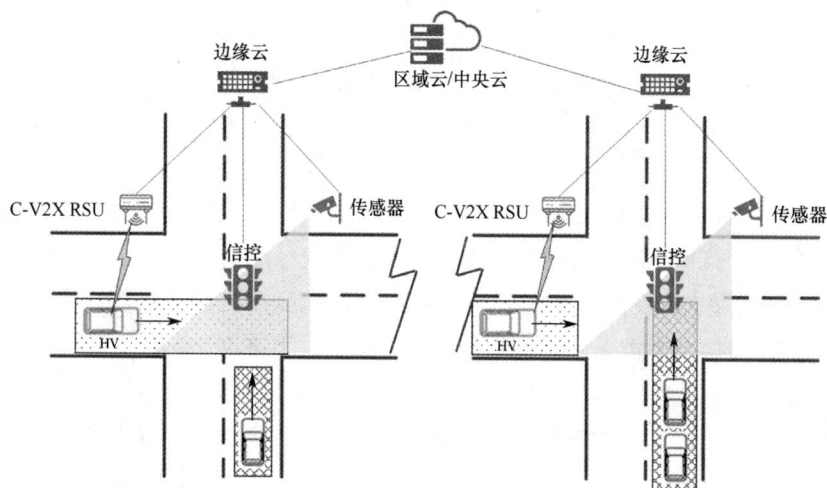

图 5-19　基于 C-V2X 引导的动态路权联控

在此基础上，多节点动态路权联控可以从路段扩展为区域，不但向车辆推荐最佳通行速度，还可以向车辆推荐最佳通行路线，引导车辆进行短期路线规划。如图 5-20 所示，车辆 HV1 需要从路口 1 向路口 4 行驶，但路口 2 左转存在排队，则路侧智能可以通过联控决策引导 HV1 从路口 1 左转，从而实现多路口区域交通优化。

2）处理过程

路侧基础设施根据路侧部署的传感器检测路面交通元素。

路侧基础设施通过 C-V2X 获取智能车辆的高精度位置信息，并将主动上报的位置信息与传感器被动检测的路面交通元素位置信息进行融合，建立路面交通状态。

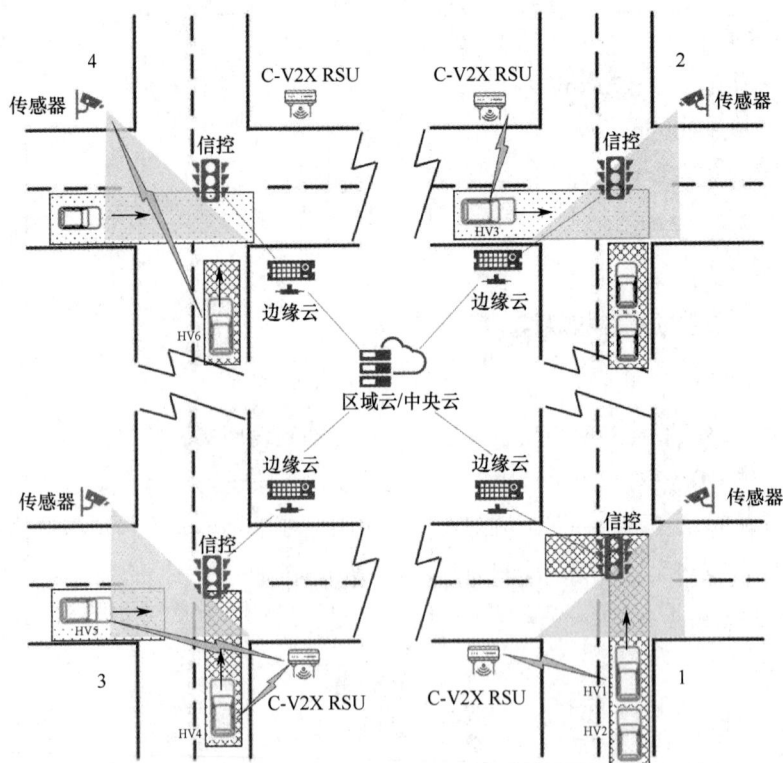

图 5-20　基于 C-V2X 引导的区域动态路权联控

　　路侧基础设施根据路面交通状态，根据个体通行时间最短与全局通行时间最短联合条件寻求最优化，计算最佳通行时间路权，制定时间路权分配策略。

　　路侧基础设施将时间路权分配策略映射为信控调度策略（不同方向的相位、时延等）。

　　路侧基础设施控制信控单元进行策略调整，体现时间路权分配。

　　路侧基础设施通过 V2I 向车辆发布信控状态，向车辆通知时间路权分。

　　路侧基础设施通过 V2I 向车辆发布引导策略，向车辆通知通行策略引导。

　　车辆 HV 根据信控状态、车辆自身的状态、信控距离，计算最佳通行速度策略。

　　车辆 HV 根据引导策略、车辆自身的状态，计算最佳通行路线规划。

　　如此循环，直到车辆 HV 通过路权管控范围结束。

3）对自动驾驶决策影响

　　路侧基础设施进行动态路权管控策略调整的时候，如果通过 C-V2X 的 PC5 广播接口进行 V2I 通知，由于不能具体到某一辆车，因此其通行路线的引导策略只能体现为局部交通状态广播，自动驾驶车辆需要根据局部交通状态广播进行通行路线规划。由于不同车辆的速度、驾驶决策、行为偏好等不同，路侧基础设施需实时跟踪路口不同方向通行流量，并根据预测的交通状态变化趋势，及时调整局部交通状态广播。在进行动态路权管控的全过程中，自动驾驶车辆的车载智能和路侧基础设施的边缘计算智能，呈现多智能体之间的反复博弈过程。

在 5G 边缘计算支持下，自动驾驶车辆可以通过 5G Uu 接口与边缘云连接，利用 5G 和边缘计算的低时延特性，由路侧智能向车载智能定向传递引导策略，从而在满足安全驾驶决策的低时延需求基础上，进一步减小广播信息对其他车辆的影响。在实时在线连接条件下，路侧智能可以为每一辆自动驾驶车进行最佳速度和路线推荐，从而可以实现车载智能与路侧智能的群体动态博弈。

4）性能要求

- 主车车速范围 0～70 km/h；
- 通信距离≥500 m；
- 数据更新频率≥5 Hz；
- 系统时延≤200 ms；
- 定位精度≤1 m。

⬤ 5.3.4　按需计算卸载

1）应用场景

由于车载计算能力受限，而路侧的供电、计算等能力所受局限较小，且路侧部署的计算能力是可以被多辆车复用的，其利用效率较高。此时，在车载计算能力不足以满足大规模数据处理需求的时候，可以将车载计算需求卸载到路侧计算单元，通过路侧计算能力降低车载计算压力。

按需计算卸载的主要应用场景如图 5-21 所示，车载智能可以将特定计算任务（一般认为是非实时、非核心决策性任务）卸载到部署在路侧的边缘计算节点，利用边缘计算的数据处理能力或人工智能计算能力，加速进行认知或决策。

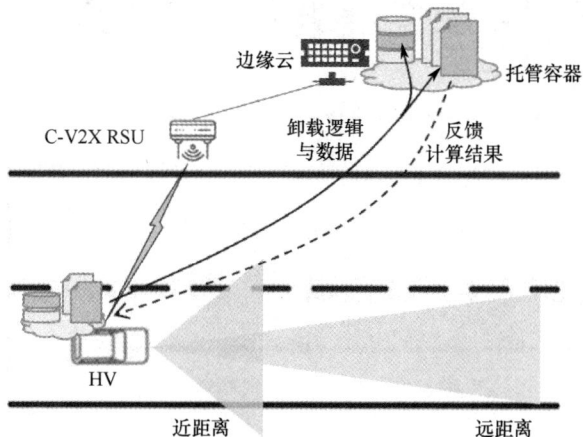

图 5-21　按需计算卸载

车载智能不但可以将车载传感器的数据卸载到边缘计算，也可以由边缘计算托管车载智能所需的认知和计算任务，如通过路侧传感器数据进行计算，再与车载智能认知结果融合、决策。此时车辆智能的计算卸载只需将计算任务提交到路侧边缘计算，由边缘计算完成计算任务的托管、边缘计算任务协同、计算结果反馈，从而实现车载计算任务的加速或辅助决策。应用场景如图 5-22 所示。

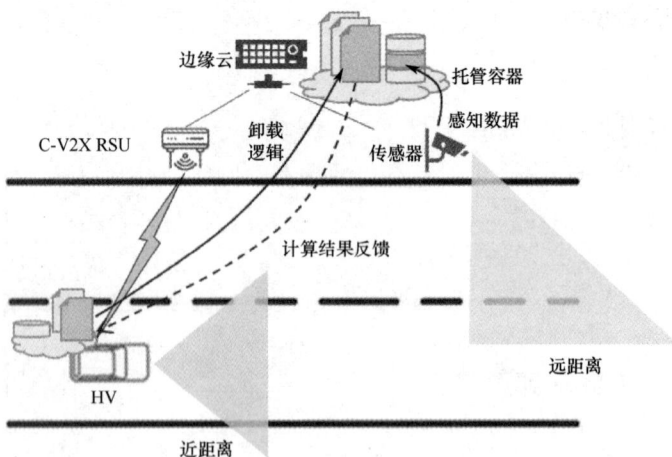

图 5-22　边缘云托管计算能力

由于车辆在不停地运动，如果卸载的计算任务在短时间内无法完成，可能导致车辆脱离了将计算任务卸载到的边缘计算覆盖范围，使得计算卸载失效。此时，边缘云可以根据车辆的行驶路线、驾驶态势、计算时间预测等，对卸载的计算任务进行迁移，使得车辆在移动过程中，能够及时收到卸载的计算任务反馈。应用场景如图 5-23 所示。

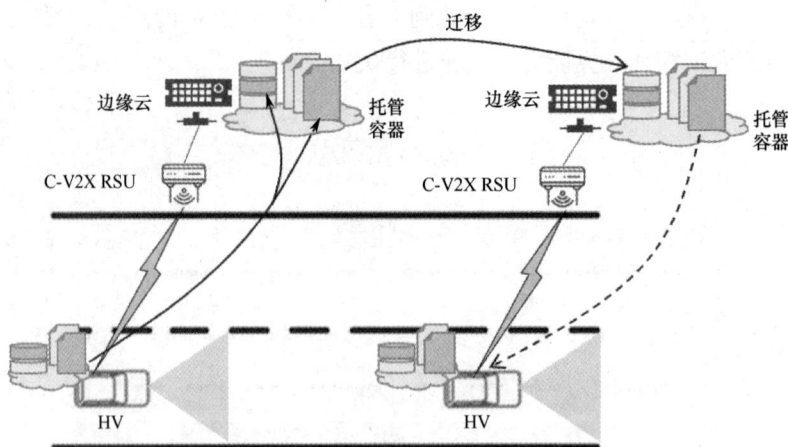

图 5-23　边缘云托管计算的迁移

2）处理过程

自动驾驶车辆规划计算卸载任务（如将传感器检测到的环境数据进行分割，分离出远距离、较低优先级或对驾驶任务重要性较低的数据内容，将这些数据的处理任务进行计算卸载；或者，计算任务直接使用路侧感知能力进行认知识别）。

自动驾驶车辆将需要卸载到边缘计算的计算任务逻辑，通过 V2I 提交给路侧边缘计算。

边缘计算接受计算任务，分配计算容器进行托管。

边缘计算判断托管计算任务的预期计算资源消耗，判定托管任务的放置位置。

若托管的是车载超视距认知计算任务，则通过 V2I 获取自动驾驶车辆需要计算的数据。

若托管的是路侧超视距认知计算任务，则通过边缘计算服务管理接口调度，获取路侧数据。

计算完成后，将计算结果反馈给车载智能。

如果卸载的计算任务是一次性的，则在计算任务完成后，边缘计算收回托管容器，释放计算和存储资源。

如果卸载的计算任务是持续性的，则持续进行计算，并根据车辆移动位置，进行托管任务的迁移，直到车辆主动结束任务卸载。

3）对自动驾驶决策影响

针对复杂的计算需求，如果降低车载计算能力，可能导致对全景认知不准确，影响自动驾驶决策。利用 5G 的大带宽低时延特性，自动驾驶车辆可以将远距离的、不影响驾驶安全的识别任务卸载到边缘计算，从而降低车载计算和存储能力需求。同时，托管到边缘计算的任务可以通过路侧传感器获取感知结果，并转换为自动驾驶所需的认知识别结果，从而进一步降低车载传感器配置需求。

为了支持计算卸载，自动驾驶车载智能需支持后融合认知，即不同精度、不同距离认知结果的融合。这一方面的方法可参考第 3 章相关算法。

4）性能要求

- 主车车速范围 0～130 km/h；
- 通信距离 500 m～2 km；
- 数据更新频率：按需；
- 系统时延：按需；
- 通信带宽≥1 Gbps。

5.4　车辆-云端（V2N）协同场景

● 5.4.1　V2N 协同场景概述

V2N（Vehicle to Network）是车辆与网络上位于云端的应用/服务通过 C-V2X 通信进行的车路协同技术，也被称为 V2C（Vehicle to Cloud）。

虽然 5G 具有大带宽低时延的特点，且 5G 网络切片等技术的引入，也为车联网等服务提供的网络回传带宽和时延的保障，但毕竟云端的服务和应用需要远距离的通信和数据交换，其难以保障实时性要求较高的业务形态。而利用云平台的存储和计算优势，可以将不必要实时传输的大规模数据存储在云端，从而降低车载存储配置。

由于 V2N 据具备覆盖范围广、支持点到点定向传播等特点，很适合应用在宏观的交通控制上，不过相较于 V2V 和 V2I，V2N 的时延比较高，这也导致了 V2N 的应用场景和 V2V 和 V2I 有所不同。根据 V2N 的特性，V2N 协同场景主要有三种。

（1）按需内容分发：利用云端的存储和计算能力，在车辆进入新区域时，按照需求进行内容的下载和分发，使得车辆可以降低对自身存储和计算能力的需求。

（2）协同路线规划：利用 V2N 网络的宏观调控能力，边缘云计算节点和中央云计算节点实时获取车辆位置，接受车辆的路线规划、路权占用请求，并根据边缘云计算节点融合后的路面交通态势进行计算，进行推荐路线规划、大规模路口调度、动态路权发布与管控。

（3）远程驾驶：利用 V2N 网络的远程通信和 5G 的大带宽低时延特性，驾驶员在模拟驾驶舱实时获取高清的车辆运行环境和车辆行驶状态信息，对远端道路上的车辆进行操作控制，车辆远程控制系统通过实时获取的远端驾驶员控制指令并下发至车辆控制器实现远程驾驶。

5.4.2　按需内容分发

1）应用场景

在车辆即将进入某个区域时，车辆通过 V2N 网络下载云平台的数据，如高精度地图等。如果车辆所需下载的数据存在时间限定要求，如高精度地图需要在进入特定路段之前下载完毕，则路面上需要获取相同数据的车辆越多，对 V2N 的带宽压力越大。由于移动导致的路面车辆时空变化的多样性，5G 无线网络不可能在所有路面都进行最大密度的部署和覆盖。这就可能出现在车辆密度较大的地方出现集中数据下载需求，导致 5G 通信资源不足。为了平衡通信资源占用，需要对车辆的运动趋势进行预测，并进行边缘计算内容卸载，使得车辆能够更快地完成数据更新，满足车载智能的计算需求。

高精度地图是自动驾驶的基础，由于高精度地图的基图、动态图很庞大，在车辆上存储全量高精度地图的性价比极低。利用 5G，可以在行驶过程中，根据出行轨迹在抵达目标区域之前主动更新高精度地图的静态数据、准动态数据和动态数据。同时自动驾驶车辆在该区域行驶时，可以定期地从云平台获取高精度地图的半静态数据和动态数据，以此更新本车的高精度地图数据。为了避免目标区域边缘可能存在的通信资源受限，可能导致无法在进入目标区域之前完成高精度地图更新的风险，可以根据出行轨迹，预先在邻接区域边缘计算阶段进行内容缓存，并进行高精度地图静态内容的预先分发，使得自动驾驶车辆在进入目标区域时，只需占用较小的带宽下载高精度地图的动态更新内容，从而即保证了内容的及时更新，又保证无须为车辆配置额外的存储，如图 5-24 所示。

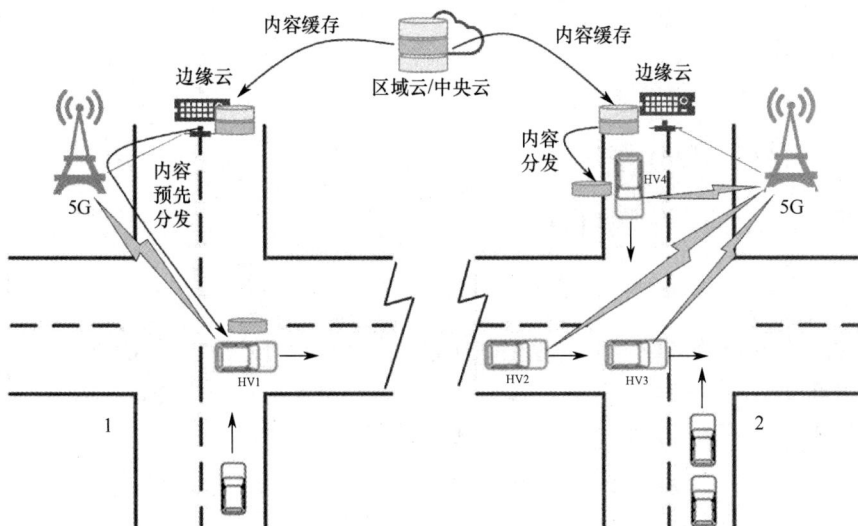

图 5-24　按需内容分发

2）处理过程

云平台存储有高精度地图的静态数据，并根据车辆和路边基础设施上传的交通数据，定时更新高精度地图的动态数据。

自动驾驶车辆在进入某个区域之前，云平台根据当前道路情况以及车辆的行驶情况（如速度、位置）估算出车辆到达该区域时间，计算最佳分发时间和位置。

云平台根据数据分发需求，预先将该区域的高精度地图数据缓存到最佳分发位置的边缘计算。

自动驾驶车辆通过分发区域时，使用 V2N 网络下载高精度地图，并通过分发区域，进入目标区域之前，完成高精度地图下载。

自动驾驶车辆在行驶过程中，云平台能够根据出行需求，在出行路线上动态地完成预先内容缓存和按需内容分发，从而保障车辆在有限的存储条件下，连续不间断地进行内容更新和驾驶服务。

3）对自动驾驶决策影响

按需内容分发需要自动驾驶车辆向云平台提供预期行驶轨迹。云平台一方面根据交通态势预测计算车辆行驶轨迹和通行时间，从而计算多车接触图；另一方面根据多车接触图判断特定目标区域的数据分发需求。根据数据分发需求，云平台进行通信资源-计算资源的最优化计算，判定最佳的内容分发位置和时间，并通知自动驾驶车辆，保证车辆进入目标区域之前，就能够获取该区域全量高精度地图。

4）性能要求

- 通信距离≤10 km；
- 数据更新频率：按需；
- 通信时延≤1 s；
- 通信持续时间≤5 min；
- 通信带宽≥1 Gbps。

● 5.4.3　协同路线规划

1）应用场景

车辆的个体选路规划与整体交通控制规划存在复杂耦合。由于多人、车、道路交通基础设施产生的复杂耦合难以使用单一模型进行抽象，且多车行为决策后效性的复杂变化恰恰是交通大数据所挖掘出的历史规律所不能准确反映和预测的。这就导致驾驶员基于交通诱导系统所提供的路网交通现状和历史演化趋势所进行的驾驶决策往往出现偏差，使得交通诱导失效，甚至起到反作用。

在自动驾驶和 5G V2X 环境下，车辆具有明确的出行需求，且具有较高的出行调度的服从性。这意味着，云平台能够认知自动驾驶车辆的出行需求，并据此进行交通态势的演化分析，并在考虑全路网负载均衡和局部快速疏导的条件下，产生高效、快速、合理的车辆智能驾驶路线建议。在这一建议影响下，即能构建可持续的智能交通环境，也能实现用户满意的智能驾驶服务。

2）处理过程

出行需求发现：自动驾驶车辆根据目的点向云平台发起路线推荐请求。

交通态势推演：云平台在获取当前交通流量信息的基础上，利用演化博弈、深度学习等方法对区域内交通流量进行预测。

群智决策：根据自动驾驶车辆群体的位置和出行需求，动态发现车辆群体，并根据交通态势迭代计算到达目标点的出行价值图。

推荐与路线规划：云平台将计算出的出行价值图推送给自动驾驶车辆，车载智能根据价值图动态规划行驶至目的地的最佳路径。协同路线规划如图 5-25 所示。

3）对自动驾驶决策影响

云平台预测未来时间段的交通流量，基于预测流量和自动驾驶车辆出行需求，动态计算通行价值图，提供给自动驾驶车辆。自动驾驶车辆根据自身的通行目标在通行价值图上进行轨迹方向规划，并最终迭代生成最佳推荐路径。通过这一方式，云平台能够使用通行价值图对多车进行出行轨迹的引导，避免生成严格路径规划导致的大规模车辆轨迹生成的复杂性，同时能够合理分配交通资源，减小交通拥堵程度和车辆通行时间。

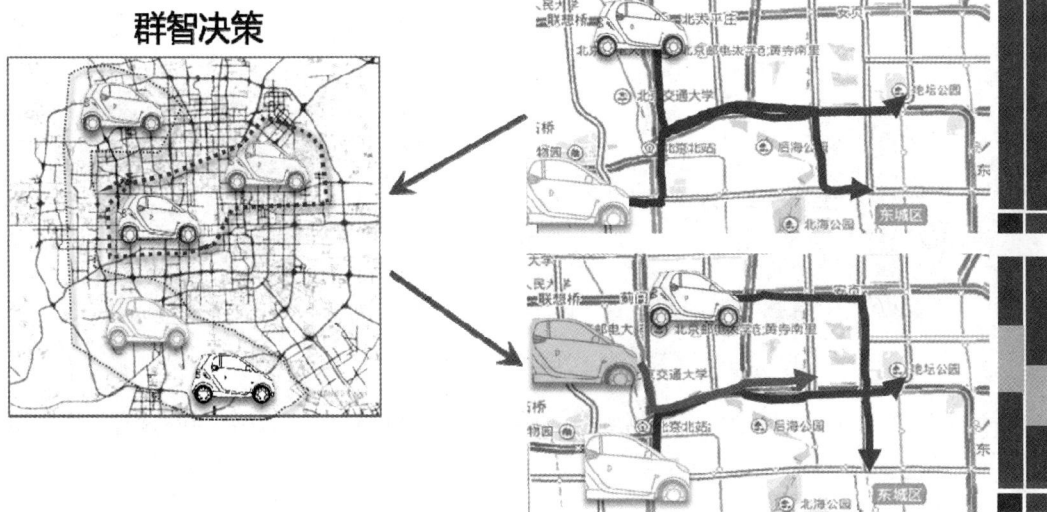

图 5-25　协同路线规划

4）性能要求

- 通信距离 10～30 km；
- 数据更新频率≈10 min/次；
- 通信时延≤1 min。

5.4.4　远程驾驶

1）应用场景

由于开放道路的复杂性，特别是在野外、矿场等环境下，可能出现自动驾驶无法应对的场景，如事故、障碍、复杂道路等。此时，人类驾驶员的经验有助于克服这些问题，保障自动驾驶车辆的正常持续运行。5G 远程驾驶即是 5G 和自动驾驶的融合应用。

在 5G 低时延大带宽无线网络特性及 5G 网络切片的端到端 QoS 质量保证支持下，驾驶员可以远程在模拟驾驶舱实时获取车辆运行环境信息和车辆行驶状态信息，包括高清实时视频、实时全景认知结果。5G 网络保证了人类驾驶员与车辆远程控制系统之间人机交互的实时，使得人类驾驶员能够全面掌握环境和车辆状态，并对远端道路上的车辆进行操作控制，如图 5-26 所示。

2）处理过程

自动驾驶车辆实时将车载全向高清摄像头视频以及车载传感器认知识别的数字化全息环境状态和车辆状态回传远程驾驶控制中心。

远程驾驶控制中心通过多屏幕显示实时全息全景信息，由远程控制驾驶员判断车辆的状态和周边环境，进行行驶决策。

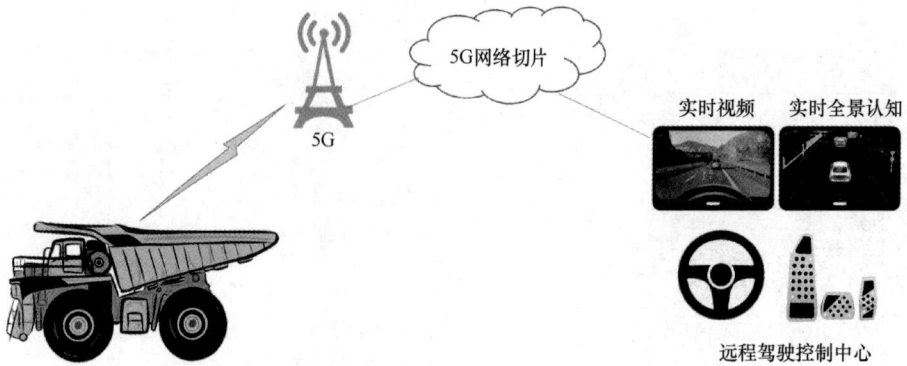

图 5-26　远程驾驶

远程驾驶控制中心将远程控制驾驶员的操纵转换为控制指令，使用 5G 网络传递到车辆，由车辆控制器实现车辆的操控。

3）对自动驾驶决策影响

远程驾驶不但有低时延要求，还有 QoS 保障要求，因此要求 5G 无线网络和回传网络都需具备低时延和高可靠，建议采用 5G 网络切片技术进行保障。

为了避免车辆被恶意控制，远程驾驶需要提供端到端的高可信性和安全性保障。

同样为了避免车辆被恶意控制，远程驾驶与自动驾驶车载智能需进行联合控制，避免误操作或网络传输错误造成的车辆损坏或对交通环境中其他交通元素的威胁。

4）性能要求

- 通信距离≤50 km；
- 远程遥控制动响应<6 cm；
- 通信时延≤10 ms。

第6章
基于 5G 车路协同技术的智慧交通应用

6.1 智能道路与智能高速

● 6.1.1 智能路口

路口是城市道路的关键节点。由于路口上存在路权争用，存在机动车和非机动车混行，存在红绿灯管控和各种盲区，因此路口是交通拥堵的关键点，也是交通事故的高发地。据统计，80%的事故都发生在城市道路的路口。

智能路口的主要功能包括以下几种。

1）全息感知

通过路侧边缘计算设备对路侧部署的感知设备数据进行汇聚、融合和处理，对路面上的人、车、设施、环境等多种交通元素进行实时的感知和识别，满足路面交通管控、安全驾驶等的需求。

2）智能信控

路侧边缘计算设备根据全息感知结果，建立车道级的实时路口排队分析和预警模型，并根据智能计算生成路口信号配置方案。通过智能信号配置，车辆和路口能够实时协同，提高路口通行效率。

3）协同引导

路侧边缘计算通过 5G V2X 与智能网联车辆交互，发布交通事件和交通状态，保证车辆能够准确获得路侧信控状态和路面交通元素位置、运动状态等实时信息，以及相关盲区、闯红灯事件等，降低识别误差，提高认知能力，保障交通安全。同时信控系统进行多个方向的车和信控系统的智能引导和控制，保障车辆的高效通行。

6.1.1.1 全息感知

通过路侧部署的雷达、高清摄像头等感知设备可以精确感知通过路口的行人、非机动车、机动车等参与者的信息，如其行进速度、方向角等信息，从而实现路口、路段及服务站全息态势数据的实时获取。同时将以上的路口交通参与者的相关信息汇总至路侧部署的 MEC 边缘计算平台进行分析处理，通过 MEC 平台部署的算法对各交通参与者的轨迹进行预测，并通过平台系统进行数据的汇聚融合。通过对交通态势的分析处理结果进行按需分发，如检测到相关危险就提前告知车辆，使得车辆能做到预判，提前减速避让，可以极大地减少路口交通事故的发生率，尤其是对于"鬼探头"、视觉盲区等较为普遍的交通事故。对于自动驾驶车辆，有全息感知的智慧路口可以大大降低单车传感器的成本，加速自动驾驶车辆产业化。全息感知的具体功能有以下几种。

（1）全景交通状态感知，包括路口交通元素的识别、重点车辆识别、路口流量识别等，对路口的细粒度交通元素进行实时准确的检测、识别、跟踪，对路口可能造成交通事故和交通拥堵的情况进行实时监测、实时统计。

（2）全息交通态势认知，包括对路口车辆行驶中的遮挡/盲区、突发事件进行识别，对路口的路面交通态势和演化趋势进行实时认知，从而实现全路段的感知式路面态势认知和交互式交通态势认知。

（3）交通全息认知发布，包括将检测到的交通元素、交通拥堵、交通事件、交通态势等信息，通过车路协同、互联网等信息发布方式实时分发至交通参与者，实现绿波引导、十字路口通行引导、碰撞预警、拥堵预警等多车路协同服务。并将分析结果同步分发至相关管理部门，帮助其理解全路网及道路的交通态势的变化规律，进行路面状态重建和路面态势推演等，为交管部门治理拥堵提供数据参考。

全息感知应用的示意如图 6-1 所示。

图 6-1　全息感知应用的示意

百度 ACE 引擎建立的全息感知，通过整合道路侧多元感知数据，依托路侧本地边缘计算超高算力、强实时、深度学习计算特性，融合多场景语义理解、动态高精地图、边云协同框架、松耦合通信接入、亿级移动出行用户终端触达能力，能够满足未来交通自动驾驶车辆规模化应用、协同云控应用需求。

这一体系能够支持全部 L2/L3/L4 智能网联车的车路协同系统，提升车辆安全，降低单车成本，同时可获取全量交通参与者的结构化信息，提升网联辅助驾驶场景范围。全景感知可通过百度地图 App 入口为 4 亿用户提供无门槛可触达的车路协同出行服务。该体系已经在全国 10 余个城市开展示范应用。

6.1.1.2　智能信控

交通信号控制是通过对交通流的调节、警告和诱导以达到改善人和货物的安全运输，提高运营效率的目的。通过路侧部署的雷达、高清摄像头等感知设备实现路口高精度全息态势数据的实时获取，同时基于车路之间实时信息的交互，可以实现路口红绿灯协同定制，优化信号灯的相位切换，大幅提升路口车辆的通行效率。智能信控具体功能有以下几种。

（1）数字红绿灯，即车辆可以通过车路之间通信实时获取前方路口的红绿灯灯态信息，主要包含当前所处车道和相邻车道等的红绿灯相位信息和该相位的剩余时长的信息。在前方路口的红绿灯被大型车辆遮挡、或者由于天气等原因，进入路口的自动驾驶车辆无法通过自身传感器无法识别红绿灯的时候，仍然可以准确地获取红绿灯信息。

（2）自适应红绿灯，即车辆可以通过 C-V2X 通信获取到前方的红绿灯信息后，结合当前距离路口的距离信息计算出通过路口的建议车速，根据建议车速行驶，以实现绿灯通过路口。路侧可以通过对进入路口车辆的精确识别，使用 AI 算法计算最佳的信号灯配时，从而落实交通流调控策略，进一步提升路口的通行效率。

智能信控应用的示意如图 6-2 所示。

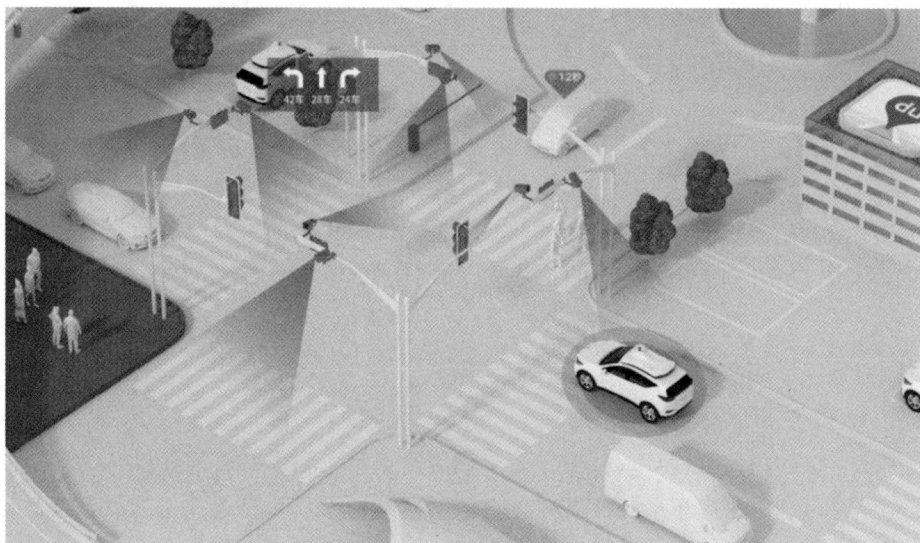

图 6-2　智能信控应用的示意

基于 AI 视觉和交通地图大数据构建的车路协同智能信控系统，能够全面深入进行人、车、路、环境感知理解，提供准确、实时、精细的交通指标数据。融合地图数据，通过丰富的实时路况、交通事件和交通拥堵信息，能够提供强大的交通大数据分析研判能力和交通问题诊断评估能力。因此，融合了 5G、自动驾驶、车路协同等先进技术的智能交通解决方案，能够根据交通变化动态优化信号配时，及时下发配时方案，大幅提高区域范围内道路通行能力。

百度的智能信控在保定市应用实践表明，由 AI 驱动的智能信控系统能有效降低路口和干线交通延误，主干线道路最高行程延误时间下降 30%，重点路口日均排队失衡度下降 40%，预计整体区域道路通行能力最高可提高 10%，测算最高可节约道路建设成本约 10 亿元。

6.1.1.3　协同引导

协同引导是通过 C-V2X 进行多车载智能和路侧智能之间的协同，利用车车协同协商最佳通行策略，利用全息感知的结果，对路口通行策略进行规划，并引导路口通行车辆，在保障交通安全的前提下，加快路口通行速度，提高整体交通效率。协同引导具体功能有以下几种。

（1）安全通行引导。一方面通过车车之间的实时通信，可以获取到通过路口的相关车辆的行进速度、方向角、车体尺寸等信息，车车之间可以协商通行先后和策略，从而避免车辆安全事故，提高路口通行能力。另一方面通过全息感知，路侧部署的 MEC 边缘计算平台能够根据车辆的运动趋势，提前发现多车辆的潜在冲突危险，下发经过处理后的路口车辆信息的结构化数据至车内，补足车辆盲区，提示车辆驾驶策略，从而大幅降低路口交通事故的发生率，提高交通效率。

（2）交通分流引导，通过全息感知，获取任何时刻、任何断面的交通信息、任何车辆的状态信息将信息汇总至平台系统，结合部署的自适应分流引导控制算法进行全路段整体的分流控制决策，可以实现全局协同、路权分配、路径优化、决策优化、协同优化等功能。一方面可以将分流信息反馈给道路行驶的车辆进行实时的路径再规划，逐步减少拥堵路段的车流量，从终端侧提高全路段的时空利用率；另一方面可以将分流决策信息同步传递给交管部门，为其动态调整红绿灯配时，为绿波带、潮汐车道等的设置提供重要的数据依据。

协同引导应用的示意如图 6-3 所示。

基于 C-V2X 可以将量产前装车机、Carlife 手机投屏、准前装车机以及智能后视镜等产品提供全方位的路口红绿灯通行引导、车辆碰撞预警、AR 实景导航、ADAS 辅助驾驶等服务。同时，利用小度车载 OS 提供的先进智能座舱系统，结合先进的语音语义理解、视频分析及车路协同技术，为自动驾驶车和智能网联车提供更丰富的车载引导方式，自动规划智慧交通路线，解决城市拥堵。

图 6-3　协同引导应用的示意

6.1.1.4　ACE 智能路口

2021 年 3 月，百度在其 ACE 交通引擎的基础上提出标准化的智能路口方案——ACE 智能路口，试图定义新基建下的中国交通路口标准。ACE 智能路口包含激光雷达、摄像头、V2X 通信终端与 Apollo 核心自研的路侧智能体等设备，利用 Apollo+雷达生态、Apollo+相机生态、Apollo+V2X 生态，实现精准感知、智能计算和高效通信。具体地，传感器由百度和生态伙伴共创定制，其精准感知依赖于多源感知融合技术，一方面将枪机摄像头和鱼眼摄像头结合，解决正反向和下方的盲区问题，另一方面将摄像头和激光雷达结合，弥补复杂区域内精确定位障碍物的三维位置问题。V2X 通信设备也由百度和生态伙伴联合定制，其数据吞吐能力、消息定义格式等，都能够支撑未来的全自动驾驶。路侧智能体具有三方面特征，一是高性能和持续升级能力，具备强算力、厘米级高精地图、场景和语义运算、无缝 OTA 升级等特点；二是多场景和兼容复用能力，可以适配 L4 自动驾驶车路协同算法、交警电警感知分析算法等不同交通场景需求；三是全工况和快速覆盖能力，具有轻量化特性适配、自供电特性适配、高等级硬件防护等能力。百度在北京亦庄已经部署了 28 个基于这一标准的 ACE 智能路口来验证其性能。

ACE 智能路口的价值总结来说有三个方面。①面向未来，服务当下：既服务于未来的 L4 级自动驾驶，也面向当下交通调控应用和网联应用。②多杆合一，多感合一：多杆合一是采用标准化的方式合并路杆；多感合一则是将各种具备感知能力的设备合并到一套设备中，如交通流指标感知、事件发现、面向自动驾驶的障碍物级别感知等。③一次投资，长期受益：ACE 智能路口会随着看到的数据不断成长，可以通过 OTA 方式不断增强能力，做到持续服务于新需求。

6.1.2 智能高速

高速公路车速快，事故发生时的高速碰撞会造成车辆及人员的严重伤害，且容易引发次生事故。高速公路事故形态分布中，追尾事故、撞固定物和翻车事故数占比较高。C-V2X 技术能够有效应对这些事故形态，通过"前向碰撞预警"和"紧急制动预警"均可提前预知前车与后车速度变化，及时对后车进行预警。通过"异常车辆提醒"能够有效提醒车辆的故障等占用车道行为，留给后车驾驶员足够的判断时间，采取有效措施避免追尾。而对于路面的固定物，主要是道路施工等造成的，"道路危险状况提醒"能够提前对驾驶员发出警告，避免事故。

智能高速的主要功能包括以下几种。

1）数字化车道

路侧可以通过对路面环境的准确认知，通过 5G V2X 向车辆提供高精度实时状况，从而为驾驶员赋能，有效增强驾驶安全性，提升驾驶体验，同时可以降低无人驾驶车辆对自身传感器的高要求，提高道路利用率、通行效率。

2）柔性车道

通过 5G V2I/V2N 实现车道级高精度路权管控，将道路管控时间从小时级下降到分钟以内，一方面可以提高车道利用率，另一方面可以实现精确的自由流收费，有效提高高速的使用效率。

6.1.2.1 数字化车道

数字化车道为有限的车载计算能力和有限感知范围下的车辆提供一种感知前方路况的能力，从而通过传感器接入技术、数据融合技术、车联网 V2X 技术以及大数据分析处理技术，实现车载智能对路面环境的超视距准确认知，从而可以满足自动驾驶车辆准确驾驶决策的要求，并可以降低自动驾驶车辆对自身传感器的高要求。数字化车道涉及主动超视距认知、高精度可行使区域控制两个方面。

1）主动超视距认知

基于路侧安装的传感器，能够实时获得路面的全量精确认知结果。通过 C-V2X，可以将车辆观测方向中 500～800 m 区域内的车辆、行人等环境实时状态提供给车辆。这些实时状态可以是原始的视频、雷达数据，也可以是边缘计算已经完成融合的认知结果，还可以是边缘计算进行态势分析后产生的态势图数据。这些信息能够为车辆提供丰富的决策依据，辅助车辆建立全景全息视图，快速进行驾驶决策。

2）高精度可行驶区域控制

道路施工、路面坑洼、交通事故等特殊事件将影响道路的可行驶区域，路面的慢行、逆行车辆，非机动车、行人等非正常交通元素，都会干扰正常行车，引发交通事故。在主动超视距认知基础上，路侧边缘计算设备可以将感知到的可行驶区域的变化，通过 C-V2X 通知给车辆，提醒车辆进行提前预判，进行横纵向的控制，避免交通事故。

6.1.2.2　柔性车道

对于一些紧急车辆，为了满足其快速通行的需求，可以通过车路协同的手段生成对车道的高精度管控，提高其通行效率。紧急车辆通过车路协同给出专用车道占用请求，路侧单元判断其是否具有相关权限，鉴权通过后系统结合高精度定位系统进行车道级的避让管控，对在专用道上行驶并在紧急车辆前方的出清范围内的社会车辆给出避让提醒，从而动态地规划出一条受控的专用车道供救护车、消防车等紧急车辆快速通行，减少其通行时间，提高通行效率。同时在紧急车辆已经通过后的车道取消车道避让管控，做到整个专用车道的动态自适应管控，提高道路整体的利用效率。

将车道高精度管控进一步扩展到更大范围的普通车道，则得到柔性车道。柔性车道能够将车道的控制权细化到分钟级，甚至秒级，能够准确地认知车道上的车辆，并针对车辆的车道使用进行细化管控。在柔性车道管控下，可以实现车道的细粒度路权使用分配，真正实现自由流收费等应用。

6.2　智能泊车

停车已经成为现代交通环境中的瓶颈问题，涉及车位寻找、车辆当前位置到车位的路线规划、车辆的控制几个阶段。

车位寻找涉及室内外停车场的定位、空闲车位的发现。在开放式停车场中，可以通过停车位检测的方式判定哪个停车位是空闲的。在自动化停车场中，可以通过系统分配的方式选择停车位。车位寻找的核心是智能停车问题。

在确定停车位之后，需要将车辆引导到停车位，由车辆自行停车入位。在有多层、上下层的封闭式停车场环境，需要解决室内定位、室内的高精度地图问题。而在自动驾驶和非自动驾驶混行的开放道路环境下，还需解决自主规划路径、车辆规避等问题。

6.2.1　智能停车

对专用的停车场已经有较为成熟的方案，但开放停车场由于其复杂性，难以使用地磁、微波等封闭停车场的解决方案。通过使用 5G 与人工智能视觉识别，在开放停车场可以提供高位视频停车解决方案。

基于 AI 的高位视频方案通过使用 7×24 小时无人化视频监控，通过图像识别停车位与车辆占用，支持对开放停车场的全天候停车位发现与管理，节约人力资源。高位视频方案支持一路视频进行大规模停车位覆盖，支持应对不同形状、不同条件的停车场所，只需进行停车场规划设置即可生效，有效解决地磁、微波等方案点位分散，布置困难，设备易损坏等问题。

通过 5G 与 AI 联合，可以实时将停车位状况回传后台服务，实时掌握停车位占用状况，提供停车位引导和规划。

智能停车应用如图 6-4 所示。

图 6-4　智能停车应用

百度基于 5G+AI 的高位视频方案已经在北京、石家庄、张家口等多个城市落地，落地城市停车收费率从 35% 提升至 90%，提升整体出行体验。

6.2.2　自动泊车

自动泊车主要采用"车端改造"和"场端改造"两种技术路线。"车端改造"主要立足于车辆本身，通过将车辆改造为自动驾驶车辆，解决在开放停车场中，车辆自主完成泊车取车过程。"场端改造"主要立足于满足全部用户车辆，面向封闭停车场，通过专用的自动驾驶车辆承载需要停泊的车辆。

1）车端改造

用户将自动驾驶车辆停在目的地，用户下车后，自动驾驶车辆通过 5G V2N 通信与停车场云服务进行交互，由停车场云服务根据待停泊车辆的大小等信息，选择合适的停车位，并规划行驶路线，向自动驾驶车辆推送。自动驾驶车辆根据路线规划将待停泊车辆移动到车位。

对于用户的自动驾驶车辆，停车过程需解决的核心问题是安全问题，即停车场与自动驾驶车辆如何安全可信的交互，获得停车场推荐的路线，并在停车泊位变化的时候，能够通过 5G V2N 自动更新路线规划，从而在保障安全的前提下完成可用停车位路线的规划和行驶。

目前百度提供了 ASIL-D 最高车规安全等级的 L4 级自主泊车解决方案，实时提供自车 6D 坐标、云端全局调度、高精度地图更新、增强性感知等能力，具备多种停车场景适应性。

2）场端改造

在大型停车场，用户将普通车辆停在特定区域后，用于代客泊车的无人驾驶 AVP（Autonomous Valet Parking，自动代客泊车），将对等待停泊车辆进行识别，并完成待停泊车辆的承载，运送到指定泊位。

场端改造方案能够适应不同类型不同智能等级的目标车辆，停车场管理与 AVP 之间通信不涉及公网传输，安全问题影响较小。

场端改造的问题是只能在专用场地，如机场、火车站等大型封闭式停车场，对普通路边、写字楼等开放停车场无法满足要求。

自主泊车应用如图 6-5 所示。

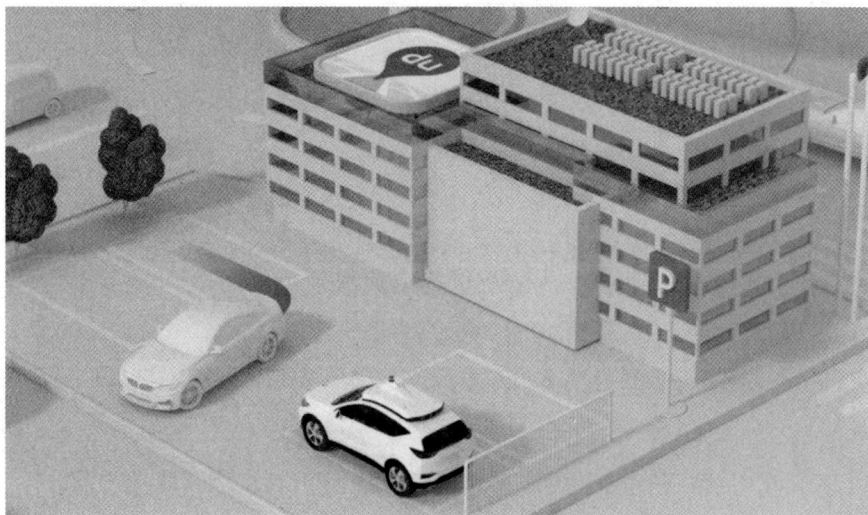

图 6-5　自主泊车应用

基于 5G+AI 的解决方案，可以在公共停车场配合基建改造，实现全无人自主泊车取车，在小区停车场，无须改造一次性 AI 训练即可实现安全泊车。同时，通过城市级的"车-云-图-场"管理，通过 AI 云端计算监控训练，最大幅度实现停车场自动化调度运营，实现智能泊车管理。

6.3　智能公交

智能公交主要核心内容分为四方面。

1）智能的车

车的智能主要体现在智能化、协同化、定制化。

车辆的智能化指的是车辆支持基于自身传感器进行环境认知，并实现主动车道保持、自适应巡航、防碰撞；还支持将自身的状态或收到的信息用可视化方式传递给其他普通车（如车后电子提醒牌显示红绿灯灯态和倒计时、车辆刹车、前方盲区信息等）；公交车智能化还包括驾驶员疲劳告警、车上人数统计、上下客统计、下车防夹、车外盲区提醒等。

车辆的协同化指的是支持 5G V2X，能够实现多车之间的防碰撞，能够在路侧支持下实现盲区认知、车内标牌等。

车辆的定制化指的是能够支持智能微公交，用户下单，云端自动计算并规划路线，并下达给车端，车辆能够根据动态路线自适应调整行车。

2）智能的路

通过路侧智能识别路口的状况，并通过 5G I2V 向公交车提供智能路口的相关功能，包括以下两点。

安全通行：含闯红灯告警、弱势交通群体告警、交叉口防碰撞等。

智能通行：包括根据红绿灯倒计时和车辆位置给公交车推荐最优车速实现公交车绿波通行，在公交车接近红绿灯路口，可以动态进行红绿灯相位控制，在保障交通安全的前提下实现公交车快速通行，从而提高公共交通的效率。

3）智能的站

公交站台是智能公交的核心功能之一，智能的站台主要解决公交车智能停靠、客流识别、电子站牌等工作。

公交车辅助停靠指车和站台通过 5G I2V 协同，通过站台部署的传感器解决车辆有序进站精准停靠，保障车辆与站台距离 10 cm 以内。

公交站台客流识别是面向即将进站的公交车和公交服务系统，对站台待客人数、上下车人数进行统计，并提供给智能公交云系统进行车辆调度。

公交站电子站牌是面向公交站台等车的出行人群，呈现公交车位置、抵达时间估计等信息，向用户提供出行的最佳乘车和换乘时机计算与推荐。该信息还可以提供给百度地图、高德地图等其他应用，供用户使用。

4）智能的云

智能公交服务还需提供公交车调度规划、定制公交/定制出行等服务。

公交车调度规划主要根据智能站台提供的待客需求，动态调配公交车发车时间、间隔和车型。定制公交/定制出行则面向用户提供公交换乘规划、智能微公交订车，从而实现公交出行的 MaaS（Mobility-as-a-Service）服务。

智能公交应用如图 6-6 所示。

图 6-6　智能公交应用

国内已经启动智能公交示范工程，通过智能公交车与路侧系统协同，智能公交车与智能站台协同，提高了公交车通行的安全性和行车效率。调度系统将出行信息、候车信息与公交调度相融合，使得公交线路更符合出行需求、发车间隔更合理、到站信息更准确，大幅改善公交乘车体验、提升公交客运量。通过行业实践，智能公交有望助力公交车有责事故率下降 20%，车次准点率提升 20%。

6.4　智能出租车

与智能公交不同，智能出租车并不会按照固定或准固定线路巡游，而是在固定地点等待呼叫。目前智能出租车已经在各地得到初步推广，被称为 Robotaxi。主要功能有以下几种。

1）最优待机地点规划

根据城市交通大数据，判断用户出行需求，对用户出行需求大的地点配置更多的 Robotaxi。在用户需求变更的时候，能够动态计算各个待机点车辆配置，并进行车辆调度、充电、等待订单、场站之间的车辆调配、充电规划等。

2）车路协同保障行驶安全

Robotaxi 在行驶过程中，将通过高精度地图和自身装备的智能传感器，在车载智能控制下完成车辆安全驾驶，实现自主行驶、自主并线、自主超车、自主避障、自主避险等，同时，根据 5G V2X 的车车协同或车路协同超视距信息、车内标牌信息、告警信息、路面实时交通态势信息等，完成车辆最佳驾驶决策。

3）车路协同最佳路线规划

车辆在接送乘客过程中，能够通过 5G V2N 完成与云端协同，通过云端计算出的路面交通态势，对出行行驶路线做出动态规划，保障高效出行。送完乘客后，尚无新的接客需求之前，将返回最近的待机点等待。需要充电的车辆，将自动规划充电路线。

智能出租车应用如图 6-7 所示。

图 6-7　智能出租车应用

自动驾驶出租车通过与 5G 车路协同结合，可自如应对海量复杂城市场景，是未来智慧交通的集大成者。同时，一方面支持全链条云端平台，支持实时、高效的车队管理和运营服务。另一方面全面支持城市出租、移动安防、道路设备巡检、高精地图采集、交通数据采集等应用场景。

6.5　智能货运

货运车辆在多车的货运中，如果对其进行编队并在行驶过程中对车列进行保持，可以在很大程度上提高车辆运行的安全性，并大幅减小车列内部车辆所需的任务量和计算量。实现货运效率和车辆性能的最大化。

依赖于自动驾驶平台提供的服务，货运车辆可以在自动驾驶的过程中实现编队行驶。编队行驶有两方面的要求：车列保持和动态车队协作。

1）车列保持

通过 C-V2X 等无线通信技术将同向行驶的车辆进行连接，尾随的车辆可接收到前面车辆加速、刹车等信息，并在最短的时间内做出反应。编队的通信主要包括编队内部车辆间通信和编队与外部（智能路侧设备 RSU 或者其他车辆）的通信。当 RSU 广播道路信息时，可以根据车道方向采用定向或非定向的方式。在编队行驶中，队列中靠前的车辆通常需要完成更多的任务，实现 L5～L6 级别的自动驾驶，而列队中靠后的车辆只需要能做出和前面车辆对应的行动。无人驾驶车辆之间的刹车和加速几乎可以同步，远远超过了人类驾驶员的反应时间，从而可以获得更高的安全性和更近的车距。

车列保持可以明显减小车队行驶中的风阻，并且降低车辆油耗。此外，编队行驶可以释放更多车道给其他车辆通行，显著改善交通拥堵并提升运输效率，进一步缓解交通压力。

2）动态车队协作

车辆的编队行驶还需要实现车队的协作式管理，以满足行驶过程中车队中车辆动态变化的需求。协作式车队管理是指车队的车头从云端及周边车辆获取安全、交通环境、车载传感器等信息，形成车队行驶策略，从而完成整个车队的动态管理，确保车队安全、高效出行。

协作式车队管理适用于在网络覆盖下的城市及郊区道路。该应用能够有效提升车队管理效率，保证车队车头信息获取的全面性，既能够从云端获取基于整体交通状况的行驶建议，又能通过车队内车辆间信息的共享交互实现近距离安全行驶，并且能够实时进行车队内及车队间灵活调控，实现安全与效率的同时提升。

协作式车队管理的主要场景包括车队加入/离开、车队融合/拆分等。

智能货运的应用如图 6-8 所示。

图 6-8　智能货运的应用

智能货运能够全面赋能货运车辆，提升货运安全等级，预防驾驶员疲劳驾驶、超速驾驶等危险驾驶行为。结合道路实况可提供盲区预警、团雾、雨雪等危险路段预警，在特定路段还可开展更高级别自动驾驶运营，实现编队行驶、自动驾驶等功能。

在节能降耗方面，智能货运车辆可节省 10%的油耗，商用后每车每年运营成本可减少约 17 万元。

6.6 智慧园区

智慧园区可以划分为开放园区和封闭园区。目前一般认为，封闭园区将会是无人驾驶最先落地的场景。

封闭园区主要包括特定范围城区、停车场、卸货场、物流中心、矿场等，园区内基本实现无人化，全无人驾驶车辆进行协同。

工业/科技园区、景区、新城、生活社区、机场、酒店/度假村等特定范围封闭园区中可以设置包括自动驾驶巡检车、游览车、环卫车、贩卖车、快递车等低速车辆，可为园区提供全天候的作业车辆和自动驾驶通勤体验。

固定道路的封闭园区，如港口、物流中心等，其道路是确定的，核心问题是要解决车辆调度规划问题。如港口码头的卸货需求，需要综合调度无人驾驶车辆进行卸货、运输操作。此时，5G V2X 能够为园区提供高效的网络覆盖，并提供路线规划，碰撞预警等功能。

特定场景下的封闭园区，如矿场，其道路并不一定是完全固定的，随着矿场的开采会出现新的道路，而随着环境的变化，如塌方、遗撒等，可行驶区域会变化，需要无人驾驶车辆边扫描建图，边行驶规划。此时，基于 5G V2X 提供的网络覆盖，能够实现高精度地图的实时更新，及各种危险事件的分布式采集和发布。

智慧园区的应用如图 6-9 所示。

图 6-9　智慧园区的应用

目前，自动驾驶赋能多种服务型无人车，涉及园区所需的快递、外卖、零售、安防、防疫、运输等业务，全球落地超过 1000 辆，而用于接驳、物流、环卫的自动驾驶车型已在全国 30 多个城市落地运行，接驳乘客近 9 万名，完成数万单物流配送，并在抗击 COVID-19 肺炎疫情中发挥了作用。

第7章 展望

智能交通系统的发展从人工决策主导的监管式系统，到网联化、协同化、自动化的新一代智能交通系统，打通了从感知到控制的系统壁垒，利用车辆之间、车辆与基础设施之间的信息交互引导车辆群体的驾驶和选路行为，利用基础设施之间的信息交互实现大规模交通系统的联网联控。智能交通系统借鉴信息物理系统（Cyber-Physical System，CPS）中物理空间和信息空间的双层体系，正在将感知控制与认知决策功能相分离，从而更好地利用"人-车-路"的泛在感知资源及"端-边-云"的泛在计算资源实现各交通元素在协同感知控制、协同认知决策。然而，当前智能交通系统仍存在以下局限性。

（1）知识难协同、智慧无互联。当前智能交通系统已经实现了信息共享，但缺少智慧互联。多车、多基础设施的知识经验难以共享、积累和演化，其知识差异性导致其决策水平的差异性，使得分布式决策结果难以收敛一致。此外，信息空间决策和认知相互耦合，导致人、车、路的协同过程复杂，既存在基于信息共享的交通态势重建，又存在基于交通态势共识的协同决策。因此，信息空间的协同维度高，实时解算困难，分布式决策与全局优化目标的一致性无法保证。

（2）资源调度不灵活、个性需求难满足。交通出行需求复杂多样，当前的交通系统难以在同一个路网上为各类交通参与者提供满足其个性化需求的交通服务。智能交通系统通常采用专用车道等"硬"的资源分配方式，资源利用率低、服务质量提升有限。因此，智能交通系统中物理空间和信息空间的分离，缺乏物理空间资源状态和控制能力的抽象，缺乏业务逻辑与控制能力的分离，使得资源调度的灵活性差，无法应对复杂多样的出行需求。

综上所述，智能交通系统需要将业务与控制相分离，将决策能力从信息空间中抽离，形成物理空间、信息空间、决策空间构成的闭环系统。人、车、路从信息空间提取到决策空间的知识与经验相互协同、智慧互联，有利于提供广泛、高效、可定制、多尺度的人机物融合的交通服务，形成交通智联网。

7.1 从车路协同到交通智联

交通智联网是在未来交通系统群智涌现的条件下，将海量异构交通元素的认知与决策在逻辑上从物理实体及其数字孪生中抽离并交织成网，通过超大规模群体智能实现交通系统的自组织、自优化、自适应运行。对复杂系统的垂直解耦、水平融合有利于各部分独立演进和更新，有利于各层次智能的泛在协同。交通智联网将认知能力从物理空间抽离，形成信息空间，有利于数据的融合、信息的共享；将决策能力从信息空间抽离，形成决策空间，有利于智慧的互联、服务的协同。交通智联网包含物理空间、信息空间、决策空间三层结构，如图 7-1 所示。

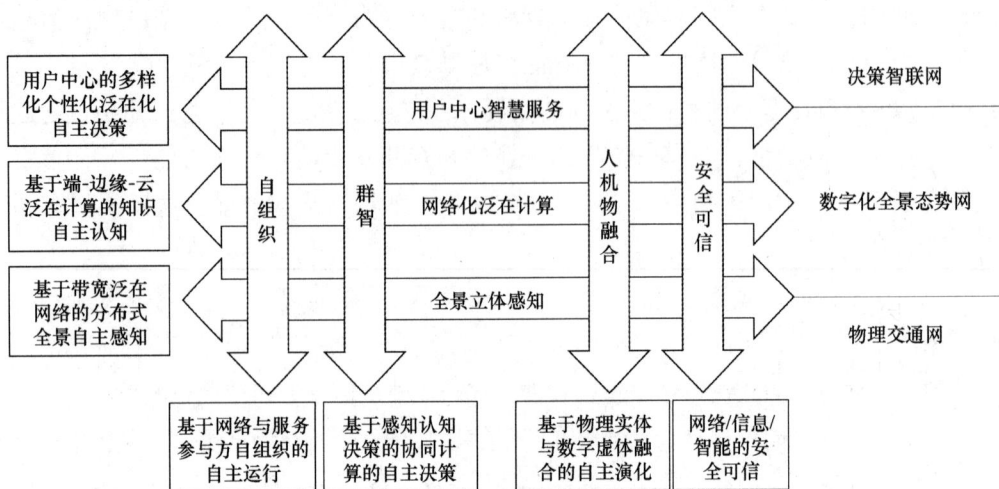

图 7-1 交通智联网体系架构

（1）物理空间，是包括"人-车-路-环境"的复杂巨系统，它通过交通元素间的多维协同实现人和物的安全、高效位移。

在传统智能交通系统中，车路智能化水平有限，交通管理者通过路边基础设施进行交通监管，从而感知和控制之间仅以人的决策相连通，存在较大鸿沟；它无法根据城市出行需求和交通态势演变进行实时诱导，致使交通管理的人力成本高、收效不明显。新一代智能交通系统的目标是自动化、协同化、网联化，自动驾驶汽车与智能化道路基础设施的信息有序交互促使车路协同，实现从微观驾驶决策到宏观交通诱导的全程自动化。然而，车辆拥有不同的感知视野和智能水平，道路、通信、能源等各类基础设施拥有各异的服务能力，各系统的垂直独立发展将阻碍车路协同的有效性，其感知控制与认知决策的紧密耦合导致交通系统各元素的认知完备性差、协同复杂度高。只有将物理空间与信息空间分离解耦，在物理空间自主感知"人-车-路-环境"的多源异构数据，并形成与信息空间的高效联动，才能驱动交通元素间更高层次的协同。因此，感知与控制成为物理空间的核心关切，一方面针对交通元素数量大、状态变化快等问题，需要保证自主感知的覆盖、精度和效率；另一方面针对交通元素的多域资源需求复杂性，需要向信息空间抽象恰当的资源控制接口。

（2）信息空间，基于"端-边-云"的泛在计算对物理世界进行认知与建模。

物理世界的感知数据具有数量庞大、来源复杂、质量参差、分布多变的特点，各交通元素的认知需求交叉重叠，"端-边-云"的认知能力相互补充，各交通元素的独立认知不仅完备性难以保证，还会由于重复认知造成额外的计算开销。因此，需要交通网中的各种交通元素在信息空间进行协同认知，通过数据挖掘、机器学习等技术提高数据质量、提升数据价值密度，将数据转变成为易理解、易使用、易检索的信息，最终在信息空间重建"人-车-路-环境"的全景状态，实时反映交通态势演变。然而，信息空间的认知过程面临大规模、广分布的流式数据，单一数据处理中心无法满足实时性处理需求。因此，需要构建"端-边-云"的网络化泛在计算环境，以屏蔽物理空间中人、交通工具、基础设施的空间区隔与认知差异，实现跨地理区域、跨通信制式、跨交通主体的扁平化认知体系，从而支持群体智能的大范围自主协同。

在传统 CPS 中，认知和决策在信息空间紧密耦合，导致需要针对不同服务需求（智能驾驶、路径规划等）制定不同的认知过程，从而服务开发与部署的灵活性降低。因此，需要进一步将决策与认知解耦，将决策空间从信息空间中抽离。在此过程中，信息空间除了通过扁平化认知对上层屏蔽物理空间多源异构数据的复杂性，还需要通过虚拟化技术对上层屏蔽物理空间的资源分配复杂度。由于智慧道路的交通域和信息域资源分配决定了智能驾驶汽车的安全与效率，所以需要交通与信息的多域资源虚拟化，从而提供抽象的资源管理能力。

（3）决策空间，智能交通全要素的知识共享、智慧互联，实现以用户为中心泛在化自主决策。

通过交通元素的群体智能决策反馈物理空间实现安全、高效，且满足用户需求的交通系统。传统的集中式决策难以兼顾个体偏好与全局最优的平衡，并且由于城市规模巨大、交通元素众多，且多交通元素间策略相互耦合，导致决策问题的状态空间和动作空间庞大，难以实时有效解算。因此，在物理空间交通网和信息空间全景交通态势的基础上，各种智能车辆、基础设施在决策空间通过群体智能实现以用户为中心的自主协同决策，并满足全局交通态势的均衡。为此，以物理空间的静态模型为基础，结合信息空间动态重建的全景交通态势，在决策空间构建人、机、物、环境等要素的数字虚体，实现物理空间、信息空间、决策空间的相互映射、适时交互，呈现数字虚体对物理实体的实时响应及决策支撑。我们在第 3 章中提出的虚拟车，就是在决策空间为车辆构建的具有自主协同、自主演化、自主决策功能的数字虚体，从而扩展车辆的认知与决策水平，辅助车辆进行复杂的推演与决策。

决策空间通过将信息空间的信息处理为知识，通过知识推理形成智慧，进而多交通元素的数字虚体之间协同演化，实现对信息空间所抽象的交通域和信息域虚拟化资源的协调。在这种模式下，数字虚体仅需专注于路线规划、路权分配、边缘计算调度等服务，而不必关心物理空间的资源能力、空间位置等差异。进一步，将各类信息域和交通域资源分配与调度策略构建微服务，形成灵活可控的网络和道路资源切片，实现物理上共享而虚拟上独享的资源占用模式，保证服务质量。最后，智慧服务可以通过组合微服务实现大范围、跨系统的交通和道路资源编排。

综上所述，交通智联网的本质就是构建一套从物理空间，到信息空间，再到决策空间，状态自主感知、知识自主认知、泛在自主决策、精准自主执行的闭环体系，解决自主式交通系统中的开放性和复杂性，提高多域资源的配置效率，保证服务的高效性与可靠性。

7.2 交通智联网的机遇与挑战

交通智联网需要海量交通元素分布式智能的全方位协同，本节从交通、智联、协同三个视角审视和探讨交通智联网的机遇与挑战。

7.2.1 自主式交通系统

（1）全景立体感知。物理空间的全面、精准感知，是驱动交通智联网数据流动的原动力。城市交通从微观的车辆动作、介观的车流状态、宏观的交通态势，都需要实时感知。为了适应城市交通感知范围广、粒度细、变化快的特点，需要智慧道路的基础设施和智能汽车的感知能力相互融合，形成全景立体化感知体系。为了增强感知信息的可用性、有效性和高效性，各感知实体之间需要群智协作进行感知和通信资源协调。在此过程中，存在以下关键技术问题。

多源融合感知：智能汽车和智慧道路拥有各种类型的传感器，即激光雷达、微波雷达、摄像头等，各种类型、视角、时间的感知数据如何通过时间对齐、语义对齐的数据融合，实现全景立体感知，是交通智联网的关键技术。

感知通信一体化：物理空间的感知数据需要通过泛在通信技术进行传输、通过泛在计算资源进行认知，感知数据的质量和实时性决定了信息空间全景交通态势的认知质量。现有技术通常将感知和通信过程进行协同调度，这种方式下感知与传输仍相对独立，难以针对环境变化动态响应、实时联动。如果将感知和通信从信号层面进行协同设计，使感知探测和通信传输动态共享信号，可以显著提升感知质量和传输质量的自适优化。

（2）网络化泛在计算。未来自主式智能交通系统中，海量交通元素的智能协同对计算能力和时延提出巨大挑战。5G 网络的致密化部署和边缘化智能，可以通过网络化泛在计算赋能交通系统，从而拓展车辆的认知与计算能力。物理空间的感知数据，可以根据服务质量需求、通信和计算资源分布，在"端-边-云"协同体系下进行认知和决策计算。然而，车辆等交通元素的计算需求多样、时空分布多变，且资源种类多样、能力异构，只有实现资源需求与资源供给的匹配，才能保证智能交通、智能驾驶的安全性和高效性。为应对这些挑战，需要解决以下关键技术。

多域资源虚拟化技术：资源虚拟化是屏蔽资源差异性，抽象资源能力与控制方式的重要手段。网络功能虚拟化、虚拟机、容器等技术已经实现通信、计算、存储等信息域资源的虚拟化。而在自主式智能交通系统中，为了实现道路交通资源的灵活、按需配置，并参考信息网络的虚拟化经验，需要研究路网资源的虚拟化技术，从而抽象路网的通行能力（车道数量、车道限速、道路拓扑等）、能源支撑能力（充电站分布）和交通调控手段（信号灯、路径规划等）。

多域资源协同技术：由于资源需求的动态性，需要通过资源动态分配和调度来满足服务质量需求。其中，车辆的智能驾驶需要通信、计算、存储等多维资源的协同，并且考虑到车辆的快速移动性，需要多边缘云之间的资源协同。全局的多维资源协同面临调度耦合问题，可以通过分布式的智能协同进行资源分配。进一步，车辆的移动模式和资源需求呈现强相关性，通过对两者的联合优化有望达到交通流和信息流的协调。

（3）以用户为中心的智慧服务。当前智能交通系统，是人来适应系统、人来适应交通调度，优化全局效用而弱化用户的个性化与便捷性。城市交通系统最终是实现人的高效、高满意度位移，交通资源调度应该以用户为中心，适应人的需求与偏好。并且，不同类型的服务有不同的服务质量要求，根据用户需求提供个性化的、有质量保障的服务，需要解决以下关键技术

交通功能网络切片、按需的路网能力：当前的道路交通系统通过专用车道划分（如公交车专用道、应急车道）、潮汐车道等相对固定的方式进行交通资源配置，这种方式无法根据交通流波动来动态调整资源配置和交通流分布，路网资源使用效率低、路网服务质量无法保障。根据不同类型服务需求为车辆动态预留资源，构建交通功能网络切片，是高效利用路网资源、提升路网服务质量的重要途径。在路网资源虚拟化的基础上，交通功能网络切片将构建一个端到端的逻辑路网，按切片需求方的需求灵活地提供交通服务。自主式交通系统能够按照不同的出行需求划分出公共交通路网切片、电动汽车路网切片、应急交通路网切片、货运交通路网切片、个人交通路网切片等，提供多种差异化的、有质量保障的交通服务。一般地，交通功能网络切片需要支持通行时延、行驶距离、能源消耗等性能的差异化定制，从而实现灵活的运行和管理，在同一个物理网络中满足差异化交通需求。

管控能力微服务化：网络化泛在计算环境、以用户为中心的服务需求，都对交通智联网中服务的迭代、编排灵活性提出了较高要求。因此，在决策空间实现服务解耦，将紧耦合的单体结构拆分为松耦合的多个微服务，可实现服务按需功能调用和灵活编排。微服务

将在信息空间用户需求认知的基础上，对虚拟化的交通资源进行调度，抽象出不同的交通管控能力，可实现智慧化交通服务的快速构建和重组，从而辅助路边基础设施进行交通调度，辅助车辆进行路径规划、交叉路口穿行等。

🌐 7.2.2　全程全网智慧互联

5G 车路协同的最终目的是利用泛在网络所连通的群体智能来实现交通系统的安全高效运行。传统智能交通系统中，各交通元素将其他交通元素视为环境的一部分，独立对动态环境做出响应，导致系统整体运行不稳定，且难以实现全局最优响应。借助群体智能，交通元素各自独立的感知、认知、知识、决策闭环将被解耦，继而海量交通元素之间在各层次融合形成全程全网的智联体系，实现交通系统群体智慧的深度互联与自主协同，如图 7-2 所示。本小节将探讨各层次融合互联的主要特征和关键技术。

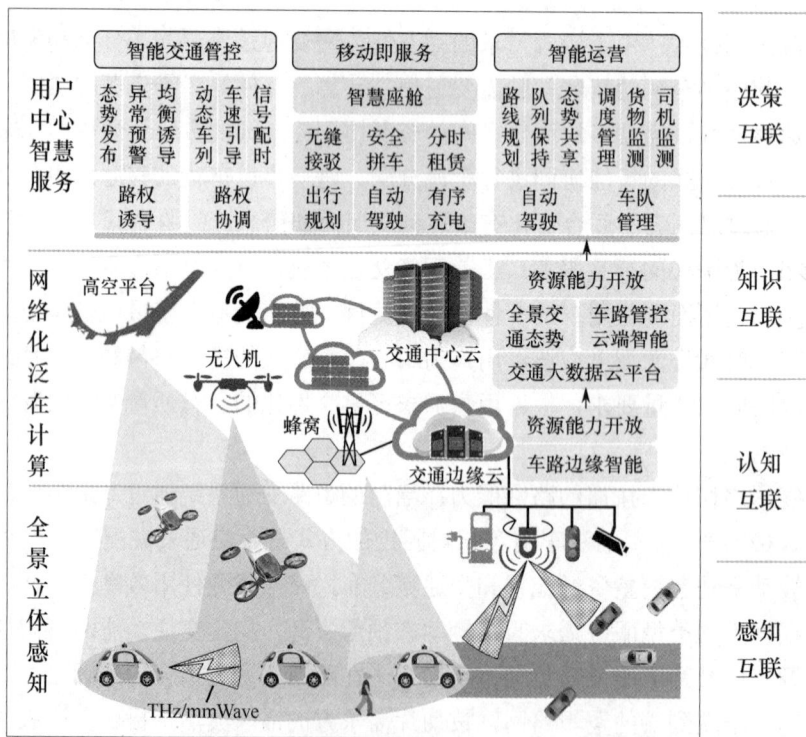

图 7-2　5G 车路协同与群体智能的层次结构

（1）感知互联。交通系统通过分布广泛的、功能多样的传感器获取"人–车–路–环境"的实时状态。单一传感器的感知功能、范围、精度有限，只有多传感器配合才能实现"人–车–路–环境"的全景立体感知。在传统智能交通系统中，传感器被以有线或者无线的方式连接到网络并回传数据，传感器之间仅在数据层面存在关联，缺少感知行为层面的协同。在 5G 车路协同中，感知互联是感知行为和感知数据两个层面的全面互联，主要体现在多传感器将感知行为协同和感知数据交互过程一体化，两者同时激发、同频共振。其中，感知数据交互为感知行为协同提供通道，感知行为协同又为感知数据交互保证质量。两者的一体化设计，可以直接从硬件角度保证感知互联的广连接、高可靠、低时延特性。

基于太赫兹/毫米波的感知-定位-通信一体化：为了满足持续增长的业务量需求，毫米波在 5G 领域的应用正在实施，而太赫兹（Terahertz）和可见光（Visible Light）将成为 6G 网络的候选频谱资源。毫米波和太赫兹所覆盖的电磁频谱是低频段常用电磁频谱的几百倍，数据速率可达到 Gbps 级甚至 Tbps 级，其波束窄、方向性好，能够实现不同方向多用户的指向性通信，具有较强的抗干扰能力。同时，毫米波和太赫兹的短波长特性使其在雷达和成像方面具有精度、分辨率高的特点，可以有效提升自动驾驶的感知、定位能力。通过进行信号层面的协同设计，利用感知、定位和通信的信号共享，能够实现感知-定位-通信的深度融合，将"人-车-路"的物理位置标识和网络位置标识实时映射，保证感知互联。例如，在车路协同场景下，路侧太赫兹雷达可以穿透雾霾、雨、雪，准确感知交通环境，定位行人车辆，同时以指向性通信的方式完成与行人车辆的感知行为协同和感知数据交互，实现"人-车-路-环境"的全景立体感知。特别地，指向性通信具有"所见即所连"的独特优势，有效解决了物理空间到信息空间的地址位置标识映射难题，也对信息可信、安全具有重要意义。

（2）认知互联。交通元素之间的认知互联，有利于增强独立认知的范围和精度，也有利于避免多交通元素对于同一时空重复认知造成的不必要开销和时延。在物联网时代的智能交通系统中，"物"感知的多源异构数据在汇聚后进行认知计算。由于"物"往往不具备智能，需要根据固定规则编排数据源，其认知过程是数据驱动的被动聚合。在 5G 车路协同中，交通元素的认知过程应该是需求驱动的主动协同。从微观视角，个体的认知计算不仅需要支撑自身决策，还需要主动支撑其他交通元素的决策；从宏观视角，个体间的协同认知刻画出全方位、多粒度的系统状态，共同支撑起全体交通元素的决策过程。这里以自动驾驶汽车的超视距认知和路边基础设施的多路并行认知为例，分析认知互联的关键技术。

跨实体的认知网络：自动驾驶汽车为了解决遮挡和盲区造成的认知缺陷，需要在车车和车路之间传递超视距认知信息。车辆周围环境元素复杂多样，不同场景需要交互的认知范围、粒度、侧重均不同。如果传递未经认知的原始感知数据，则存在大量信息冗余；如果传递预先规定的语义信息，则可能由于特征过度抽取导致信息缺失。因此，需要车车和车路之间能够根据场景自适应、高默契地调整交互的认知范围、粒度和侧重。通过设计并训练跨实体的深度神经网络，可以实现认知流在车车和车路之间的主动协同。跨实体的深度神经网络将完整的神经网络拆解到多个相关实体上分布式训练和执行，从而实体之间传递的认知信息可根据场景弹性调整，且信息内容是适合机器沟通理解的"语言"，而非语义明确的协议。

感知重构与特征提取并行的认知模式：交通系统感知数据体量巨大，路边基础设施的感知数据相互补充、相互印证，但数据具有体量大、生成快、异构化、价值密度低的特点，因此需要在边缘侧构建多路并行的认知能力（即数字视网膜[1]），为上层的群体决策提供易存储、易检索、易识别的认知信息。数字视网膜的核心是浓缩视频流和紧凑特征流的并行处理与同步传输，构成"特征实时汇聚+视频按需调取"的模式。一方面，它基于背景模型的场景视频编码提升视频压缩效率；另一方面，它在保留语义信息的前提下抽取视频关键特征，形成紧凑特征流用于实时数据分析。此外，数字视网膜通过视频编码与特征编码的联合优化，平衡压缩视频的传输高效性和紧凑特征的语义完整性。

（3）知识互联。海量智能体的知识互联是 5G 车路协同的核心，是由交通系统物联向智联演进的标志性特征。传统智能交通系统中，交通元素各自在环境交互中积累知识以优化自身决策水平，而在 5G 车路协同系统中，海量智能交通元素在知识层面直接连通，在知识交换中完成复杂知识系统的建立、运行和优化，从而加速知识的积累、拓宽知识的广度。知识互联主要包括知识的协同表征、知识的自动传递和知识的增量联结三个主要步骤[2]。知识的协同表征是指同质及异质交通元素之间公共的知识表达机制，知识的自动传递是指交通元素之间主动有序的知识共享方法，而知识的增量联结是指将各交通元素的知识结合以更新联合知识系统。交通智联网中，深度神经网络作为知识的一种重要表现形式，迁移学习和联邦学习是知识互联的主要形式。

多智能体的知识迁移学习：迁移学习是将某个领域/任务中学到的知识应用到其他相似的领域/任务，通过知识复用可以提升数据和特征较少的目标领域/任务的模型性能和学习速度。在交通智联网中，海量智能交通元素的迁移学习可分为智能体内的迁移学习和智能体间的迁移学习[3]。智能体内的迁移学习指任务的环境或场景有变化，将已有知识应用到新任务的学习过程。例如，自动驾驶汽车渗透率不断提升的进程中，其驾驶智能需要不断将已有知识迁移到新环境，从与人工驾驶的协作过渡到与完全自动驾驶的协同。智能体间的迁移学习是指将一个智能体的知识迁移到其他具有相似任务的智能体的学习过程。例如，将负责地面交通诱导的智能体的已有知识迁移到负责低空交通诱导的智能体。

多智能体的分布式学习：5G 车路协同系统中，各智能体在与环境交互的过程中会积累样本不同、特征不同的数据，如果智能体独立演进而不共享数据，那么数据孤岛将导致知识孤岛，最终影响智能体的决策水平。然而，在海量智能体之间共享规模庞大的数据是极其低效的，在某些场景下受隐私约束也是不可能实现的。利用分布式机器学习，特别是联邦学习，多智能体无须共享各自数据，只通过交换（加密的）模型实现知识互联和协同演进。在 5G 车路协同中，自动驾驶汽车通过积累的交通状态和行驶轨迹学习高效的、协同的路径规划，车辆间无须交换具有隐私的行驶轨迹，只需将本地训练的梯度加密后交由边缘或云端聚合，然后根据边缘或云端下发的参数更新本地模型。

（4）决策互联。多智能体之间通过交互协同信号，避免由主观（如利己）或客观（如隔离）原因造成的决策混乱，实现决策结果在系统层面的和谐、稳定、最优。在传统智能交通系统中，交通元素通常根据态势认知和经验知识进行独立决策，然而这种决策方式极易造成局部最优，并且局部之间的决策冲突可能会造成系统性能的震荡。在 5G 车路协同中，各交通元素通过决策互联实现协同决策，它们可以通过不断地磨合形成默契的决策行为，也可以在决策过程中通过分布式优化机制或协商机制寻求系统最优解、系统均衡解。例如，多路口信号灯的相位调整策略是相互影响的，通过决策互联可以实现信号灯相位的联合优化，避免了相邻信号灯策略冲突造成的绿波失效、通行低效的问题。再如，车辆群体的选路策略是相互影响、相互耦合的，个体根据当前或预测交通状态的独立"最优"选路会造成拥堵转移现象，只有车辆之间进行联合决策，才能有效实现交通均衡、切实提升交通效率。更进一步，车辆群体和信号灯群体进行决策互联，实现信号灯调控和车辆选路的联合优化，又可以进一步使车流和调控实现双向自适应。

多智能体博弈：智能交通系统是一个时空和信息资源受限的信息物理系统，资源使用时的无序竞争会导致资源使用效率低下。多智能体之间通过博弈可以激发群体理性，使得任何交通元素都无法通过改变当前策略获得更高收益，提升资源使用的公平性和均衡性。可以将多智能体博弈用于路侧通信计算资源的分配，也可以用于无信号灯路口的路权分配，还可以用于交通路网的车群路径分配。通常来说，博弈的复杂度随着群体规模的扩大而急剧增长，一般可以通过层次化博弈的方式来限制复杂度、提升实时性。此外，多智能体博弈还存在公平与效率的矛盾，博弈的结果虽然是系统均衡的，却不一定是系统最优的。因此，如何保证多智能体博弈的均衡性和次优性，是需要进一步研究的问题。

多智能体强化学习：交通系统是一个复杂巨系统，交通元素的决策不是彼此独立的，但是在线的实时联合决策过程涉及多轮通信与迭代计算过程，实时性将难以保证。并且交通系统的动作大都存在长期效应，难以根据当前时刻的状态进行大空间尺度和长时间跨度的优化。强化学习通过在训练阶段见识各种场景、试探各种策略，并利用神经网络记忆最优策略，以实现实时的大时空尺度优化。进一步，多智能体强化学习可以训练智能体的协同能力，从群体收益出发进行决策。根据协同方式不同，多智能体强化学习又可以分为三种类型，利用智能体间直接通信的，利用智能体之间互相建模的，以及利用智能体之间奖励分配的。通过设置不同的训练目标，智能体可以在利己性和利他性之间找到折衷。

● 7.2.3 自聚合高可信跨域协同

（1）人机物融合。随着物联网、移动互联网、大数据、人工智能等技术的发展，人与物、物与物泛在互联，人类社会、物理空间、信息空间无缝对接、虚实交融。在交通环境下，人类智能与机器智能的认知与决策具有差异性和互补性，只有实现人类智能和机器智能的共融共生，才能实现城市交通环境下各交通元素的自主协同与自主演化。通过在物理空间全面感知人的出行行为、交通状态的变化，在信息空间准确认知人的出行需求、交通态势的演化规律，才能在决策空间实现人类智能与机器智能的共融共生。基于信息空间对交通系统中人、车、路、环境的充分认知，可以在决策空间重建各交通元素的数字虚体，实现物理空间中的实体与决策空间中的虚体的协同计算、自主演化。数字虚体不仅建模了物理实体的静态、动态属性，还基于这些属性构建专属的决策模型。决策模型的构建是数字孪生的关键，它充分依托于新一代人工智能技术，利用深度学习、人机协同增强智能、群体集成智能等，形成可以满足物理实体需求、反映物理实体偏好、个体全局效用兼顾的决策。住房和城乡建设部最新提出的"车城网"平台，就是人机物融合的重要落地举措。"车城网"是将城市道路设施、市政设施、通信设施、感知设施、车辆等数字化后接入统一平台管理，打破数据孤岛、促进城市基础设施和感知设备的多元融合，通过车城互联对城市交通优化和精细化治理提供强大支撑。

（2）群体智能。由于交通系统规模庞大、运行复杂，集中控制涉及庞大的状态空间和动作空间，从而无法实时认知与有效解算。并且，集中式的最优化控制难以满足用户的个性化需求，导致调控结果与预期相偏离，交通服务质量无法保证。随着智能汽车、智慧道路、智慧城市的发展，交通元素将可以借助泛在的网络连接和计算能力，实现多人、多车、多路边设施的群智协同计算，保证认知决策的实时性、准确性、个性化。第一，由于群体智能对全局状态空间和动作空间进行了自然分割，认知与决策的实时性得以保证；第二，群体智能的系统鲁棒性更高，能够有效应对单点失效造成的交通系统安全和效率问题；第三，群智之间的协商、博弈等机制可以使系统更稳定，任何交通元素能够在此过程中收敛到符合个体预期的平衡点，不会由于个体的非理性行为导致优化结果偏离预期。在网络化泛在计算环境下，人、车、路在决策空间的数字虚体构成多智能体系统，各智能体的知识和智慧互联，通过多智能体之间、智能体与环境之间的交互，智能体之间的行为可达到均衡。然而，如何保证多智能体分布式决策与全局优化目标的一致性，亟需通过多智能体的群体博弈和强化学习等手段，使智能体的分布式决策结果成为逼近系统最优的稳定方案，即系统中各元素无法通过改变动作使个体效用优于上述稳定方案。

（3）自组织。由于交通系统的动态性，各交通元素的关系复杂多变。交通元素间只有高效发现并动态创建多维关联关系，避免交互的盲目性、保证交互的有序性，才能实现认知的相互补充、决策的相互协同。各交通元素关联关系的构建需要充分考虑其感知、认知、决策的相关性。多车之间的关联关系动态演变，交通元素之间基于自定义的成本和效用函数通过联盟博弈等方式构建、加入或退出联盟，从而自组织形成结构稳定的协作关系。联盟的形成体现了交通元素的群体理性，即通过加入联盟，不仅可以提升自身可获得的效用，也可以提升联盟其他成员可获得的效用。

（4）安全可信。在交通智联网的构建过程中，需全程贯穿安全可信。交通智联网的开放性决定了其安全的严峻性，其信道的开放性、数据的开放性和服务的开放性，使得其比互联网面临更大的安全风险。除了传统的信息安全，随着交通系统与信息通信技术、智能化技术的紧密融合，新的安全问题不断涌现。例如，一旦群体智能中部分个体的物理空间行为或信息空间行为被扰乱，则群体认知的准确性和群体协作的有序性被破坏，威胁网络安全、交通安全和交通效率。在交通智联网的群体智能环境下，集中式的安全管理技术难以保证实时性和有效性。因此，需要分布式的安全管理技术，并通过跨层安全体系提升安全保障水平。交通智联网中，车辆的驾驶习惯和行为模式的数据信任、安全是亟需解决的问题，区块链技术利用去中心化的存储系统和共识机制提高系统的安全性，为相互连接的交通元素之间的数据交换提供可信性保证，并可以通过智能合约确定数据的访问权限。

"信息随心至，万物触手及"的 5G 网络正在渗透到社会的各个领域，持续提供高可靠、低时延、大带宽、广连接的网络能力。随着人工智能技术的不断发展，5G 叠加人工智能的模式被广泛应用，但这种打补丁的叠加方式终将使网络变得臃肿、不堪重负。未来，"万物有灵"的 6G 网络将与人工智能深度融合，为智能汽车、智能无人机、智能交通设施等提供天然的智慧连接，成为海量智能体的神经系统，使得智能体跨空间、跨领域的大规模协同成为可能。未来交通智联网必将借助 6G 网络实现从"物联"到"智联"的蜕变，从而创造更加聪明的交通和更加智慧的城市。

参 考 文 献

[1] 高文, 田永鸿, 王坚. 数字视网膜: 智慧城市系统演进的关键环节[J]. 中国科学: 信息科学, 2018, 48 (8): 1076-1082.

[2] 王飞跃, 张俊. 智联网: 概念、问题和平台[J]. 自动化学报, 2017, 43 (12): 2061-2070.

[3] Silva F L D, Costa A H R. A survey on transfer learning for multiagent reinforcement learning systems [J]. Journal of Artificial Intelligence Research, 2019, 64: 645-703.